東華社會科學叢書

主編: 張春興　楊國樞　文崇一

文化人類學	李亦園	中央研究院院士兼民族學研究所研究員； 清華大學人文社會學院院長； 臺灣大學考古人類學系教授
心　理　學 （已出版）	張春興	師範大學教育心理學系教授
社會心理學	楊國樞	臺灣大學心理學系教授兼系主任； 中央研究院民族學研究所研究員
	黃光國	臺灣大學心理學系教授
教育心理學 （已出版）	張春興	師範大學教育心理學系教授
	林清山	師範大學教育心理學系教授兼系主任
政　治　學	胡　佛	臺灣大學政治學系教授
	袁頌西	臺灣大學政治學系教授兼法學院院長
行　政　法	張劍寒	臺灣大學政治學系教授
經　濟　學 （已出版）	徐育珠	政治大學經濟學系教授
管　理　學 （已出版）	許士軍	臺灣大學管理學院教授兼院長並兼 　商學研究所所長 政治大學企業管理研究所教授
教育概論 （已出版）	林玉體	師範大學教育學系教授

教 育 行 政 學 （已出版）	黃昆輝	師範大學教育研究所教授
教 育 財 政 學 （已出版）	蓋浙生	師範大學教育學系教授

社會及行爲科學 **研　　究　　法** （已出版）	楊國樞	臺灣大學心理學系教授兼系主任； 中央研究院民族學研究所研究員
	文崇一	臺灣大學政治學系教授； 中央研究院民族學研究所研究員
	吳聰賢	臺灣大學農業推廣學系教授
	李亦園	中央研究院院士兼民族學研究所研究員； 清華大學人文社會學院院長； 臺灣大學考古人類學系教授
心理與教育測驗	簡茂發	臺中師範學院院長； 師範大學教育研究所教授
	黃國彥	嘉義師範學院院長； 政治大學心理學系教授兼系主任
心 理 與 教 育 **統　　計　　學** （已出版）	林清山	師範大學教育心理學系教授兼系主任
多 變 項 分 析 **統　　計　　法** （已出版）	林清山	師範大學教育心理學系教授兼系主任
邏　　　　　輯 （已出版）	何秀煌	任教於香港中文大學哲學系
社 會 科 學 **研究設計與分析**	鍾蔚文	政治大學新聞研究所副教授
課 程 設 計 （已出版）	黃政傑	師範大學教育研究所教授
生 涯 輔 導	金樹人	師範大學教育心理與輔導系（所）副教授

社會及行為科學研究法

上冊

楊國樞　文崇一
吳聰賢　李亦園　編

東華書局印行

國立中央圖書館出版品預行編目資料

社會及行爲科學研究法 ／ 楊國樞等著. －－ 十三
版. －－ 臺北市：臺灣東華，民78
　　冊 ； 公分. －－（東華社會科學叢書）
　　含索引
　　ISBN 957－636－066－8（一套 ： 平裝）. －－ ISBN
957－636－067－6（上冊 ： 平裝）ISBN 957－
636－068－4（下冊 ： 平裝）

　　1. 社會科學 － 研究方法　2. 行爲科學 － 研
究方法
501.2　　　　　　　　　　　　　　　　80001245

（67011）

中華民國七十八年十月十三版
中華民國八十一年三月十三版（四刷）

大專
用書　社會及行爲科學研究法

上冊　定價　新臺幣貳佰元整
（外埠酌加運費匯費）

編　者	楊國樞　文崇一
	吳聰賢　李亦園
發行人	卓　　鑫　　淼
出版者	臺灣東華書局股份有限公司
	臺北市重慶南路一段一四七號三樓
	電話：3819470　郵撥：6481
印刷者	大　明　印　刷　廠

行政院新聞局登記證　局版臺業字第零柒式伍號

ISBN 957-636-066-8（套）
ISBN 957-636-067-6（上）

東華社會科學叢書序

　　假如單從人類物質生活一個層面看，戰後三十年來自然科學與技術科學的貢獻是偉大的。但如從人類生活的整體看，科學技術提高了人類物質生活之後，却因而產生了更多難以解決的社會問題，以致形成物質生活富裕而精神生活貧乏的文化失調現象。我們雖不能認定物質文明為人類帶來了災害，但却可斷言單憑科學技術的進步，並不能保證獲得真正美好的生活；甚至科學技術愈進步，反而愈增加了人們對未來的失望與恐懼。文化發展失調是人類自己製造出來的問題，這問題只有靠人類對自身行為的研究始有獲得解決的可能。此類研究，狹義言之，是為行為科學，廣義言之，是為社會科學。

　　一個國家科學的發展，不但不能偏廢，而且必須生根。此一原則，用於社會科學較之用於自然科學更為適切。在文化差異與地域限制兩個基礎上，社會科學實不易做到像自然科學那樣可以局部的或枝節的「借用」或「移植」。近十多年來，由於政府的提倡與社會的重視，國內大學在自然科學方面的教學與研究水準已大為提高；大學本科階段學生的程度，較之當世科學先進國家並無遜色。但無可諱言的，社會科學方面的發展則較為落後。從國內大學社會科學的教學方式及出版的中文書籍看，多年積留下來的幾種缺點一直未能革除：其一是

內容陳舊，跟不上世界學術的創新與進步；其二是忽視方法論方面的知識，以致學難致用；其三是僅限於國外資料的介紹，而缺乏與國情需要配合的研究成果。雖然目前影印技術進步，翻印外文書籍甚為方便，但因一般學生的外文能力不足，兼之外文書籍內容又未必與國內需要符合，故以外文書為大學社會科學各科教本的嘗試多未奏效。因此，以往國內社會科學的發展，縱止尾隨求齊已感不暇，遑論學術獨立生根及提高水準？

　　基於此等認識，在國內各大學擔任社會科學教學的朋友們，根據各自教學與研究的經驗，咸認有義務也有責任，經由科際合作的方式，共同從事社會科學叢書的撰寫，以期使社會科學在國內生根，為國內的社會建設略盡綿薄。誠然，撰寫大學教科書或參考書不足以代表社會科學在國內的高水準發展，但也不能否認，在期望達到我國社會科學學術獨立與高水準發展之前，普遍提高大學社會科學的教學水準是一項必要的教育工作。唯其如此，在本叢書撰寫之前，同仁等幾經研討，咸認各書之內容應力求與國內需要相配合，非但不宜囿於一家之言的傳述，尤須避免只根據某一外國名著的翻譯。因此，經議決，本叢書內容之取材將共同遵守以下兩個原則：

　　一、在內容上應概括該學科發展到目前為止的重要知識（如基本理論重要發現等）與基本研究方法，並須指出重要問題之研究方向及進修途徑，藉此對讀者產生啟發性的教育作用。

　　二、對重要問題之討論，務須顧到國內情況及實際的需要；並儘量採用國內學者與有關機構新近完成之研究成果，以期增加讀者的適切感與知識的實用性，並藉以引起社會對國內學術發展之重視。

　　因鑑於國內社會科學方法論方面書籍之闕如，本叢書諸作者除分擔撰寫各科專書外，特配合大學部及研究所課程之需要，就各人專長，

復採合作方式，撰寫社會及行為科學中各種重要的研究方法，集為另
一專書，期能由此引起國內學者的研究興趣，從而提高社會科學的水
準。

　　此外，本叢書內各書的撰寫體例也力求統一，舉凡章節編排、註
解方式、參考資料引註、中英文索引編製等，均於事前確定統一格
式，甚至排版字體、繪圖、製表、紙張、裝訂等，亦採用統一標準，
務期做到形式與內容並重的地步。

　　本叢書之能順利出版，首應感謝各科著者的支持與合作。目前所
列叢書範圍只是暫時的決定，以後將視情形逐漸擴大，增加各科專
書。我們始終相信科學的發展是全面的，必須經由科際間的合作，始
能達成既普及又提高的效果。因此，我們除了感謝已參與本叢書撰寫
的學者之外，也竭誠希望海內外的學者先進給予鼓勵、支持與指正。

　　本叢書從最初的構想、設計以至出版，深得東華書局董事長卓鑫
淼先生與總經理馬之驌先生全力支持，併此致謝。

　　　　　　　　　張春興　楊國樞　　文崇一　謹識

　　　　　　　　　中華民國六十四年九月於臺北

序　言

　　國內的社會及行為科學界，有關研究方法的書籍不多，僅有的幾本，也是從單一學科的觀點撰寫，未能顧及社會及行為科學的全體。但實際上，社會及行為科學的各個學科間，在研究方法上大有彼此相通之處，實難截然劃分界限。基於此一認識，我們多年來一直想編撰一本適用於社會及行為科學全域的方法書籍，以打破國內有關各學科在方法上劃地自限的習慣。因此，本書的完成，可說實現了我們長久以來的一項心願。

　　由於本書的內容範圍淵廣，涵蓋了社會及行為科學研究中最常用的各類方法，所以無法由一位作者獨力完成，必須結合多人的專長，從事集體創作。為了本書各章的寫作，我們一共邀請了二十一位有關學者，其中包括心理學者十二位，社會學者六位，人類學者一位，政治學者一位，及大眾傳播學者一位。各章作者所負責撰寫的研究方法，都是他們在實際研究中曾經一再使用過的；也就是說，他們對自己所撰寫的研究方法，都有豐富的第一手實際經驗。所以，各章作者在討論所寫的方法時，不但反映了他們自己的學科背景，也顯示了他們自己的經驗與訓練。

　　基本上，這是一本有關研究方法的教科書。因此，這本書的寫作，也是為了應付當前國內有關學科在方法上的教學需要。最近十幾年來，由於社會各方面的快速進步，團體的結構與功能日益錯綜，

個人的生活與行為愈發複雜，從而產生了種種前所未有的社會及個人
問題，而這些問題的解決與處理，在在需要社會及行為科學的運用。
在需求日殷的情形下，各大專院校所設立之社會及行為科學的科系逐
漸增加，各科系所開授之有關研究方法的科目也為數眾多。由於缺乏
適當的中文課本可資採用，授課者大都要求學生閱讀英文教科書，或
是完全不用教科書。在前一種情形下，限於對英文的理解能力，學習
者多是生吞活剝，難有深入的學習效果；在後一種情形下，限於授課
者的特殊專長與經驗，所講解的研究方法往往各有所偏，學生所學到
的內容自不免掛一漏萬。從這些有待改善的實際情形來看，一本以中
文撰寫的「社會及行為科學研究法」是極其需要的。

　　一本良好的方法教科書，既不能只描述做法而不討論原理，也不
能只討論原理而不描述方法，應是原理與做法兼籌並顧，儘量先闡以
述原理，再說明做法，期使學生既把握原理，又了解做法，以便將來
可以靈活運用與變通。本書的寫作，即是根據此一原則。對於每一種
研究方法，我們總是要求作者先討論其原理，次說明其程序，再列舉
其實例。透過這種寫作的方式，讀者當可對所探討的各種研究方法，
獲得相當程度的瞭解，以及實際運用的起碼知識。

　　本書共有五編，總計二十八章，內文幾近千頁。全書內容足夠整
學年課程的講授之用。如果所開的科目只有一學期，則講授的範圍便
難能擴及全書，只有根據上課時數的限制，從二十八章中選擇適當章
節，自行配成一套合用的教材。在選配教材時，當然也要顧及科系的需
要；同樣是一學年或一學期的課程，為社會學系所選用的章節自應不
同於政治學系，為人類學系所選用的章節也應不同於企管學系。再者，
書中各章深淺並不相同，其中「研究設計」（第四章）、「量度化方法」
（第十三章）、「儀器記錄法」（第十七章）、「投射技術」（第二十章），

「因素分析法」（第二十六章）、及「因徑分析法」（第二十七章）等章較為深入，必要時可改在研究所的有關科目中講授。

　　本書不僅可以用作大學部及研究所有關科目的教科書，也可供作社會及行為科學研究人員的參考書。本書若干章節的內容頗為詳盡而有系統，即使對實際從事研究工作的人士，也具有備忘與查考的價值，而且書中腳註與書後「推薦讀物」，皆包含有關各種方法的主要參考文獻，研究人員可以查閱，以便從事進一步的探索。至於書後的附錄「如何撰寫研究計劃」，對於研究工作者則尤其有用。

　　本書的寫作與編校工作，前後費時將近三年。其間作者與編者雖已盡力而為，但書中內容必有若干錯誤不當之處，務請讀者諸君（尤其是採用本書當作課本的教師）能隨時指教，以便將來加以修正。

　　本書之能順利完成，首先應當感謝各章的作者。若無他們的通力合作，本書的出版不知將延至何年何月。本書的作者都是長久在國內從事教學與研究工作的學者，因而書中內容所代表的可說是國內社會及行為科學界的一點集體性的成果。

　　最後，我們要特別感謝東華書局的董事長卓鑫淼與總經理馬之驌兩位先生，他們「不計成本、但求品質」的作風，給了我們最大的鼓勵。同時，我們也要感謝東華編輯部參與本書校對工作的小姐先生們，他們明察秋毫的校對本事，大大地提高了本書的文字素質。

楊國樞　文崇一

謹序

吳聰賢　李亦園

中華民國六十七年一月於台北市

本書各章作者簡介

(依姓氏筆劃順序)

姓名	簡介	撰寫章次
文崇一	中央研究院民族學研究所研究員兼所長 國立臺灣大學政治學系教授	十四，十八
李亦園	中央研究院民族學研究所研究員 國立臺灣大學考古人類學系教授	五，十
林清山	立師範大學教育心理學系教授	四，十七
吳英璋	國立臺灣大學心理學研究所博士班研究生	十九
吳武典	國立臺灣師範大學教育心理學系副教授	二十一
吳聰賢	國立臺灣大學農業推廣學系教授 兼中央研究院民族學研究所研究員	二，十六
孫得雄	臺灣省家庭計劃研究所所長	七
陳義彥	國立政治大學政治學系副教授	二十四
黃光國	國立臺灣大學心理學系副教授	九，二十六
黃國彥	國立政治大學心理學系教授兼系主任	十一
黃堅厚	國立師範大學教育心理學系教授	二十，二十二
黃榮村	國立臺灣大學心理學系副教授	十三
張春興	國立師範大學教育心理學系教授	六，二十八
張曉春	國立臺灣大學社會學系副教授	八
郭生玉	國立師範大學教育心理學系副教授	十五
楊孝濴	私立東吳大學社會學系教授	二十五
楊國樞	國立臺灣大學心理學系教授 中央研究院民族學研究所研究員	一，二十四
葉啓政	國立臺灣大學社會學系副教授	二十七
劉清榕	國立臺灣大學農業推廣學系教授	三
盧欽銘	國立師範大學教育心理學系副教授	二十三
簡茂發	國立師範大學教心理學系副教授	十二，十五

社會及行爲科學研究法
上册目次

本書各章作者簡介

東華社會科學叢書序……………………………………………… i

序　　言………………………………………………………… v

第一編　緒　論

第一章　科學研究的基本概念

第一節　科學與科學方法………………………… 2

第二節　概念、變項及定義……………………… 12

第三節　假設與定律……………………………… 21

第四節　理論及其功能…………………………… 27

第二章　研究的性質與類別

第一節　研究的目的……………………………… 35

第二節　研究的歷程……………………………… 38

第三節　問題與假設……………………………… 43

第四節　研究的類別……………………………… 49

第三章 機率與取樣　　ho 机发.

第一節 機率的意義與性質……………………………………67

第二節 互斥與獨立事象……………………………………70

第三節 群體與樣本…………………………………………72

第四節 取樣的意義與功用…………………………………73

第五節 隨機取樣法…………………………………………75

第六節 非隨機取樣法………………………………………82

第七節 樣本大小……………………………………………84

第四章 實驗設計的基本原則

第一節 實驗設計的意義、功能及符號……………………87

第二節 實驗設計的評鑑準則及不適當的實驗設計………96

第三節 基本實驗設計………………………………………107

第四節 多因子實驗設計及準實驗設計……………………119

第二編 研究的基本類型

第五章 自然觀察研究

第一節 無結構非參與的觀察………………………………135

第二節 無結構參與的觀察…………………………………140

第三節 有結構的觀察………………………………………148

第六章 實驗觀察研究

第一節 實驗研究的基本概念………………………………159

第二節　實驗控制與實驗效度……………………………… 162

第三節　實驗的設計………………………………………… 171

第四節　實驗室研究法的評價……………………………… 187

第七章　實地實驗研究

第一節　有關的概念………………………………………… 190

第二節　實驗方法…………………………………………… 197

第三節　研究計劃的設計與執行…………………………… 214

第四節　實例——臺中市家庭計劃推行實驗……………… 220

第五節　結　　語…………………………………………… 225

第八章　樣本調查研究　　survey research

第一節　調查研究的意義…………………………………… 228

第二節　調查的類型………………………………………… 234

第三節　調查研究的方法問題……………………………… 241

第四節　調查研究的實例…………………………………… 248

第五節　調查研究的利弊…………………………………… 255

第九章　事後回溯研究

第一節　既有資料與社會科學研究………………………… 259

第二節　利用既有資料從事研究的優點與缺點…………… 262

第三節　事後歸因的謬誤…………………………………… 266

第四節　結　　語…………………………………………… 274

第十章　文化比較研究

第一節　文化比較研究的特點……………………………… 277

第二節　文化比較研究的方式……………………………… 279

第三節　文化比較研究的方法問題⋯⋯⋯⋯⋯⋯⋯⋯ 287

第四節　文化比較研究的若干成果⋯⋯⋯⋯⋯⋯⋯⋯ 299

第三編　測量程序與工具

第十一章　測量的基礎

第一節　測量的定義⋯⋯⋯⋯⋯⋯⋯⋯⋯⋯⋯⋯⋯⋯ 306

第二節　四種類型的尺度⋯⋯⋯⋯⋯⋯⋯⋯⋯⋯⋯⋯ 312

第三節　各種尺度的比較⋯⋯⋯⋯⋯⋯⋯⋯⋯⋯⋯⋯ 320

第十二章　信度與效度

第一節　信　　度⋯⋯⋯⋯⋯⋯⋯⋯⋯⋯⋯⋯⋯⋯⋯ 324

第二節　效　　度⋯⋯⋯⋯⋯⋯⋯⋯⋯⋯⋯⋯⋯⋯⋯ 333

第三節　信度與效度的關係⋯⋯⋯⋯⋯⋯⋯⋯⋯⋯⋯ 341

第四節　信度與效度的應用⋯⋯⋯⋯⋯⋯⋯⋯⋯⋯⋯ 343

第十三章　量度化方法

第一節　測量理論與量度化方法⋯⋯⋯⋯⋯⋯⋯⋯⋯ 353

第二節　資料的分類與量度化方法⋯⋯⋯⋯⋯⋯⋯⋯ 360

第三節　量度化方法的分類與發展⋯⋯⋯⋯⋯⋯⋯⋯ 363

第四節　心理量度化方法的分類⋯⋯⋯⋯⋯⋯⋯⋯⋯ 369

第十四章　問卷設計

第一節　問卷的類型⋯⋯⋯⋯⋯⋯⋯⋯⋯⋯⋯⋯⋯⋯ 407

第二節　問題的內容……………………………………… 411

第三節　問題的用字造句………………………………… 418

第四節　問卷的結構與形式……………………………… 424

第五節　問卷的誤差與限制……………………………… 431

第六節　郵寄問卷………………………………………… 436

第十五章　測驗的編製

第一節　測驗編製的計劃………………………………… 439

第二節　測驗題的編製技術……………………………… 441

第三節　預試與試題分析………………………………… 450

第四節　試題的選擇與編排……………………………… 456

第五節　測驗特徵的鑑定………………………………… 460

第十六章　態度量表的建立

第一節　態度的本質……………………………………… 463

第二節　態度量表………………………………………… 468

第三節　總加量表法……………………………………… 471

第四節　累積量表法……………………………………… 478

第五節　等距量表法……………………………………… 479

第六節　態度量表的信度與效度………………………… 486

下 册 目 次

第四編 蒐集資料的方法

第十七章 儀器記錄法

第一節 儀器記錄法的性質與目的……………………………… 493

第二節 儀器記錄法的優點與缺點……………………………… 498

第三節 儀器的來源……………………………………………… 505

第四節 產生或測量刺激的儀器………………………………… 509

第五節 偵察或記錄反應的儀器………………………………… 522

第十八章 調查訪問法

第一節 訪問法的性質…………………………………………… 550

第二節 訪問法的類型…………………………………………… 552

第三節 訪問的策略……………………………………………… 561

第四節 訪問的技巧……………………………………………… 567

第五節 訪員的選擇與訓練……………………………………… 577

第六節 訪問法的限制與資料處理……………………………… 583

第十九章 測驗量表法

第一節 何謂測驗量表…………………………………………… 589

第二節 測驗的客觀性…………………………………………… 591

第三節 測驗的對象行爲………………………………………… 599

第四節　影響測量對象行為的其他因素……………………………… 609

第五節　測驗的使用與解釋………………………………………… 613

第六節　結　語……………………………………………………… 620

第二十章　投射技術

第一節　投射法的意義及其理論基礎……………………………… 624

第二節　羅夏克墨漬測驗…………………………………………… 628

第三節　主題統覺測驗……………………………………………… 645

第四節　其他重要的投射測驗法…………………………………… 654

第二十一章　社會計量法

第一節　人際吸引理論……………………………………………… 678

第二節　主要社會計量技術— Moreno 式社會計量性測驗… 685

第三節　社會計量技術的推廣與應用……………………………… 708

第二十二章　語義分析法

第一節　語義分析法的基本概念…………………………………… 721

第二節　語義分析法的實施程序…………………………………… 725

第三節　語義分析法中的資料分析………………………………… 727

第四節　語義分析法的應用………………………………………… 731

第五節　語義分析法的檢討與前途………………………………… 736

第二十三章　Q 技術

第一節　Q技術的意義與性質……………………………………… 741

第二節　Q分類資料與Q分類的安排……………………………… 744

第三節　非結構性的Q分類……………………………… 747

第四節　結構性的Q分類…………………………………… 753

第五節　Q技術的優點與限制……………………………… 756

第五編　資料分析與報告

第二十四章　資料的分析與解釋

第一節　研究資料的編碼…………………………………… 760

第二節　電算機的運用……………………………………… 772

第三節　統計分析的原則…………………………………… 780

第四節　研究結果的解釋…………………………………… 794

第二十五章　內容分析

第一節　內容分析的定義…………………………………… 809

第二節　內容分析的設計…………………………………… 815

第三節　內容分析的方法…………………………………… 820

第二十六章　因素分析

第一節　因素分析的數學模式……………………………… 834

第二節　因素分析的幾何圖解……………………………… 837

第三節　因素分析結果的意義……………………………… 842

第四節　因素數目的決定…………………………………… 847

第五節　共同性的估計……………………………………… 849

第六節　因素模式的比較……………………………… 852

第七節　轉軸與因素的解釋…………………………… 855

第二十七章　因徑分析

第一節　兩個數學模式………………………………… 863

第二節　因徑分析的基本概念………………………… 864

第三節　因徑分析的運作內容………………………… 872

第四節　一些可能遭遇到的問題……………………… 882

第五節　一個假想的例子……………………………… 898

第六節　因徑分析的運作步驟………………………… 904

第二十八章　撰寫研究報告

第一節　論文撰寫的基本認識………………………… 908

第二節　論文主體部分的寫法………………………… 911

第三節　論文撰寫體例………………………………… 921

附錄一　如何撰寫研究計劃 ……………………… 933

推薦讀物

索　引

中文索引……………………………………………… 957

英漢索引……………………………………………… 975

第一編

緒　論

第 一 章

科學研究的基本概念

楊 國 樞

　　科學研究是人類追求知識或解決問題的一種活動。經由這種活動，人類的知識領域大為擴展，逐漸掙脫了懵懂、無知、迷信及神秘的籠罩，而能在人類自身及其生存環境的各方面，獲得適當的解釋與切實的了解；經由這種活動，人類的生活素質大為改善，逐漸減少了天災、人禍、貧窮及疾病的蹂躪，而能在衣、食、住、行、樂、育等各個生活的層面，獲得有效的改進與重大的開拓。

　　時至今日，科學研究這種求知獲解的活動之所以著有成效，主要是因為它採用了一類特殊的方法或程序。因此，要想正確地了解科學研究的性質與成果（科學知識），便必須先行探討科學研究的方法。為了瞭解上的方便，我們可以將科學研究的方法分為兩個層次，即方法論 (methodology) 的層次與研究法 (research method) 的層次。科學研究的方法論，所涉及的主要是科學研究方法的基本假設、邏輯、及原則，目的在探討科學研究活動的基本特徵。至於研究法，所指的則是從事某種研究工作所實際採用的程序或步驟。方法論所包括的內涵比較基本，所涉及的往往是各門科學在方法上共同具有的特徵；例如，「科學方法論」所指的是所有科學在方法上的共同基本特徵，「自然科

學方法論」是各門自然科學在方法上的共同基本特徵,「社會及行為科學方法論」所指的則是各門社會及行為科學在方法上的共同基本特徵。研究法的層次比方法論為低, 所指的是進行研究所實際運用的程序,因而各門科學的研究法可能互有不同:不同門類的科學在研究法上所以會有不同, 是由於它們所研究的對象不同 (如生物或無生物) 及現象不同 (如行為或非行為)。依據所探討之問題的性質,各門科學的研究者可能採用相同的研究法, 但却必須符合科學方法論上的若干基本要求, 否則其研究的科學性便會受到懷疑。

本書所討論的重點是在研究法的層次。不過, 為了能對社會及行為科學的研究法獲得比較深入的瞭解, 理應先行探討科學方法論中的若干基本問題。本章卽是為了此一目的而寫, 討論的範圍將以科學方法論的下列基本概念與原則為限: (1) 科學與科學方法, (2) 概念與定義, (3) 假設與定律, (4) 理論及其功能。

第一節　科學與科學方法

一、科學的定義

科學對現代人類雖極重要, 但是大家對它却常有誤解。最常見的誤解之一, 是將科學視為技術 (technology), 一說到科學便想到太空船、汽車、電腦、潛水艇、原子彈、電視機、電冰箱等; 實則, 這種種具有高度技術性的器械, 並不是科學本身, 而是科學的結果。另一種常見的誤解, 是將科學視為某些特定的科目; 例如, 你問一個人「科學是什麼」, 他很可能會回答「物理、化學、醫學、生物學、地質學」。以特定的科目來界定科學, 顯然會遭遇到困難, 因為隨着人類知識的

擴展，新的科目不斷增加，如果繼續以特定的科目當作標準，便很不容易判斷新的科目是否是科學。還有一種對科學的看法，聽來似乎頗有道理，實則也不是科學的適當定義。這一看法是將科學界定作「有系統、有組織的正確知識」。這種定義有一明顯的缺點，那就是錯將科學的部份特徵看成了它的全部特徵。不錯，系統性、組織性及正確性是科學的一些特徵，但却僅只是其中的部份特徵。科學是這些特徵的充份條件 (sufficient condition)，但這些特徵却並非科學的充份條件。換句話說，科學是有系統性、組織性及正確性的，但有系統、有組織而又正確的知識却未必是科學；例如，電話簿與火車時刻表中所包含的知識，是有系統、有組織而又正確的，但我們却不承認它們是科學。

科學旣不是技術，又不是某些特定的科目，也不僅只是有系統、有組織的正確知識，那麼它究竟是什麼？坦白地說，科學實在不是用短短的幾句話就能界定清楚的。不過，爲了使初學者能獲得一個大概的觀念，我們不妨將科學界定作：以有系統的實徵性 (empirical) 研究方法所獲得之有組織的知識。此項定義的重點不在研究的題材，而在研究的方法。科學並不限定研究的題材，它可以研究物理的現象，也可以研究社會的現象；它可以研究動物的現象，也可以研究植物的現象；它可以研究個人的行爲，也可以研究團體的行爲。不管所研究的題材爲何，只要所用的是有系統的實徵性研究方法，便可以算是科學，否則便不能算是科學。如果同時有兩個人在研究人的行爲問題，其中一人採用有系統的實徵性研究方法，而另一人採用其他方法（例如神學或哲學的方法），則前者是科學，而後者則否。

在以上的討論中，可能會使讀者得到一種錯誤的印象，以爲科學所包含的是用有系統的實徵研究方法所獲得的「最後知識」。這是一種

「完備科學」(finished science) 的觀念，而事實上完備科學是不存在的。沒有一位科學家敢說，在他的專行中業已完全得知解決某一問題所涉及的所有因素，也沒有一門科學所包含的知識可以稱得上是絕對的眞理。在任何一門科學中，知識都是一直在漸進的、蛻變的，而不是靜止的、完結的。在科學中，一切的知識都是暫時性的，而且也是相對性的──相對於當時有關之科學研究的程度或進展。因此，科學知識永遠不會是最後的。

在上文爲科學所下的定義中，最重要的核心是「有系統的實徵研究方法」。所謂有系統的實徵研究方法，也就是平常所說的科學方法。科學方法的探討，不但是有助於對科學的了解，而且也有助於對科學與非科學的辨認，其重要性不言而喻，特此再作進一步的說明。

二、科學的方法

科學研究是追求知識或解決問題的一種活動，從事這種活動所用的手段便是科學方法。但是，人類懂得用科學方法來追求知識或解決問題，才是最近幾個世紀的事。在此以前，人類在追求知識或解決問題時，便只好採用一些非科學性的方法，其中包括：(1) 慣常法 (the method of tenacity)，此法訴諸習慣、傳統及先入爲主的印象或觀念，認爲過去總是或曾經如此的事情，便是眞實的或可信的；(2) 權威法 (the method of authority)，此法訴諸權威（個人、團體或典籍），認爲某方面的權威所說的事情，便是眞實的或可信的；(3) 直覺法 (the method of intuition)，此法訴諸直覺，認爲不可否認的自明之理或事，便是眞實的或可信的；(4) 推理法 (the rationalistic method)，此法强調推理 (reasoning) 或推論的可靠性，認爲只要推理或推論是對

的，所得的結論便是眞實的或可信的（註1）。以上這些非科學性的追
求知識或解決問題的方法，不但爲科學方法發明以前的人類所倚重，
便是在科學昌明的現代，大家還是在不知不覺的加以運用。

　　當然，科學家在追求知識或解決問題時，儘量避免採用這些方法。
他們所用的是科學方法，而這種方法則是由下列的主要步驟所組成：
(1) 建立假設，(2) 蒐集資料，(3) 分析資料，(4) 推演結論。關於
這些步驟的詳細情形，在本書以後各章中將加以描述，此處僅作簡要
說明，以便先對科學方法的內涵有所了解。

　　建立假設　任何科學的研究，都必須先要有一個以上之有待解答
的問題。所謂「假設」(hypothesis)，便是對待決問題所提出之暫時的
或嘗試的答案。科學研究的假設可能是來自研究者的猜想，可能是以
往的研究所暗示，也可能是從某一理論推論而得。在一門比較成熟的
科學中，往往已經有了很多理論，研究者可以根據邏輯的演繹，導出
可加研究的假設，因此理論性的推論便成了假設的主要來源。在比較
幼稚的科學中，現成的理論甚少，研究者便往往要靠自己的猜想或前
人的研究來建立假設。

　　蒐集資料　建立了假設以後，便可以進而蒐集實徵性的資料
(data)，以便根據事實驗證假設的眞僞。爲了能有效地驗證假設，研究
所蒐集的資料必須儘量直接與假設有關；也就是說，資料的蒐集必須
儘量針對所要驗證的假設，而不可散漫無章，或「文不對題」。要想
做到這一點，研究者事先必須從事研究設計(research design)的工作，
研究設計的主要目的，是計劃創造適當的驗證情境，以使所欲研究的
事象得以出現或變化，並加以有效地測量；當然，在研究設計時，也

註1：G. C. Helmstadter (1970) *Research Concepts in Human Behavior:
　　　Education, Psychology, Sociology.* Englewood Cliffs, N.J.: Prentice-Hall.

要考慮到對不相干的因素如何加以控制。

分析資料 單純的蒐集資料並不能算是科學研究。無目的的蒐集資料並無多大意義。在科學研究中，蒐集資料是爲了驗證假設或解決問題。但是，經由直接觀察或其他方法所獲得的初步資料，常是雜亂無章的，無法直接用來驗證假設或解決問題，而必須採用適當的方法先加分析，以使原始的資料成爲分類化、系統化及簡要化的結果。爲了達到這一目的，分析資料時常須採用種種統計方法。統計分析的主要功能有二：(1) 簡化所得的資料，以便把握其分佈的情形，(2) 檢定事項與事項間關係的有無與程度。經由適當的統計分析，便易於得到研究的結論。

獲得結論 科學方法的最後一步是獲得結論。科學研究的結論必須根據證據（資料），而不可訴諸情緒。在現象界中，每一事項可能會同時受到數個事項的影響，經由適當的研究設計與統計分析，可以判定究係那些事項對所研究的主要事項發生影響，或與所研究的主要事項有關。事項本身特徵的判定或事項間關係的判定，也就是最初所建立之研究假設的檢證 (verification)。通常，科學研究者會根據驗證假設所得的結果，推廣其適用的範圍，而得到一種概括性的陳述，這種陳述可簡稱作概判(generalization)。如果根據概判再作進一步的構想，便可形成理論(theory)或定律(law)。

科學方法的上述各步驟，實際上是由兩個主要的成份所組成，此即歸納法 (inductive method) 與演繹法 (deductive method)。歸納法是先觀察、蒐集及記錄若干個別事例，探求其共同特徵或特徵間的關係，從而將所得結果推廣到其他未經觀察的類似事例，而獲得一項通則性的陳述。例如，我們如果觀察與記錄了 500 個人的生活史，便會發現每個人都有死亡的一天，也就是說死亡是這 500 個人的共同特徵；

不過，我們通常不會滿意於這樣一項結論，而會推廣其適用範圍，進而獲得如下的通則性陳述：人皆有死。至於演繹法的進行方向則正好相反，是自一項通則性的陳述開始，根據邏輯推論的法則，獲得一項個別性的陳述。例如：人皆有死；張君是人；所以張君必死。在這一簡單的三段論法中，「人皆有死」是一項通則性的陳述，「張君必死」是一項個別性的陳述。當然，在應用演繹法時並不一定要採用三段論法，而所謂個別性的陳述也不一定以單一的人、事、物為單位，在很多情形下可以一類人、事、物或一種量化的特徵為單位。例如：內驅力 (drive) 較強的人學習簡易事物的成績較高，而學習困難事物的成績較低；焦慮是一種內驅力；所以焦慮較強的人學習簡易事物的成績較高，而學習困難事物的成績較低。

在科學方法的各個步驟中，「建立假設」常須運用演繹法，以自某種理論推演出可加驗證的陳述，作為研究的假設。在高度發展的科學 (如物理學與化學) 中，這種做法尤其常見。「蒐集資料」、「分析資料」及「獲得結論」三個步驟，主要是運用歸納法。用歸納法所獲得的結論，可以用來建立新的理論，或據以修改原先所根據的理論。建立了新的理論或修改了舊的理論以後，可以再用演繹的方法，從理論中導出新的假設，然後再以歸納法加以驗證，並根據所得結果修改理論。如此週而復始，便可使所建立的理論愈來愈正確，卒能成為精緻的科學知識。

科學方法中雖然兼含歸納與演繹兩種成份，但却以前一成份最能代表其特色，而歸納活動所涉及的程序幾乎全是實徵性的，因此我們可以說科學方法主要是一種實徵性的方法。

三、科學的目的

上文中已經說過，科學是以有系統的實徵性研究方法所獲得的一套有組織的知識。在此，讀者也許會發生一個問題：我們爲什麼需要這樣的知識？也就是說，我們爲什麼要有科學？要回答這些問題，便必須談到科學的目的。不同的科學家或哲學家，可能會爲科學指出種種不同的目的，但其中最重要的似乎只有三項，即解釋(explanation)、預測(prediction)及控制(control)。

解釋是科學最基本的目的。解釋事象需要有關事象的實徵知識，而科學正可提供這種知識。科學知識的極致便是理論，而理論則是解釋的最佳工具。例如，在學習心理學的增強理論 (reinforcement theory) 中，有一條法則是：一行爲發生時如果受到獎勵（增強），它便會一再發生。這一法則便可用來解釋爲什麼同一行爲會一再重複發生：同一行爲之所以一再重複發生，是因爲這個行爲過去曾經受到某種方式的獎勵。事象一經解釋後，便會產生瞭解。但是，瞭解不是靜止的，而是會隨着科學知識的解釋能力的增長而加多。對於科學研究者而言，瞭解與懷疑有時則是一對雙生子：瞭解的增加會導致進一步的懷疑，而後者則會驅使科學研究者從事更深一層的研究，所得的結果自將增進更多的瞭解。

科學的第二個目的是預測。解釋是對已經發生的事項所作的說明，是一種比較消極的活動。預測則是對尚未發生的事項所作的預度，是一種比較積極的作爲。預測是科學知識（尤其是科學理論）的邏輯意涵(logical implication)，因爲根據科學知識或理論，經由邏輯的推論或數學的演算（也是一種邏輯推論的活動），便可導出種種的預測。根

據科學知識或理論所作的預測，有些可能是實用性的，有些則可能是研究性的；前者可以用作實際行動的依據，後者可以採作科學研究的假設。顯而易見，同一科學理論不僅有解釋的功用，而且也有預測的功用。例如，前面所說的增強理論，也可用來從事預測的工作。如果已知某一行為在發生時受到獎勵，便可預測這個行為會再度發生。

　　控制是科學的第三個目的。超越解釋的是預測，而超越預測的則是控制。所謂控制是指操縱某一事項的決定因素或條件，以使該事項產生預期的改變。凡是能作良好預測的科學知識或理論，往往也是從事控制工作的良好依據。預測的進行是先要知道某事項之決定因素或條件的情形，進而預度該事項所可能出現的情形；控制則是先要操縱某一事項的決定因素或條件，從而產生控制者所希望獲得的後果。以前面所說的增強理論的法則為例，行為發生時是否受到獎勵是行為是否會再度出現的決定因素，因而在利用此一法則作預測時，只要知道某一行為是否受到過獎勵，便可預度該行為是否會再度出現；但在作控制時，則必須先操縱獎勵的給予與否，然後才能產生所期望的後果：如果希望某一行為將來再度出現，便應在該行為現在出現時加以獎勵；如果希望某一行為將來不再出現，便應在該行為現在出現時不加獎勵。

　　解釋、預測及控制所需要的知識或理論，所涉及的往往是兩個或兩個以上之事項間的關係（例如行為受到獎勵與否及行為再度出現與否）。因此，為了達到解釋、預測及控制的目的，科學便不能不以事項間關係的研究與建立為其主要工作。在任何一門科學中，研究者所建立的事項關係，在適用範圍上常是互不相同：有些關係比較特殊，只能適用於少數的現象、情境或人物；有些關係比較澗廣，能夠適用於很多的現象、情境或人物。因此，在用於解釋、預測及控制時，特

殊的事項關係之適用範圍較小，濶廣的事項關係之適用範圍較大。

四、科學的分類

　　上文已經說過，用有系統的實徵性研究方法所得之有組織的知識便是科學。以往，人類曾經以實徵性的研究方法探討過各種題材 (subject matter) 或現象，獲得有關不同題材或現象的種種知識，形成了各門各類的科學。隨着科學研究範圍的開拓，以原有科學為基礎的新科學不斷產生，因而乃有第一代科學、第二代科學及第三代科學之分。例如，生物化學是以生物學與化學為基礎而形成的，心理生理學 (psychophysiology) 是以心理學與生理學為基礎而形成的，心理人類學 (psychological anthropology) 是以心理學與人類學為基礎而形成的，大衆傳播學是以心理學、社會學、人類學等為基礎而形成的。在這些例子中，生物化學、心理生理學、心理人類學及大衆傳播學的「輩份」便較生物學、化學、生理學、心理學、社會學及人類學為低。

　　時至今日，各門科學為數雖多，但却可大致分為三大類：(1) 物理科學 (physical sciences)，(2) 生物科學 (biological sciences)，(3) 社會及行為科學 (social and behavioral sciences)。物理科學與生物科學所研究的都是自然現象，因此可以統稱作自然科學。不過，這兩類自然科學所研究的自然現象有所不同。物理科學所研究的主要是無生命物體或物質的種種現象，而生物科學所研究的則是有生命物體或物質的種種現象。無論是物理科學或生物學科，都可分為偏重理論者與偏重實用者。以物理科學而論，最主要的科學有物理學、化學、地質學、土木工程學、電機工程學、化學工程學等，其中前三者偏重理

論，後三者偏重實用。就生物科學而論，最主要的科學有動物學、植物學、生理學、解剖學、農藝學、園藝學、醫學、獸醫學等，其中前四者偏重理論，後四者偏重實用。

第三類主要的科學是社會及行為科學，其中主要包括下列學科：經濟學、政治學、歷史學、社會學、人類學、心理學、精神醫學 (psychiatry)、大眾傳播學及企業管理學等。這些學科所研究的主要題材，大都與人在社會中所發生的種種現象及問題有關，而此等現象與問題又往往涉及到人的行為及行為的結果。在這些社會及行為科學中，經濟學、精神醫學、大眾傳播學及企業管理學偏重實用，歷史學與人類學偏重理論，而社會學與心理學則實用與理論並重。無論是為了實用或是理論的目的，社會及行為科學所探討的主要是個人或團體在社會或其他情境中所表現的行為及行為的結果（如器物、典章、制度、語文），而所採用的方法則是有系統的實徵性研究方法。簡而言之，社會及行為科學的主旨是以科學方法研究人的行為及行為的結果。從這個觀點來看，前述某些學科中的部分內涵不應包括在社會及行為科學以內。例如，人類學中只有文化人類學 (cultural anthropology) 應屬社會及行為科學，而體質人類學 (physical anthropology) 則為生物科學的範圍。

在「社會及行為科學」這一名稱中，「行為科學」一詞較為陌生，其出處在此應加說明。根據 James G. Miller（註2）的說法，「行為科學」一詞為美國支加哥大學的一群科學家在 1949 年左右所創造，用以代替「社會科學」一詞。他們採用這個新名詞的理由有二：(1) 這一名詞是比較中性的，易於同時為社會科學家及生物科學家所接受，

註2：J. G. Miller (1955) Toward a general theory for the behavioral sciences. *American Psychologist*, *10*, 513.

(2) 他們預見將來須向富有人士尋求研究資助，而此等人士可能會將「社會科學」誤為「社會主義」。

此外，國內有極少數人士似有將「行為科學」誤為「行為主義」的情形。其實，這完全是兩回事。「行為主義」一詞大概是 behaviorism 或 behavioralism 的譯文。behaviorism 是心理學早期的一個理論，比較好的翻譯應該是「行為論」，而非「行為主義」。行為論強調以實際事物界定概念，重視用實驗的方法研究可直接或間接（借助儀器）觀察的外顯或內隱行為，而不主張以內省的方法探討主觀的歷程與經驗。behaviorism 既然僅只是心理學中很多早期的理論之一，當然不等於心理學，更不等於比心理學範圍還大的行為科學。至於 behavioralism，則是指政治學的一個學派；這個學派主張從人們在實際政治中的行為去了解政治現象，而政治行為則可用科學的方法加以觀察與研究。behavioralism 既然只是政治學中的一個學派，當然並不等於行為科學。

第二節　概念、變項及定義

一、概念與構念

如果磚塊是建造房屋的基本材料，那麼概念便是建立科學的基本礎石。在科學研究活動中，研究者所最感困難的工作，便是選用適當的概念來代表他們所研究的現象，以及說明他們所觀察的結果。概念既然如此重要，科學研究者對概念的涵義與功能便必須有所了解。

根據自己的經驗與觀察，任何一個人都會從一組類似的事物中歸納出一些孤立的共同屬性。這種從類似的個例中抽離出共同屬性的活

動，稱爲抽象化歷程，而經由這種歷程所獲得的共同屬性便是概念 (concept)。因此，一個概念便是一個類名(class name)，所代表的是該類事物的一種或數種共同屬性。例如，「生物」是一個概念，它所指的並不是單一的有生命的物體，而是代表各有生命物體的共同特徵。「重量」也是一個概念，它所指的並不是單一物體的某種特點，而是經驗到或觀察過很多物體後所抽離出來的一種屬性。一般而言，我們可以將概念分爲三類（註3）：

物體概念　此類概念所指謂的是兩種對象：(1)東西(thing)（包括有機體），如小孩、男人、桌子、學校、植物、金屬等；(2)東西的屬性，如大的、小的、圓的、黃的、硬的等。前一種情形所用的爲名詞，後一種情形所用的爲形容詞。

事件概念　此類概念所指謂的是兩種對象：(1)事件(event)（實卽行動中的東西），如戰鬥、唱歌、做事、玩耍、交配、滾動等；(2)事件的屬性，如激烈地、優美地、忙碌地、快樂地、適當地、快速地等。前一種情形所用的是動詞，後一種情形所用的是副詞。

關係概念　此類概念所指謂的是東西、事件及屬性之間的關係，例如正義、校風、忠貞、友誼等。這一類概念在科學研究中較爲常見，例如速度、習慣、人格、焦慮、文化等。

構念(construct)是特殊的一類概念，大都是科學研究者依據研究的需要，所仔細建構或「發明」的一種概念。因此，每一個構念都是一個概念，但是一個概念却未必是一個構念。與概念相比，構念常常具有更多的意義。舉例來說，「智力」可以當作一個概念，也可當作一個構念。作爲一個概念，它僅只代表觀察了很多聰明或不聰明的行

註3：M. H. Marx (1963) The general nature of theory construcrion. In M. H. Marx (ed.), *Theories in Contemporary Psychology.* New York: Macmillan

爲後所抽象化出來的特徵。但是，作爲一個構念，它在科學研究中却具有更大的用途與意義：(1) 要能用作科學研究上的概念，構念的界定必須以能加以測量爲原則；例如，研究者可用智力測驗來測量智力。(2) 爲了有效加以研究，可將構念放入某種理論架構，以探討其與架構中其他構念的關係；例如，研究者可以探討智力與學業成績的關係，而得知前者是否爲後者的決定因素。

二、變項及其類別

在科學的研究中，構念或屬性往往會在質或量上有所變動；也就是說，同一構念或屬性往往會以不同的狀態或份量表現出來。由於這種在質或量上可以變動的特點，所以研究者常將他們所用的構念或屬性稱作變項 (variable)。例如，性別是一個變項，因爲它代表男與女的不同(質的差異)；焦慮是一個變項，因爲它代表某種不快感受的不同 (量的差異)。在社會及行爲科學中，常見的變項很多，例如收入、居地、智力、成就、教育程度、社會階層、政治偏好、生產效率、宗敎信仰、權威性格、順從傾向等。

在科學研究所用的變項中，有些 (如性別、成敗、貧富) 只能在兩種狀態中變動，所以稱爲二分變項 (dichotomy or dichotomized variable)；有些 (如國籍、職業類別、宗敎信仰) 則可在兩種以上的狀態中變動，所以稱爲多元變項 (polytomy or polytomized variable)。無論是二分變項或多元變項，都是根據某些標準將人、事或物分成兩類或多類，因此都可稱作類別變項 (categorical or nominal variable)。例如，在性別這一變項中，是把人分爲男、女兩類，且將分入同一類中的人們視爲相同；在宗敎信仰這一變項中，是把人分爲佛敎、道

敎、天主敎、基督敎及其他五類,且將分入同一類中的人們視爲相同。類別變項中的各個類別, 並不代表量的差異或順序, 而是代表質的不同。在以統計方法分析資料時, 研究者常以不同的數字代替同一類別變項的各個類別, 而視爲一種量的變項。例如, 就性別這一變項而言, 研究者可以 1 代替一個性別, 而以 0 代替另一性別。這種以數字代替類別所形成的變項, 通常稱爲擬似變項 (dummy variable)。擬似變項可以視爲一種量的變項, 而直接加以統計分析。與類別變項對比者是連續變項 (continuous variable)。連續變項並非由兩個或多個類別所組成, 而是直接表示一種量的不同; 也就是說, 一個連續變項是由一組不同的分數所組成。例如, 收入、年齡、身高、智力、成績、敎育程度等, 都是連續變項。

　　科學研究者也常將變項分爲自變項 (independent variable) 與依變項 (dependent variable)。「自變項」與「依變項」這兩個名詞, 係來自數學。在數學中, $y = f(x)$ 這一方程式中的 x 是自變項, y 是依變項。將這個方程式應用在實徵性的研究中, 依變項 (y) 是指被預測的變項, 而自變項 (x) 則指用來預測的變項。有些研究者將自變項視爲依變項的可能原因, 而將依變項視爲自變項的可能後果; 換言之, 自變項是先決事項 (the antecedent), 而依變項則是後果事項 (the consequent)。在實驗研究中, 這種想法尤其明顯: 自變項是實驗者主動操縱變動的變項, 而依變項則是操縱自變項後可能會受到影響的變項。如果一位敎育學者想要研究不同敎學法對學習效率的影響, 便必須先採用 (卽操縱) 不同的敎學法實施敎學, 然後再測量並比較學生學習效率的改變。在這個例子中, 「不同敎學法」是自變項, 而「學生學習效率」則是依變項。在這種情形下, 自變項顯然是居於因的地位, 而依變項則是居於果的地位。總而言之, 自變項與依變項

之分，主要是基於變項間的相對關係。類別變項與連續變項都可以當作自變項，兩者也都可以當作依變項。

　　但是，並不是所有的類別變項與連續變項都是可以由研究者主動地加以操縱變動的。研究者<u>可以主動操縱的變項稱爲主動變項 (active variable)，不能主動操縱而只可加以測量的變項稱爲本性變項 (attri-bute variable)</u>。教學方法、懲罰方式、工作壓力、學習次數、獎賞份量、學習內容等都是主動變項，因爲研究者都可以找到辦法主動地改變這些變項。但是，人們、物體、團體、組織及地區所具有的很多特性，却不是研究者可以操縱改變的。在研究者從事研究以前，這些特性已經各以不同的類別或程度存在了。例如，年齡、智力、性別、社經地位、家庭結構、教育程度、宗敎信仰、政治黨派、居住地區、態度觀念、成就動機、團體效率、人口密度等，都是這一類的變項。這些變項都是「旣成事實」，研究者只能加以測量，而無由予以操縱。因此，它們都是本性變項。

　　此外，我們也可將變項分爲觀察變項 (observable or observed variable) 與中介變項 (intervening variable)。凡是經由人類的感官(無論借助儀器與否) 而能覺知其質或量的變項，都可稱爲觀察變項 (或可觀察變項)，例如年齡、身高、體重、教育程度、學業成績、教學方法、學習次數、社經地位、人口密度、家庭結構等。凡是不能經由人類的感官(無論借助儀器與否) 而覺知其質或量的變項，都可稱爲中介變項，例如動機、智力、敵意、情緒、思想、習慣、興趣、態度、需要及價值觀念等。中介變項所指謂的都是無法直接觀察的內在心理歷程，其「位置」係在行爲與行爲的原因 (環境與生理因素) 兩者之間，而有承前啓後的作用：環境與生理因素影響中介變項，而中介變項又可影響行爲。所以，中介變項一方面代表環境與生理因素的效果，

一方面又代表最後行為的原因。我們無法看到、聽到或感到中介變項，而只能從行為來推斷或測量中介變項。例如，我們可以從學習的速率及成績推斷或測量動機（中介變項）的高低，從攻擊行為的多少推斷或測量敵意（中介變項）的強弱。科學研究者從行為推斷或測量中介變項，然後又用中介變項來解釋行為。為了避免循環邏輯的謬誤，研究者在運用中介變項時，其所欲解釋的行為與用來推斷或測量中介變項的行為，必須是兩組不同的行為。

三、操作性的定義

在科學研究中，研究者所處理的主要是實徵性的概念或變項（empirical concept or variable），而一個概念或變項是否為實徵性者，端視此一概念或變項是否具有操作性的定義（operational definition）而定。因此，科學研究者（特別是社會及行為科學的研究者）必須對操作性定義具有相當的了解。

任何一個概念或變項都要用一個詞來代表，而從語意學的觀點來看，所謂定義實即有關所用之詞的認知意義（cognitive meaning）的解釋，亦即有關一詞之用法的解釋。定義的標準形式通常是：「x」的意思是「y」。其中，x 稱作被界定項(definiendum)，y 稱作界定項(definiens)。舉例來說，「狐狸」這個詞的意思是指一種紅毛、尖嘴、大尾的四足動物。在這個定義中，「狐狸」這個詞是被界定項，「一種紅毛、尖嘴、大尾的四足動物」這一串解釋則是界定項。人人都會下定義，但其高下卻各有不同。一般而言，良好的定義應具備以下的條件（註4）：

註4：M. Black (1960) *Critical Thinking*. New York: Wiley.

(1) 所下的定義應該適合於使用該詞的目的。

(2) 所下的定義應該易於為他人所了解。

(3) 界定項與被界定項應該完全一致，即在任何情況下兩者都可互相替用。

(4) 所下的定義應該是被界定項之意義的解釋，而非僅只是被界定項所指事物的一些說明。

最常用的定義有兩類，一類是約定性定義 (stipulated definition)，另一類是真實性定義 (real definition) (註5)。通常，約定性的定義是為了使用者的方便所做的關於詞之用法的約定，其一般形式為：讓表達詞 E_1 代表或相當於表達詞 E_2。其中 E_1 是被界定項，E_2 是界定項，而 E_2 常比 E_1 冗長而複雜。例如，在心理學中有人將「饑餓強度」界定作「未曾進食的時數」，即是一種約定性的定義；其界定的方式為：讓「饑餓強度」相當於「未曾進食的時數」。又如，讓「IQ」代表（或相當於）「100（心理年齡/生理年齡）」。約定性定義的最大功用，是依據使用者的需要來界定及引進新的詞語。在此類定義中，被界定項的用法僅只是一種約定，因此定義本身是無所謂真或假的。至於真實性的定義則有真假的問題存在，因為此類定義所陳述的是有關某種事物的主要性質、特徵或真實成份。下面是幾個真實性定義的例子：

「心理需要是個人對某種內在或外在情境的知覺所引起的一種緊張狀態。」

「社會化是經由社會環境提供訓練而形成個人心理及行為特徵的歷程。」

「參考團體 (reference group) 是指個人在評估自己的身份時用作

註5：G. Mandler and W. Kessen (1959) *The Language of Psychology.* New York: Wiley.

比較的團體。」

從科學研究的觀點來看，定義還有更重要的一種分類，那就文義性定義(literary definition) 與操作性定義 (operational definition) 的不同(註6)。平常從標準字典中所查到的定義都是文義性的定義，其特點是在定義中直接述及被界定項所指事物的性質或特徵（有時可能是假想的)。例如，有人將「智力」界定作「抽象思考的能力」或「適應環境的能力」；有人將「自族中心主義」(ethnocentrism) 界定作「意見、態度及價值的一種比較固定而有組織的系統」(註7)；有人將「文化擴散」(cultural diffusion) 界定作「將文化特質從一個社會或團體傳播到另一個社會或團體」。這些都可算是文義性的定義。

不同於文義性的定義，操作性定義在界定一個概念或變項時，並不直接描述被界定項所指變項或事象的性質或特徵，而是舉出測量該變項或產生該事象所作的操作活動。換言之，在操作性的定義中，使用者必須在界定項中說明觀察或測量被界定項所指的變項或事象時所作的實際活動。例如，智力的操作性定義不是「抽象思考的能力」或「適應環境的能力」，而是「某智力測驗所測量者」或「某智力測驗上所得的分數」。這好像是說，智力的意義可由某智力測驗上的分數所代表。又如「挫折」的操作性定義不是「失敗後的不愉快感覺」，而是「由於某種障礙而無法達到某一目標的情況」。其他的操作性定義的例子如下：

(1) 社會經濟地位(socio-economic status, 簡作SES)：將某方法所測量的教育程度與某方法所測量的所得收入依某方法合併而成的指標。

註6：B. J. Underwood (1957) *Psychological Research*. New York: Appleton-Century-Crofts.

註7：D. J. Levinson (1949) An approach to theory and measurement of ethnocentric ideology. *Journal of Psychology*, *28*, 19-39.

(2) 顯性焦慮(manifest anxiety)：以 J. A. Taylor (註8) 的顯性焦慮量表 (Manifest Anxiety Scale) 所測量者。

(3) 團體凝聚力 (group cohesiveness)：在某類情境下團體各成員在談話時所說「我們」的次數。

(4) 饑餓驅力 (hunger drive)：在其他方面並無匱乏的情形下之進食機會的剝奪。

(5) 增強作用 (reinforcement)：在某類行為出現時加以稱讚或對之微笑。

(6) 壓抑作用 (repression)：學習一組令人不快的詞與一組令人愉快的詞至相同標準，而在相當時間後前者記憶較差。

操作性定義又可再分為兩類，即測量的操作性定義 (measured operational definition)與實驗的操作性定義(experimental operational definition)。前一類操作性定義是描述所界定的變項或事象如何測量，其界定項所陳述的是測量該變項或事象所採用的工具、方法及程序。在上列六個例子中，前三者皆屬此類定義。實驗的操作性定義是描述所界定的變項或事象如何產生，其界定項所陳述的是產生該變項或事象所從事的操作程序與活動。在上列六個例子中，後三者皆屬此類定義。

在科學研究所用的定義中，操作性定義佔有主要的地位。事實上，一個實徵性的概念 (empirical concept) 是否算是一個科學的概念，係視此一概念是否具有操作性的定義而定。具體地說，在科學研究中採用操作性定義，至少有三大益處：

(1) 可使研究者的思考具體而清晰，防止所用的實徵性概念曖昧

註8：J. A. Taylor (1953) A personality scale of manifest anxiety. *Journal of Abnormal and Social Psychology*, *48*, 285-290.

而含混。

(2) 可以減少一門科學中所用概念或變項的數目，因爲只有在操作程序顯著不同時才增加新概念或新變項。

(3) 可以增進科學研究者互相溝通的正確性，因爲具有操作性定義的概念或變項才不易產生誤解。

在科學研究中，操作性定義雖然備極重要，但却也不是說文義性定義全無用處。爲了促進相互間的溝通，科學研究者有時也採用文義性定義，但却大都用於以操作性定義界定一新概念或變項之前。在這種情形下，文義性定義可以幫助讀者了解研究者所探討的變項或事象的大概性質，以便於把握其操作性定義的方向及意義。

第三節　假設與定律

在科學研究中，變項雖爲基本的礎石，但變項間的關係却是科學知識的基本單位，因爲只有透過有關變項關係的知識，我們才能了解自然界與社會界的情況。因此，在大部份科學研究中，研究者的目的總在探討兩個或多個變項間的關係。但在實際研究以前，研究者並不知道所研究的變項關係究竟如何。於是，在不得已的情形下，研究者只好先行提出變項間可能關係的一種假想性的陳述，這種陳述便是通常所說的假設 (hypothesis)。

一、假設的型式

假設所陳述的是兩個或數個變項間的可能關係。其陳述的主要方式有三種，一爲條件式陳述，一爲差異式陳述，另一爲函數式陳述。在

條件式陳述中，假設是以「如果Ａ，則Ｂ」的形式加以表達，其中Ａ
代表某種條件，Ｂ代表其他條件；通常，Ａ所代表的條件稱為先決條
件 (antecedent condition)，Ｂ所代表的條件稱為後果條件 (consequent
condition)。一個假設的先決條件與後果條件，大都以陳述性的語句
表示。舉例來說，如果Ａ是「一企業工作團體有嚴重的內部矛盾」，Ｂ
是「該工作團體的生產效率將行降低」，則以「如果Ａ，則Ｂ」的形式
所獲得的假設應是：「如果一企業工作團體有嚴重的內部矛盾，則該工
作團體的生產效率將行降低」。顯而易見，此一假設所陳述的是「一企
業工作團體中的內部矛盾程度」與「該工作團體的生產量」這兩個變
項的下列可能關係：前者嚴重時，後者將行降低。條件式的假設容易
使人產生一種感覺，以為其中的先決條件是後果條件的原因。事實上，
這可能是對的，也可能是不對的。條件式陳述並不是說前一個（或一
組）條件導致後一個（或一組）條件，而只是說：如果一個條件成立，
則另一個條件亦將為真。換言之，條件式陳述只是說兩個（或兩組）
條件可能重複一起出現而已。

　　第二種假設陳述的形式是涉及組間差異的有或無。常見的情形是
先就其中一個或數個變項將人物、團體或情境分為兩組或兩組以上，
然後再預測各組間在其他變項上的可能差異。例如，研究消費行為者
可先依職業的不同將受訪者分為數組，然後預測各組間在某種消費行
為上的差異；在這種情形下，研究者的假設可能是：不同職業的人，
對彩色電視機的品牌偏好互有差異。這一假設涉及到兩個變項，一為
「職業的不同」，一為「對彩色電視機的品牌偏好」。差異式的假設
所敘述的也是變項間的關係。在上例中，假設的內涵是說對彩色電視
機的品牌偏好與職業的不同有關，但却並未說出關係的方向；當然，
如果研究者在假設中說出差異的方向（如公教人員對某牌彩色電視機

的偏好强於非公務人員)，那便是一種進一步重視關係方向的假設。當
然，研究者也可以「無差異」的形式加以陳述，而將前述的差異式假
設改作：不同職業的人對彩色電視機的品牌偏好並無差異。

　　假設也可採函數式的陳述，其基本形式是「y 是 x 的函數」，其
中 x 稱為自變項，y 稱為依變項。如以數學方程式加以表達，則函數
式陳述可寫作 $y=f(x)$；實際的方程式可能很簡單，也可能很複雜。
與前面的兩種陳述方式相較，函數式的陳述更能表現出假設之叙述變
項間可能關係的特點。例如，「個人的理想子女數目是其教育程度的
函數」這一假設，所陳述的是「個人理想子女數目」與「個人教育
程度」這兩個變項具有關係。不過，這個假設僅只預測這兩個變項有
關，但却並未說出二者可能有何關係。如果研究者將上述假設改作「個
人的理想子女數目是其教育程度的遞增函數」，那便不僅預測兩個變項
有關係，而且預測理想子女數目是隨教育程度的提高而增加。當所預
測的函數關係比較複雜時，在假設中可逕以數學方程式來代表文字的
叙述。

　　以上所述是研究假設的三種主要形式。不過，在實際撰寫論文時，
研究者却可能採用其他的行文方式來說出假設，而未必直接運用上述
三種陳述假設的方式之一。例如，有些論文可能採用以下方式說出假
設：本研究的目的在探討A對B的影響。這種陳述假設的辦法，很容
易轉換成「如果A，則B」的形式，因此實際上是在運用條件式的陳
述方式。舉例來說，如果有人在其論文中說是「本研究的目的在探討
教師稱讚對學生之課業進步的影響」，則此一假設便很容易改寫成「如
果教師稱讚學生，則學生的課業便會進步」。也有些研究者喜歡採用
以下的方式說出假設：本研究的目的在探討 A 與 B 的關係。這種陳
述假設的設法，很容易轉換成「A是B的函數」或「B是A的函數」

的形式，因此實際上是在運用函數式的陳述方式。舉例來說，如果有人在其論文中說是「本研究的目的在探討犯罪比率與社區人口密度的關係」，則此一假設很容易改寫成「犯罪比率是社區人口密度的函數」。

二、假設的標準

上文所談的是假設的陳述方式。但是，以適當的方式所陳述的假設，未必便是良好的假設，因為假設的好壞與陳述的方式是兩回事。判斷假設的好壞可以根據很多標準，以下幾項是其中比較重要的。

(1) 假設必須具有可驗證性 (testability)；也就是說，所設立的假設可用實徵的方法決定其眞或假。

(2) 假設應該與同一研究範圍內的已有知識相一致，而不宜有明顯的牴觸。

(3) 假設應該簡約 (parsimonious)，卽假設中宜避免採用不必要的複雜概念。

(4) 假設應該能夠針對所研究的問題提供答案，而無「文不對題」的情形。

(5) 假設應該具有邏輯的單純性 (logical simplicity)；也就是說，所立假設可以直接解釋某一問題或現象，而不必附加其他假設。

(6) 假設應該以量化或便於量化的形式加以表達。

(7) 假設應該有相當的廣度，以便從而導出很多的推論。

以上這些標準所代表的是一種理想，實際上並非所有科學研究中的假設都能達到這些標準。在高度發展的科學（如物理學與化學）中，研究者所定的假設比較容易達到這些標準，但在低度發展的科學（如大部分的社會及行為科學）中，研究者所定的假設却不容易達到這些

標準。在社會及行爲科學中，有很多所謂的「假設」並不具有可驗證性，當然更談不到量化或便於量化的表達形式了。大體而論，社會及行爲科學中的假設大都水準不高，而爲了有所改進，社會及行爲科學研究者理當比物理及生物科學研究者更加注意上列的標準。

最後應該指出，在科學的研究中，假設扮演了極其重要的角色。一般科學研究者大都承認，假設至少有三項重要的功能:

假設有指導研究的功能　假設可使研究工作有其方向，而不致在浩瀚的現象界中迷失。假設能使研究者知道從何處開始研究，到何處結束研究; 知道應當從事何種觀察，蒐集何種資料。總之，假設可使研究者在研究過程中知道做些什麼。

假設有演繹推論的功能　研究者可自假設中推論出個別而特殊的實徵事象或關係。例如，從「貧窮可導致犯罪」這一假設，可以推論出「城市貧民區的犯罪率高於非貧民區」，而後一範圍較小的假設將更易加以驗證。

假設有增進知識的功能　假設常自某一理論(theory)演繹推論而得，而經由證實或否定推得的假設，卽可增進科學的知識。卽使所探討的假設並非導自理論，驗證的結果也會構成科學知識的一部份。

三、假說與定律

在特殊性(specificity)與一般性(generality)上，各個假設互有不同。有些假設所涉及的範圍頗爲狹窄，其中的變項具有清楚的操作性定義，易於加以測量或操縱; 這種特殊性較高的假設，較易經由實徵研究而加以直接驗證。一般研究中經由蒐集資料所驗證的假設，大都是這一類的假設。有些研究者將這種假設稱作工作假設 (working hypothesis)。但是，也有些假設所涉及的範圍較廣，其中的變項並不直接具有操作性定義，而是間接具有實徵的意義。由於這一特點，所以此類假設不易直接加以實徵性的驗證，而只能以間接的方式從事之。在間接驗證此類一般性較高的假設時，研究者必須先從其中導出一個或數個特殊性的假設，然後分別加以直接驗證。如果所導出的特殊性假設都能獲得研究的證實，那麼便可反證最初的一般性假設是眞的；如果所導出的特殊性假設都未獲得研究的支持，那麼便可反證最初的一般性假設是假的。舉例來說，假如有一一般性的假設如下：學習效率是動機強度的函數。從此一含蓋範圍頗廣的假設，研究者可以導出數個含蓋範圍較小的特殊性假設，如「國小學生的學業成績是其成就動機的函數」，「工廠工人學習新技能的效率是其工作動機的函數」等。這些導出的假設，其中的變項都比較容易給予操作性的定義，因而可以直接加以實徵性的驗證。如果驗證的結果大都是支持性的，那麼用來導出這些假設的一般性假設便也獲得了實徵性的支持；如果驗證的結果大都是否定性的，那麼最初的一般性假設便受到了實徵性的否定。這便是間接驗證一般性假設的基本歷程。

　　一般性的假設如果獲得了相當程度的證實，便成爲假說（在英文中仍稱 hypothesis）。例如，在心理學中有一個假設稱作「挫折攻擊假說」(frustration-aggression hypothesis)，其主要內涵是說：攻擊行爲皆由挫折引起。過去雖有很多研究證實了挫折與攻擊的此項關係，但却仍有學者表示異議。假說如再經進一步的多方而充份的證實，而終爲有關專家學者所一致接受，便會進而成爲定律 (law）。例如，在心理學中有一個定律稱作 Weber定律 (Weber's law)，其內涵爲：

$$\frac{\Delta I}{I} = k$$

其中 I 爲某刺激，ΔI 爲引起最小差別感 (just noticeable difference)
所需之刺激改變量， k 爲一常數。在物理科學中，定律的數目甚多；
但在社會及行爲科學中，定律的數目則極少。

　　假說一旦成爲定律後，並不一定能一直保持其定律的身份，如果
有新發現的證據與定律顯然不合，則此一定律便可能會喪失其定律的
身份，而再度成爲假說。

第四節　理論及其功能

　　科學的目的不在一成不變地記錄或蒐集事實，而是要經由概化
(generalization) 與演繹的方法，建構出一套科學理論 (scientific
theory)，以執簡馭繁，用一組精要的理論性架構，來描述、解釋及預
測龐雜的事實。因此，眞正的科學知識並不是記錄準確的零星事實，
而是科學家所建構的理論。從這個觀點來看，科學家不是「發現」科
學知識，而是「發明」科學知識。

一、理論的性質

　　一般人一聽到「理論」二字，便聯想到「空想」或「不切實際」。
在科學的領域中，「理論」一詞却有其嚴肅的涵義。在談及「理論」
一詞時，不同的科學研究者可能採用不同的定義。例如，有人認爲理
論是指任何用來解釋個別事象的原則，有人認爲理論是指任何用來代
表變項關係的法則。晚近，比較爲多數科學研究者所接受的一種定
義，是將「理論」界定作一組具有邏輯關係的假說或定律。

　　在同一科學理論中，各個假說或定律可能屬於同一層次，也可能

屬於不同層次。大多數科學理論,都有兩層以上的假設或定律,而較低層次的假設或定律係由較高層次的假設或定律演繹或推論而來, 而推論所根據的是邏輯法則。理論的上層假設或定律為數較少, 涵蓋的範圍較廣; 其下層假設或定律則為數較多, 涵蓋的範圍較窄。一般而言, 愈是較下層的假設或定律, 其可驗證性或實徵意義 (empirical meaning) 愈大, 而最下層的假設或定律本身, 以及從這些假設或定律所推出的假設, 往往可以直接進行研究, 從事驗證工作。愈是較上層的假設或定律, 其直接的可驗證性愈小, 須靠較下層的假設或定律來與現象界產生關連, 因而其實徵意義只是間接的, 其可驗證性也是間接的。由以上的說明可知, 科學理論同時具有邏輯的與實徵的兩種成份, 因而可說是一種具有實徵意義的邏輯結構。

科學理論既然又重實際也合邏輯, 自然不能稱之為空想。它們雖然不是空想, 但却也不是「 絕對的真理 」。現代的科學已經放棄了絕對真理的觀念, 而將代表科學知識的理論視為是暫時性的。經由繼續不斷的實徵性研究, 理論的各層假設或定律乃可受到直接或間接的驗證, 然後再根據驗證的結果, 保留或修改理論中的有關假設或定律, 以使其更為精確。總之, 科學的理論永遠是在改變的, 它只能逐漸逼近目標, 而不能說已經到達目標。因此, 科學理論永遠只能代表相對的真理, 而不能代表絕對的真理。

由於建構的方式不同, 理論可有類別的不同, 而其中最為可觀的一種, 稱為假設演繹式理論 (hypothetico-deductive theory)。此類理論如係用數學方式加以表達, 便稱作數學演繹式理論 (mathematico-deductive theory)。假設演繹式理論的建構, 是先自數項假設性命題 (hypothetical proposition) 開始, 然後依據演繹邏輯向下推論, 以獲得第一層的若干定理(theorem); 然後以第一層的定理為主, 再依據演

繹邏輯向下推論，便獲得第二層的若干定理；依次類推，直至獲得最下層的定理。最上層的假設性命題實卽所謂基本假定 (postulate)，其數目與廣度決定了整個理論的範圍與複雜程度。其下的各層定理數目不一，大致愈靠下者爲數愈多，廣度愈窄，而實徵的意義則愈大。依據整個理論的「成熟」程度，最上層的假設命題及其下的各層定理可以視作假說或視爲定律。假設演繹式理論，可以說是一種最高超的科學理論。這種理論在物理科學中較爲常見，在社會及行爲科學中則爲數極少。在行爲科學中，較爲大家所樂道的是 C. L. Hull 的學習理論(註9)。

　　社會及行爲科學尚在幼稚階段，要想建立假設演繹式的理論自非易事。退而求其次，很多研究者只好針對自己所探討的較窄範圍以內的課題，建立富有實徵意義的小型理論。M. H. Marx (註10) 將這種理論稱爲功能性的理論 (functional theory)。功能性理論的邏輯推理程度不如假設演繹式理論之深，其特點是與研究所得的結果密切貼合。此類理論與實徵研究的關係緊密，而二者間兩個方向的影響同樣的靈便：理論產生研究的假設，而研究則導致理論的修改。在這一點上，此類理論與假設演繹式理論有所不同，在後者中理論對研究的影響遠大於研究對理論的影響，因爲假設演繹式理論的架構龐大，內容牽連衆多，很難根據一個或少數研究的不利結果，而就理論的任一部份作機動性的修改。功能性理論與實徵研究間的相互影響則甚爲密切：從理論所導出的假設，可以直接作實徵性的驗證，驗證的結果又可直接當作修改理論的依據。功能性理論是一種比較「謙虛的」理論，它可以避免過早建立龐大的假設演繹式理論的危險。

註9：C. L. Hull (1943) *Principles of Behavior*. New York: Appleton-Century.
註10：M. H. Marx (1963) The general nature of theory construction. In M. H. Marx (ed.), *Theories of Contemporary Psychology*. New York: Macmillan.

在社會及行為科學中，功能性理論為數甚多。此處可舉 A. K. Cohen (註11) 的理論作為例子。Cohen 是一位社會學家，他為了解釋及探討美國社會中「犯罪性次文化」(delinquent subculture) 的形成，提出了一項功能性的理論。他的理論包含了以下要點：

(1) 所有人類行為都是為了解決問題。

(2) 雖然人人都有其問題，但在整個社會中各類問題並非均勻分佈；勞工階層遭遇某些問題的可能性大於專業人員，青年人大於老年人，男孩子大於女孩子，等等。

(3) 具有類似適應問題的一群人彼此有效的接觸，是形成新文化規範的關鍵條件。

(4) 一個人被他所認為重要的別人看重，是其適應上的一個重要條件。

(5) 對很多勞工階層的兒童而言，此一條件難以具備。在學校裡，在娛樂中心內，在社區的各項活動中，人們是以中產階層的標準來判斷他們，而由於若干理由，勞工階層的兒童難以符合這些標準。

(6) 犯罪性次文化處理此一適應問題的辦法，是提供給此等兒童一些他們能夠達成的身份標準 (criteria of status)。

(7) 由於大多數勞工階層的兒童都曾接觸過中產階層的標準，而且部份地加以內化，因而在這些標準與犯罪幫派的標準之間會產生衝突。

(8) 為了去除此種衝突，犯罪性次文化公然拒絕（而不只是加以忽視）中產階層的標準，特別是當這些標準涉及到既得身份

註11: A. K. Cohen (1955) *Delinquent Boys: The Culture of the Gang.* New York: Free Press.

的有關事項；犯罪幫派以內的身份標準與「可敬的」社會所
持有的標準是相反的。

根據上述理論性的陳述，Cohen 導出若干研究犯罪問題（特別是
少年犯罪問題）的新假設與新方向。例如，從此一理論可以推出以下
假設：勞工階層居住區域中的犯罪幫派，多於其他階層居住的區域。
這種假設可以直接付諸實徵性的驗證。

二、理論的功能

在科學中，理論佔有極其重要地位。事實上，經過相當證實的科
學理論，就是科學知識的本身。而從比較廣濶的觀點來看，理論至少
具有以下幾項重要的功能：(1) 統合現有的知識，(2) 解釋已有的事
象，(3) 預測未來的事象，及 (4) 指導研究的方向。

統合現有的知識 前文曾經一再提到，科學的目的不在發現散漫
的事實，而在建立理論化的知識體系。因而，每當某一方面的研究成
果累積到相當程度以後，便會有人致力於有關理論的建立，以圖有效
地統合既有的研究發現。有了理論以後，便可以根據理論的推論進行
研究，所得的成果自然更易納入理論架構中。總之，理論可以統合有
關課題的現有知識，使其簡約化、系統化、貫通化，以便能夠發揮執
簡馭繁的作用。

解釋已有的事象 科學的主要目的之一便是解釋(explanation)，
而事象一經解釋後，便會產生了解。在科學的領域內，所謂「解釋一
事象或關係」，實卽自一組可信的原則推繹 (infer 或 deduce) 出該事
象或關係。此處所謂「可信的原則」，實卽經過相當驗證的理論。在
科學中，只要是已經存在的事象或關係能從某一理論循邏輯程序推論

而得，則這一事象或關係便算是獲得了解釋。所以，理論是解釋的主要工具。

在科學的解釋中，總是會有解釋項 (explanans) 與被解釋項 (explanandum)。解釋項包括兩組陳述，一組是先決條件的陳述，一組是理論性的陳述；而被解釋項則是有關企圖解釋之事象的陳述。在意圖解釋某一事象時，解釋者必須先行找出此一事象發生的先決條件，然後透過理論性的陳述，從這些先決條件導出所欲解釋之事象的陳述。換言之，在科學的解釋中，解釋項中的兩組陳述是兩組前提 (premise)，而被解釋項則是結論。對於這種科學的解釋，應有以下幾點進一步的說明：

(1) 被解釋項必須是特定時空中具有實徵意義之事物的描述。

(2) 解釋項中的先決條件之陳述必須是真的，即具有實徵的內容。

(3) 解釋項中的理論性陳述必須具有實徵上的可驗證性。

(4) 被解釋項必須是邏輯演繹的結果。

(5) 此種解釋方式祇適用於某一時空範圍中的解釋，而得不到所謂最後的或絕對的解釋 (註12)。

現舉一例，以加說明。假如我們要解釋「美國何以有兩黨制度」。按照上述科學解釋的方式，解釋項中的先決條件是「美國的政治系統是採取單選舉區制 (single-member district)」，理論性陳述是「凡實行單選舉區制的政治系統都是兩黨制度」。為了簡化邏輯推績的方式，我們可設定：A＝單選舉區制，B＝兩黨制，C＝第三黨勢力很小，

註12: 關於上述這種科學解釋的方式，詳見 C. G. Hempel and P. Oppenheim (1948) The logic of explanation. *Philosophy of Science*, 15, 135-175。關於科學解釋，下列兩書的討論頗有深度：R. B. Braithwaite (1955) *Scientific Explanation.* Cambridge University; E. J. Meehan (1968) *Explanation in Social Science: A System Paradigm.* Homewood, Ill.: The Dorsey Press.

⊃＝「如果…，則…」。如此則上舉的單一事實的解釋將是下列兩種情況：

(1) A⊃B　　以及 (2) A⊃C

$$\frac{A}{B} \qquad \frac{C⊃B}{A\ B}$$

第 (1) 項解釋是：如果實行單選舉區制，則該政治系統必有兩黨制度；美國是實行單選舉區制，所以美國是兩黨制的國家。第(2)項解釋是：如果實行單選舉區制，則第三黨勢力就小；如果第三黨勢力小，則會逐漸形成兩黨制度；美國實行單選舉區制，於是乃形成兩黨制度。

預測未來的事象　科學的另一重要目的是預測。預測是指從已有的知識推出尚未觀察的事象或關係。統合或代表已有知識的是理論，因而預測實卽根據理論推出有待觀察的事象或關係；這也就是說，理論是預測的主要工具，正如理論是解釋的主要工具。預測與解釋都是根據理論推論事象或關係，兩者的基本歷程是相同的，只是前者是推論已知的事象或關係，而後者則是推論未知的事象或關係。當科學研究者從事預測時，他所根據的理論便要受到考驗；但如預測獲得證實，所根據的理論便也得到了進一步的證實。

指導研究的方向　根據理論從事預測，可能是爲了實用的目的，也可能是爲了研究的目的。就後類目的而言，預測而得的陳述可以當作研究用的假設。事實上，在科學的研究中，從理論獲得預測是研究假設的主要來源。研究可以有系統地從同一理論導出若干預測性的假設，然後一一加以驗證；因此，有了理論以後，便不愁缺乏可以研究的問題。從理論所導出的假設是系統性的，因此研究所得的發現也會是系統性的。至於無理論根據的研究，則往往彼此孤立而缺乏關連，在重要性上便大爲遜色。尤有進者，依據邏輯法則從理論中推出的研

究假設往往比較有深度，常非憑空所能想出；因此，採用由理論所導出的假設，研究的結果也往往會比較有深度。而且，此種假設既是以整個理論所代表的知識爲背景，研究所得的結果自然易與其他有關知識相連繫，其意義必會大爲增加。總之，由於理論可以產生研究所需的假設，所以具有指導研究方向的作用。

第 二 章

研究的性質與類別

吳 聰 賢

　　研究的作用在於應用科學的步驟，去尋求問題的答案。這些科學研究法的步驟是經由長時期的發展與修正的結果，希望所收集的資料不但與研究題目有關，並且可靠而沒有偏差。當然，我們無法保證所有經過科學研究法而收集的資料都是適宜而可靠的。不過，科學研究法所獲得的資料，比其他方法所得的要來得準確，則是不可否認的。

第一節　研究的目的

　　研究者常常以類似如下的各種疑問或問題提出他的題目：為什麼夏天的日照時間較冬天的長？香蕉為什麼生長於臺灣南部，而不在北部？為什麼部分農民不願輕易採用新品種？為什麼中國人有重男輕女的觀念？社區環境之改善，對減低少年犯罪率是否有效果？加強人際關係之訓練，是否會改善工廠管理的效率？工業化是否助長中國式家庭之解體？

　　除了提出類似上述的單獨事件為問題以外，我們也可觀察某種事件所隨附的連續事件，而說這一種事件經常以這樣的型式發生，或者

說在其他情況裏，會產生另一種事件。或者，可以更具體地說，經由某種情況，而導致特定的結果。例如，我們說，農民如果接受農業推廣教育，將更容易接受新事物。教育程度較高的中國人，沒有重男輕女之觀念。加強家庭教育，比實施社區改造，對減低少年犯罪率有效。工業化而又都市化的社會中，家庭關係較不密切。像這些問題牽涉到其他現象之發生，故它們之間可以構成一種未經驗證的假設，而這種假設一經證明可以存在時，則不但說明該種事實存在，並且可用於預測類似事項之發生。

科學研究所尋求的消息，必須能用觀察、試驗、訪問的方式獲得。諸如一般人或看相者常用的猜想方法獲得的消息，則不包括在本文所講的研究問題之內。其次，有些問題含有個人價值觀念在內，也不合科學研究的要求。例如，政府應否推行強迫衛生保險制度？這個問題，不只牽涉到事實，而且還包含價值在內。在事實方面，它可以搜集醫藥成本、疾病危害社會程度。在價值方面，卻遭遇到自由選擇醫生及自願治療者的非議。不過，有時像這種有價值色彩的問題，也可以轉變為可以研究的題目。如上述的問題研究者，可以反問強迫衛生保險制度是否或會否妨礙自由選擇醫生？

從社會演變及人類生活改善過程來看，研究的目的在於解決人類生活的環境問題，但是從學術研究立場而論，有時也注重知識領域之擴展。尤其是自從科學研究的效用被公認以後，純理論之建立有助於引導社會經濟文化政治之正確發展方向。是故，科學研究之目的有二：一為知識的，為滿足求知慾而做的研究；二為實用的，為尋求提高工作效率而做的研究。這兩種目的的研究，常被稱作理論與實用，基本與應用，或純粹與應用的兩種對立的研究，促使學術界重視前者，而社會人士注重後者。這種偏好顯然是不正確的。從歷史演變過程看

來，科學的發達是建立在雙重目的之上的。尤其是社會及行爲科學，它的責任，一方面在於創造通則，用於了解及預測人類的行爲；另一方面由於它的本質，期待它來解決社會現實問題的呼籲與年俱增。尤其是工業極端發展的今天，許多社會問題之急待解決，非同時借用多種社會科學之知識不可。由此可知，社會及行爲科學之研究，具有雙重使命，而從它的本質來看，其實用性的使命隨着工業化社會之演變，有增無減。

再者，有人常將理論與實用視爲兩種不相干的研究，認爲前者有理論內容，而後者則沒有；或者前者不符合社會需要，而後者較符合社會需要。我們應該知道，理論是依據社會現象（事實），經由假設的驗證過程而建立的一套通則。故理論不是無的放矢，不能無中生有，更不是幻想，它是代表事實間的關係。理論與事實之主要差異是在於前者係將獨立事件的事實組合成一套有順序、有意義的關係。可知理論與事實不能分開，若果說只研究理論而不使用實際資料，那麼這種理論不是科學裏所講的理論。是故，無論是基本或應用性的研究，都不能離開理論與事實，卽理論與事實互爲一體，而非互相對立。

筆者以爲，一般所謂的理論與實際，基本與應用，純粹與應用，不是指前者有理論而後者沒有，亦卽兩者不應該在內容上有所差異，只不過是在研究目的與取材層次上有差別而已。應用性的研究因欲解決現實問題，因此其研究範圍較爲固定而缺乏彈性，但是固定的研究目的與現實問題之解決並不表示與理論脫節。在研究設計上，應用性研究必須有理論指引。易言之，基本與應用的差別，在於前者的研究目的是爲建立理論或學說而研究，後者則以解決現實問題爲出發點，而建立理論爲其部分目的。是故，基本性研究較有自由，而應用性研

究缺乏彈性。其次，應用性社會科學研究的題材，是要從實際社會群體及個人身上取得。一般基本性研究資料之取得，不一定要從個人層次取得材料，它可以使用現成資料而不重視時間因素，不過這些差別只是程度上而已，並非絕對。

第二節　研究的歷程

雖然並不是所有的研究都能提出準確的答案，但是不斷地修正研究過程與方法，將有助於提供準確的答案或結果。由於若干社會及行為現象很難有效地測度，從而影響研究結果的信度與效度，因此有志於社會與行為科學研究的人，必須具備相當程度的研究方法的知識與研究歷程的了解。有些人不願從事研究工作，只想擔任教職，利用現成的研究結果與資料，傳授知識給學生。即使如此，他也必須了解怎樣選擇好的研究結果。這個時候，他所面臨的便是要熟悉對方的結果是怎樣產生出來的，亦即明瞭對方的研究技術。例如有些社會科學家說，高生育率與貧窮是關聯在一起的，亦即貧窮的人家，生育較多子女數。但是也有人說，富有人家生育較多的子女。那一研究結果比較可靠？兩者可能都錯，也可能都對。那要看它們的樣戶教育水準怎樣。可能兩個研究的樣戶，都是低教育水準者為多。如果我們將樣戶教育水準分為高低兩種，再分別觀察其家庭子女數，也許得到另一種結果：富有而教育程度低的樣戶，其子女數較富有而教育程度高的樣戶多。諸如此類的問題，身為應用研究結果者，即使不直接從事研究，亦須熟悉簡單的研究設計，否則無法辨別題目相同而結果完全不一樣的研究報告。雖然有些研究結果看起來沒有什麼毛病，但有時因其名辭界限、測量工具、設計差異等，都會有意無意地影響一篇研究

報告，不能不加注意。

就是政府、公司、機關團體工作人員、教會福利單位工作人員、社區、農村服務人員，欲提高其工作效率，須要一方面具備考評工作方案推行結果的能力，另一方面要有能力判斷研究結果，能否應用到本身的工作方案上。尤其是工業化的結果，許多經建工作方案，牽涉範圍極為廣泛而深入，依賴研究知識來引導其工作方向的需要乃與日俱增。

在民主社會裏，政黨民意測驗相當風行，宣傳者常引用民意測驗的統計數字來表示某一政黨獲致民心的傾向。了解研究設計的人，比較能判斷那些統計數字的可靠性。又如醫藥廣告，常說訪問的十個醫生當中，有八個是贊成使用該藥品。我們應該知道這個樣本數太少，不足以代表大部分的醫生，況且訪問的十個醫生又不是經隨機取樣選出來的，說不定這十個醫生本來就是比較偏向那一家製藥公司的產品。做為一個現代化公民，須要應用基本研究常識的機會很多，具備了這些知識，不但有利於他的日常生活，而且還能充實人生的意義與生活的內容。

總而言之，具備了研究步驟的常識，不只幫助我們提高工作效率，並改善生活，而且還能培養我們有分析性的眼光，遇事都能提出如下的疑問：根據什麼獲得這些結論？是否有事實根據？獲得結論的方法是否客觀？解釋得是否合適？

自古以來，人類獲得知識之途徑及解決問題之方法有幾種：(1) 訴諸權威，(2) 親身經驗，(3) 演繹法，(4) 歸納法，及 (5) 科學方法。像上述的處事方法，可以說是接近科學方法，它可以說是兼具演繹法與歸納法之優點，為當前所知道的研究方法中最佳者。科學研究法的產生，間接可以追溯到十五世紀 Francis Bacon 的演繹法修

正論。Bacon 認為研究者不應該盲目地接受他人演繹出來的通則，認為對於研究現象，應加以親身的觀察，然後才可以根據這些資料立下結論。不過，根據事實來下結論的建議雖然值得效法，但是 Bacon 的任意搜集資料的方法，則未免失之偏頗。

為了採取更實用的方法，而能獲得可靠的知識，Newton 等人將歸納法與演繹法合併起來使用。這種用綜合觀察與推理來尋求知識的方法，直接導致現代科學研究法的產生。在科學研究法裏，以有目標的立意搜集事實資料來代替無系統的事實資料搜集法；前提則要經過適當的驗證，而不是自命的真理。採用了科學研究法，研究者要在演繹法與歸納法之間反復來往──反復的思考。John Dewey 在1910年出版的「我們怎樣思考」(How We Think) 一書裏，分析了反復思考的步驟。Dewey 提示的思考方法，廣泛地應用於解決問題的步驟。茲將解決問題的五個步驟扼要說明如下 (註1)。

發生疑難　人遭遇到困擾的阻礙、經驗、問題。具體的情形有如：(a) 缺乏某種工具以獲得所期望的目的物，(b) 不了解一件事體的特徵，(c) 不能解決一個未曾預料的事件。

界定與解釋疑難　經觀察疑難並搜集事實，一個人可以更精確地解釋疑難。

解決疑難的假設　根據搜集的事實，可以幫助一個人想出若干解決疑難的方法。這種解釋產生疑難的事實的通則，稱為假設。

推演假設的結果　若果上述的假設是可以成立的話，則可以推出某種結果會因而產生。

註1：D. B. Van Dalen and W. J. Meyer (1966) *Understanding Educational Research. An Introduction.* McGraw-Hill, Inc.. pp. 28-29.

驗證假設　爲實際驗證假設，我們可以搜集證據，以判斷是否某種結果眞的會發生。經過這一段過程，我們可以知道那一個假設與可觀察事實符合，而確定解決問題的可靠度。

在上述反復思考過程裏，歸納法與演繹法各有其用處：歸納法提供基礎建立假設，演繹法提示假設的邏輯結果，爲了去掉與事實不符合的假設，歸納法可以再度驗證所得的假設。易言之，研究者不斷地在這些步驟裏來往工作：搜集事實；建立假設去說明事實；推演假設的結果；尋求更多事實來驗證假設。

上述的思考步驟，並不是固定而不變的。研究者不一定一次做完一個步驟，然後才進行下一步驟。研究者可能同時進行兩個步驟，也可能爲了一個步驟就要花費很多時間。研究是一種反復思考的工作，故研究者經過一個階段以後，可能還得再回頭好幾次。依照 Dewey 的說法，因爲研究者在每一個步驟裏所做的思考都是暫時而不是完整的 (註2)，所以需要多次的反復分析。

Dewey 的思考步驟，可以視爲研究過程中必須遵循的基本法則，而在實際的研究中，有若干技術性的問題，也是研究者必須注意的，爲了使研究盡量趨於完善，一個好的研究通常都包括下述的幾個研究步驟：

選定研究問題(identifying a problem)　在研究的過程中，選定問題是最困難的一個步驟。研究者不僅要選擇一個問題領域，而且要在該領域中選定一個問題來研究。

建立研究假設(constructing research hypothesis)　研究問題

註2：J. Dewey (1916) *Democracy and Education.* New York: The Macmillan Co.. p. 146.

選定之後，研究者通常都利用歸納與演繹的邏輯過程，去預測研究的可能結果。換而言之，研究者對於研究問題中所有相關概念之間的關係，予以推測或假設。

選定並標明變項(**identifying and labeling variables**) 建構假設之後，研究者必須選定並標明有關的變項。變項的種類通常可分爲自變項、依變項、控制變項、中介變項 (intervening variable) 等四類。

建構操作性的定義(**constructing operational definitions**) 一個研究是由一連串的操作所構成的。因此，研究者必須將有關的變項從抽象化或概念化的形式，轉換成可以運作的形式。所謂將變項運作化，意卽利用可觀察與可度量的形式去敍述有關的變項，使這些變項能夠操縱、控制及檢驗。

操縱與控制變項(**manipulating and controlling variables**) 爲了探討變項間的關係，研究者必須對變項加以操縱與控制。

擬定研究設計(**constructing a research design**) 研究設計是將在某些特定的條件下檢定一個假設所需要的各項步驟，詳細地指陳出來。

選定並建立觀察與測量的方法(**identifying and constructing devices for observation and measurement**) 研究者在建立了操作式的定義與選定了研究設計之後，他必須採用或建立某些方法，以測量有關的變項。

設計問卷與訪問表式(**constructing questionnaires and interview schedules**) 有很多社會或行爲科學的研究，是以問卷或訪問爲資料的主要來源。因此，研究者必須小心翼翼地設計一份合用的問卷或訪問表式。

從事統計分析(**carrying out statistical analyses**) 資料收集

後，研究者必須利用統計分析的方法，將繁雜的資料予以化約，以便得到結論或概判，如此才能驗證原有的假設。電腦是分析資料時一種有用的工具，它能使資料的分析時間縮短至最少的程度，因而可以增進研究的效率。

撰寫研究報告(writing a research report) 將研究結果寫成報告，這是研究的最後一個步驟。

以上簡略地說明了研究的步驟。這些步驟並不是一成不變的，研究者可視其實際需要而增減。例如，有些研究必須建立標準化的測量工具，那就需要增加一項試測 (pretest) 的步驟，有些研究或許無須利用電腦，那麼有關的步驟便可以省略。諸如此類，研究者應該就其研究需要而予以考慮，但就一般而言，上述的研究步驟是相當基本而重要的。

第三節 問題與假設

一、關於研究問題

問題的提出是反復思考的出發點，也是科學研究的第一要素。有人認為以純學術性或理論探討為目的的研究可以不要有問題存在，誤認只有在應用性研究裏才有問題之存在。持有這種想法的人，無疑是誤解了問題的本義。問題可以做兩種解釋：一為指出研究的方向，方向或目標確定以後，我們才能依次設計各種方法去獲得資料，用以解答問題。在研究步驟裏，問題可以說是目標或行動的方向，而其餘步驟為工具或方法。二為指出研究問題的內容。前面已經提到，不管理

論或應用性研究，都要有個問題，當然後者的研究，以解決問題本身為主要目的，而前者則視解決問題為附帶的目的。

問題通常以疑問的方式，敍述兩變項間的關係。不過，並不是所有以這種方式提出來的問題都是研究性問題。所謂研究性的問題，卽指所問的問題是否可以做實徵的驗證 (empirical testing)？亦卽不但所探討的關係存在，同時描述關係的變項本身也可以測量。例如農民是不是應該接受政府的補貼？女人是否比男人有靈性？諸如此類的問題，有的是觀念上的或哲理上的問題，有的是不能測量的。欲提出一個可以研究的問題，最好能依照下列步驟依次進行。下列的每一個步驟的英文字的第一個字，恰好都以 d 字出現，故可稱為四D步驟。

決定 (decision)　研究問題之決定，可以說是一件最費時而最困難的工作，乍看之下，問題之敍述所佔的篇幅不多，但是有研究經驗者莫不有同樣的感覺：卽不知道從那裏找問題，而且找到的問題又不知道是否一個值得研究的問題。第一個困擾可能比較容易解決，而後者則不太容易，因為它難免要衡量環境因素以後才能決定。至於從那裏獲得問題，則留待第四個步驟討論後再加討論。

分析 (delineation)　決定研究題目以後，研究者為了熟悉問題的本質，可以先儘量探測與本問題有關之事實，然後選擇較重要的事實，用以構成問題。例如有人想研究農民學習問題、與農民及學習有關之事實很多，例如學習效率、學習結果、農民家庭背景、學習團體因素、農業推廣人員教育技術、學習事物本身等問題。研究者了解這些廣泛的情況以後，必須在其中選出一個比較具體的問題，例如研究農民學習效果之差異，或農民採用新事物之早晚。

方向 (direction)　在這一個步驟裏，問題的敍述要符合前述的可加研究的條件，亦卽問題之建構已達到成熟階段。所提出來的問題，

不但指明問題內變項間關係，而且也是可測量的。例如研究問題經第二個步驟選定為農民採用新事物的早晚，則可更具體地敍述為: 不參與活動的農民是否採用新事物時間較晚？這個時候，我們不但指出兩個變項（參與、採用）的關係，而且還指出變項的測量方向。

定義(definition)　決定問題的方向時，已約略地指出測量的方向。但是一個名詞可有不同解釋，不同解釋產生不相同的測量。故欲達到測量準確，研究者應該先將名詞的範圍加以界定，使以後的研究工作能依照這個範圍進行測量，並使讀者一目了然，以免產生錯誤的解釋。例如，活動的參與是指日常的社會參與抑或學習參與？採用新事物是指農業的抑或一般的？怎樣才算採用？買進來的才算採用，抑或包括借來的？

研究問題之提出，無論是應用性的研究目的，或者是理論性的研究目的，都要基於一種需要與動機。在應用性的研究中，研究者大都從實際社會經濟文獻的現實問題裏尋找研究題目。例如，當政府推動區域性發展計劃時，在擬定計劃之前，對於環境、背景、情況、資源等要事先能全盤明瞭，然後才能擬定一個計劃方案來推行。像這種配合行動方案或計劃擬定而做的研究題目，通常牽涉的範圍比較廣泛，而比較偏向敍述性的研究方式。其次，一種研究雖然是與實際問題密切相關，但是若注重於對將來的預測，則可以稱之為預測性研究。例如在上述推行區域發展計劃裏，我們可以對十年或二十年後，某地區的就業結構可能演變的遠景加以預測。這種預測性研究，不一定限於總體性的，如就業結構、人口結構之變化，我們也可以在家庭及個人層次上做推測。比喻說我們預測農業人口之繼續減少，或農村青年之離村，將增加農村都市化的速度，而預測農民性格會蛻變，價值觀念之改變，如家庭關係之鬆懈，初級社會關係之逐漸消失等，都是屬於

行為層面之預測性研究。第三種應用性的研究，可以稱之為考評性的研究，其目的在於考核或鑑定推行效率及成果。例如家庭計劃工作或農業推廣工作推行方法之效率考評，可以針對各種家庭計劃工作方法或農民指導方法，研究它們推行的效率。也可以在推行過程某階段或結束時期，對它們的成效加以考評。具體而言，我們可以評估農業電視的運用效果與家庭計劃的宣傳效果。

在理論性或學術性研究方面，研究題目之來源比較豐富。學者、研究者、研究生在他們日常閱讀書本或研究性論文時，常常遇到各種學說或假說，他們可能會產生疑問。例如，在溝通理論中，常常提到兩段溝通 (two-step flow of information)，大意是說消息之流動，大都先由大眾媒介經由興論領袖，然後再由後者傳播給一般民眾。這一學說如果對的話，則在農民教育工作上，產生一項很大的影響。農民是屬於知識程度低的一般大眾，不太會直接從大眾媒介獲得消息，而會向農民領袖尋求新知識。研究者有了疑問後，想以實際資料來驗證這個學說之實在性。這個時候，他的研究動機在於證明學理，故屬於理論性研究。第二種理論性或學術性研究問題，屬於研究者對前人所做的驗證結果表示懷疑，或欲做比較性的研究，所做的再研究，其動機亦屬理論之探討。如對上述之兩段溝通再研究的結果，其結論不盡相同，認為在都市社會，消息之溝通不一定要經過興論領袖為中間媒介。另一種學術性研究的題目，係由於研究者認為在某一題目上不但缺乏前人的研究，而且缺乏可資參考的理論存在，因而從事於探測性的研究，想建立若干理論通則。例如近年來，除了應用經濟與人口統計來研究人口問題外，許多人開始從事於人口的行為研究，藉以了解人類為什麼有養育子女的慾望。而這一類問題缺乏理論通則，故若干社會及行為科學家便從事於探測子女價值的類型。

二、關於研究假設

研究問題提出來以後，我們大致上已經知道其研究範圍與方向，但是還不能做驗證工作。一個研究是否能以科學方法進行，其關鍵在於有無假設之設立。假設不但像問題那樣，指出研究方向與說明事實間的關係，而且它能引導研究者搜集那些有用的資料，與建議研究者使用那些分析與組織方法去處理收集來的資料。因為提出問題時，所敍述的有關事實繁雜而廣泛，即使是應用理論學說所做的研究，也是缺乏純一的關係。了解具體事實間的單一關係以後，經過操作性定義後，我們才能確定用什麼工具去測量與取得資料。又因為假設敍述方式之差異，我們所使用的統計分析技術與資料整理方式也不一樣。

研究問題之尋求，除了實際問題與現象外，也可以從已有理論裏產生，而此種問題也須要化成假設，然後才能加以驗證。理論、假設與事實並非互相對立的三個名詞。理論是含有兩個以上的假設，說明若干事實間的關係，自成為一套體系者。我們在前一節裏，已經討論過理論與事實互為一體，那麼假設可以說是將兩者揉成一體的橋樑。

因此我們可以解釋假設是一種假定的前提、情況或通則，用以導出變項間的關係，並藉已知或可知的事實加以驗證。假設中各變項間的關係，有時為已知事實，有時則僅屬概念性。這種概念性關係有時超越理論裏包含的事實範圍，而經由演繹推展出來。例如在兩段溝通理論裏，除了提出假設一「一般人大都從興論領袖處獲得消息」外，還可以提出假設二「教育程度低的人，比教育程度高的人，更會向興論領袖取得消息」。

　　假設可以粗分爲驗證性與非驗證性兩大類。本文所討論的僅限於可驗證的假設。而可驗證假設，又可以依照抽象度劃分爲兩類：一是敍述性的假設驗證，一是分析性的假設驗證。在前一種假設裏，我們常用調查的方法，驗證既有實際現象間的關係，或者說明兩種人的差異特徵。例如我們說都市居民比農村居民的生育率低。或者反過來說，生育率高的人，大都屬於居住農村而又是所得與敎育程度較低的人。又如在農業推廣學裏，依照農民採用創新的學說，將農民區分爲早期採用者與晚期採用者，我們可以建立假設：早期採用者，比後期採用者，從事於較大規模經營，而積極參與公共事務。像這種假設，只是將若干現象加以整理而做邏輯的組合，使其與兩類採用者的農民連結在一起，主要在於說明兩種人的差異特徵，至於這些特徵與兩種人的關係，是爲瞬發性，抑或相關性，抑或因果關係，則無從知道。坦白地講，許多社會及行爲科學的研究大都從事這一類的假設驗證。這一類的假設很接近可觀察的事實，故抽象度較低，而比較容易進行研究。

　　分析性的假設驗證，係使用嚴謹的設計與量化的測量法，以分析一個變項的變化，與另一變項的變化間之關係。例如一般人都知道，農村居民的生育行爲或生育率比都市居民高。在敍述性假設驗證裏，我們可以說農村居民，大都由於所得低、較無敎育、居住空間開濶等原因，而偏向高生育率的行爲，或是呈現着高生育率。在分析性假設驗證裏，我們欲分析兩個特定變項間的關係，如生育率與所得，而將環境、職業、敎育、態度或價值等變項控制。又如，在上述研究早期採用新事物的農民的例子裡，我們可以將敍述性假設，更上一層將其變爲分析性假設，分析農民採用行爲 (adoption behavior) 與農民的現代化程度之間的關係，而將其他變項加以控制。分析性假設可以說是

動態的，卽欲了解兩個變項在不同程度下的關係，因此變項的測度問題及研究設計問題特別重要而較不易進行。同時，爲了控制其他因素，必須引用較多理論與統計技術。

不管是叙述性或分析性的研究，假設必須包括兩個以上可測量的變項，同時又要述及變項間的關係。爲了使用統計技術去檢定假設內的變項關係，常用虛無假設 (null hypothesis) 陳述，卽以實際假段的反面道出變項間的關係，然後根據事實以統計檢定來拒斥虛無假設，而證實正面假設的眞實性。反過來說，如統計檢定結果不能拒斥虛無假設，而變成接受虛無假設時，便證實正面假設不成立。

第四節　研究的類別

研究的問題與假設清楚地建立以後，研究者當會知道他所需要的資料。在錯綜複雜的社會現象中，若要很經濟地取得準確的資料，則非依賴嚴謹的設計不可。研究設計是將研究情境與資源做有效的安排，使研究者能以很經濟的方式，依照研究目的，取得準確的資料，並做正確的分析。

研究設計告訴我們觀察些什麼及怎樣去觀察，然後告訴我們怎樣去分析觀察到的資料。嚴格地說，研究設計並不告訴我們做什麼，倒是告訴我們觀察與分析的方向。具體而言，一個研究設計建議我們，要做多少次觀察或需要多少樣本，並指明那些變項是自變項或依變項，那些變項是操縱變項 (manipulated variable) 或派定變項 (assigned variable)。例如我們欲研究討論式教學法對不同教育程度成年人的學習效果，我們得適當地安排，使這一個操縱變項能充分而準確地顯示它應有的影響。又對於派定變項如教育程度，一個研究者應適當地建

立不同的類別或做不同層次的測量。研究設計又告訴我們，根據變項的測量類別或層次選擇適當的統計方法。最後，研究設計告訴我們如何根據分析結果做各種可能的結論。

研究設計的分類，可以參照問題來源及假設之種類，分成下列三大類別。

探索性的研究　若干研究問題，缺乏前人研究的經驗，初次從事這一種題目研究時，一時對各變項間關係不太清楚。又因缺乏理論根據，研究者不能確信可以建立那些假設，若貿然從事精細的研究，恐有顧此失彼或以偏概全的缺點，同時浪費研究時間、經費與人力。在這種情況之下，須要一個較廣泛而膚淺的探討性研究，以發現眞象與理念，這就是探索性的研究。

敍述性的研究　這一種研究設計，可以說是針對敍述性假設而做的研究設計。在敍述性假設裏已經提到，這一種研究是欲了解某些團體或人群的特徵，或敍述某種現象常跟另外一種現象連結在一起。這一種研究，雖然不是分析變項間的因果關係，但是在設計時也要將其他無關變項的干擾去除，以增加敍述所欲探討之變項間關係的準確性。

因果性研究　為驗證分析性假設，證實變項間的因果關係，這種研究設計要比敍述性研究更嚴密。在抽樣、搜集資料、分析資料與做推測性結論方面，都與敍述性研究不一樣。

一、探索性研究

顧名思義，探索性研究是一種初次的摸索工作：研究者因對研究題目的範圍與概念不甚清楚；題目內變項間關係不熟悉，不能立定假設與研究方向；缺乏前人研究與理論架構，不知如何設計精密的研

究; 喚起社會人士注意問題的重要性。正因為它是粗略而不需要運用太多的研究技術, 初學者難免有輕視這種研究的趨勢。其實, 社會科學與行為科學的歷史還不太長, 研究者在推動實驗性的研究以前, 最好能先經由探索性研究, 對研究的問題多予了解。不過, 許多有名氣的研究報告, 雖然不是探索性研究, 但是多少採用探索性研究來輔助其研究之推行。因此, 探索性研究, 也不一定要單獨存在, 而可以和其他研究並存。茲將常見的探索性研究方式介紹如下。

文獻調查 (literature survey) 這是一種最簡單的探索性研究法, 即搜集有關他人所做的研究, 分析其研究結果與建議, 指出需要驗證的假設, 並說明這些建議性的假設是否有價值拿來應用, 而當做自己的研究基礎。有時, 前人的研究雖然沒有建議什麼具體的假設, 但是也可以從其結論當中, 尋找出可參考的資料。

文獻調查的範圍或來源, 大致可以有三種: 一為相關科學的研究報告、定期刊物、學位論文。例如社會學的探索性研究設計, 可以參考有關社會學的刊物、論文等。二為類似的科學的學說與理論, 例如心理學裏的學習學說, 可以應用到態度改變的研究, 而社會心理學的溝通理論, 則可以應用到農民教學上。又如心理學的期望學說, 可以應用到社區發展目標的培育。尤其是在行為科學的研究題目裏, 因為是從個人取得資料, 所以有關個人的學說、名詞、概念等, 都可以從不同科學裏拿出來應用。從促進科際研究與建立統一行為研究模式的觀點而論, 這一種探索性研究特別重要而有價值。另一種來源為一般論著、民間通俗典故、具創造性或思考性的文章, 對啓發新的研究都有幫助。

經驗調查 (experience survey) 有些研究題目, 雖然缺乏理論根據, 或缺乏前人的研究, 但並不一定是這一方面的問題不存在。有時,

雖 許多實際問題，但因為這一種問題比較沒有人加以研究，因而缺乏理論學說。例如，許多社會工作、農業推廣工作、公共行政與企業管理方面的研究，不但缺乏理論根據，而且也較少有人問津。其原因，不外乎研究人員不重視這種解決實務問題之研究，或者是實際工作人員，不太相信科學研究能幫助他們解決這些問題。再則，實際問題之解決，需要不同學科的知識，為傳統社會科學家所不能勝任。

經驗調查的對象為實際工作人員，研究設計者應該選取具有代表性的樣本，盡量訪問不同背景的人。例如，有關企業管理方面，應該聽取勞資雙方的意見。其次，對相同問題之探索，可以從不同性質的機構邀請專家提供意見。例如，有關移民在都市的適應問題之研究，可以從如下的單位邀請有經驗人士參加：精神醫生、警察、社會福利、就業輔導、農業工作人員、法律專家等。

因為實地工作人員，比較傾向於以問題為重，而不重視理論，故經驗調查之進行，應以解決問題方式進行。首先，請工作人員界定一下問題的意義與範圍，及期望目標；欲達成目標所遭遇到的困難；解決這些問題的方法等。經驗調查跟一般訪問調查不一樣，時間要長，而盡量以開放式訪問進行。

激發頓悟之個例的分析(analysis of insight-stimulating examples) 社會科學家有時發現小範圍的深入研究，會產生刺激作用，而對於研究者能提供新的思考方向。例如，Sigmund Fred 長期對心理病人深入研究的結果，提出了很有創設性的性格學說。頓悟激發性研究，亦可稱之為示範性的深入研究，通常選擇一個人，一個團體，或一個社區，就某個小題目，做非結構性的訪問，或參與觀察。它跟一般個案研究的性質不同，設計及研究目的也都不一樣。

這一種探索性的研究，具有若干特徵。首先，它是先了解情況、

發現消息，然後尋找新的思考方向，所以其研究目的不在證實，而在尋找，本身只是工具，而不是目的。研究者不斷地要修改其原有的看法，而重新組織研究方針。第二個特徵是深入了解，凡是研究標的物的現在與過去的記錄都要加以分析，而對受訪問者，宜視爲消息提供者，而不要把他們當做深入分析的對象。第三個特徵是，研究者本身要具有綜合與整合的能力，將看起來不大相干，而繁雜瑣碎的意見，整合成爲較統一的思想體系。

例如筆者與若干亞洲國家的社會及行爲科學家所推動的「子女價值」研究，係一種透視性及示範性的研究。其主要目的在於請亞洲各個國家的受訪者繪描子女價值的類型，同時探討生育子女的動機，可能跟那些現象或事體有關。嚴格講起來，它可以說是同時使用文獻調查、經驗調查、頓悟激發分析法，不過每一種方法在本示範性研究裏的使用目的則不盡相同。在文獻調查時，我們對相同題目的不同性質都加以調查，例如對價值、動機、態度等名詞做不同的解釋。又要搜集不同文化對生育子女的看法的文獻。在經驗調查裏，請不同學科的社會科學家就子女價值提出一個專題或經驗報告，經過一連串交換意見後，我們便比較熟悉這個問題，於是進入頓悟激發的分析法。

首先，所有參與這個研究的各國研究人員提出一個研究架構；包括價值的定義、測量的方法與資料取得的方法、影響價值的因素、及價值與生育行爲的關係等。不過，最主要的是集中在價值資料的取得與測量方法上。因爲在前提上，我們不太清楚子女的價值究竟包括那些，故儘量從各種來源取得有關子女價值的資料。教育學家如 Ralph Tyler 認爲資料的來源，可以包括個人、社會、專家等三方面。配合這個構想，我們使用不同工具取得有關子女價值的意見。首先，以開放性問卷請受訪者提出二個以上有關養育子女的益處，以及二個以上

有關養育子女之無益處；現在已有子女而想再生育者，請其指出再生育子女的理由，或不想再生育子女的理由。以上兩對的正反意見，可以說是從不同方面請受訪者表示其個人的看法。其次，爲了解一般社會人士的意見，我們以上述同樣問題，請受訪者根據他（她）們所知，將鄰居朋友認爲養育子女的益處及無益處指出來。至於專家的意見，我們請有關的研究人員，根據他們的看法，將最能代表該國人士養育子女的理由列舉出來，然後製成態度量表，最後再施測。

上述從不同來源獲得有關子女價值的資料，要怎樣消化或整合爲一套的子女價值類型，則頗費周章。如果我們發現一個受訪者，在三個不同測量處，反應出互相矛盾的意見，則不但這個探索性研究失敗，而且還指出這種價值是不能準確的測量。例如一個被訪者，在開放性問卷裏，指出生育子女之最大益處爲傳宗接代，而認爲鄰居朋友生育子女的最大理由爲養兒防老，但在態度量表上，對傳宗接代及養兒防老項目的評定却表示「很不贊成」。那麼，研究者將很難整合。

在上述子女價值的研究裏，我們發現以三種不同來源方式所表達的個人意見相當一致。我們採用內容分析將開放性的意見，分門別類的整理出來。另外，採用因素分析將態度量表項目加以分析，找出六種因素，經命名六種因素後，發現與開放性意見的種類相當符合。依照上述的深入研究，我們終於得到一套相當完整的子女價值的類型。然後，以它爲中心，再分析與其他變項的關係。

二、敍述性研究

許多日常見到的社會與行爲科學研究，可以說是都屬於敍述性的。因爲在解決問題以前，研究者總要先了解問題的全貌。例如欲解決農

村問題，得先對下列各種現象加以了解：農村內外環境、資源、各種已有的發展策略、農民的態度、能力等。不過，敍述性研究涵蓋範圍異常廣泛，不只是從事於事實的取得，也包括相關性及預測性的分析。

敍述性研究，大都是依照敍述性假設來設計的。在假設那一節裏，已提到敍述性假設是注重於樣戶特徵差異的分析。若果再細分的話，也許可以再分爲四種型態。例如我們研究社區或農村的特徵，就要廣泛地了解其環境內外的各種現象。又如研究一個學校的情況與學生的一般行爲模式，都屬於第一類的敍述性研究；第二類的研究，在探討那些人具有某種態度或特徵，例如：多少學生贊成自己選擇配偶的意見？有多少大學生收看某種電視節目？第三種的敍述性研究則具有預測性，如多少臺北市人將投票給某一個候選人？到了民國七十年時，臺灣農村人口將僅佔總人口百分之二十五，那時會不會發生糧食問題？第四種敍述性研究是發掘那些變項是連結在一起，如大安區市民比萬華區市民，更傾向於投某一候選人的票。不過，上述的假設，頂多僅提到變項的共同存在關係，而未牽涉到兩者誰先產生而引起另一個變項之出現。敍述性研究與探索性研究，最大的不同在於前者需要事先知道研究方向與內容，而後者則如前述，事先無須對問題有太深入的認識。因此，敍述性研究的工作步驟與要求，必須像預測性研究或分析性假設那樣的嚴謹。

若根據研究設計之差異來分類的話，敍述性研究可以分成如下的三大類：(1) 調查性研究 (survey study)，(2) 關係性研究 (inter-relationship study)，(3) 發展性研究 (developmental study)。不過，有些研究並不完全屬於上述中的單獨一種，而具有多種研究特徵。

調查性研究　研究者或行政工作人員，爲解決敎育、政府、工業、農業、政治團體、商業機構內所發生的各種問題，常常舉辦調

查。他們詳細地搜集旣存的資料與現象，用以敍述現況與措施，並做改進方案的策劃。他們不僅用以確定現況，並且參照某種標準做比較，得知研究問題的適宜程度。這種標準，有時是依照權威單位訂定的目標，有時則根據常模 (norm)，有時則從理論發展出來。例如，我們欲了解某社區的社會福利工作，第一個步驟必須搜集該社區各種社會福利設施、福利設施預算、人民應用福利設施的情形、人民需要的程度、人民對它的意見，以及其他有關的背景資料，如人口結構、社區現代化程度等。第二個步驟是找一個福利設施良好的社區做爲比較的基礎，或與其他國家的發展情形做比較。若果是考評性的研究，則依照政府頒定的計劃目標做爲考評依據。第三個步驟是比較搜集實際結果與預期目標的差距，以做爲改進該社區福利工作之參考。

　　調查性研究的範圍可大可小，其名稱與種類也相當繁雜，常見的分類法是：(1) 機構調查 (institution survey)，(2) 工作分析 (job analysis)，(3) 檔案資料分析 (documentory analysis)，(4) 意見調查 (public opinion survey)，(5) 社區調查 (community survey)。其中以社區調查研究的範圍較廣泛而常被使用；當然，這要看是那一種研究人員所做的調查而定，並不能一概而論。一般而言，社會學家、人類學家、社會工作者、農業推廣工作者、公共衛生人員、教師等人，常使用這種方法。

　　John Howord 在研究英國監獄時，就使用社區調查法。時至今日，無以數計的研究，都採用社區調查法從事研究。其研究範圍有時以某種族居住範圍爲界限，如黑人區之研究；有時以某種發展程度爲界限，如漁村之研究；有時以特定題目爲研究對象，如就業、青少年犯罪、房屋、衛生等爲研究題目。故其研究範圍的伸縮性很大，由於問題性質、經費、時間、研究者之能力與興趣之不同而有很大的差異。

茲將主要的研究項目列舉如下，以供參考。

(1) 歷史：淵源、居民、社會經濟發展措施、進步因素等。

(2) 政府與法律：政府機關團體組織、興革措施、社團組織與領導人才、稅制、政治權力之所在與產生等。

(3) 地理與經濟環境：地勢、資源、農工商業結構、財富累積與分配、交通、生活情況、衛生健康福利娛樂措施等。

(4) 文化特徵：社區與外界溝通情形、價值觀念、種族或宗族間關係、社區意識、教會與文教活動、犯罪情形等。

(5) 人口：年齡、性別、職業、教育、生育率與死亡率，社會流動、人口成長。

(6) 家庭：家庭關係、子女與雙親關係、家產資源之評估，如勞動力供需、工作用具、所得、土地等。

社區調查法使用不同學科的方法，廣泛的搜集資料。他們使用的方法包括問卷訪問、面訪、直接觀察、生態法、統計分析法等。因為調查題目通常涵蓋很廣，故需要利用科際合作的方法，去收集與提煉重要的消息。

關係性研究(interrelationship study)　關係性研究比調查性研究深入而精確，因為它集中注意力在幾個互為關係的變項上面，藉以了解與研究事體的有關現象。茲簡略討論三種關係性研究。

1. 個案研究(case study)：在一個個案研究裏，研究者將一個社會單位（人、家庭、團體、機構、社區）做深入研究，研究者搜集與研究事體有關的現況、過去經驗、和環境因素。經過分析相關因素以後，建構一個社會單位的藍圖。個案研究可以探討整個生命史，也可以集中在一生命史的某個階段。例如有關青少年犯罪的個案研究，可以將個人的整個生命史做縱的研究，以了解犯罪的前因後果。也可以

研究某一犯罪時間內的交友情形、工作環境等。

個案研究的資料，可以從許多地方取得。研究者可以請受訪者表示現在、過去及將來的意見與願望。可以從個人檔案、日記、書信、及其他社會心理測量方法取得消息。資料又可以從初訪者的親友、父母、兄弟、姊妹、學校、工作單位等處取得。因此，個案研究與調查性研究是相當類似的。

調查性研究在設計方法上和個案性研究的主要差異，在於前者是從許多樣本上搜集有限變項的資料，而後者則就有限的代表性個案作深入研究。易言之，調查性研究可以說是一種粗放性研究，而個案研究則屬集約性研究。個案研究探討的範圍比較狹小，但是却較透徹，質的資料較為豐富。是故，個案研究常用以補助量化或調查性研究的不足。

2. 原因比較研究 (causal-comparative study)：除了發現問題眞象與特徵外，研究者可以進一步了解某種現象是怎樣發生，以及為什麼發生。研究者可以比較各種現象的異同處, 探討那些因素陪伴着某些事件或情況發生， 這種方法稱之為原因比較法。此法淵源於 John Stuart Mill 的相同與差異法則 (method of agreement and differences)。

當科學家研究事件產生的原因時，總是喜歡使用試驗性研究，企圖控制所有其他的變項，而觀察某兩變項間的關係。但是由於社會現象之複雜，與研究對象之人性特質，行為科學家很不容易控制變項。例如我們不易操縱一個人的社會經濟地位、性格、智商。更不能將情緒正常而品行端正良好的青少年，放在控制變項的實驗室裏，研究其行為變化。有時在控制變項時，可能同時將所要探討的變項也控制了。因此，除了經濟與時間因素外，有些研究是不適宜採用實驗室控

制法的。

實驗室研究法的基本假設是：若在樣本身上施用甲種事件，便會在他們身上發現乙種現象。所以，研究者使實驗組接觸甲種事件，而不使控制組接觸，然後觀察其結果。在原因比較研究裏，則將這個過程顚倒過來，先將已經存在的乙種現象加以觀察，然後尋求陪伴着乙種現象的自變項。例如研究群衆暴動事件，與其採行實驗設計，去探討暴動原因，不如比較暴動社區與無暴動社區的異同處，然後找出其附隨發生的因素，以判斷暴動的起因。

3. 相關研究 (correlation study)：這是應用統計學的相關觀念來描述兩個變項間的關係，觀察甲變項隨着乙變項之差異而變化。例如將學生的智商與算術考試分數比較，若發現智商分數高者，算術分數也高，亦卽兩變項具有一致趨勢時，是爲正相關。依照一致程度之高中低而產生高度相關、中度相關、低度相關。要是兩變項背道而馳，亦卽構成相反關係時，是爲負相關，例如生育率與職業階層之關係。

相關的研究，常被初學者誤用以說明兩變項間的因果關係。因爲兩變項在研究設計上，並未操縱其中一個變項去影響另一變項，同時又沒有控制其他變項，故只能說它們是相關的，而不是因果的。例如職業階層愈高，生育子女的慾望愈低，我們不能說是因果關係，而只能說是相關關係。因爲，職業通常是由教育來決定，故與其說是職業，毋寧說是教育影響了生育行爲。但是除了職業、教育以外，個人的財富及其他因素對個人生育慾望也都可能有影響。

發展性研究(developmental study)　發展性研究，除了瞭解既存現況與相關關係外，也處理因時間而產生的變化。發展性研究，可以分爲成長研究 (growth study) 與趨勢研究 (trend study) 兩種。

1. 成長研究：研究人類之生長，可使用縱貫方法 (longitudinal

approach) 與橫斷方法 (cross-sectional approach) 兩種。縱貫式的研究方法是對被研究對象的不同年齡階段加以研究，觀察不同年齡階段的行爲模式。橫斷研究法則同時就不同年齡層對象選出樣本，同時觀察不同年齡層不同樣本的行爲特徵。

橫斷性研究通常包括較多的樣本，但是研究變項較少。所以，爲了建立常模，這種方法常採用各種處理集中趨勢的統計技術去計算每隔五年的測量結果。長期性研究則包括較少的樣本，而研究的變項則較多。

長期性研究，在理論上雖然比橫斷性者較適合於研究人類行爲的變化，但在運用上，橫斷性研究因其研究費用較低而費時較少，因此較受歡迎。不過，橫斷性研究也有若干缺點，例如施測十五歲與六十五歲的行爲，我們很難根據施測結果做比較，因爲十五歲的樣本當中，一定有若干人不能活到六十五歲，如今我們假定所有十五歲的人都能活到六十五歲的情況下來施測十五歲的人，而將其結果做爲比較的根據，顯然與事實不符。

不過，長期性研究也有樣本上的缺點，因爲它是長期固定在相同樣本上，中間難免有部分樣本因遷徙而離開，致使樣本數愈來愈少，而測驗結果只包括那些流動性較少者的行爲。故其代表性較低。長期性研究的另外一個缺點是不能中途修改測驗工具，從研究法的立場而言，這是一種困難的方法。

雖然具有上述方法上的困難，但是長期性研究與橫斷性研究各有其優點：前者能眞正測出人類在不同階段上因時間、環境、心理、生理、身體等所引起的變化。不過，因爲其所用的少數樣本都是局限於某一個地方，因而缺乏整體的代表性。這個缺點正好由橫斷研究法來彌補。

2.趨勢研究： 某些敍述性研究，想從獲得的社會、經濟、政治資料中分析發展趨勢，並做預測。研究者可以在不同階段重複做一樣的研究，或從文獻裏找出相同研究的結果做爲比較的基礎，發覺變化率與方向後，則可做預測。例如都市計劃或區域開發研究裏，常分析下列各項的演變趨勢： 人口的自然性增加率、人口的社會性增加率、年齡結構、學校需要敎室數目、就業結構之變化、工資之高低、交通變化情形、價值等。

因爲天災人禍、日新月異的技術、永無止境的人類慾望、和其他許多不可控制與預知的因素，欲做長時期的預測顯然不太可靠，例如許多人口成長率的推計，僅顯示一種統計上的操作而已，缺乏實際應用的價值，故短期趨勢性研究較有實現的可能。

三、因果性研究

此類研究的主要目的，是要驗證某個假設中所敍述的變項間是否有因果關係存在。一個蘊涵因果關係的假設，通常都斷言Ｘ（某種特定的特質或事件）是決定Ｙ（另一種特質或事件）的因素之一。要驗證這一類的假設，研究者必須提供資料，以便合乎邏輯地推論Ｘ因素是否決定Ｙ因素之出現，這種研究稱爲因果性的研究，可分爲實驗的與非實驗的研究等兩種。在提及這兩種研究之前，我們必須簡要地說明因果的概念與推論兩變項間因果關係的基礎。

因果關係（causality）這個概念是相當複雜的。一般人認爲所謂的因果關係是指某個單一事件（因）總是導致另一事件（果）的產生。現代的科學研究則大多摒棄這種一對一的因果關係，而強調多對一的因果觀念，亦卽強調促使某一事件的出現成爲可能的多種「決定

條件」(determining condition)。

在試圖探求某一事件的決定條件時，研究者所要找尋的是導致該事件出現的充分與必要條件 (sufficient and necessary conditions)。充分與必要條件的意義是什麼呢？利用操作式的定義來說，充分條件的意義為，如果X是Y的充分條件，則當X發生時，Y總是跟著發生，但是並不是一定要X出現，Y才會出現（亦即X不出現時，Y也可能出現）；必要條件的意義為，如果X是Y的必要條件，則必定要X出現，Y才會出現，但是，X出現時，Y不一定跟著出現。舉例來說，視神經的損壞（X）是瞎眼（Y）的充分條件，因為當一個人的視神經損壞時，他的眼睛總是會看不見的；但是，並非一定要視神經受損才會導致瞎眼，在視神經完全無恙之時，一個人也可能因其他因素而導致瞎眼，因此視神經的損壞是瞎眼的充分條件。必要條件的例子則可用先前吸食毒品的經驗（X）與上毒癮（Y）來說明。一個人必定要曾經吸食過毒品（如鴉片、嗎啡、LSD等），他才會上毒癮；但是，一個曾經吸食過毒品的人，却不一定會上毒癮，因此我們說先前吸食毒品的經驗是上毒癮的必要條件。

當X同時是Y的充分條件與必要條件時，我們稱X為Y的充要條件。在這個情況下，當X出現時，Y總是跟著出現，而且一定要X出現，Y才會出現。換而言之，X與Y毫無例外的同時出現。這時候，我們可以確信X能夠決定Y的出現與否，也就是說，X是Y的因。根據上述的說明，如果研究者能夠找出某個現象、事件或特質的充要條件，他就能建立與該現象、事件或特質有關的眞正的因果關係。理論上雖是如此，但在實際的研究中，研究者很少能達到這種理想。尤其是社會及行為科學的研究，由於研究對象異常的複雜，研究者往往無法找出影響某因素的充要條件，因而無法直接指陳說某個特質或事

件 X 能夠決定另一個特質或事件 Y 的出現與否。而為了建構較佳的因果模型，研究者在無法找出充要條件的情況下，必須尋找其他的條件，如貢獻條件 (contributory condition)、替用條件 (alternative condition)、控制條件 (contingent condition) 等。

　　所謂貢獻條件是指會增加某一事件發生的可能性，但不必然導致該事件發生的條件。在上述上毒癮的例子中，僅僅找出「先前吸食毒品的經驗」這個必要條件是不能使人滿意的，我們還必須找出有那些家庭、鄰居和個人的因素會導致高比率的毒癮，這些因素就是上毒癮的貢獻條件。

　　由於社會科學所探討的行為極端的複雜，因此研究者必須將幾種因素的交互作用 (interaction) 所產生的影響予以考慮。研究者有時候有必要將某種因素加以控制而探討其餘的因素對依變項之影響，這個被控制的因素稱之為控制條件。假設 X 與 Y 的交互作用對 Z 有影響，如果我們能夠指出：在 X(1) 的條件下，Y 是 Z 的貢獻條件，則 X(1) 是一個控制條件。以上文所述的上毒癮為例，我們可能會發現鄰居是否服食毒品（X）與父親是否在家（Y）這兩個因素的交互作用會影響小孩上毒癮的可能性（Z），而「在鄰居都曾服食毒品——即 X(1)——的條件下，父親是否在家（Y）是上毒癮（Z）的貢獻條件」，則「鄰居都曾服食毒品」就是控制條件。

　　所謂替用條件是指一個可茲替代的貢獻條件。假設 X 與 Y 都是 Z 的貢獻條件，亦即 X 或 Y 都對 Z 的出現有影響，則 X 與 Y 分別為 Z 的替用條件（同時也是貢獻條件）。

　　根據以上對貢獻條件、控制條件與替用條件的說明，讀者應當可以了解，對於這些條件的探討，實際上無法像充要條件所顯示的，確信 X 因素（以及與其他因素 A, B, C 等之配合）一定能決定 Y 因素之

出現與否，而是在根據現有的資料去推論說：「X是影響Y的條件之一」這個假設在某種信賴程度 (degree of confidence) 之內是可以成立的。

　　要證明上述的推論為眞，研究者必須以三種證據為基礎，茲簡要說明如下：

　　(1) 兩變項必須具有共變關係 (concomitant variation)──X與Y必須依照假設所預測的方向共同變化或共同出現；換言之，X與Y的相關程度與方向必須與假設所預測的相脗合。

　　(2) 變項出現的時間順序 (time order of occurrence of variables)──必須是影響因素在前面出現，而後果因素出現在後。如果影響因素的出現比後果因素的出現晚，則原有假設是無法成立的。但在兩個因素是互為因果 (symmetric causal relationship) 的時候，這個標準就很難適用，因為兩個互為因果的因素無論孰先孰後出現，其間的因果關係都可成立。這種例子在自然科學中如波義耳定理 (Boyle's Law)（在常溫下，氣體之壓力與其體積成反比）所指陳的壓力與體積之關係，而在社會科學中則如 G. C. Homans 所提的個人社會階層之高低與其順從團體規範之程度成正相關之假設。對於這一類現象的處理，社會科學家通常都依其研究目的而強調某一因素對另一個因素的影響。實際上，時間順序本身在因果關係的推論中並不是最重要的，其他的因素也可能達到正確推論的效果。

　　(3) 必須將其他可能的影響因素予以剔除 (elimination of other possible causal factors)。有些因素在初步分析時，似乎構成可能的影響條件之一，但是若經深入的分析，却能證明這些可能的影響因素實際上並非眞正的影響因素，研究者應該儘可能的將這些因素剔除。例如，根據初步的發現，參加婦女會與否（X）似乎是影響社會參與程

度（Y）的因素之一（如下面第一圖所示），但是研究者認爲這兩個因素也可能同時受到另一個因素教育程度（A）之影響（如下面第2圖所示）。經過進一步的分析，果然發現X與Y之間並不具有因果關

係，因而剔除X因素是影響Y因素的可能性。

在這裡必須強調的是，這些標準只能提供我們一個合理的基礎去推論X是否爲Y的一個影響因素；它所提供的並不是絕對確定X是否爲Y的一個影響因素。如果證據顯示X與Y並無因果關係，並不絕對的肯定X與Y是眞正的沒有因果關係，因爲這個結果的產生可能是由於研究者忽略了某個控制條件，如果完全拒斥X與Y具有因果關係的可能性，那將是錯誤的。如果證據顯示X與Y具有因果關係，也不能絕對的肯定它們眞正具有因果關係，因爲研究者可能忽略了與X相關而眞正會影響Y的因素Z，因而導致X──→Y的錯誤結論。這樣的論調並不是說上文所敍述的一些原則或標準都一無是處，相反的，它充分肯定上述原則或標準的可能性。我們在前面曾經指出，科學研究的結果並不是能絕對的證實（absolute proof），而是能增加我們對其正確性的信心。因此，科學研究必須不斷的修正與發展，才能使研究結果趨近於眞。（吳聰賢敎授出國講學期間，本章承蒙許木柱先生細心校稿，特此致謝）

第三章

機率與取樣

劉清榕

在科學研究上，因客觀環境限制，無法對所欲研究對象之群體全部加以研究，僅於其中抽出部份加以研究，再來說明群體。本章就是討論如何應用機率及各種取樣方法。

第一節 機率的意義與性質

通常，一般人有一種錯誤的觀念，認爲科學所處理者，皆爲確定之事。其實不然，科學所處理者非爲「必然」，而爲「或然」。科學家自研究中所能得知者，僅爲已知某自變項之量，在其他變項加以妥善控制的情形下，極其可能在依變項上觀察到某些效果。既然在整個科學研究過程中的不確定性不能避免，則需要有處理不確定性的方法，以測量不確定性的程度及增加推測結果的可靠性。這種測量不確定性的工具卽爲機率 (probability)。

由此可知，機率就是對某一事物，因缺乏充分完整的具體資料，無法加以肯定的說明判定，所作的推測而已。舉個例子，若有人問你姓名，你當然不可能應用到機率，因爲每個人不會不知道自己的姓名，除非尚在懷抱的幼兒及白癡。可是，若某人問你明天的少棒球賽，

那一隊會贏，這個時候，你就沒有辦法作百分之百的肯定答覆，所謂球場如戰場，瞬息萬變。要是兩隊勢均力敵，勝負全靠臨場的球員表現而定，你就僅能就兩隊實力的瞭解，假設在演出正常的情況下，而預測那一隊會贏。你這個預測，可能是對，亦可能是錯，這時候，就可應用機率概念來協助你回答問題。

同時，在一個科學研究上，常因人力、物力、智力、及時間上的限制，無法對研究群體 (population) 全部加以分析研究，僅能從群體中抽取出一部分樣本 (sample) 來分析，再由樣本所得的結果，來說明整個群體的情況。在這種由樣本推測群體的過程中，亦有一種確定性的存在，例如欲知道全台灣居民的智商，只有將所有居民加以測驗，才可知悉，但一般僅在居民中抽取出一小部分加以測驗來說明。由於每次抽查，結果可能不會完全一致，因而產生一種不確定性。這個時候，就需應用機率的觀念了。

總之，機率是對不確定性推測問題的答覆，增加其推測結果的可靠性，減少其推測的不確定程度。特別是由樣本推測群體，更需應用機率的觀念。那麼什麼是機率？我們平常稱之爲機會或可能性。機率的定義，由於應用的場合不一，一般而言，有下列三種:

先驗機率定義 (*a priori* probability definition) 設一事件可以 n 種互斥的方式出現，且每種出現的機會相等。若其中性質屬於事象 A 者有 f_A 種方式，則事象 A 發生的機率爲 f_A/n，即某種事象出現的次數與總次數之比，就是某種事象發生的機率。根據此一定義，我們只要知道合乎某種性質的事象的個數及事象的總個數，卽可求得該事象發生的機率。例如一粒骰子有六面，如果各面的質料、輕重、光滑等一切條件均相同，在投擲時，每一面向上的機會該是 $\frac{1}{6}$，這是常識，也是大家所公認的，我們卽稱之爲先驗機率。

後驗機率定義(*a posteriori* probability definition) 設一事件重複試行很多次，則某事象發生的機率為該事件在長期試行中出現該事象的次數與試行總次數之比。設事象A，在重複試行多次後，其試行總次數 n 中，屬於A的次數為 f_A，則事象A出現的機率為 f_A/n 的極限。例如上例中，擲一粒骰子六次，並非在六次投擲中，各面皆有一次向上，甚至並非六十次投擲中，各面皆有十次向上，可能有些多於十次，有些少於十次，但起初各面出現次數與投擲總次數之比，在 $\frac{1}{6}$ 附近的波動幅度較大，當試行次數逐漸增多時，逐漸接近於 $\frac{1}{6}$，而以 $\frac{1}{6}$ 為其極限。因此有人說，機率是一種極限。

主觀機率定義(subjective probability definition) 機率為人們對一事象發生信任程度的大小，以相對數表示之。例如明天股票上漲的機率，即為人們對明天股票上漲一事的信賴程度。對一事件發生信任的程度，係依據個人經驗及知識所加以判斷的程度，完全屬於主觀評價，故稱為主觀機率。

綜合以上所述，我們可知，由於求算機率的方法不同，對機率所下的定義亦不完全相同，但對機率的代數性質則完全一致，而均指某事象發生（出現）的次數與其發生總次數之比。筆者認為，在本章中如何明確區分此三種不同定義，並不很重要；但從先驗機率定義的瞭解，則對於瞭解後驗機率及主觀機率的構成却有莫大助益，同時後驗及主觀機率，則是對先驗機率的印證，因此我們可說三個定義是相輔相成而益彰，使我們對機率的瞭解更為透徹。

第二節　互斥與獨立事象

　　機率既是某事象發生的次數與其總次數之比，而其總次數就是各種事象發生的總和。然在各種事象中，某一種事象的發生，是否會影響另一事象的發生呢？設有甲、乙兩事象，甲事象的發生，對於乙事象發生的機率是否有所影響？甲事象和乙事象是否互有關係？除了甲、乙兩事象外，是否還有其他事象也會發生？這些問題，都是求算事象發生機率所應事先瞭解的。

　　舉個例子來說，若某社會學家研究個人教育程度與其對社會保險看法的關係。研究者首先應把研究的對象分成各種不同的教育程度，如不識字、國小、國中、高中、大專等。並應考慮，在所研究的對象裡，是否均可歸入上列五類，是否尚有其他類別存在？要是某人雖沒有進入正規學校，但能讀書看報，則應歸入那一類？某人大學畢業後，又進入研究所得到博士學位，歸入大專一類是否妥當？這種儘量把各種可能發生的情況全部列出，使某一種情況不歸入這一類者，就可歸入另一類，不會發生無法歸類的情況，此即稱為「周延」。周延是求算機率的先決條件，若不能把所有可能發生的情況列出，就無法找出各事件發生的機率了。

　　當把一事象各種可能發生的情況列出後，接着就要知道它們間的關係。首先要知道，某一情況發生時是否會影響其他情況的發生？例如，在所調查的對象90人中，男性60人，女性30人。隨機任抽一人加以訪問，則男性機率為60/90，女性為30/90。若所訪問的這個人是男性，就不可能是女性；若是女性，就不可能是男性。又如一般考試中的是非題，一個題目的答案，非對即錯，或非錯即對，不可能又對又錯。這樣，一事件發生時，另一事件就不能同時發生，稱之為互斥事

件(mutually exclusive events)。

在從事研究設計上，我們常有建立各種假定情況的現象，在某種不變的情況下，會有什麼其他情況產生。例如，我們研究台灣的糧食（米）與人口之間的關係，常依人口的成長及米的消費量來估計。在做估計前，可能需要各種假設情況，如價錢高低，所得多少，均不影響結果。就價錢來說，卽不管米價一斤一元或一斤一百元，每個人都買一樣多的米（實際情況可能不會如此，例如米價漲得很高時，會買些替代品，如麵食來替代；或收入增加時，會對乳酪品的消費量增多，自動減少對米的消費量）。這種假設情況下，一事件的發生，不受他事件發生的影響，稱之爲獨立事件(independent events)。以上面所提的考試爲例，連續幾個是非題，要是各個問題均沒有連帶關係，則一個學生猜對第一題的機率是$\frac{1}{2}$，猜對第二題的機率也是$\frac{1}{2}$；但因爲這些題目相互間沒有關聯，則一個學生連續猜對第一、第二兩題的機率爲$\frac{1}{4}$，連續猜對三題的機率爲$\frac{1}{2} \times \frac{1}{2} \times \frac{1}{2} = \frac{1}{8}$。

與獨立事件相對的，就是從屬事件 (dependent event)。卽一事件出現後，會影響他事件出現的機會。例如上述米價漲跌，或國民所得高低，均會影響米糧的消費量。這樣兩事件互有關係，卽其相關係數不等於零，是爲非獨立事件。凡一事件發生在先，而此一事件的發生會影響到另一事件的出現機會，稱爲條件機率。今舉一簡單例子說明，若有兩對美國夫婦，其中兩位是共和黨員，另兩位是民主黨員，今隨機抽樣，夫婦兩人同爲共和黨員的機率爲若干？其可能組合情況爲：夫婦均爲共和黨 (RR)；夫爲共和黨，婦爲民主黨 (RD)；夫爲民主黨，婦爲共和黨 (DR)；夫婦均爲民主黨 (DD)。在此四種情況

下，夫婦同爲共和黨員的機率爲$\frac{1}{4}$。今若已知其中一位爲共和黨員，其可能發生的總情況爲 (RR, RD, DR)，夫婦同爲共和黨員的機率爲$\frac{1}{3}$。假如更進一步，知道有一位太太爲共和黨員，則其可能發生的總情況爲兩種，卽 RR 與 RD。此時夫婦兩人同爲共和黨機率爲$\frac{1}{2}$。這些計算機率的變化，完全由於在某種已知條件下計算而得，故稱之爲條件機率。

各種研究，特別是社會及行爲科學的研究，均可說是條件機率。所有研究工作上假設的檢定均屬之。一般而言，社會及行爲科學研究的假設之檢定，是假定在何種情形下，將會有何種結果。這些「假定」就是條件事件的先因，而後才有一些「假設」的結果。

第三節 群體與樣本

我們分析一種現象或事實，應以全部爲對象，例如要知道台灣農民受正規教育的平均年限，對象當包括台灣境內所有的農民。以民國六十五年爲例，全台灣農民共有580萬，如果能對每一位農民都作精確的調查訪問，把全部調查結果，求其平均數，這平均數自可代表全體事實而無疑義。這種所欲探究之某種特性事物的全部範圍（或全部的個體），一般稱之爲「母群體」(parent population 或 parent universe) 簡稱「群體」(population 或 universe)。易言之，群體是一組具有某種共同特性的事物或個體，而此種共同特性是研究者所欲研討的對象，一般而言，群體之大小隨固定特性之多少而定。就前例所說，以農民教育程度這個事象而言，由於所加固定特性（或限制）愈多，其群體

卽隨之愈小，例如:

限制地區	台灣地區農民
再限制時間	民國65年台灣地區農民
再限制性別	民國65年台灣地區男性農民
再限制年齡	民國65年台灣地區30歲男性農民

　　群體之大小，卽隨其限制的固定特性之增多而減少，其大小完全視研究者之需要而定，群體可依其所含個體 (individual) 之多少分爲有限群體 (finite population) 及無限群體 (infinite population)。前者係指群體所包含之個位數有一定數，可確實度計出來，像民國64年12月31日台灣地區農民數，可以計數出來的屬之; 後者係表示群體所含的個體數數值很大，難以度計出來，雖非爲無窮大，但要實際度計，確非易事，例如全台灣生產的米所含水份有多少，要把每一粒穀子去測度是不可能的，這就可當做無限群體來處理。

　　一般在從事研究分析時，由於時間、人力、財力的限制，不能對事象全部（群體）作深入研究，僅能抽取群體中的一部分個體加以觀察或深入研究，而用此一部分資料作爲探究群體之根據，則此部分資料稱爲群體的樣本。如台灣農民教育程度，可從 5,800,000 農民中抽出1000人或500人，或 100 人加以調查研究，而以這1000人或500人或100人所得的結果來說明 5,800,000 農民的敎育程度。由此可知，樣本是從群體中抽選出來的一組事物或個體作爲研究的對象。

第四節　取樣的意義與功用

　　一般而言，從事任何研究目的在於探討並瞭解一些事物的眞象，此一眞象就是我們前節所提的具有某種共同特徵的群體。爲對一群體

的眞象有所論斷與陳述，從事科學研究的人常從群體中抽取一小部分
深入研究，然後用此部分的資料作爲全部事實論斷的根據。這種從群
體中抽出一小部分樣本加以研究的方法，稱爲取樣 (sampling)。也許
這個定義並不完全，因僅談及如何從群體中抽取部分的過程，並未涉
及此部分是否能代表群體。例如某英文老師欲瞭解某大學新生的英文
程度，這位老師要是特別選幾位英文程度最好的來說明該校英文程度
高，或找幾位程度特別差的來說明該校新生英文程度低，與實際事實
可能相去甚遠，顯然不能代表全部大學新生的英文程度。所謂取樣，
比較嚴謹的說明，應爲從群體中抽出部分，而可以代表群體者，加以
深入研究，再用此部分結果來說明群體的方法。

　　與取樣研究相對的爲普查，所謂普查，就是將所欲探討的群體全
部不遺漏的加以研究的方法。從理論上言，欲知悉群體的眞象應將所
有個體一一加以研究，但一般科學研究上，除非母群體不大，要不
然，就得有相當多的人力，龐大的財力，及充足的時間；故大多數研
究者仍喜歡利用取樣法來進行。當然，此種方法的可靠性，係建立在
「樣本」能夠眞正代表「群體」的假定之上。取樣研究法有下列優點：

　　可節省人力與物力　抽樣法最大的優點是以較少的時間與財力、
人力而能獲得相當可靠的資料。例如，政府每十年舉辦一次人口普
查，農業普查，或工商普查，所要分析的對象甚巨，如人口普查有
一千六百萬人，農業普查有八十八萬戶；全面調查，則所費時間、人
力、財力甚多，如以千分之一抽樣，所花的時間與財力、人力，縱然
不能減少到千分之一，也不致相差太多。

　　可縮短資料整理的時間　如上述各種普查，目前縱然有電腦，可
以縮短整理資料的時間，但所花費的時間仍很多．故除非國家爲了行
政上擬訂政策，需要多種基本資料，利用普查外，常以取樣方法進行

研究。

可對所抽樣本深入研究　由於普查所得，多是些行政上的基本資料，無法深入分析。取樣法則因樣本數較少，一般均能集中時間與精力，作詳細的分析與研究。

可避免損壞此研究之個體　從事品質管制之產品檢驗，檢驗局如欲知悉市面上出售的食品罐頭是否合乎標準，理應將全部產品開罐檢查，若如此，則不獨造成破壞與損失，且將無貨品可資出售。此時唯有利用取樣法來進行檢驗。

由上列優點，我們就不難知道，何以今日所從事的各種研究，抽查法比普查法應用得更廣更多。在取樣研究中，為使所抽出之樣本能代表群體，須注意兩點：一為適當的取樣方法；二為適當的樣本數。略述如下。

第五節　隨機取樣法

Simple Random Sampling

為使所取樣本具有代表性，常因調查研究目的，分析對象的性質，與所處環境之不同，有多種不同的取樣方法。概略言之，可分為兩大類：一為隨機取樣；另一為非隨機取樣。

所謂隨機取樣，即在群體中隨機抽取若干個體為樣本。在抽取樣本過程中，不受研究者或取樣者任何人為的影響，純按隨機方式取樣，使群體中之每一個體皆有被抽出之機會。此所謂隨機，並非任意，要想取那一個就取那一個，而係依照均勻的原則，任其自然出現，不加以人為的安排。如此抽取得之樣本將較為客觀與具有代表性。隨機取樣，由於採用不受人為影響之工具或方法之不同，尚可細分為下列幾種。

Simple Random Sample

簡單隨機取樣法 此是根據機率原理所作之最簡單，也可說最基本的取樣方法。實行簡單隨機取樣法，首先需將群體中之所有個體作統一編號，每一個體均編一號碼。如群體共有一千個個體，則自第一號編至1,000號，將每一號碼書寫於大小，顏色，形狀，厚薄均完全相同之卡片或球上，如此則有1,000張卡片或1,000隻小球。然後將這些卡片或小球置放於箱（袋）內，澈底洗亂後，隨手抽出若干張卡片或小球，這些取出之卡片或小球即為簡單隨機方式所抽取出之樣本，亦即為研究分析之對象。這種取樣方法，可說是隨機取樣方法中最簡單者，故稱簡單隨機取樣法 (simple random sampling)。亦有稱為雛形取樣法或代號取樣法，或號碼球取樣法。因為所取出之個體並非群體，而係群體之代表。這種方法，在群體構成之個體數不多時，常使用之。我們常從電視中看到，各種幸運抽獎，現場觀眾抽獎，或有獎問答，均屬之。

簡單隨機取樣法，在群體不大時，固不失為簡便易行的取樣方法，但當群體單位數甚多時，要將每一個體做成卡片或小球，再編號，不僅費時甚多，工作繁複，也不是一種很經濟有效的方法。同時這種取樣方法，僅限於構成群體的個體均屬同質，即個體之差異性不大時，用之比較有效。因為隨機取樣法是任其自由出現，有時雖是隨機，仍會使所抽出之樣本非常集中，不易分散，特別是分層 (stratification) 非常明顯的時候，即群體為異質 (heterogeneous) 時，此種取樣方法無法依群體特質分配之大小而自動分配樣本的多少。

等距取樣法 用此法取樣，有一定的取樣距離 (sampling interval)。即在群體中抽取樣本時，每隔相等若干個體，抽取一個為樣本，故亦稱為間隔取樣 (interval sampling) 或系統取樣法 (systematic sampling)，因為取樣時，是依構成群體中個體之編排順序，每

隔幾個就抽取一個爲樣本，很有系統的順序取樣的緣故。

　　等距取樣法，仍係依據隨機原則抽取樣本。一般是先決定在所從事的研究中，要抽出多大樣本數，設樣本數爲 n，構成群體的個體數爲N，則可算出應隔多大距離取出一個樣本，若其間隔距離爲R，則R可由下列方法計算出來：

$$R = N/n$$

間隔距離求出後，便是每隔等數起點的決定。等距取樣法既是隨機取樣，故第一個樣本也要達到隨機才可。通常我們都喜歡自第一號開始，其實，這樣還不完全是隨機，仍應用隨機的原則來決定起點，即必須完全隨機的方式，由 1，2，3…R 個數值中任抽一個數值，若其數值爲 K，只須將抽得之號碼逐次加上 R，即可得其餘的樣本號碼。樣本號碼就分別爲 K，K+R，K+2R，K+3R…K+(n−1)R。今舉一簡單例子說明如下：設台灣大學有12,000名學生，欲明瞭其每月生活費用開支情形，於其中抽查200名，佔全體學生的六十分之一；再按學生號碼順序，每六十號抽查一位，即每隔六十位訪問一位；利用隨機取樣法，第一位爲12號，則第一個樣本爲12號，第二個樣本爲72號，第三個樣本爲132號，依次爲192，252，312，372等，直至抽到200位爲止；當抽到最後尙不足所需樣本數時，可再回頭累積繼續抽取。如本例最後一個樣本，當把12,000位同學抽完後，尙差一位，即199位樣本的號碼爲11,952號，再加60時則爲12,012號，但全校學生僅12,000名，則可從頭累加，抽出最後一個樣本爲12,012號；但12號已抽出，不應再考慮，依序遞補，即第200個樣本爲第13號同學。

　　等距取樣法，並不需要像簡單隨機取樣法那樣編列個體之號碼，只要群體中各個體之排列次序與所欲研究之某種特性毫無關係時，則可依其已排好次序之各個體中，每隔若干選取一個，如工商業的品質

管制，對產品每隔一定時間（一分，五分，十分，一小時，甚至一個月）抽取一個樣本檢查卽可。又如農業專家檢定某地區的土壤肥力，可每隔一段距離（一百公尺，一公里…）採集土壤加以分析。所以等距取樣法，有整個群體之各個體的編號清冊固然方便，但在適當情況下，可免編號手續，只須抽出第一個數值卽可。手續簡便，而同樣可以達到簡單隨機取樣法的隨機效果。

　　亂數表取樣法　此法係按亂數表所列數值代號，依次抽取樣本的方法。亂數表（random number table）係依照機率理論的隨機原則，將許多數目集合編製在一個表上，編製過程係將 0 至 9 等十個數值重複連續的以隨機方式抽出，並按其出現先後順序製成的。數字之排列非常零亂，毫無規律性可言，故可達到隨機取樣的原則。亂數表亦稱隨機號碼表。最早之亂數表爲 1927 年英國 Tippet 所編，其後 R. A. Fisher 與 F. Yates, M. G. Kendall 與 Smith, 及 H. Horton 等人均曾編製。本章所用者暫以 Fisher 與 Yates 所編者爲例（見表 3-1）來說明如何利用亂數表取樣。

　　此表含有一萬五千個數字，排列時每兩個爲一小組，每五小組爲一大組，以方便取樣時查閱。實際使用時，可不受組數之限制，可接他組數字編成一組，可作成兩位，三位，四位，五位…等多位數號碼，完全視群體中個體數之多寡而定。若全部共有五千個，則應取四位；若是五萬個，就應取五位數號碼。利用亂數表取樣法，首應將群體中所有個體統一編號，然後利用亂數表，抽出個體作爲樣本。利用亂數表時，應該用隨機方式決定某行，某列的數字爲起點，然後由左而右，或由上而下，查出號碼。凡個體號數與亂數表號數相同者，選出記下，卽爲樣本。若遇有重複的號碼，一般放棄不用，再查下一號碼，直到抽滿樣本數爲止。玆舉一例說明如何使用亂數表（本表爲

表 3-1 Fisher-Yates 亂數表之一部份

```
03 47 43 73 86    36 96 47 36 61    46 98 68 71 62    33 26 16 80 45    60 11 14 10 95
97 74 24 67 62    42 81 14 57 20    42 53 32 37 32    27 07 36 07 51    24 51 79 89 73
16 76 62 27 66    56 50 26 71 07    32 90 79 78 53    13 55 38 58 59    83 97 54 14 10
12 56 85 99 26    96 96 68 27 31    05 03 72 93 15    57 12 10 14 21    88 26 49 81 76
55 59 56 35 64    38 54 82 46 22    31 62 43 09 90    06 18 44 32 53    23 83 01 30 30

16 22 77 94 39    49 54 43 54 82    17 37 93 23 78    87 35 20 96 43    84 26 34 91 64
84 42 17 53 31    57 24 55 06 88    77 04 74 47 67    21 76 33 50 25    83 92 12 06 76
63 01 63 78 59    16 95 55 67 19    98 10 50 71 75    12 86 73 58 07    44 39 52 38 79
33 21 12 34 29    78 64 56 07 82    52 42 07 44 38    15 51 00 13 42    99 66 02 79 54
57 60 86 32 44    09 47 27 96 54    49 17 46 09 62    90 52 84 77 27    08 02 73 43 28

18 18 07 92 46    44 17 16 58 09    79 83 86 19 62    06 76 50 03 10    55 23 64 05 05
26 62 38 97 75    84 16 07 44 99    83 11 46 32 24    20 14 85 88 45    10 93 72 83 71
23 42 40 64 74    82 97 77 77 81    07 45 32 14 08    32 98 94 07 72    93 85 79 10 75
62 36 28 19 95    50 92 26 11 97    00 56 76 31 38    80 22 02 53 53    86 60 42 04 53
37 85 94 35 12    83 39 50 08 30    42 34 07 96 88    54 42 06 87 98    35 85 29 48 39

70 29 17 12 13    40 33 20 38 26    13 89 51 03 74    17 76 37 13 04    07 74 21 19 30
56 62 18 37 35    96 83 50 87 75    97 12 25 93 47    70 33 24 03 54    97 77 46 44 80
99 49 57 22 77    88 42 95 45 72    16 64 36 16 00    04 43 18 66 79    94 77 24 21 90
16 08 15 04 72    33 27 14 34 09    45 59 34 68 49    12 72 07 34 45    99 27 72 95 14
31 16 93 32 43    50 27 89 87 19    20 15 37 00 49    52 85 66 60 44    38 68 88 11 80

68 34 30 13 70    55 74 30 77 40    44 22 78 84 26    04 33 46 09 52    68 07 97 06 57
74 57 25 65 76    59 29 97 68 60    71 91 38 67 54    13 58 18 24 76    15 54 55 95 52
27 42 37 86 53    48 55 90 65 72    96 57 69 36 10    96 46 92 42 45    97 60 49 04 91
00 39 68 29 61    66 37 32 20 30    77 84 57 03 29    10 45 65 04 26    11 04 96 67 24
29 94 98 94 24    68 49 69 10 82    53 75 91 93 30    34 25 20 57 27    40 48 73 51 92

16 90 82 66 59    83 62 64 11 12    67 19 00 71 74    60 47 21 29 68    02 02 37 03 31
11 27 94 75 06    06 09 19 74 66    02 94 37 34 02    76 33 53 56 16    38 45 94 30 38
35 24 10 16 20    33 32 51 26 38    79 78 45 04 91    16 92 53 56 16    02 75 50 95 98
38 23 16 86 38    42 38 97 01 50    87 75 66 81 41    40 01 74 91 62    48 51 84 08 32
31 96 25 91 47    96 44 33 49 13    34 86 82 53 91    00 52 43 48 85    27 55 26 89 62

66 67 40 67 14    64 05 71 95 86    11 05 65 09 68    76 83 20 37 90    57 16 00 11 66
14 90 84 45 11    75 73 88 05 90    52 27 41 14 86    22 98 12 22 08    07 52 74 95 80
68 05 51 18 00    33 96 02 75 19    07 60 62 93 55    59 33 82 43 90    49 37 38 44 59
20 46 78 73 90    97 51 40 14 02    04 02 33 31 08    39 54 16 49 36    47 95 93 13 30
64 19 58 97 79    15 06 15 93 20    01 90 10 75 06    40 78 78 89 62    02 67 74 17 33

05 26 93 70 60    22 35 85 15 13    92 03 51 59 77    59 56 78 06 83    52 91 05 70 74
07 97 10 88 23    09 98 42 99 64    61 71 62 99 15    06 51 29 16 93    58 05 77 09 51
68 71 86 85 85    54 87 66 47 54    73 32 08 11 12    44 95 92 63 16    29 56 24 29 48
26 99 61 65 53    58 37 78 80 70    42 10 50 67 42    32 17 55 85 74    94 44 67 16 94
14 65 52 68 15    87 59 36 22 41    26 78 63 06 55    13 08 27 01 50    15 29 39 39 43

17 53 77 58 71    71 41 61 50 72    12 41 94 96 26    44 95 27 36 99    02 96 74 30 83
90 26 59 21 19    23 52 23 33 12    96 93 02 18 39    07 02 18 36 07    25 99 32 70 23
41 23 52 55 99    31 04 49 69 96    10 47 48 45 88    13 41 43 89 20    97 17 14 49 17
60 20 50 81 69    31 99 73 68 68    35 81 33 03 76    24 30 12 48 60    18 99 10 72 34
91 25 38 05 90    94 58 28 41 36    45 37 59 03 09    90 35 57 29 12    82 62 54 65 60

34 50 57 74 37    98 80 33 00 91    09 77 93 19 82    74 94 80 04 04    45 07 31 66 49
85 22 04 39 43    73 81 53 94 79    33 62 46 86 28    08 31 54 46 31    53 94 13 38 47
09 79 13 77 48    73 82 97 22 21    05 03 27 24 83    72 89 44 05 60    35 80 39 94 88
88 75 80 18 14    22 95 75 42 49    39 32 82 22 49    02 48 07 70 37    16 04 61 67 87
90 96 23 70 00    39 00 03 06 90    55 85 78 38 36    94 37 30 69 32    90 89 00 76 33
```

Fisher-Yates 亂數表的一頁）：設台大一年級新生共2,450人，今用亂數表抽出十人訪問，若隨機決定自第5行第6列為起處，因個體總數為2,450人，故應取四位數；在亂數表內所得數字大於2,450者，則摒棄不用；以由左向右方式，查完第六列，再轉到第七列，餘類推，則所抽取之十個號碼為1737, 0474, 2176, 0676, 2112, 1551, 0013, 0802, 1807, 1658；若改為由上而下，則先查第五、六、七、八行四位數，不足時，則轉至第九、十、十一、十二行數字再查，餘類推，則十個號碼為1753, 1234, 0792, 1712, 1837, 1504, 1016, 1686, 1088, 0439。

　　分層取樣法　利用上述三種隨機取樣法所取得樣本對代表群體可靠性之大小，端視各樣本之個體在群體中的分佈情況而定，如群體中各個體的性質甚為均勻，且屬同質時，則代表群體的可靠性大；若各個體的性質不均勻，且為異質時，則可靠性就會降低。故群體中個體差異甚大，且分佈不均勻時，為求取出樣本的可靠性增加，最好利用分層取樣法。分層取樣法 (stratified sampling) 又稱為分類取樣或分組取樣。係指取樣前，研究者或抽樣者根據已有的某種標準（與研究目的有關者），將群體中之個體分為若干類（或組），每類稱之為一層(stratum)，然後在各層中隨機取出若干個體作為樣本。利用此法取樣時，各層中抽出樣本數所佔全部樣本數的比率，應與每一層個體數所佔全體中個體數的比率相同，故又稱為比率取樣法(proportional sampling)。這樣，所取出樣本的結構與群體結構才完全一致。當各層應取之樣本數決定後，即利用隨機取樣法（簡單隨機取樣，等距取樣，亂數表取樣）從各層取出樣本。舉一個簡單的例子說明如後：設某學系測驗學生對成立研究所的看法。該系共有學生300名，其中一年級60名，二年級70名，三年級80名，四年級90名。若決定在300名

學生中抽出30名訪問，則應於一年級抽6位，二年級7位，三年級8位，四年級9位。當各年級訪問人數決定後，則可利用上列三方法中任何一種來取樣，就可取出有代表性的樣本。

一般而言，分層取樣時，分層多少與樣本大小，對於所取出樣本的代表性或可靠度關係甚大。分層愈多愈細，所抽樣本愈大，則其代表性亦愈大。但適當的分層，尤為重要，亦即分層取樣時，最重要的問題是如何分層，及分層的標準。分層的原則是要求層內個體儘量相同，以簡化群體的構造；層間各個體要儘量不同，以便包括群體內各種特性。

集體取樣法　為使樣本能集中而不過於分散，以節省研究的時間與財力，在選取樣本時以團（集）體為單位，而不以個人為單位，即集體取樣法（group sampling）。將群體按某種標準（如班級、地區）分為若干類，每類稱為一個團體，再於各團體中以隨機取樣方式，抽取若干小團體，對這些小團體中之各個體，全部加以訪問，故又稱為類聚取樣法（cluster sampling）。集體取樣法與上述分層取樣法，第一步驟均相同，即將群體按標準分成若干類別（層、團）。但是分層取樣法在所分的各類層中，均抽取一部分樣本，加以研究；集體取樣法，則於各類中只利用隨機方式抽取其中數類，在所抽取之類中，則全部加以研究。例如，某國中校長欲知該校三年級學生就業意願。該校共有三年級學生五十班，今隨機抽取五班，然後就所抽取的五班全部加以訪問。又如目前人口調查或農業普查之抽樣中，也是先劃分成幾個地區別，再於地區別中抽出幾區，然後在區住戶中全部加以調查。此種取樣方法，因為樣本比較集中，可以節省往返、奔跑的時間，人力與財力。但是，由於樣本過分集中，所得結果之代表性就隨之而降低；同時，集體取樣法對樣本數無法精確控制，因每一集團的個體並

非完全相同。但在群體變動較大時，此種取樣法可以隨時增減樣本，不因缺少群體的準確資料，而影響抽取樣本。

分段取樣法　分段取樣就是將前述的集體取樣再隨機化。當各集體或類聚之個體單位數較多，彼此間的差異不很大時，集體取樣法雖可以節省時間，但因樣本多，對於資料之搜集與整理，並不能達到最經濟的地步，因而採用較爲經濟、省時、省錢的方法，就是分段取樣法。分段取樣卽先將群體，根據某種特性之分類標準，分爲若干層（組）。在這些層中，用隨機方式抽取出幾個層，再從所抽取之層中，以隨機取樣抽出樣本加以分析。這裡所說的，是分兩次取樣，故稱爲兩段取樣 (two-stage sampling)；要是分爲三次取樣，可稱爲三段取樣；一直可以大至 n 段取樣。一般超過三次時，稱爲多段取樣 (multiple-stage sampling)。例如，某人口學家欲做台灣地區勞動力調查。台灣共有 345 個鄉鎮，利用隨機取樣抽出其中十個鄉鎮爲A，B，C，D，E，F，G，H，I，J。但在此十個鄉鎮中，每鄉鎮可能有一萬人以上，一一加以調查，誠屬不可能。若以隨機方法每鄉鎮抽取 100人爲樣本，十鄉鎮共爲1,000人。此種取樣過程分二段進行：第一段以鄉鎮爲取樣單位；第二段以鄉鎮內之住民爲取樣單位。此種方法，是把群體分爲層，每層之個體單位數很多，彼此之差異不大，卽爲同質時，採用之。

第六節　非隨機取樣法

雖然利用各種隨機取樣法，可以避免研究者或抽樣者之主觀意念影響，可以抽出較具有代表性之樣本，但有些研究工作，爲了符合研究目的，對於樣本的抽取，不得不按其需要，從偌大的群體中選取出

具有代表性的個體作為樣本。例如，編製物價指數，首需選擇有代表性的樣品，才能正式反映整個市場的物價變動情形。這種依照研究人員的需要與意願，選取具有某種特性之個體作為樣本，並不符合機率原則所強調的，每個個體均有被相等抽樣的設計，故稱之為非隨機取樣 (non-random sampling)，或立意取樣 (purposive sampling) 或計劃取樣。此種取樣方法是研究者根據個人的方便，或缺乏足夠資料，無法隨機取樣，而有意抽取合乎某種標準之若干個體為樣本，故又稱為非機率取樣 (non-probability sampling)。這種取樣法對各個體並無均等抽取機會。非隨機取樣為法國 Leplay 首先創用，目前從事市場調查、民意測驗、各種經濟指數編製等常採用之。此種取樣方式主要有兩種，一為配額取樣法 (quota sampling)，另一為判斷取樣法 (judgment sampling)。今分述如下：

　　配額取樣　配額取樣係為研究者或取樣者遵照某種既定的標準來取樣，這些人為標準，如職業別、年齡層、教育程度等是常用的。例如，我們欲知農民生活水準，唯有從農民這個群體中去取樣；欲研究公教人員生活水準，唯有從公教人員這個群體去取樣；欲瞭解推行小康計劃成效，也唯有將接受小康輔導計劃的人加以分析。這種配額取樣法很似隨機取樣的分層取樣法，唯在這裡，由研究者主觀意願決定的成分比隨機成分來得大。如上例，可以抽取接受輔導後，家計有特別改善的，來說明工作的成功；反之，也可以找一些特別壞的，來說明工作沒有成效。

　　配額取樣法一般也應用在群體資料並不充分時，例如某財稅人員欲知各紡織工廠投資人對營業稅的看法，又苦於無足夠有關各投資人資料。這時可在研究過程中，請調查人至紡織廠，訪問董事長，總經理，或常務理監事諸類人員，將工廠負責人加以調查。

　　判斷取樣　判斷取樣是根據研究人員的需要或方便，依其主觀的判斷有意抽取研究上所需的樣本。一般而言，這種取樣多少會帶有一點偏差在裡頭，致其結果能說明群體的代表性有多大，實頗難確定。但是有些研究常利用此種取樣法，如各種研究所進行的試查工作，為了測度問卷的效率，常需選擇些有代表性的被訪者來訪問；編列各種經濟現象指數，如物價指數與各類生活費指數，都需要選些較有代表性或標準的項目作為樣本，以節省時間、財力、與人力。

standard error { Sampling error
                 Non-Sampling error

第七節　樣本大小

　　為使所抽樣本能確實說明整個群體的實際現象，除了選用適當的取樣方法外，樣本大小亦將影響所得結果的準確度 (precision)。當然，樣本估計數的準確度，尚由於測量 (measurement) 方法的不當，訪問員偏見，或不當詢問等情形而產生，但這裡所指的準確度，乃針對取樣結果所構成的樣本標準誤 (standard error) 中的取樣誤差 (sampling error) 而言，至於那些由訪問員不當所引起的非取樣誤差 (non-sampling errors)，則不在討論之列。

　　就統計準確度來講，依諸習慣，係單指取樣誤差，故準確度高低，視抽取樣本大小而定。一般而言，樣本愈大，準確度愈高；樣本愈小，準確度愈低。根據統計學的原理，準確度的變更率因樣本數的平方根而不同。樣本的標準誤是以樣本數去除標準差 (standard deviation) 而得。設 s 為標準差，n 為所抽取樣本數，$s_{\bar{x}}$ 為樣本標準誤，則可以下式示之：

$$s_{\bar{x}} = \frac{s}{\sqrt{n}}$$

　　例如，我們從過去已有研究或嘗試研究 (pilot study)，得知其群體的標準差為20，則當抽取一個樣本，四個樣本，或十六個樣本時，其標準誤將由20降為10，再降為5。從上面這一個簡單例子，不難發覺到標準誤係隨樣本數平方根而遞減，而標準誤就係樣本估計數的準確度，故設若有一1000人的學生群體，若選25位為研究樣本，研究者要使其準確度增加一倍，就必須增加原來選取樣本數的四倍，因為25的平方根等於5，增加一倍即等於10，10為100的平方根，所以要使所選代表準確度的程度增加一倍，必須將所抽取的樣本數從25增加到100。即為原來樣本數的四倍。這一點，不過就一般原則上講，實際應用時，自然應該活用。

　　現在有些人有一種不正確的觀念，以為抽取樣本的時候，只要樣本數在群體中所佔的百分比達到某一定水準就好，好像樣本的大小本身有絕對的代表性。其實單單樣本的大小是沒有用的，並不能確保有代表性。假使一個群體在開始的時候就沒有代表性，則樣本的大小並無幫助。如取樣方法不當，雖然選了一千個樣本，還不如用適當的取樣方法，抽取出一百個樣本來得可靠。所以我們在此所講的樣本大小，僅是指適當的樣本數量而已。一般而言，決定樣本的大小，除了上述估計數值預期的準確度外，當受下列三個因素影響：(1) 研究者的時間、人力及財力，(2) 預定分析的程度，(3) 群體內個體之相似度。

　　理論上而言，樣本愈大，所得準確度亦愈高，但實際上常受人力、財力、及時間的限制，無法抽取很大的樣本，吾人應該在有限的財力、人力及時間下去抽取最小的樣本，而得到最真確可靠的資料。同時，由於分析程度的不同，樣本數亦將因而有異；例如，迴歸分析中自變項的個數不同，樣本數亦因而隨之增減。除此而外，群體內各

個體的相似度，亦影響所需樣本的大小；凡是同樣大小的群體，各個體差異較大之異質群體所應抽取之樣本數，應較各個體差異較小之同質群體所應抽取之樣本爲大。

第四章

實驗設計的基本原則

林清山

　　在這一章裏，我們要討論一些可以使用在行為科學研究之實驗設計 (experimental design) 的種類、優缺點、統計方式及其實際應用。就如同建築師必須學會設計藍圖一樣，行為科學研究者也必須懂得有關實驗設計的事。

第一節　實驗設計的意義、功能及符號

一、實驗設計的意義、目的及重要性

　　研究者在實際著手探討其所遭遇的問題之前，通常必須事先把整個研究過程中，要做些什麼工作均一一加以規劃。這些工作包括：擬定並提出實驗假設，決定所要操縱 (manipulate) 的自變項和所要觀察的依變項，考慮控制那些外來無關變項 (extraneous variable) 和如何減少測量誤差，設計怎樣抽取樣本，選擇適當的統計方法，甚至想好實驗結果的推論範圍及對象等。所謂「實驗設計」乃是研究者為了解答其研究方面的疑問，說明如何控制各種變異來源的一種扼要的計劃、架構、和策略。其主要目的在有計劃的說明他用來操縱各種變異

來源的「基本模式」(paradigm) 爲何，以便將來可以細心操縱或改變自變項，並觀察此項改變對依變項所發生的影響，使能在有效、客觀、正確、和經濟的原則下，解答研究者所要探究的問題。

實驗設計如果錯誤或者不恰當，則研究者不但不能得到正確的答案，而且可能造成錯誤的或與事實相反的結論。因之，研究者必須針對研究的主要目的和所提出的假設，審愼選擇他的實驗設計。下面的例子可用來說明選擇正確恰當之實驗設計的重要性。

假定研究者內心懷疑「啓發式教學法，不管在什麼情形下，其教學效果都優於編序教學法」這句話的眞實性，而想考驗「是不是學生智力程度高時，使用啓發式教學法教國中科學的效果較優於編序教學法；但學生智力程度低時，則啓發式教學法的效果較差於編序教學法」。此時，至少有三種實驗設計可供他來選擇。第一、他可以隨機抽取 80 名國中二年級學生，並隨機分爲兩組，然後抽籤決定一組爲啓發教學組 (A_1)，另一組爲編序教學組 (A_2)。除了教學方法這一自變項外，教師、教材、教具、教學時間、評量工具等條件，對兩組而言，都完全一樣。實驗一年之後，兩組均接受國中科學成就測驗，看啓發教學組的成就測驗平均成績 (M_{A1}) 是不是顯然高於編序教學組的該項成績 (M_{A2})。表 4-1 表示這種設計的基本模式。

表 4-1　兩種教學方法實驗的基本模式

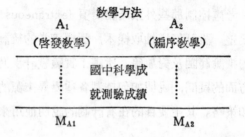

教學方法	
A_1 (啓發教學)	A_2 (編序教學)
國中科學成 就測驗成績	
M_{A1}	M_{A2}

第二、除了「教學方法」外，可以再加進一個自變項「智力」。他可隨機抽取 240 名國中二年級學生，依智力測驗結果分爲「高智力組」、「普通智力組」、和「低智力組」等三個組，每組各 80 名。然後再用隨機的方法將每組 80 名學生分爲「啓發教學組」和「編序教學組」，每組 40 名，共得六個小組。實驗一年之後，可以得到這六個小組的國中科學成就測驗成績。研究者除了考驗兩種教學方法之間（M_{A1} 和

表 4-2　兩種教法三種智力水準的實驗基本模式

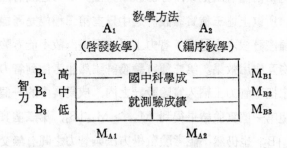

M_{A2}），和三種智力水準之間（M_{B1}, M_{B2}, 和 M_{B3},）的平均成績有無顯著差異之外，還可以考驗「教學方法與智力的交互作用效果」（AB interaction effect）是否達到顯著水準。換言之，是不是就高智力組而言，啓發式教學組平均成績高於編序教學組；就低智力組而言，則啓發式教學組平均成績反而低於編序教學組。表 4-2 表示這種設計的基本模式。第三、他可能分開做兩個個別的實驗。在第一個實驗裏，他選擇80名智力測驗分數高的國中二年級學生，隨機分爲兩組，每組40名。他的主要目的是要考驗對這些學生而言，是不是啓發式教學法優於編序教學法。在第二個實驗裏，他選擇80名智力測驗分數低的同年級學生，也分爲相等的兩組。其主要目的是要考驗對這些學生而言，是否啓發式教學法較差於編序教學法。表 4-3 表示這種設計的基本模式。

表 4-3　兩種單獨的完全隨機化設計

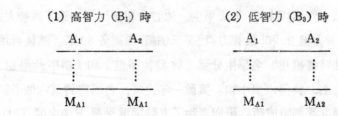

（1）高智力（B₁）時　　　　　（2）低智力（B₃）時

因為這位研究者的眞正研究目的是要考驗教學方法之好壞是否視智力水準之不同而有所差異，亦卽教學方法與智力之間有無交互作用現象存在，所以上述三種實驗設計之中只有第二種能完滿達成此一目的。第一種設計根本未選擇「智力」為自變項，故不能考驗教學方法與智力的交互作用效果。第三種實驗設計雖然也考慮到智力的因素，但也同樣未把「智力」納入實驗設計之內，成為其中的一個自變項。因此，卽使第一個實驗結果得到 $M_{A1} > M_{A2} | B_1$，第二個實驗結果得 $M_{A1} < M_{A2} | B_3$，也仍然不能考驗教學方法與智力之間有無交互作用現象存在。更何況根本沒有 B_1 和 B_3 之間是否有顯著差異存在的證據呢！

可見，只有適切的實驗設計，方能達成研究的眞正目的。

二、實驗設計的主要功能——變異量的控制

研究者實驗後可以得到許多有關依變項的觀察分數。代表這些分數的變異情形的量數稱為「總變異量」。總變異量係由「實驗變異量」，「無關變異量」（extraneous variance），和「誤差變異量」三部分所構成。所以，實驗設計有下列三個主要功能：

使實驗變異量變為最大　這是指在進行實驗設計時，須注意到設

法使實驗處理的幾個條件之間儘可能的彼此有所不同。以表 4-1 的例子來說，實驗設計者應設法使 A₁ 和 A₂ 儘量不一樣。在該一例子裏，研究者選擇性質完全相反的兩種不同敎學方法，其目的就是要儘量使能看出兩者敎學效果之差異來。當這兩種敎學方法性質越不一樣，將來學生所得物理科學習成就測驗成績（依變項）的總變異量之中，實驗變異量所佔的比例便越大。一個良好的實驗設計，當然要把外來無關變項和誤差變數控制好，但是有時候這些變項仍然無法完全加以排除。此時最好的辦法便是把實驗處理的條件之變異加大。在宿舍裏收聽廣播時，如果吵雜聲太大，又無法減少它，唯一的辦法便是把收音機開大聲一點。同理，有時爲了使實驗變異量變得最大起見，實驗設計時，可選擇自變項的兩個極端值 (extreme values)，取其最佳值 (optimal value)，或選取幾個具有代表性的值，作爲實驗處理的條件。

　　控制無關變異量　除了研究者所操縱或改變的實驗處理變項之外，如果還有其他自變項也有機會影響依變項，則研究者便無法對所得結果做正確的解釋。這些干擾實驗結果的自變項，稱爲「無關變項」。進行實驗設計時，應注意到將這些混淆 (confounding) 變項予以控制，纔能有信心說他所得的實驗結果是純粹因實驗處理所造成的結果。如表 4-1 的例子來說，如果啓發組學生的智力和編序組學生的智力根本就不相等，則假定實驗結果啓發組的物理科成就測驗成績優於編序組的成績，也無法解釋此一實驗結果，因爲此一結果到底是智力不同造成的呢，或是敎學法效果不同造成的呢，混淆不清，當然就不容易分辨出來了。

　　實驗設計中最常用來控制無關變項之干擾的方法有下列四種：

　　1. 把該一無關變項去除或保持恆定　如果智力這一變項可能成爲

影響物理科成就測驗成績好壞之變項，則只選用同一智力水準之受試者，亦卽，使各組受試者之智力盡量接近同質 (homogeneous)，或保持恒定，智力的因素便不再干擾實驗結果。例如，不管啓發組或編序組均選取 I Q 在 90 至 110 的受試者。此外，如果聲音足以干擾實驗，就把聲音去除；如果性別足以干擾研究結果，就只選用男生或只選用女生。這種方法很有用，但研究結果之「可概化性」(gener-alizability) 便受到限制。例如，只用男生所得的結論，便不適用於女生〔參看第二節外在效度之討論〕。

2.隨機化(randomization)　控制外來無關變項之干擾的第二個方法便是「隨機分派」(random assignment)。例如利用亂數表自全校國中二年級學生之中，隨機抽取 100 名學生，然後又隨機分派 50 名學生參加啓發組，50名參加編序組的實驗。就理論上說，隨機化是唯一可以控制「所有」外來無關變項的方法。換言之，如果隨機抽樣和隨機分派做得十分澈底，則參加實驗的各組受試者，無論在那一方面理論上應可完全相等，尤其是每組人數愈多時，愈是這樣。(惟，這並不是說，隨機抽樣隨機分派之後，各組事實上也必然是各方面都完全相等)。這是用配對法 (matching) 或其他方法所無法做到的。例如，將啓發組和編序組的智力予以配對之後，雖然兩組在智力這一變項方面已經相等了，但在其他許多有影響力的自變項(例如態度、動機、人格、和社會地位)方面仍然可能不相等。所以隨機化是最理想最有力的方法。

3.使無關變項變爲實驗設計中的一個自變項　假如在圖 4-1的實驗設計裏，智力是個可能的外來無關變項，則一個很好的辦法便是除了「教學方法」之外，再把「智力」也納入實驗設計之中，使成爲有兩個自變項的多因子實驗設計，就如同表 4-2 所示那樣。要之，將某

一自變項納入實驗設計之中，便是將該一變項也納入「控制」之下。這是因爲這樣做，便可以從依變項的總變異量之中，把由該一變項所造成的變異量部分予以扣除之故（在表　4-2　的例子裏，我們可利用 2×3 多因子變異量分析法，將「智力」這一變項三個水準的「組間」變異量計算出來）。

　　4. 將各組受試者加以配對，或受試者自身作爲控制(subjects as their own control)　如果「智力」可能是影響實驗結果的干擾因素，則可採用配對法的實驗設計來加以控制。此時，要選擇好幾對智力測驗分數相同的受試者，然後用隨機分派的方法，將每對之中的一個人分派去接受一種實驗處理（例如啓發式教學法），另外一個人則接受另一種實驗處理（例如編序教學法）。因爲各組受智力這一自變項之影響完全相同，故實驗結果，物理科成就測驗成績不同，就可以說並不是智力不同所造成的。通常，如果被用來配對的此一變項（譬如上例的智力）與實驗設計中的依變項（例如上例成就測驗成績）有相當高的相關存在（譬如　$r > .50$），則配對法當可減少誤差，增加研究的正確性。惟，配對法的實驗設計有不少缺點，故不如隨機化的設計方法來得理想。第一、配對變項與依變項須有相關，否則配對只是白費工夫。第二、不容易找到在兩個變項甚或兩個以上變項方面完全相同的受試者，故等於丟棄許多受試者。第三、即使把某變項配對相等，仍不能保證其他變數方面也是完全相等。

　　配對法的另一種變通形式便是採用「重複量數」（repeated measures），或隨機區組（randomized blocks design）實驗設計。在重複量數設計裏，同樣的一組受試者，每人均重複接受幾種實驗處理。其目的在減少受試者變項對實驗結果的影響。因爲同一個人重複接受幾種不同實驗條件，可以假定各種實驗條件下，受試者變項均爲相同。故假

定同一個人重複接受四種實驗條件，也就相當於同一配對組裏面的四個人每人接受一種實驗條件一樣。由於要避免受練習或疲倦等因素之影響而產生累進誤差 (progressive error) 起見，採用重複量數或隨機區組設計時，受試者所接受的實驗處理本身之次序也應予以隨機化。

　　除了上述方法以外，也可使用諸如「共變量分析」(analysis of covariance) 等「統計控制」的方法來控制無關變異量。這是「實驗控制」無能為力時，所採用的方法。

　　使誤差變異量變為最小　不管實驗變異量或無關變異量均為依變項的「總變異量」之中可以預測的部分。因為它們的出現是有系統的，可預測的，故稱為「系統性變異量」(systematic variance)。在依變項總變異量之中，還有一部分變異量叫「誤差變異量」。它們是由一些變動不定、無法預測、和隨機出現的不明來源所造成。其中主要來源有二：(1) 與個別差異有關的變項，和 (2) 測量誤差。通常我們把由個別差異造成的變異量列在系統變異量之內，是可以加以控制的。但是，如果它們為研究者所無法指認和加以控制，則它們便是誤差變異量了。其次，在測量受試者的反應時，由於受試者反應的變動、猜測、暫時性的注意分散、疲倦、遺忘、和情緒變化等所造成的測量誤差，也是誤差變異量的來源之一。測量誤差等隨機誤差，時正時負，有時這樣變有時那樣變，故理論上其平均數是 0。

　　由上可知，要使誤差變異量變為最小，應自兩方面著手。第一、儘量將實驗情境控制妥善，使測量誤差減到最低限度。實驗情境控制愈差，造成誤差變異量的來源愈容易介入。第二、要增加測量工具的信度；測量工具信度愈低，所測分數愈易變動不定，故誤差變異量也愈大。測量工具愈可靠，我們愈能指認並抽出系統變異量出來，而且，誤差變異量與總變異量之比例便愈變得小。當誤差變異量太大時，

即使實驗變異量很大，或事實上各組平均數之間有顯著差異存在，也可能顯現不出其差異出來。相反的，如果誤差變異量很小，組間平均數的眞正差異便容易顯現出來。這一點也可以從 t 檢定或 F 檢定的公式看出來。在 t 公式的情形下，如果分母的標準誤較小，便容易達到顯著水準。在 F 公式的情形下，如果分母的組內均方 MS_w 顯然的小，便容易達到顯著水準。

總而言之，實驗設計事實上是如何控制變異量的一種計劃工作。

三、實驗設計常用的符號及其意義

在呈現實驗設計時，如果使用一些符號來代表時，將可使人一看便知其明顯的特徵何在。因之，在下面各節裏，每當討論到一個實驗設計時，便先用符號來表示它。實驗設計常用的符號（註1）及其意義可說明如下：

(1) X：表示研究者所操縱或變化的實驗變項（自變項）。

(2) Y：表示依變項，亦卽觀察分數或測驗分數。

(3) 自左至右：表示時間次序或先後。

(4) 同一横行的X或Y：表示這些X或Y係加諸同一組受試者。

(5) R：表示隨機分派到各實驗處理組。

(6) M_R：表示先把受試者加以配對或區組化，然後將各配對組或區組的受試者隨機分派到各實驗處理水準。

(7) ——：表示由實線所隔開之各組之能力都相同。

(8) ……：表示由虛線所隔開之各組之能力並不相同。

註 1：參考 F. N. Kerlinger (1973) *Foundations of Behavioral Research.* (2nd ed). New York：Holt. Chap. 18.

(9) ⊗：表示事後回溯設計中的自變項，是研究者不能够操縱或改變
　　　的

現在，如果用符號將表 4-1 的實驗設計表示出來，則應是這樣的：

$$\boxed{R} \quad \begin{array}{cc} X_1 & Y_1 \\ X_2 & Y_2 \end{array}$$

最左邊的 $\boxed{R}$ 表示研究者在未正式實驗之前，用隨機分派的方法將受
試者加以分派。因為符號共有兩個橫列，可見將受試者分為兩組。兩
橫列之間有一道實線，表示這兩組因隨機分派之故，未實驗前在各方
面的能力可說是完全相等。其次，研究者開始呈現實驗處理：X_1 代表
啟發式教學法，X_2 代表編序教學法。研究者操縱自變項X，亦卽教
學法，使有 X_1 和 X_2 之變化。最後，研究者纔觀察受試者接受實驗
處理之後的反應，為受試者舉行物理科學習成就測驗；這項成績是為
Y。如果兩組的成就測驗成績（Y_1 和 Y_2），經 t 考驗結果顯示平均
數之差異達顯著水準，則研究者可以說啟發法與編序法的效果並不一
樣。

第二節　實驗設計的評鑑準則
及不適當的實驗設計

其次，我們要討論一些評鑑一個實驗設計好壞的準則，然後根據
這些準則來批評幾個不適當的實驗設計。練習批評這些不適當的實驗
設計之缺點，將有很大幫助，至少可以避免犯了錯誤而仍不自知的危
險。

一、實驗設計的評鑑準則

任何一個實驗設計的好壞可從下列三點來加以評鑑：

（一）**所選用的實驗設計能否適切的回答研究者的問題**　首先，我們須問所選用的設計是否適切？一個良好的實驗設計必須能夠適切的解答研究者所欲解答的問題。換言之，實驗設計必須要能密切配合研究者的研究問題和假設。否則，這種實驗設計便算無法達成研究的目的。下面的幾個例子均說明實驗設計與研究問題並未配合好。例如，要研究是不是智力水準不同，啓發式教學法和編序教學法的效果也有所不同，乃是以探討智力與教學法是否有「交互作用」爲主要目的的研究。此時，倘如表 4-3 所示，分別設計兩個單因子的實驗，就無法考驗交互作用效果的問題。這一點是我們前面所討論過的。又如，要研究是否咖啡愈濃，愈有助於背好英文單字，乃是一種「趨向分析」(trend analysis) 的問題。如果使用只有一個實驗組和一個控制組的實驗設計便算不適切。此時，除了設一組喝不含咖啡因的 "咖啡" 之控制組以外，還須設幾個喝含有不同濃度咖啡因的咖啡之實驗組，方能達成研究的目的。此外，如果必須使用「隨機化」實驗設計，各組在各方面儘可能完全相等，而竟採用「配對法」將某一個或兩個變項配對起來，便是不適切的實驗設計，尤其是採用與依變項毫無相關的配對變項時更是這樣。

（二）**所選用的實驗設計能否適當的控制自變項**　除了實驗者所操縱或改變的自變項以外，如果還有其他的自變項也能夠影響依變項，則所得實驗結果就因被混淆而難於解釋。換言之，研究者就沒有把握說他所得的實驗結果是純粹因爲他操縱或改變自變項所造成的結果。因

之，要評鑑一個實驗設計之好壞，就要看所用的實驗設計能否適當的控制自變項，使研究者能清楚的解釋所得的實驗結果。這事實上便是 D. T. Campbell 和 J. C. Stanley 所謂的「內在效度」(internal validity) 的問題（註2）。大體上說，一個實驗設計，如果除了研究者所控制的自變項之外，還有其他自變項也影響依變項，使研究者無法解釋所得實驗結果，則該項實驗設計的內在效度就很差。

依照 Campbell 和 Stanley 的看法，一個實驗設計如果受到下列因素所影響，便是控制不好，故內在效度為之降低。

1. 歷史　假使研究者所用的實驗設計如下所示〔參看本節後面設計2〕：

$$Y_1 \quad X \quad Y_2$$

亦卽，只設一組受試者，在給予實驗處理（X）之前舉行前測（Y_1），之後舉行末測（Y_2），則自 Y_1 到 Y_2 這一期間內，除了 X 之外，發生於受試者的某些特殊事件，也可能影響依變項 Y_2，使 Y_2 不同於 Y_1。例如，研究者認為看了教育電影之後，受試者對黑人的態度會變好。為考驗是否如此，他先對一群受試者舉行態度測驗，然後每天讓他們看一部描述黑人優點的教育電影。經一星期看了七部這類的電影之後，再對他們舉行同一個態度測驗。假定這些受試者對黑人的態度果然顯著的變好了，能不能肯定的下結論說這些受試者態度的改變是由於看這種教育電影的緣故？也許不能！如果這些受試者在這星期內實驗以外的時間裏，聽到別人說過有關黑人的感人故事，或經歷一些類似這樣的特殊事件，也可能使他們對黑人的態度發生改變，而不是純粹因為看教育電影之故。

註2：D. T. Campbell and J. C. Stanley (1963) *Experimental and Quasi-experimental Designs for Research*. Chicago: Rand McNally.

2. **成熟**　　隨著時間的經過，受試者的內部歷程發生改變。這些身心變化（例如變得較爲飢餓、較爲成熟、較爲疲倦、或較沒興趣等）也可能影響實驗結果。如果使用剛纔的設計 2，先對一群心理疾病患者實施某心理測驗，然後對他們進行再教育的工作，一年之後再舉行同一測驗，則卽使心理測驗結果顯示心理疾病有好轉之傾向，可能並不是再教育計劃成功之故，很可能是病人在這一年內發生自然恢復（病情隨著時間經過而自行好轉）所致。

3. **測驗**　　由於做過前測，有了經驗之故，末測的成績往往較前測爲好。換言之，如果採用剛纔的設計 2，卽使實驗處理效果爲 0，由於受到前測的影響，末測也會顯示較優於前測。例如，只用一班實驗班實驗新科學教材時，如果用成就測驗舉行前測和末測，則卽使末測成績顯然優於前測成績也很難下結論說這新科學教材很有效。

4. **工具 (instrumentation)**　　在自 Y_1 到 Y_2 這一段時間裏，儀器或評量工具本身發生變形（例如測驗卷子被塗上答案，反應時間儀生了銹），或評量人員身心發生變化（例如末測時變得較前測時爲疲勞、粗心、或嚴格），也是影響內在效度的因素之一。

5. **統計廻歸 (statistical regression)**　　如果實驗者選用在某一特質方面具有極端分數（亦卽，特優或特劣）的受試者，則到了末測時，因有歸回平均數的趨向（趨中現象）之故，分數變得較前測時爲不極端，亦卽特優者變得較不那麼優秀，特劣者變得較不那麼低劣。如果研究者選用 IQ 特別低的一群智能不足者舉行智力測驗之後，對之實施某種啓智教育計劃，一年後又對他們舉行智力測驗，則卽使 IQ 變高了，也不能馬上下結論說此一啓智教育計劃可以提高智力。因爲卽使沒有此一計劃，末測時 IQ 也可能變得比前測時爲高。理由是所選用的受試者 IQ 特別低，其 IQ 無法再低下去，故末測時，他們的平

均 IQ 只可能變高起來。因此，容易被誤認爲這一啓智教育計劃發生了功效。

6. **選擇**　由於未用隨機抽樣和隨機分派之故，所選擇的兩組或幾組受試者，在未受實驗處理之前，本來各方面的能力就有所偏或不相等，則實驗結果兩組成績不相同，就不能說此項差異純粹是因實驗處理所造成的。假定某研究者想考驗接受過速讀訓練的學生，其閱讀測驗成績是否優於未接受該項訓練的學生，而採用下列所示的實驗設計〔參看本節後面設計 3（a）〕：

$$X \qquad Y_1$$
$$\overline{}$$
$$Y_2$$

則卽使實驗結果，第一組的閱讀測驗成績（Y_1）優於第二組的成績（Y_2），也不能說這是因爲第一組接受過速讀訓練（X）所造成的，因爲未用隨機分派選擇各組的受試者，很可能本來 Y_1 就優於 Y_2（虛線表示兩組並非同質）。

7. **受試者的亡失**(experimental mortality)　實驗過程中，某一組的受試者如果比其他各組的受試者有較多中途退出實驗或中途死亡者(用老鼠實驗時)，則可能使實驗結果難於解釋。例如，某研究者利用都市學童爲受試者，考驗參加營養午餐計劃的兒童，平均體重是否優於未參加該計劃的兒童。如果因都市家庭流動性大或學童遷出率高之故，實驗組兒童退出實驗之人數較控制組爲多，而且前者所退出者正好都是體重增加量高的兒童，則卽使在未參加實驗之前，兩組的條件完全一樣，也可能使實驗結果混淆不淸，降低本研究的內在效度。

8. **選擇與成熟之交互作用**〈selection-maturation interaction〉**及其他**　有時上述幾個因素之間的交互作用效果與實驗處理效果相混淆，使研究者誤認爲是他的實驗處理發生了效果。選擇與成熟之交互

作用便是常見的例子。假使某研究者想考驗某心理治療方法的效果如何，而選擇一群有心理異常症狀的病人爲實驗組，順便選擇一群心理正常的人爲控制組，並採用下列實驗設計〔參看第四節，設計11〕來進行實驗：

$$\frac{Y_1 \quad X \quad Y_3}{Y_2 \qquad\quad Y_4}$$

在還沒爲實驗組（異常組）心理治療（X）之前，兩組都做心理測驗，顯示異常組的異常傾向分數（Y_1）遠比正常組的該項分數（Y_2）爲高。替異常組實施心理治療後，發現異常組的異常傾向分數（Y_3）大爲降低，或接近正常組的該項分數（Y_4），其情形如圖 4-1 所示。這可能是因爲所選擇的異常組有自然恢復現象，而正常組則不會有此現象所造成，故圖 4-1 所顯示的交互作用可能並不是心理治療所發生的實驗處理效果，而是因爲選擇了一組有自然恢復現象之異常組與一組無自然恢復現象之正常組所造成的（在這裏，異常組與正常組本來就不同，是爲「選擇」因素；實驗前與實驗後，異常組發生自然恢復，正常組則否，是爲「成熟」因素；這兩種因素造成如圖 4-1 所示兩直線不平衡的關係，是爲「選擇與成熟之交互作用」因素）。

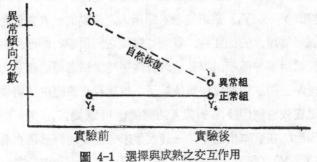

圖 4-1　選擇與成熟之交互作用

（三）採用該一實驗設計所得的實驗結果能否推論到其他受試者或其他情境　以某些受試者實驗所得之結果是否也可以適用於其他受試者呢?在某種情境下實驗所得的結果,是否也可適用於其他情境呢？這是 Campbell 和 Stanley 所謂的「外在效度」(external validity)的問題。一個實驗設計之外在效度是指其所得實驗結果的「可推論性」,換句話說是指其「代表性」(representativeness)。如果利用男生實驗的結果, 只適用於男生, 而不能推論到女生; 利用國中學生實驗的結果, 只適用於國中學生, 而不能推論到國小學生, 則該實驗設計的外在效度（群體效度）就算比較低。如果在實驗室裏實驗的結果, 只適用於實驗室情境, 而不能推論到日常生活情境; 在都市實驗的結果, 只適用於都市, 而不能推論到鄉村, 則該實驗設計之外在效度（生態效度）也就不高。下列幾種因素足以影響一個實驗設計的外在效度, 所以也可以用來評鑑實驗設計的好壞。

9.　測驗的反作用效果(reactive effect of testing)　採用實驗設計2, 亦卽在實驗處理（X）之前, 舉行前測（Y_1）, 則前測本身常可以增加（或減少）受試者對實驗變項（X）的敏感性。如此, 則利用像實驗設計2之類有前測的設計實驗所得的結果, 便不能直接推論到沒使用前測的情境, 否則這種推論可能是錯誤的。例如, 利用實驗設計2（亦卽 Y_1 X Y_2）來研究看有關黑人之優點的教育電影是否可以改變受試者對黑人的態度時, 看教育電影之前所舉行的態度測驗本身就能給受試者某種暗示, 以致看教育電影時受試者都把注意力集中到黑人的優點上面。根據這種實驗結果, 推論說在實際生活情境中, 一般人看這種教育電影後, 對黑人的態度也可以變好, 則可能並不正確。原因是: 在實際生活中, 一般人並未先接受前測然後再看教育電影（卽 X Y）〔參看本節後面設計1(a)〕, 不會有前測的暗示, 因之

看同樣的教育電影時，並不一定都把注意力集中在黑人的優點方面去。

10. 選擇之偏差和實驗變項的交互作用　有時，由於實驗處理的特性，使研究者傾向於選擇具有某一性質之受試者，而被選擇來參加實驗之受試者的特有性質又能決定實驗結果的適用範圍或可推論性。這現象常發生在不容易找到受試者參加實驗之時。假定某研究者想試驗其所編「新數學」教材的效果，連續接洽九個學校，校長均不答應該校參加實驗；到了第十個學校，校長立刻答應。原因是此項新數學教材之實驗，師資要好，設備要夠，經費要充足，前九個學校的條件不夠，校長自然不敢答應參加實驗；第十個學校答應參加實驗是因為該校條件好，校長熱心又比較合作之故。將來實驗的結果，如果研究者發現該項新教材效果良好，則這種實驗結果只能適用於像第十個學校之類的好學校，故其研究結果之可推論性有限，亦即不適用於像其他九所師資較差、設備較差的學校。

11. 實驗安排的反作用效果　由於實驗情境的安排，受試者知道自己正在被觀察或知道自己屬實驗組正在參加實驗時，其所表現之行為自然而然與他不知道正在被觀察或不是參加實驗時，有很大的不同。此時往往會產生諸如「實驗者把我當作天竺鼠」或「我要努力表現得更好」之類的「霍桑效應」(Hawthorne effect)。受試者在非實驗情境的表現，可能與此完全不一樣。故在實驗情境所得實驗結果能否推論到非實驗情境，其可推論性如何，也可用作評鑑時的參考。

12. 重複實驗處理的干擾　如果研究者所採用的實驗設計如下所示（參看第四節設計 12）:

$$X_1 Y \qquad X_0 Y \qquad X_1 Y \qquad X_0 Y$$

亦即利用單一組受試者重複接受兩種或兩種以上的實驗處理（採用重複量數或受試者自身作為控制），則前一實驗處理常能影響到後一實

驗處理，尤其是所謂「練習效應」或「疲勞效應」等，常一直延續而不易去除。故採用此種實驗設計所得的實驗結果就不容易推論到不是重複處理的情境。假定某研究者利用某工廠的一組工人爲受試者，考驗工作時放音樂與不放音樂對生產量的影響。放音樂 (X_1) 的一段時間和不放音樂 (X_0) 的一段時間交互出現，每一段時間結束後，計算該階段的生產量 (Y)。又假定實驗結果，放音樂比不放音樂時生產量爲高，則此一實驗結果並不一定能適用於全放音樂或全不放音樂的工作情境。

二、前實驗設計與事後回溯設計

在下一節將要討論的「眞正實驗設計」裏，研究者至少要能够操縱一個以上的自變項，而且要能使用隨機分派的方法分派受試者去接受不同的實驗處理，或使用適當的方法控制變異量。這裏所討論的「前實驗設計」(pre-experimental design) 裏，研究者也可以操縱一個自變項，但是因爲控制變異量之功能方面缺點太多，常經不起前述評鑑準則之考驗。雖然如此，却常有人使用它，而且犯錯而不自知。至於所謂「事後回溯設計」(*ex post facto* designs)，是指研究者既無法操縱自變項，也無法隨機分派的設計。原因是研究者想對該問題加以研究時，自變項已經發生過了。因此，通常研究者一開始便先觀察依變項，然後繞回到過去，去尋找已發生過的自變項，用以探討此一自變項對依變項可能產生的影響。

（一）設計1：單組末測設計，

X   Y   〔設計 1(a)〕

在較不謹嚴的研究工作裏，有時研究者只利用一組人爲受試者，

並只給一次實驗處理 (X)，然後如果得到某一觀察分數 (Y) 或結果，就說這一結果是實驗處理所造成的。例如某校利用一班學生爲受試者，敎以一種「新數學」敎材。一年之後，測驗學生的數學科成就、就根據學生成就測驗的成績來判斷此一新數學敎材的價值。這種設計之內在效度很低，因爲沒有對照比較、或控制干擾實驗處理 (X) 之因素的安排。換言之，由於「歷史」、「成熟」、「選擇」、「受試者的亡失」等因素均可能干擾實驗結果，卽使學生的數學成就測驗分數高，也不能說是新數學敎材所造成。

與〔設計 1(a)〕相當的事後回溯設計之符號如下所示：

$$ⓧ \qquad Y \qquad\qquad 〔設計\ 1(b)〕$$

個案研究法 (case study) 事實上便是使用這種設計。例如研究者找到一群少年罪犯爲受試者，觀察他們的反社會行爲 (Y)，然後回頭從這群少年罪犯過去的生活史中，去尋找某些可能造成這些反社會行爲的因素，ⓧ。由於ⓧ已成過去，研究者已無法操縱這些自變項，所以如果說ⓧ是造成Y的因，其錯誤的可能性甚大。

（二）設計 2：單組前測末測設計

$$Y_1 \qquad X \qquad Y_2 \qquad\qquad 〔設計\ 2〕$$

這也是只利用一組受試者的實驗設計。在還沒呈現實驗處理給這一組受試者之前，要先進行一次觀察，亦卽前測 (Y_1)。呈現實驗處理之後，再做一次觀察或末測 (Y_2)。這樣，這一組受試者乃有自我比較的機會。換言之，由 $Y_1 - Y_2$ 可以看出前後有無改變。然而，因爲只有一組受試者，在 Y_1 與 Y_2 這段期間，仍有「歷史」、「成熟」、「測驗」、「工具」、和「統計迴歸」等因素的作用與實驗處理效果相混淆，使本設計的內在效度降低。前面討論內在效度的問題時，我們曾以設計 2 爲例來說明其缺點所在。讀者可回頭復習前面所擧過的例

子。

（三）設計3：靜態組比較設計

$$X \qquad Y_1$$
$$\cdots\cdots\cdots\cdots$$
$$Y_2 \qquad\qquad \text{〔設計3(a)〕}$$

在靜態組比較(static group comparison) 設計裏，設有兩組受試者。但是因未隨機分派之故，兩組本來就不相等(如虛線所示)。因為兩組本來就不相等，可能有「選擇」、「受試者的亡失」、和「選擇與成熟之交互作用」等因素之干擾；卽使兩組之末測成績 Y_1 與 Y_2 之差異達到顯著水準，也不能說純粹是由於實驗處理X所造成。我們在前面討論內在效度時，也舉過〔設計3(a)〕的例子和缺點，這裏不再舉例說明。

與〔設計 3(a)〕相當的事後回溯設計如下所示：

$$\widehat{X} \qquad Y_1$$
$$\cdots\cdots\cdots\cdots$$
$$Y_2 \qquad\qquad \text{〔設計3(b)〕}$$

研究者先觀察受試者的行為(Y)，並根據是否具備某特質而分為兩組。然後，回頭去探討是不是具備某特質的一組，過去曾受過自變項$\widehat{X}$之影響，而不具備該一特質的一組，則不曾受過$\widehat{X}$的影響。這顯然是自變項已經發生過以後，纔來探討自變項與依變項之間的相關關係的一種研究。這種研究的實例很多。例如，研究抽菸與患肺癌之關係時，研究者先調查許多人，然後將他們分為患肺癌 (Y_1)與不患肺癌 (Y_2) 兩組。最後，研究者再回頭看是不是患肺癌一組的人抽紙煙包數較多而且人數也較多，而不患肺癌一組的人則正好相反。如果是，則抽煙$\widehat{X}$與患肺癌 (Y) 之間便被認為有密切關係存在。又如，要研究電視商業廣告與顧客購買產品之間的關係時，研究者先要訪問許多人，然後將他們分為購買與未購買某公司產品的兩組。最後，纔看是不是購買該公司產品的人看了該公司的電視商業廣告，而未購買者則沒看廣告。這種事後回溯設計除了與〔設計3(a)〕一樣有降低內在效度之可能

以外, 還極容易將研究所得的相關關係誤認爲因果關係。有相關存在, 未必有因果關係存在, 是大家所熟悉的原則。用〔設計3(b)〕結果, 發現⊗與Y之間有密切相關存在, 如果就說是⊗導致Y, 將很可能是錯誤的結論。

以上所討論的不適當實驗設計, 缺點太多, 應盡量避免使用。下面接著討論缺點較少的所謂「眞正實驗設計」(true experimental design)。

第三節 基本實驗設計

在這一節裏, 我們所討論的是最基本而且常用的眞正實驗設計。討論到每一個實驗設計時, 將先把符號列出, 然後舉例子加以說明, 同時評鑑其優缺點和建議可使用的統計方法。

一、完全隨機化設計

所謂「完全隨機化設計」(complete randomalized design) 是指使用諸如亂數表的方法, 將受試者隨機分派, 去接受參加實驗各組應接受的實驗處理, 所以理論上, 在未接受實驗處理之前, 各組在各方面可說完全相等的一種實驗設計。假定實驗處理分三個水準, 則應有三組同質的受試者參加實驗。又假定須從 500 名國中生中抽取 150 名受試者, 則可用下面的方法隨機抽樣, 同時進行隨機分派。首先, 將這 500 名國中生依名册上的次序編號, 亦卽, 從 001,002,……編到 500。然後在亂數表上任意取一起點, 抄下起點以下各數, 而且每三位數就用一個逗號撇開, 例如 039, 991, 104, 371, 616, 083, 246, 384,

609, 371, 181, 432, 903, 860 ……。凡所得的號碼在 001 至 500 以內者，號碼所代表之學生便算被隨機抽樣抽到了。在隨機抽樣之同時，可用下法隨機分派：

第一組　　第二組　　第三組

039　→　104　→　371
　　　　　　　　　　↓
384　←　246　←　083
↓
181　→　432　→　……

直到每組有 50 名，三組共 150 名為止。理論上，此時三組受試者在各方面的能力，應完全相等，人數越多，越是這樣。

(一) 設計 4：實驗組控制組前測末測設計

$$\boxed{R} \quad \frac{Y_1 \quad X \quad Y_2}{Y_3 \qquad Y_4} \qquad \text{〔設計 4〕}$$

利用這一個實驗設計時，研究者首先須利用剛纔所說隨機分派的方法（以 $\boxed{R}$ 表示），將受試者分為能力相同的兩組（理論上兩組完全相等，故以實線表示）。在未進行實驗之前，兩組均先接受前測，看看兩組在依變項 Y_1 和 Y_3 方面是否本來就完全相同。實驗開始時，研究者使實驗組（實線上面）曝露在實驗處理（X）的影響之下，而不使控制組（實線下面）受到實驗變項的影響（以空白表示）。最後，兩組再接受末測，得依變項的觀察分數 Y_2 和 Y_4。如果實驗組以 Y_1 為共變項(covariate)，控制組以 Y_3 為共變項，進行獨立樣本單因子「共變量分析」(analysis of covariance)（註3），就可以看出實驗組的調節後平均數（$\bar{Y}'_2$）與控制組的調節後平均數（$\bar{Y}'_4$）的差異是否達到顯著水準。表 4-4 是此項共變量分析的基本模式。現在舉一個例子

註3：參看林清山（民65）心理與教育統計學。臺北：東華書局，修正版。頁 412-418。

表 4-4　設計 4 的共變量分析基本模式

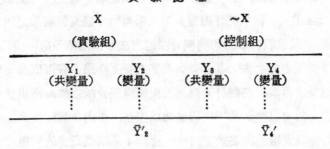

來說明設計 4 的使用。假定研究者想探討為文化不利兒童 (culturally disadvantaged children) 提供文化刺激 (例如玩具、故事書、電視、遊戲場所等) 是否可以提高這些兒童的智商，則他必須自所有文化不利兒童之中，隨機抽取一部分兒童，並用隨機分派的方法，將他們分為兩組。未開始實驗之前，實驗組和控制組均接受智力測驗。實驗開始時，實驗組兒童開始接觸所提供的文化刺激，控制組兒童則仍在原來文化貧乏環境中生活。兩年之後，兩組兒童均再接受智力測驗。使用表 4-4 所提議的共變量分析處理之後，便可知道「為文化不利兒童提供文化刺激可以提高他們的智商」之假設能否得到支持。

　　設計 4 因設有控制組和採用隨機分派之故，可把前述設計 2 和設計 3 (a) 的缺點加以補救過來。在設計 2 裏，因只有一組，所以從前測 Y_1 到末測 Y_2 這段時間內，「歷史」、「測驗」、「成熟」、「工具」、甚至於「統計回歸」等五個因素都可能與實驗處理 X 發生混淆，使實驗的內在效度降低。在設計 4 裏，因為控制組也參加前測和末測，所以實驗組前測與末測的差異分數 (difference score, Y_1-Y_2) 有機會與控制組的差異分數 (Y_3-Y_4) 相對照。在前測到末測這段時間裏，如果有什麼情形發生足以影響實驗組，則這些情形影響控制組的程度也應

該一樣；如果「歷史」、「成熟」、「測驗」等因素發生干擾，則兩組所受干擾也是相同。因之，設計 4 顯然可以控制「歷史」、「成熟」、「測驗」、「工具」、和「統計廻歸」等五種可能干擾實驗結果之因素。另一方面，前述設計 3 未用隨機分派的方法分出兩個等組，所以「選擇」、「受試者的亡失」、「選擇與成熟之交互作用」等都成為足以干擾實驗結果之因素。在設計 4 裏，因使用隨機分派之故，兩組受試者本來相等，故可以將這些干擾因素加以控制，使內在效度提高。總而言之，就提高實驗的內在效度而言，設計 4 是個很完美的實驗設計，因為所有影響內在效度的八個因素，它都可以妥加控制。

不過，設計 4 在外在效度方面卻有一個缺點。那就是因為實驗組和控制組都參加前測，可能產生「測驗的反作用效果」，所以使用設計 4 所得的實驗結果，並不能直接推論到本研究以外的其他沒有使用前測的群體。此一缺點可用下面將討論的設計 5 來補救。

設計 4 是一種很標準而且常被採用的實驗設計，但是大部分採用這種設計的研究報告裏，用來考驗平均數差異顯著性的統計方法卻是錯誤的。大部分研究者都是先算出實驗組前測與末測之差異分數，得 $Y_1 - Y_2 = D_1$，同時也算出控制組的此項差異分數，得 $Y_3 - Y_4 = D_2$，然後採用 t 統計法考驗 D_1 的平均數和 D_2 的平均數之差異是否達到顯著水準。這方法的缺點在於差異分數往往比所得的原始分數本身為不可靠，所以常在事實上實驗組與控制組之平均數有顯著差異存在時，使用差異分數卻未達顯著水準。因之，採用設計 4 時，表 4-4 所建議的共變量分析法纔是最正確的統計方法。

（二）設計 5：實驗組控制組末測設計

$$\boxed{R} \quad \frac{X \qquad Y_1}{\qquad Y_2} \qquad\qquad 〔設計 5〕$$

　　使用前面討論過的設計 4 時，研究者既然使用隨機分派的方法分出兩個等組，却又接著對他們舉行前測，看他們是不是眞正相等。這無異是自己不信任自己，承認自己所用的隨機分派方法根本不正確。舉行了前測，反而因「測驗的反作用效果」，而降低了外在效度，實在得不償失。這裏所討論的設計 5 與設計 4 大體相同，只是少了前測部分。這樣，設計 5 幾乎變成一個十分完美的實驗設計。因爲它與設計 4 同樣能妥善控制影響內在效度的八個因素，却沒有設計 4 的缺點，不致因前測的反作用效果而降低外在效度。因之，當研究者不容易找到前測的工具、舉行前測能導致不方便、或前測本身可能引起反作用效果時，應可大膽使用設計 5 纔對。假定研究者想研究 RNA（核糖核酸）是否能促進記憶，他可用隨機分派的方法將一群老鼠分爲實驗組和控制組。如果隨機分派的方法無誤，這兩組老鼠在各方面之條件理論上應該完全相等，不須舉行前測。然後，實驗組打含有 RNA 的針；控制組則打不含 RNA 的中性針（如生理食鹽水）。如果兩組老鼠學習走迷津一段時間後，再被放入迷津時，實驗組的學習成績（Y_1）顯然優於控制組的學習成績（Y_2）則可支持 RNA 可促進記憶的說法。故要考驗設計 5 的實驗結果，應利用考驗獨立樣本平均數之差異顯著性的 t 統計法。

　　如果同時有三個或三個以上的實驗處理水準時，設計 5 的符號便可改寫如下：

$$\boxed{R} \quad \begin{array}{ll} X_1 & Y_1 \\ \hline X_2 & Y_2 \\ \hline X_3 & Y_3 \end{array}$$

例如，想要研究受試者看到紅燈、綠燈、和黃燈時，煞車反應的快慢是否不同，則可將受試者隨機分派爲紅燈組、綠燈組、和黃燈組。每

一組各在一種燈光的刺激（$X_1, X_2,$ 或 X_3）之下做煞車反應。煞車反應時間（$Y_1, Y_2,$ 或 Y_3）是否有差異，可用獨立樣本單因子變異量分析（analysis of variance）來加以考驗。在這種情形下，各組在依變項方面，可有相互對照比較的機會，因此，儘管表面看起來這一種設計似乎沒有所謂「控制組」在內，事實上却具有「控制組」之功能。

（三）設計 6： 所羅門四組設計

$$
\text{R} \quad
\begin{array}{ccc}
Y_1 & X & Y_2 \\
Y_3 & & Y_4 \\
\hline
& X & Y_5 \\
& & Y_6 \\
\end{array}
\qquad \text{〔設計 6〕}
$$

所謂所羅門（Solomon）四組設計，是具有兩個實驗組和兩個控制組的設計，其特色在於將「有無前測」這一變項納入實驗設計之中，將該變項所造成的變異量部分自總變異量之中排除，藉以看出實驗處理所產生的影響是否明顯。此一設計，事實上是將設計 4 和設計 5 加以合併的結果（前兩個橫列相當於設計 4，後兩個橫列相當於設計 5），故除兼具設計 4 和設計 5 的優點之外，還具有它自己特有的優點。第一，採用此一設計時，研究者等於重複做了四個實驗（replicated experiments），亦即經由比較是不是 $Y_2 > Y_1$，$Y_2 > Y_4$，$Y_5 > Y_6$，和 $Y_5 > Y_3$，而把實驗處理（X）的效果一再加以考驗。如果比較的結果答案都是「是」，則研究者更有信心說實驗處理真的發生了效果。第二，除了可以考驗「前測組與無前測組差異是否顯著」，和「實驗處理組與無實驗處理組差異是否顯著」之外，還可以考驗「測驗與實驗處理之交互作用效果是否顯著」。為了進行這些考驗，可利用獨立樣本 2×2 變異量分析法來分析各組的末測成績，其基本模式如表 4-5 所示。由表 4-5 的縱行平均數，研究者可以估計「實驗處理」的主要

表 4-5　所羅門四組設計基本模式

實驗處理

	無X	X
前測	Y_4	Y_2
無前測	Y_6	Y_5

測驗

效果 (main effect)；由其橫列平均數，可估計「前測」的主要效果；由細格平均數 ($\bar{Y}_2, \bar{Y}_4, \bar{Y}_5, \bar{Y}_6$)，可估計「測驗」與「實驗處理」的交互作用效果是否達到顯著水準。如果交互作用效果未達顯著水準，就可以利用共變量分析法來比較 Y_2 和 Y_4，依次以 Y_1 和 Y_3 爲其共變量，就如同表 4-4 所表示的那樣。

設計6不管在內在效度或外在效度方面均無缺點可言，故爲研究行爲科學的一種理想實驗設計。不過，因爲在設計6裏，一下子就要用四組同質的受試者，一般研究者在尋找受試者和提供研究經費方面，容易遭遇困難。因此，除非已做完了許多有關的初步研究，須就實驗假設作決定性的考驗，一般研究者可能捨不得使用像設計6這樣大的實驗設計。

二、隨機化區組設計

隨機化區組設計 (randomized block design) 與前述的完全隨機化設計不但在形式上有所不同，在統計方法方面也不一樣。利用這裏所要討論的隨機化區組設計時，研究者須把受試者分派到不同的區組(block)或單位 (unit)，使各「區組內」的受試者比「區組間」的受試者更接近同質。我們可以藉表 4-6 所示隨機化區組設計之基本模式來說明：

表 4-6 隨機化區組設計基本模式

區　　組	實　驗　處　理					區組平均
	X_t	X_2	X_3	$\cdots$	X_K	
1	Y_{11}	Y_{12}	Y_{13}	$\cdots$	Y_{1K}	$\bar{Y}_{1.}$
2	Y_{21}	Y_{22}	Y_{2s}	$\cdots$	Y_{2K}	$\bar{Y}_{2.}$
3	Y_{31}	Y_{32}	Y_{33}	$\cdots$	Y_{3K}	$\bar{Y}_{3.}$
$\vdots$ n	Y_{n1}	Y_{n2}	Y_{n3}	$\cdots$	Y_{nK}	$\bar{Y}_{n.}$
實驗處理平均	$\bar{Y}_{.1}$	$\bar{Y}_{.2}$	$\bar{Y}_{.3}$	$\cdots$	$\bar{Y}_{.K}$	$\bar{Y}_{..}$

表 4-6 所謂的區組, 可以是「受試者」、「配對組」、「班級」、「學校」、「學區」、「城市」、「國家」或其他。原則上, 區組之內的受試者要儘量相同, 而區組之間的受試者要儘量不同。這樣, 則因為研究者將「區組」這一變項納入實驗設計中之故, 他就能夠將由於區組的差異所造成的「區組間變異量」(亦即由「個別差異」所造成的變異量) 估計出來, 並將它自「誤差變異量」之中予以排除, 使誤差變異量變得最小, 實驗變異量則因而變得最大。

要使區組內本身儘量同質的方法有下列三種。第一、可以用同一受試者, 重複接受 K 種實驗處理, 即所謂「重複量數」(repeated measure) 的設計。此時, 每一個受試者的K個依變項之觀察分數便是一個區組, 而且每一個人接受這K種實驗處理的次序不應相同。通常可用「對抗平衡法」(counter-balancing) 或其他隨機法來決定這些次序。第二、可以用「配對法」, 將在某些特質方面相同的 K 個受試者加以配對。此時, 每一個配對組便是一個區組。配對組內的K個受試者,

每人均只接受一種實驗處理。至於誰應接受那一種實驗處理，則用隨機分派的方法來決定。第三、區組內基本單位不是個別的受試者，而是一個團體或一個子集合。例如，同一學校的幾個班級，成為一個區組，每一班級參加一種實驗。同樣的，也是用隨機分派的方法來決定那一個班級接受那一種實驗處理。統計時，表 4-6 每一細格內的 Y，是每一班級的平均數。

不管用三種之中的那一種方法，因為採用隨機化區組設計時，研究者據以劃分區組或用來配對的自變項（例如智力）通常與該研究的依變項（例如學業成績）有密切關係存在，所以將來 K 組依變項的觀察分數之間，自然而然也有相關存在。換言之，同一區組的人，如果在第一個實驗處理組的得分高，則在第二個實驗處理組的得分也可能較高；如果在第一個實驗處理組的得分低，則在第二個實驗處理組的得分也可能較低。因之，隨機化區組設計是屬「相依樣本」設計，有時稱為「受試者內設計」(within-Ss design)。採用前面所述完全隨機化設計，則各實驗處理組之間毫無相關存在，故屬「獨立樣本」設計，有時也叫「受試者間設計」(between-Ss design)。兩者不一樣，不可混為一談。

（一）設計 7：實驗組控制組配對受試者設計

$$\boxed{M_R} \quad \frac{X \qquad Y_1}{Y_2} \qquad \qquad 〔設計 7〕$$

這個設計與前述的設計 5 在形式上很相似，但實際上兩者却不相同。使用此種設計時，研究者須就某一個或幾個與依變項有關的自變項，將受試者組成幾個區組，或配對成幾個配對組。然後，最重要的一點是還要用隨機分派的方法，將各區組或配對組內幾個同質的受試者，分派去接受不同的實驗處理。故，$\boxed{M_R}$ 是代表先組成區組或配對

組，然後區組內或配對組內再行隨機分派。區組內進行隨機分派時，可投擲銅板決定，也可用亂數表決定（例如，奇數到某一組，偶數到另外一組）。

假定研究者想要探討加速訓練能否促進嬰兒爬樓梯的動作發展。在這一個例子裏，訓練是自變項X，爬梯成績是依變項Y。與依變項爬梯成績有密切關係的自變項為「成熟」因素，故「成熟」因素是據以配對的最重要自變項。這因素如不加以控制，將影響實驗結果。通常要控制成熟因素，最好是使用同卵双生子為受試者。如果研究者找到十對同卵双生子，則每對双生子便是一個區組或配對組。其次，要用投銅板的方法，決定每對的那一個嬰兒屬實驗組，接受爬樓梯訓練，那一個屬控制組，不接受該項訓練。這便是區組內隨機分派（亦即 $\boxed{M_R}$）的工作。實驗組訓練一段適當的時間後，兩組嬰兒均同時接受爬樓梯測驗。兩組成績 Y_1 和 Y_2 的平均數之差異是否達到顯著水準，須用相依樣本的 t 統計法來考驗。

在第一節裏，我們已經說過，過去曾一度很流行的配對法在方法上有許多缺點（亦即，要測驗許多受試者纔能找到幾個配對組；在某變項方面即使配對相等，其他有影響力的變項方面仍不相等；常有人以與依變項沒相關的變項為配對變項，未能達成控制的目的），所以除非沒有更適當的實驗設計可用，應儘量避免使用純粹的配對法。

當採用「重複量數」設計，同一受試者必須重複參加三個或三個以上的實驗處理組時，就叫做「重複量數」設計，其基本模式如下所示：

	X_1	X_2	X_3
1	Y_1	Y_1	Y_1
2	.	.	.
⋮	.	.	.
n	.	.	.

例如研究者要比較受試者對紅燈、綠燈、和黃燈的煞車反應有無快慢的差異時，往往受試者之間的個別差異反而比燈光不同所造成的差異來得大。此時，研究者可採用重複量數設計，每一個受試者都依隨機的次序在三種燈光刺激 ($X_1, X_2,$ 和 X_3) 下做煞車反應。每人所得的三個反應速度成績便是一個區組。如果受試者有20名，便有20個區組。利用重複量數單因子變異量分析法 (註4) 可將因個別差異造成的變異量（亦卽區組間變異量）加以去除，看出對三種燈光之煞車反應是否有所不同。

有時，研究者的興趣在於探討當自變項某一屬性的數值依一定的差距逐次增加時（亦卽 $X_1 < X_2 < X_3 < X_4$），其對依變項之影響的趨向是直線的 (linear)、二次的 (quadratic)、或三次的 (cubic)。例如，要研究身體內的酒精量漸次增加時，手指不穩定性的變化成什麼趨向，便是一個例子。研究者可以利用一群受試者，每人喝酒量逐次增加。然後，每人在喝完 2 杯、 4 杯、 6 杯和 8 杯之後，各接受手指穩定性測驗，得四個手指不穩定分數，構成一個區組的依變項。所得結果顯示什麼趨向可用重複量數單因子「趨向分析法」(trend analysis) (註5) 來加以分析。像這類的研究也可用剛纔設計 7 的符號來代表。

三、共變量分析

從事心理學、社會學、以及教育研究工作的人，常常發現要用上述的「隨機分派法」和「配對法」來進行研究，很容易遭遇到困難。例如，到學校去商量做實驗時，校長常堅持必須保持原來各班級的完整，不可打散，以免影響學校的行政。這時候，隨機分派的理想便無法實

註4：同前註，頁 283-287。
註5：同註 3，頁 389-393。

現。在這種情形下，只好放棄隨機分派, 仍以班級爲單位來進行**實驗**,並使用別的方法來補救。換言之,「**實驗控制**」(experimental control) 旣然不可能, 就得訴諸「統計控制」(statistical control)。所謂「共變量分析」便是用來做統計控制之工具。它是變異量分析的另一種形式, 可用來考驗把「共變項」對「依變項」的影響力去除之後, 各實驗處理組之間平均數的差異是否仍然達到顯著水準。這裏,「共變項」就是指足以干擾實驗結果的那些自變項, 也是我們想要用配對法和隨機分派法來加以控制, 使不影響依變項之自變項。假定研究者到某校去做實驗, 要考驗演講法、編序法、和啓發法三種教學方法對小學生學算術的影響。校長答應給三個班級做實驗, 但不允許研究者打破原來班級的界限。研究者可用隨機分派的方法, 決定那一個「班級」採用那一個教學法來教學, 但是仍然沒有辦法使原來智力不同的三個班級變爲智力相同。在這個例子裏, 智力因素却是足以影響實驗效果的自變項, 因爲智商與算術成就有相關存在。這個時候, 研究者如採用共變量分析的設計, 仍然可以安心做實驗。他可以自學生資料記錄中取得每位學生的智力測驗成績, 作爲共變量, 以實驗結果所得的算術成績爲依變項, 進行共變量分析 (註6)。經過這種統計控制之後, 原來存在於三個班級之間的智力差異, 便可以得到校正。故如果共變量分析結果, 三個班級的算術成績之調整後平均數 ($\bar{Y}'_1, \bar{Y}'_2,$ 和 $\bar{Y}'_3$) 仍然有顯著差異存在, 便可能是教學法好壞所造成的, 不再有智力因素混淆在裏面了。

　　如果研究者沒有適當的智力測驗工具可用, 他可能要採用設計 4 的方法, 舉行算術科的前測。其結果仍然需要如圖 4-4 所示, 甩共變量分析法來處理。

註6：同註3, 頁 412-418。

第四節　多因子實驗設計及準實驗設計

在這一節的前部分裏，我們要繼續討論「眞正」實驗設計中較爲複雜的幾種設計。後一部分裏，我們纔討論幾個較常用的「準」實驗設計 (quasi-experimental design)。

一、多因子實驗設計

所謂「多因子實驗設計」(factorial design) 是指研究者在同一個實驗裏可以同時觀察兩個或兩個以上自變項對一個依變項之影響，以及自變項與自變項之交互作用效果的實驗設計而言。故它與前節所討論的只使用一個自變項之基本實驗設計不同。在這裏所討論的主要多因子實驗設計有三: (1) 完全隨機化多因子實驗設計 (complete randomized factorial design)，(2) 隨機化區組多因子實驗設計 (randomized block factorial design)，和 (3) 分割區重複量數設計 (split-plot repeated measures design) (註7)。

(一) 設計8: 完全隨機化多因子實驗設計 (CRF)

如果研究者在其實驗設計裏面，使用兩個自變項，他的實驗設計便叫二因子實驗設計。假定第一個自變項叫做A因子，分爲兩個水準 (levels)，第二個自變項叫做 B 因子，分爲三個水準，則他的實驗設計的符號和基本模式便如表 4-7 所示。由表 4-7 可知，X_{a1} 係代表 A 因子的第一個水準，X_{b3} 係代表 B 因子的第三個水準，如此類

註7: 參看 i. E. K.rk (1968) *Experimental Design: Procedures for the Behavioral Sciences.* Belmont, Calif.: Brooks/Cole.

表 4-7　2×3 CRF 實驗設計的符號及其基本模式

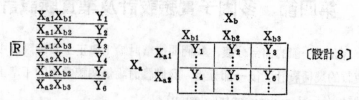

〔設計8〕

推。因爲A因子有兩個水準, B因子有三個水準, 故一共有六種(2×3)可能的實驗處理, 亦卽從 $X_{a1}X_{b1}$ 至 $X_{a2}X_{b3}$ 等六種。研究者必須用隨機分派的方法, 將受試者分爲六個同質的組, 也用隨機的方法分派每組去接受一種實驗處理。可見六組受試者之分派均完全隨機化。實驗結果, 可得六組依變項的觀察分數, 亦卽 $Y_1, Y_2, \cdots$ 到 Y_6, 分別列於表 4-7 的六個細格 (cells) 裏面。這些資料之統計分析, 必須採用獨立樣本二因子變異量分析法來進行。例如, 研究者想要研究在紅、黃、綠三種燈光下的煞車反應時間有無不同時, 覺得燈光本身的強弱也是一個重要的自變項。他可以把「強度」當作A因子, 分「強光」和「弱光」兩個水準; 把「頻率」當作B因子, 分爲「紅光」、「黃光」、和「綠光」三個水準。假定他找到 144 位受試者, 要把他們隨機分爲六組, 並把各組隨機分派去接受一種實驗處理。第一組 24 位, 在強紅光下做煞車反應; 第六組24位, 在弱綠光下做煞車反應; 如此類推。實驗結果所得六組受試者的反應時間分數, 可用獨立樣本二因子變異量分析法來處理。研究者可以考驗「對強光與弱光的反應時間有無顯著差異」、「對紅光、黃光、與綠的反應時間有無顯著差異」、以及「強度與頻率之間有無交互作用現象存在」等問題。如果研究者的主要興趣在於考驗「交互作用效果」, 亦卽是不是在強光下對紅光的反應較快, 但在弱光下對綠光的反應較快, 則如果交互作用效果達到顯著水準, 還須看是屬於「次序性交互作用」(ordinal interaction)

或是「非次序性交互作用」(disordinal interaction)，而下適當的結論（註8）。

(二) 設計 9：隨機化區組多因子實驗設計 (RBF)

上例的研究者如果只用一組 24 名受試者，他可使這一組 24 名受試者每人都參加六種實驗處理，每一個人的六種成績是爲一個區組。那一個人先參加那一種實驗處理用隨機方法決定。這種設計叫「隨機化區組多因子實驗設計」，其基本模式如表 4-8 所示：

表 4-8　2×3 RBF 實驗設計的基本模式

	X_{a1}	X_{a1}	X_{a1}	X_{a2}	X_{a2}	X_{a2}	
	X_{11}	X_{b2}	X_{b3}	X_{b1}	X_{b2}	X_{b3}	〔設計9〕
1 2 ⋮ n	Y_1 ⋮	Y_1 ⋮	Y_1 ⋮	Y_1 ⋮	Y_1 ⋮	Y_1 ⋮	

六個細格裏面的依變項均以 Y_1 表示，意思是說這六套成績均是同樣的24名受試者之反應時間記錄。這些依變項觀察分數之分析須用「隨機化區組多因子變異量分析法」來處理（註9）。

(三) 設計 10：分割區重複量數設計 (SPF)

要所有受試者都參加所有的許多種（前例爲六種）實驗處理，不但對受試者而言時間很浪費，而且可能產生更多因練習或疲勞所造成的累進誤差。爲了避免這些缺點，可採用這裏討論的分割區設計。以上例來說，研究者可設兩組受試者。隨機分派其中一組 24 名受試者參加 A 因子的所有水準，但只參加 A 因子的第一個水準，亦卽只重複參加對強紅光、強黃光、和強綠光等三種反應時間的實驗。另外一組

註8：同註3，頁 338-341。
註9：同註7，pp.237-241。

24名受試者也參加 B 因子的所有水準，但却只參加 A 因子的第二個水準，亦卽只重複參加對弱紅光，弱黃光、和弱綠光等三種反應時間實驗。這種實驗設計之基本模式如表 4-9 所示：

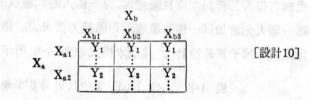

表 4-9　2×3 SPF 實驗設計的基本模式

[設計10]

　　這種設計值得注意的地方有二：(1) 它事實上是「完全隨機化設計」與「隨機化區組設計」之混合設計。就 A 因子而言，很像是「完全隨機化設計」，它的兩個水準之受試者並不是同樣一組的人（用 Y_1 與 Y_2 表示不同）。就 B 因子而言，又像是「隨機化區組設計」，三個水準的受試者都是同一組的人（用 Y_1, Y_1, Y_1 表示），同一組人重複參加三種水準的實驗。(2) A 因子的實驗處理主要效果被區組間的差異（亦卽兩組受試者之間的個別差異）所完全混淆。換言之，如果使用「重複量數二因子變異量分析」（註10）考驗的結果，反應時間 Y_1 與 Y_2 的平均數之差異達到顯著水準，則到底是强光 X_{a1} 與弱光 X_{a2} 之不同所造成的呢，還是第一區組 24 位受試者與第二區組 24 位受試者的個別差異所造成的呢，不易分清。但是就 B 因子和 A B 交互作用而言，則無混淆之現象。故實驗處理 A 的效果（稱「受試之間」效果，或「區組間」效果）之統計考驗力不如實驗處理 B 的效果（稱「受試之內」效果或「區組內」效果）及 A B 交互作用效果之統計考驗力那麼强。

　　關於多因子實驗設計，還有許多重要問題和觀念：例如 (1) 三個

註10：同註 3，頁 329-338。

或三 個以上自變項的多因子實驗設計, 及其統計結果的解釋問題, (2) 自變項為主動變項(active variable) 和屬性變項 (attribute variable) 時, 受試者的分派問題, (3) 階層設計或套含分類 (hierarchal experiment or nested classification) 的問題, (4) 實驗處理水準的抽樣方式與誤差項(error terms) 之決定的問題, 亦卽固定效果模式、隨機效果模式、或混合效果模式 (fixed, random, or mixed-effect model) 的問題, 和 (5) 事前比較 (a priori comparison) 或事後比較 (a posteriori comparison) 的問題等。這些問題和觀念, 如能清楚的瞭解, 對須用實驗設計的研究者將有很大的幫助。有興趣和有需要的研究者, 可自行從本文各註所列書籍中, 找到有關這些問題和觀念的討論 (註11)。

二、準實驗設計

研究者在他所處的眞實社會情境中, 常碰到不少情境是不能用像上述眞正實驗設計裏控制變異量的方法來妥善控制的。不過, 卽使在這些情境下, 他仍然有很多場合可以把類似實驗設計的某些方法用來計劃如何搜集他的研究資料, 例如什麼時候測驗或測驗那些人等。此時, 研究者的研究計劃便叫做「準實驗設計」。這種實驗設計由於缺少實驗控制, 研究者必須能够瞭解有那一些變項是某一準實驗設計所無法控制的纔行, 而且除非沒有更好的實驗設計, 不要使用這些準實驗設計。

(一) 設計11:不相等實驗組控制組設計

註11: 參看林淸山 (民65), Kirk (1968), Kerlinger (1973), 或 B. J. Winer (1971) *Statistical Principles in Experimental Design.* (2nd ed). New York: McGraw-Hill.

$$Y_1 \quad X \quad Y_2$$
$$\cdots\cdots\cdots\cdots\cdots\cdots\cdots\cdots$$
$$Y_4 \qquad\quad Y_4 \qquad\qquad \text{〔設計11〕}$$

在第二節討論影響內在效度的因素「選擇與成熟之交互作用」時，曾經提到過設計11。讀者可回頭復習符號所代表的意義和所提過的例子，這裏不再重述。設計11與設計4看起來很相類似。二者都有兩組受試者參加前測和末測，所以它們可以控制「歷史」、「成熟」、「測驗」、「工具」等因素之干擾。二者都有前測之安排，所以實驗結果均不容易直接推論到沒有前測的情境。但是，設計11與設計4有個很大的不同之處：那就是設計11並沒有使用隨機分派法來分派受試者，所以實驗組和控制組的受試者並不相等。由於此一缺點，乃有機會讓「選擇與成熟之交互作用」來干擾實驗結果；這是我們以前討論過的。設計11雖然在內在效度和外在效度方面均仍有缺點，在教育情境裏，尤其是不能打破班級界限，無法隨機抽樣、隨機分派、甚或無法配對時，却不能不用它。

採用設計11後，與採用設計4同樣，可以利用單因子共變量分析法來考驗實驗結果。當然是以 Y_1 爲 Y_2 之共變量，以 Y_3 爲 Y_4 之共變量。惟，利用設計11時，往往不能像利用設計4時那樣容易滿足共變量分析的基本假定（例如，各組組內廻歸係數要同質之假定）。

(二) 設計12：相等時間樣本設計

$$X_1Y \qquad X_0Y \qquad X_1Y \qquad X_0Y \qquad \text{〔設計12〕}$$

看符號便知：這是對一組受試者抽取兩個相等的時間樣本 (time samples)，在其中一個時間樣本裏出現實驗變項 (X_1) 另一個時間樣本裏不出現實驗變項 (X_0) 之實驗設計。例如在工廠裏，放音樂和不放音樂兩段時間相間出現，看兩段時間的產量有無不同。這種設計在內在效度方面並沒有缺點，但是在外在效度方面，缺點却不少。第一

個足以影響外在效度的因素便是「實驗安排的反作用效果」。在利用設計12的情形下，受試者很容易知道自己正在接受實驗。因之實驗結果不能推論到沒有這種反作用效果的群體。在利用不同組的受試者接受不同實驗處理的情形下，研究者可以使受試者完全不知道自己正在接受實驗，尤其是採用設計 5 時爲然。第二個足以降低外在效度的因素便是「選擇之偏差與實驗變項的交互作用」。只用一組受試者時，很可能發生的一個現象是：如果是某一種性質的實驗，便容易選到某一種受試者，如果是另一種實驗，就容易選到另一種受試者。所以利用設計12所得的實驗結果，只能適用於與參加實驗這一組受試者同性質的群體。第三便是「重複實驗處理的干擾」。同一組受試者重複在 X_1 與 X_0 交互出現、互相比較的情形下接受實驗，所得的 X_1 之實驗效果並不能够推論到 X_1 連續出現或只出現一次的情境。

設計12也可用於只有一個受試者的情形。例如，要比較受試者對紅燈和對綠燈的反應時間快慢有無不同時，研究者可用對抗平衡法的方式，向這一位受試者交互呈現紅燈和綠燈，直到紅燈綠燈都各呈現 30 次爲止。這一位受試者對紅燈的30 個反應時間分數和對綠燈的30 個反應時間分數可用考驗兩個獨立樣本平均數差異的 t 統計法（df＝30＋30－2）來進行統計分析。實驗結果不能推論到其他受試者，只能推論到這一位受試者的其他時機 (occasion)。如果用一組許多受試者，重複接受不同的實驗處理，就不能只重複一次或兩次，否則時間的抽樣誤差會很大。假定用一組30位工人爲受試者，觀察有音樂 (X_1) 和無音樂 (X_0) 時之工作量，以設計12的方式把 X_1 和 X_0 各重複三次，則其基本模式便如表 4-10 所示。此時就可用階層實驗設計的變異量分析法 (註12) 來處理所得的資料，不可以把每個人在 X_1 的三次

註12:同註 3，頁 352-3560。

表 4-10　　n 個受試者 X_1 和 X_0 各重複三次的階層設計

時　　　　　機

	1	3	5	2	4	6
音樂 （X_1）	Y	Y	Y			
	：	：	：			
沒音樂 （X_0）				Y	Y	Y
				：	：	：

成績加起來得一平均數，把 X_0 的三次成績加起來得一平均數，然後用 t 統計法考驗 X_1 的 30 個平均數和 X_0 的 30 個平均數之差異。

（三）設計13：平衡對抗設計

$$X_1Y \quad X_2Y \quad X_3Y \quad X_4Y$$

$$X_2Y \quad X_4Y \quad X_1Y \quad X_3Y \qquad 〔設計13〕$$

$$X_3Y \quad X_1Y \quad X_4Y \quad X_2Y$$

$$X_4Y \quad X_3Y \quad X_2Y \quad X_1Y$$

「對抗平衡設計」（counterbalancing design）或稱「輪換實驗設計」（rotation experiment）。其特色是採用拉丁方格 （Latin square） 的安排，使可能發生的誤差大約平衡而終能互相抵消。設計13便是採用拉丁方格的準實驗設計。由設計13的符號可以看出，研究者利用四組未經隨機分派、維持原來團體形式 （例如原來班級） 的受試者，每組在前後四個時機裏，重複接受四種不同的實驗處理。每一種實驗處理 （X） 在每一橫列 （組別） 只出現一次，在每一縱行 （時機） 也只出現一次。可見，在這個設計13 裏，一共有「實驗處理」（X）、「組別」（G）、和「時機」（T） 等三個自變項，每一個自變項各分為四個類別 （或水準）。假定研究者比較對紅、黃、 綠、 藍四種四色光的反應時間有無差異時，只找到甲乙丙丁四個班級且不能打破班級界限，則設計 13 便是很適當的設計。此時 X_1, X_2, X_3 和 X_4 依次便是紅、

黃、綠、和藍四種色光；G_1, G_2, G_3 和 G_4 依次是爲甲、乙、丙、丁
四個班級；而 t_1, t_2, t_3, 和 t_4 依次是爲四個先後不同的時機。其實驗
過程便如設計13的符號所示。實驗結果所得資料，可用處理拉丁方格
實驗之重複量數變異量分析法（註13）來加以分析。

表 4-11 〔設計 13〕的基本模式拉丁方格安排

實 驗 處 理

		X_1	X_2	X_3	X_4
組	G_1	$t_1 Y$	$t_2 Y$	$t_3 Y$	$t_4 Y$
	G_2	$t_3 Y$	$t_1 Y$	$t_4 Y$	$t_2 Y$
	G_3	$t_2 Y$	$t_4 Y$	$t_1 Y$	$t_3 Y$
別	G_4	$t_4 Y$	$t_3 Y$	$t_2 Y$	$t_1 Y$

設計13的符號所示之同一拉丁方格，可以改寫爲如表 4-11 所示
之拉丁方格，使實驗處理各 X 成爲縱行的標題。這樣，比較容易看得
出：利用設計13時，可考驗四個自變項的主要效果。譬如，可利用四
個縱行總和，考驗「實驗處理」之間的差異顯著性；利用四個橫列的
總和，考驗「組別」之間的差異顯著性；也可以利用四個各時機總和
（$\sum t_1 Y$, $\sum t_2 Y$, $\sum t_3 Y$, 和 $\sum t_4 Y$），考驗「時機」之間的差異是否達到
顯著水準。其中，在考驗四個實驗處理水準之間的差異顯著性時，還
可以把因「組別」的個別差異，以及因「時機」的前後不同所造成的
變異量分離出來。惟因設計13所選擇的四組受試者是不同質的，所以
卽使考驗的結果，實驗處理水準間的差異達到顯著水準，仍然可能是
因爲「組別」和「時機」兩個自變項之間的交互作用所造成的，而不

註13：同註3，頁 375-378

是實驗處理單獨所引起的。Campbell 和 Stanley 建議: 表 4-11方格內各細格的分數以 $M_{gt} - M_g - M_t + M..$ 來表示，亦卽把「組別」和「時機」的主要效果予以排除。假定這樣處理之後，所有四組都是同一個實驗處理水準最强，（例如甲乙丙丁四班，都是對黃燈的反應時間最短），則研究者更有信心說實驗處理之間有顯著差異存在，而且並沒有「組別」和「時機」的因素混淆在內。

（四）設計14：時間系列設計

$$Y_1 \quad Y_2 \quad Y_3 \quad Y_4 \quad X \quad Y_5 \quad Y_6 \quad Y_7 \quad Y_8 \qquad 〔設計 14〕$$

時間系列設計 (time series design) 是特別適用於縱貫研究 longitudinal study) 的一種設計。使用時間系列設計時，研究者要對該組做週期性一系列的測量，並在測量的這一時間系列中間呈現實驗變項 (X)，然後注意觀察呈現實驗變項以後的一系列測量記錄是否發生非連續的現象，藉以判斷實驗處理是否產生效果。假定一位工業心理學家要評鑑他所提出的人員訓練計劃對增加工廠生產量有無幫助。從一月到六月，在每月月末時，他都把該工廠該月份的生產量記錄起來。然後，在六月中旬對該廠生產線上的員工實施一個星期的人員訓練。接著，繼續記錄七月至十二月每月的生產量，看看是不是七月至十二月的生產量有顯著的增加。他所用的這種研究方式便是時間系列設計。其他，如某校長要研究某種行政措施是否有助於提高該校教師的工作士氣，也可以採用設計 14來進行研究。

使用設計14時，在內在效度方面有一個缺點。那就是「歷史」的因素可能對實驗結果產生干擾。例如，在前一個例子裏面，卽使該工業心理學家果然發現七月至十二月的生產較一月至六月有顯著的增加，仍然不能說是他的人員訓練計劃的實施發生了效果；說不定那是因為在六月裏，正好有該工廠的另一部門，向員工分發了一本對生產

量的提高很有幫助的工作手冊所致。要補救這個缺點，最好多增加一個控制組，成爲「多重時間系列設計」。設計14在外在效度方面的缺點是：其實驗結果只能推論到重複測驗的群體。好在，這對某一種性質的群體而言，並非是眞正的缺點。例如，利用學校裏的學生進行有關教學方面的研究時，學生便是常常接受重複測驗的團體，而研究者所要推論的對象也正好是學生。

最後，我們再談到設計14的顯著性考驗的方法。首先，要注意的是：不可只把最接近實驗處理出現之前一次和之後一次各受試者的觀察分數（亦卽 Y_4 和 Y_5）拿來比較。由圖 4-12 可以看出這種分析方法是錯誤的。當研究者假定實驗處理X的效果只是暫時的，則他應根據 $Y_1, Y_2, Y_3,$ 和 Y_4 等各觀察分數，利用直線廻歸或曲線廻歸，把假定沒有實驗處理時，t_5 處每一受試者可能得到的 Y 值，亦卽 $\hat{Y}_5$「外推」出來。然後用 t 統計法（相依樣本）考驗 Y_5 和 $\hat{Y}_5$ 兩套分數

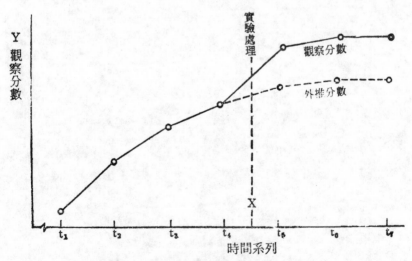

圖 4-12　設計 14 的顯著性考驗方法圖示

的差異。如果研究者假定實驗處理X的效果是連續的或持久的，則應如圖 4-12 所示，把 $\hat{Y}_5, \hat{Y}_6, \hat{Y}_7,$ 等外推分數都求出來，使能與$Y_5,$ Y_6, Y_7 等觀察分數相比較。這就涉及考驗廻歸統計法內常提到的截距或斜率之差異的問題。

　　以上是四種較常使用的準實驗設計，在環境不允許使用眞正實驗設計時，仍可使用這些準實驗設計。用準實驗設計，重複的進行多次實驗，最後的研究結論也可能變得與使用眞正實驗設計時那麼正確。

　　在本章裏，我們討論過各種常見的實驗設計。惟本章所討論的實驗設計均屬於單變項分析 (univariate analysis) 的範圍，亦卽研究者採用只有一個依變項的資料。由於高速電算機已非常普遍之故，現在已開始流行利用「複變項分析」(multivariate analysis) 的方法來處理社會及行為科學方面的研究資料，可以同時分析兩個以上或更多個依變項的資料。這是有興趣的讀者們可多加留意的一點。

第二編
研究的基本類型

第 五 章

自然觀察研究

李 亦 園

　　自然觀察研究 (natural observation) 一般係採用觀察法 (observational method) 以進行研究；以觀察法進行研究的方法有兩種，一種是實驗觀察，另一種就是自然觀察。實驗觀察是對觀察的情境與條件作嚴密的控制實驗，然後觀察其結果（參看第六章）。自然觀察則就研究對象在自然狀態 (naturalistic situation) 下進行觀察，故稱為自然觀察研究。

　　「觀察」是科學研究最基本的方法之一，英國社會學家 C. A. Moser 且說：「觀察可稱為科學研究的第一等方法」（註1）。但是觀察也是我們日常生活中最普通的行為，我們在清晨起來要出門時，一定要瞭解天氣的情況，所以我們要觀察各種氣候天象的情形；出門上了公共汽車，你一定也會作各種觀察，看看車上擠不擠，上車的客人秩序如何，車上有沒有熟人等等。又如我們假日到公園去遊覽，我們也一定會對

註1：C. A. Moser (1965) *Survey Methods in Social Investigation.* London: Heinemann. p. 55.

公園中的花草樹木、池亭設備、行人遊客加以注意與觀察，這些都是我們日常生活中隨時隨地可出現的，其中有些是出於有意的或較有系統的，有些則全屬無意的或無系統的觀察，那麼用什麼標準來分開科學的觀察與日常生活的觀察呢？一般來說，科學的觀察具有如下的各種特性：(1)先具有一研究的目的或假設，然後在這一目標下去觀察；(2)有系統的設計；(3)有系統的記錄；(4)避免主觀和偏見；(5)可以重複查證(註2)。

　　雖然觀察法是重要的科學研究方法，但是並非唯一的方法。如本書其他各章所述，在社會及行為科學中常用的研究方法尚有訪談法、問卷法、投射法、測驗法等。若把觀察法與其他各種方法作一比較，我們可以對觀察法的優點和缺點先有一瞭解。

　　大致而言，觀察研究最大的優點是可以當時實地觀察到現象或行為的發生。當場或當時的觀察不但可以把握全盤現象，而且可以注意到特殊氣氛與情境，這些都不是事件發生過後，用訪談法所能得到的資料。訪談法靠報導人以回憶的方式，報導過去發生的事件，除去記憶總不會真正完整之外，不同的情境、不同的氣氛，經常也會使報導的內容偏向，同時報導人在目擊當時假如不是有心的「觀察」，其着重點自然會不同，報導的材料也就易於變異，更談不上全盤性的瞭解了。再者，很多行為對當事人而言都常被視為當然，不以為有什麼重要的意義，因此也就不被當作有用的資料報導出來，所以這一類的資料只有靠當場客觀的觀察方可以探求出來。

　　觀察另一重要的優點是能够得到不能直接報導或不便報導對象的

註2：C. Sellitiz et al. (1964) Research Methods in Social Relations. New York: Holt, Rinehart and Winston. p. 200; 龍冠海（民57）觀察法。見龍氏所編「社會研究法」第七章，第二節，頁103-121。台北：廣文書局。

資料。例如嬰兒、啞吧都不能直接報導他們的感想或意志，病患或精神異常的人所報導的資料也不能全部採用，又例如對人類早期社會生活頗有啓發性的人形猿（anthropoid ape）的行為，當然也不能從訪談報導得到資料，這些無疑都是要大部份依靠觀察的方法，才能得到我們所要研究的資料。

除去觀察的對象能不能直接報導之外，他們的肯不肯直接報導或接受訪談，也是重要的問題。有些人對某些問題很敏感或很害羞，有些報導人對接受訪問採取敵意，更有些人沒有空閒的時間或是在進行工作時不便於談話，那自然就不能用訪談詢問的方法，更不能用測驗的方法來得到資料。在這種時候觀察法就可以發生相當的效用，當然在若干情況下，觀察法對於不友善的研究對象也是有其相當程度的限制的。

觀察研究的另一個優點是：假如在特殊的設計下（如單向透視玻璃），或特別情境下（如觀察者亦為被觀察群中之一員——參看下文「參與觀察」一節），觀察者不為被觀察對象所注意，因此可以在最自然的情況下不受打擾地行動，由此觀察所得到的資料是任何其他搜集資料的方法都不能得到的。

但是觀察研究也有很多限制與缺點。我們前面曾說，觀察的優點之一是當時現場的察看現象，可是從另一方面而論，這一優點也可能就是其缺點，因為要真正碰到所要觀察的事件有時是可遇不可求的。例如，一個要研究喪葬儀式的人類學家，他可能住在村落中好幾個月都等不到有人過世；一個研究兒童侵略行為的心理學家，可能等好幾天都不易看到兒童們有真正打架的例子，而實際上很多行為科學家感到興趣的行為經常是不能預先測知，所以要觀察也就不易，因而只好採用事後訪詢的辦法而得到資料。

更有進者，人類社會中有許多現象是不適宜甚而不可能直接觀察的，例如家庭的消費行為、家庭糾紛等，更甚者如男女性行為或其他隱私行為，都不是外人能得而觀之的。

此外，由於觀察者的時間、心理、生理各種因素，也使觀察的研究受到很大的限制，例如要研究一個人的生命史或一個機構的發展史，甚而一個文化的變遷過程，觀察者個人就無法從頭到尾地全部用觀察法進行研究。而觀察者生理上的持久性與心理上的耐力、感受種種因素，也使觀察研究產生困難。

許多社會科學家或行為科學家，對觀察法經常有一種不正確的看法，那就是認為觀察研究的結果不適於量化，其實這實是一種歷史性的偏見。「觀察」最常被人類學家用來研究原始部落或小型村社，這些純質的社群單位自然不必用太多量化的材料來描述，一個典型的個案經常就可代表其一般趨勢，所以人類學家最少採用數字的表達方式，以致產生一種印象，認為觀察研究是不易量化的，其實有很多觀察研究仍然有很嚴格的量化結果的(註3)。此外，一般社會科學家或行為科學家又經常認為觀察法只能用作探索性的研究 (exploratory research)，或者用作補充研究的方法而已。固然，觀察研究常被用作探索性的初步研究，或被用作補充其他研究方法以獲得更充足的資料，但是這不能把觀察法就認定是一種次要的研究方法。觀察研究本身仍因其設計與施行方法的不同，可分為若干型式，而每種型式各適合於不同類型的研究，其能採集資料的種類與性質亦大有不同，因此不能一概而論。一般把觀察研究分為無結構的觀察 (unstructured observation) 與有結

註3：同前註, Selltiz *et al.*, pp.203-204; 及 J. P. Dean *et al.* (1967) Limitations and advantages of unstructured methods. In J. T. Doby (ed.), *An Introduction to Social Research*. New York: Appleton-century. pp. 274-279.

構的觀察 (structured observation)。無結構的觀察又可分爲非參與的
(non-participant) 及參與的(participant)兩種（註4）。所謂有結構的
觀察是指嚴格地界定研究的問題，依照一定的步驟與項目進行觀察，
同時並採用準確的工具以進行記錄；相對的，所謂無結構的觀察，則
是對研究問題的範圍採較鬆懈而彈性的態度，進行的步驟與觀察項
目也不一定有嚴格的訂定，同時觀察記錄的工具也較簡單。所謂「參
與」(participation) 及「非參與」(non-participation) 是指觀察者
是否置身於他所研究的社會或團體的關係之中，因此也稱爲「局內」
與「局外」觀察。下文卽就上述觀察研究的類型分別說明。

第一節　無結構非參與的觀察

無結構非參與的觀察 (unstructured and non-participant observa-
tion) 因爲研究的目標與問題未作明確的界定，而且進行的步驟與觀
察的項目，也沒有嚴格的訂定，因此常被用來作探索性的研究，或者
作爲更有系統研究計劃的初步工作。但是無論其性質如何屬探索性的
或初步性的，它仍屬於科學的觀察研究，而非日常生活的觀察，所以
必須按照若干原則進行，同時也應合乎科學的基本需要。一般而言，
在進行觀察時觀察者總要面臨四個基本問題：觀察些什麼？如何記
錄？如何使觀察所得更正確？與被觀察者之間應採何種關係？下面就
這四方面加以闡述。

註4：P. V. Young (1966) *Scientific Social Surveys and Research*. New Jersey：
　　Prentice-Hall. pp. 161-185.

一、觀察的內容

即使如前文所述，無結構的觀察研究對問題、步驟與項目較不明確界定，同時由於常被用作探索性的研究，所以觀察的內容很可能因進行的過程而逐步改變，但下面五種觀察的方面總是不可缺少的。

情境　觀察任何事件或任何活動，首先應注意的自然是其出現的情境；情境是事件或活動的舞臺與背景，它對於事件或活動有很大的約束力，因此要觀察事件與行動應先對其情境作詳細的觀察。

人物　每一事件的發生總少不了基本的人物，因此對人物的觀察也是最主要的工作。觀察人物的要件包括他們的身份、數目、互相間的關係，以及如何成群等等。

目的　每一事件或活動均有一目的或功效，觀察者應注意參加的人物參與其事的目的，例如參加婚禮、喪儀、祭祀、舞會、委員會、慈善會等等。觀察者尤應注意參加者的態度，以及他們在基本目的之外，是否另有不被認出的動機或想法。

社會行爲　觀察參加人物的各種行爲，包括事件如何引起、行動的趨向如何、行動的目標如何、行動的內容細節、行動的性質及其影響又如何等等。

頻率與持續期　事件發生時間、出現頻率、延續期間、單獨出現或重複出現等等，都是觀察者應該注意觀察的事。

二、觀察的記錄

在無結構的觀察研究中，有二項關於記錄的問題最應注意到，那就是觀察者應在何時作記錄，以及記錄應如何累積與保存。記錄觀察的行爲，自然是當時當地最爲正確，可以免去記憶的錯誤，且最爲詳

盡自不待言。但是，有好些情況並不合於當時當場記錄，例如一連串事件急劇發生或許多細微事件同時發生，要一面觀察一面記錄就不易做到，而且會妨礙觀察的進行，此外有時當場的記錄會引起被觀察者的猜疑，甚而引起不良後果，所以觀察者要慎重選擇記錄的時間。假如當場已不可能，事件或活動又甚為繁複，一般有經驗的觀察者就經常用若干特殊的符號註明下來，用以代表事件的重要步驟，以幫助記憶，然後在事件過後再立即把觀察到的東西詳細地寫下來。人類學家在進行田野工作之時間內，經常有兩種記錄，一種是日記，每天晚上把一日內所觀察到的事件，依先後次序記錄下來；另一種是單獨事件的記錄，這可以是當場的描寫，也可以是事後的追記，甚而是當場的記錄，再加上事後的補充。這兩種記錄可以互補長短，配合運用。

　　長期的觀察研究經常使記錄變為極龐大的資料，因此就必須採取分類索引的辦法，否則查閱就會發生困難。分類索引的辦法可依需要而定，可以採用事件、人物或行動為指標而分類，也可以採用符號系統為指引。目前在國內很多研究資料的記錄都採用麥比卡　(McBee card)，可以增加查閱的方便，麥比卡的應用有專文介紹（註5），本文不再贅言。

三、觀察的準確性

　　科學的研究最基本的條件是準確，即使是探索性的觀察也需要相當的準確性。要使觀察及其記錄達到相當的準確性，除去觀察者保持其敏銳的注意力、快速的記錄及高度記憶，還有維持相當的客觀外，也可以用其他方法來查證其準確程度，例如採用錄音機，甚至於電影機，用來錄音錄影，以便作為查證或補充文字記錄的不足。此外，常

註5：蕭新煌（民60）麥比卡的用途和使用法。食貨雜誌，第1卷，第4期，226-230。

用的辦法是同時由兩個觀察者共同觀察並記錄，或由一個助手協助主要觀察者作記錄，然後把兩份記錄相互對照，截長補短地使記錄更爲完整而準確。人類學家常用的一種方法是把記錄下來的材料，在適當的情形下再向被觀察者查證，如有錯誤或不齊全之處，卽加補充。自然後一種辦法並非在很多情況下都可以辦到的。

四、與被觀察者間的關係

一般科學研究的過程，通常包括三部份要素的互相作用，這三部份是：觀察者、被觀察的對象、以及觀察者所要探求的資料。但是在社會科學或行爲科學中，這種關係稍有不同，因爲在社會及行爲科學的研究觀察者與被觀察者都是人，人與人相處之間自然與人跟物之間不同，所以就有第四部份的要素出現，那就是觀察者的角色 (role)；觀察者在研究過程中採取何種角色以對待被觀察者，實影響所獲得資料的性質至深，Buford Junker 曾用圖5-1來表示：(1) 觀察者，(2) 被觀察對象，(3) 所要探求資料，(4) 觀察者的角色四者之間的關係，以及其如何影響社會科學資料的獲得（註6）。

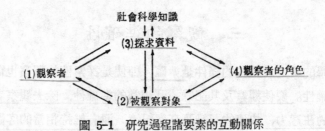

圖 5-1　研究過程諸要素的互動關係

註6：**B. H.** Junker (1960) *Field Work: An Introduction to the Social Sciences.* Chicago: University of Chicago Press. p. 10.

　　觀察者所採取的角色不同，影響整個研究過程及資料的獲得很
大。觀察者如採取「局外」的態度，則他所獲得的資料可能較屬於外
表的、公開的 (public)，而較難於得到機密 (confidential)、隱秘的
(secret) 和私人 (private) 的材料 (註7)。觀察者如參與到被觀察
對象的群體之中成為「局內」人，則情形大有不同。所以觀察者的角
色，或者說觀察者與被觀察對象之間的關係，是社會科學家非常重視
的問題。社會學家 Raymond Gold 曾把觀察者的角色分為四個類型
(註8)：

1. 局外觀察者 (complete observer)

2. 觀察者的參與 (observer-as-participant)

3. 參與者的觀察 (participant-as-observer)

4. 完全參與者 (complete participant)

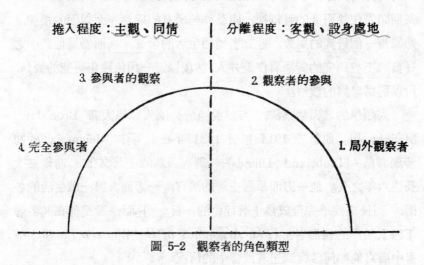

圖 5-2　觀察者的角色類型

註7：同註6，頁 34-35。

註8：R. L. Gold (1958) Roles in sociological field observations. *Social Forces*,
　　 36, 217-223.

Junker 也曾用圖 5-2 來表示這四種觀察者角色類型的性質（註 9）。

上述四類型的觀察者角色，其中局外的觀察除去本節所述的無結構非參與的觀察應屬於這一類型之外，第三節所要探討的有結構觀察也應屬於同一類型。至於其他三類型：完全的參與者、參與者的觀察以及觀察者的參與都屬於無結構的參與觀察，我們將在下節中詳加討論。

第二節　無結構參與的觀察

所謂無結構的參與觀察亦卽一般稱為參與觀察（participant-observation）。參與觀察是人類學家最常用的田野工作方法。人類學家所研究的對象，多是原始部落或較小的村落及社區，所以他們慣於長期間居住於研究的社群裡，與社群裡所有的成員作面對面的接觸，熟識每一個研究的對象，並知道他們生活的全部，甚而變為他們中之一員，不被研究的對象看作是外人，然後以這一角色搜集研究的資料，所以稱為參與的觀察。

人類學的參與觀察法，可以說源於英國人類學大師 Bronislaw Malinowski。他曾於 1914 年至 1921 年在太平洋 Melanesia 的初步蘭群島（Trobriand Islands），調查該島的土著文化，前後三次長達六年之久。他一方面學習土著的語言，一方面參與土著生活的各面，到後來幾乎完全成為土著社會的一員。下面一段是他在其名著「西太平洋的航海者」（*The Argonauts of the Western Pacific*）一書中描寫他如何參與到土著社會中的情況：

當我在初步蘭群島的 Omarakara 安定下來不久，我就開始用各種方

註 9：同註 6, p. 36.

法參加到村落的生活中，等待着村中重要事件或儀式，有興趣於各種閒談以及村中的各項事情的發展；……當我每天清晨在村中散步時，我可以很靠近而詳細地看到他們的家庭生活，包括清潔排泄、烹煮食物以及進餐；我也可以看到他們安排一天的工作，人們開始他們的差事，或是一群男人或一群女人忙於進行製造什麼的。爭吵、開玩笑、家庭小事等等，有時是瑣碎的，有時是戲劇化的，但都形成我以及土著的日常生活重要的氣氛。要知道土著們每天都看到我，所以他們不再對我有興趣，也不對我驚惶，也不會因我的出現而在意。我已不再成爲打擾他們部落生活的因素，就像一般外來的人對土著社區常會引起的一樣。事實上，他們很清楚，那些卽使是自愛的土著也不會想去的地方，我都會揷一脚；他們已把我當作他們生活的一部份，一個必需的「討厭鬼」，但却因有煙草分贈而略略減輕其不愉之情。

　　……同時，我也經常觸犯他們的習慣規矩，土著們因爲已跟我熟識，也就會很快地指正我的錯誤。我不斷地要學習行動得像他們，而且在某一程度內，<u>我已學到那一種感覺什麼是好、什麼是壞的態度。由於這些，以及愉快地和他們作伴、分享他們的遊戲與歡樂，我開始覺得我是眞正地與這些土著們相通了，這種情況才是完成一個成功的田野工作的初步境界。</u>

　　Malinowski　這一段確是很精采地描寫出他在初步蘭島進行土著文化研究的情形，也就在這樣高度「捲入」的參與觀察下，他對初步蘭島人的文化方會有不爲別人所企及的瞭解。他對初步蘭島人文化的著作，除去上述描寫他們航海進行交易的「西太平洋的航海者」之外，尚有描述法律及習慣的「野蠻社會的犯罪與習俗」(Crime and Custom in Savage Society)，描述他們性生活的「西北美拉尼西亞蠻族的性生活」(The Sexual Life of Savages in North-Western Melanesia)，以及描述他們宗敎巫術的「珊瑚園及其巫術」　(Coral Gardens and Their Magic) 等書。這些都是屬於土著生活的隱秘、機密甚而極爲私人的部份，但是 Malinowski 寫來都極爲生動而詳盡，不僅僅是生

動而詳盡，並且是把土著的感情與思維都活生生地顯露出來，這些都是真正的參與觀察方能做到的地步，所以 Malinowski 的田野工作方法就被後來的人類學家奉為圭臬，而實際上他所創建的並不僅僅是一種田野研究的方法，而同時是由這種研究方法所引伸的一套對文化的看法與理論。

　　自然，並不是所有的人類學家在進行田野工作時，都像 Malinowski 那樣長期而又高度捲入的參與。現代人類學家進行田野工作的期間，大都是一整年或一年半，其長短經常依語言熟識的程度而有改變。至於參與的程度，也很少有真正完全參與的成為土著 (going native)，而因個人的性格，搜集材料的種類，土著社會的性質，而有程度上的差異。上節所引 Gold 的四種觀察類型，其中完全參與者、參與者的觀察及觀察者的參與三類正可以說明參與程度的差別。所謂完全參與就是研究者把身份完全變成被觀察者群體的一員，土著們不把他當作外人，因此不能給外人知道的機密私秘的資料和消息他都可以獲得。Malinowski 的工作最靠近這一程度，但嚴格地說，他仍然是一個觀察者，而非真正土著的一員。近代人類學界流行所謂「土著人類學家」(native anthropologist)，也就是原屬該族群的人接受人類學的訓練，然後再回來研究自己的社會文化，其所做的程度應該才是完全的參與。

　　大部份的人類學工作者都是屬於在參與者的觀察 (participant-as-observer) 與觀察者的參與 (observer-as-participant) 之間。在所謂參與的觀察中觀察者的身份是被觀察者所知道的，但是他們都相當程度地接受觀察者，最少並不因為他的參與或出現而引起驚恐或異常的行動，所以觀察者除去最隱私的資料外，大致可以獲得很多外人所不能獲得的資料。本章作者個人的經驗，觀察研究的時間愈長，獲得參與

及被接受的程度愈高。作者於民國五十四年五十五年間在臺灣省彰化縣伸港鄉從事田野調查，在工作進行數個月之後，我們的地位就有「參與者的觀察」之程度，因為村中大部份的婚喪儀式以至於廟宇中的神媒活動，我們都很自然的被邀約參加，而且被視為應該參加的一員，所以我們可以獲得很多局外人所不能獲得的資料。可是在另一方面，關於家庭生活及個人隱私的事件，我們只有少部份得以與聞，而大部份就無法知道了（註10）。

　　至於所謂觀察者的參與 (observer-as-participant)，其捲入的程度又較前者為少，觀察者的身份不但完全顯露，而且被觀察的對象當作相當程度的外人，一種可以相信或可以容忍的外人，容忍的程度在允許他們參加一些形式化的儀式或活動，但其細節或較私人的材料則往往被保留。作者自己的經驗是民國五十五至五十六年間在馬來亞南部蔴坡鎮從事華僑社會的研究，當時所處的地位就屬於觀察者的參與一類型。我以一個「同文化的外國人」進到他們的社區裡，在某種程度內被接受，但仍然受懷疑，所以大部份的情形下只能在形式上被允許參加他們的各種儀式，而無法真正捲入到他們生活的各面，這與在彰化縣的研究比較，就顯得隔膜得多，因此可以看做是觀察者的參與，距離真正的參與已相當遠了（註11）。

　　如何進行參與觀察的研究，常因被研究的對象以及研究者的各種背景而有不同，但大致有若干準則可以遵循。下面我們以 William Whyte 研究波士頓意大利人貧民區為例子，理出若干步驟以供參考

註10：李亦園（民56）臺灣農村的民族學田野調查，臺灣研究討論會記錄。臺大考古人類
　　　學專刊，第四種，48-49。
註11：李亦園（民56）我怎樣做華僑社會的實地調查。東方雜誌復刊第 1 卷，第 1 期，59-
　　　61；李亦園（民59）一個移殖的市鎮：馬來亞華人市鎮生活的調查研究。中央研究
　　　院民族學研究所專刊乙種之一，台北。

(註12)：

　　學習語言　熟識被研究社區或民族的語言是參與觀察研究首要的條件，假如不能用被研究者的語言來與他們交談，怎樣也不能被他們接受為「自己人」。學習語言的期間因個別的情況而有很大的不同。

　　借住土著家族　借住於一個土著的家庭，一方面可藉此詳盡觀察其家庭生活，並且可以這個家庭為中心，經由其親戚朋友而發展出關係網，所以研究者經常要慎選一個地位重要、社會關係多而良好的家庭作為居住的地方，以便藉其地位與關係以建立初步的接觸網絡。

　　適應當地習慣　觀察者不僅要在飲食、衣飾及禮儀上儘量遵守當地的習慣，而且在生活態度、家庭關係上也要適應當地的情形。Whyte 在調查期間內娶了妻子，有良好的家庭生活，使當地人很快接受了他。

　　參與各種活動　經過各種關係的介紹，參與到社群中各種主要的活動，特別是有勢力人物的非形式化組織，更要利用機會參與，爭取他們的認識、同情與贊助。

　　消除疑惑　這是最困難的一個步驟，如何消除當地人對你的疑惑，如何向他們說明你工作的目的，如何使他們相信你與警察或其他保安機關無關。Whyte 經由一些非形式化組織的領袖們，宣布他要寫一本有關他們的書，因此逐漸消除他們的猜忌。在很多情形下，研究者經常不能完全「暴露」他的身份，而必需用無傷大雅的藉口，向無法瞭解研究或「寫書」的人有所交代，以免引起其他疑忌。

　　發現當地人「友誼」的定義　能做到這一層次的瞭解，研究者就會有逐漸增多的同情者與真正友人。那麼他距離被接受為成員的目標就

註12：W. F. Whyte　(1940)　*Street Corner Society.* Chicago: University of Chicago Press.

更接近了。

群體的參與與個別的接觸同時進行 參與群體的活動因關係的展開而增多， 被全社區接受的機會也就更大一點。 若干宗教儀式的參與， 經常是很關鍵性的事， 研究者不一定要假裝信他們的宗教， 但參加他們的宗教活動並且表示同情， 經常是得到他們信任的捷徑。個人接觸也是重要的工作之一， 經由私人的特別友誼， 經常可以獲得意想不到的屬於隱私而秘密的資料。

提供服務以增進互動關係 研究者在必要時亦可對研究對象提供適當的服務， 如提供醫藥、解決糾紛、解釋政令等等， 只要在不擾亂當地關係的情況下， 研究者所提供的服務, 最能增進兩者之間的互動， 進而獲得平常無法得到的資料。

總之， 參與觀察的研究幾乎可以說是一種技巧， 也同時是一種藝術， 因此每一個田野工作者都有他自己一套特別的經驗， 人類學家對這些技巧最為講究， 所以有關田野工作的書籍也最多 (註13)。

對於參與觀察的研究， 社會科學家們向來有不少的批評。最重要的批評之一是認為參與的程度愈高， 主觀的成份也就愈大， 因此所獲

註13：人類學家所撰寫或編著有關參與觀察及一般田野工作的書籍, 重要的包括下列各種:
G. D. Berreman (1962) *Behind Many Masks: Ethnography and Impression Management in a Himalayan Village.* Cornell University: The Society for Applied Anthropology; Elenore S. Bowne (1954) *Return to Laughter.* New York:Harper and *Row;* A. L. Epstein (ed.) (1967) *The Craft of Social Anthropology.* London: Tavistock; M. Freilich (ed.) (1970) *Marginal Natives:Anthropologists at Work.* New York:Harper and Row; P. Colde (ed.) (1970) *Women in the Field:Anthropological Experiences.* Chicago: Aldine; F. Henry and S. Saberwal (eds.) (1969) *Stress and Response in Fieldwork.* New York:Holt, Rinehart and Winston; D. G. Jongmans and P. C. W. Gutkind (eds.) (1967) *Anthropologists in the Field.* Assen:Van Gorcum.

的資料也很難被取信，而且不易再予驗證。這種批評並非沒有根據，而事實上人類學界曾經出現了引起爭論的例子，其中最有名的是所謂 Tepoztlan 的爭論。Tepoztlan 是墨西哥南部的一個村落，在1920年代芝加哥大學的人類學家 Robert Redfield 曾前往該村從事人類學研究，其後並寫成一本名著「特波滋特蘭: 一個墨西哥村落」(*Tepoztlan: A Mexican Village*)。十七年後依利諾大學的人類學家 Oscar Lewis 又到該村進行「再研究」的工作，其後也寫成一書「一個墨西哥村落的生活: 特波滋特蘭的再研究」(*Life in a Mexican Village, Tepoztlan Restudied*)。Redfield 教授和 Lewis 教授所研究的對象是同一村落，而且報導人也大致相同，因為時間的差距只有十七年，尚未有一代的間隔)。但是兩人筆下所描述的 Tepoztlan 却是差異極大，Redfield 所描寫的 Tepoztlan 村落是一個純樸、與世隔絕、整合而平靜的社會，因此村民都是樂觀、合作而沒有互相猜忌競爭的人; 可是 Lewis 所看到的 Tepoztlan 人，却是生活在緊張、驚恐、嫉妒和不信任氣氛中，完全不是 Redfield 當初所讚賞的那種與世無爭的情況。這不但使人懷疑他們研究的是否同一村落。而事實上 Redfield 自己也說，「這好像是不同的居民前後住於同一村中一樣」。這樣大的差異，主要的是由於 Redfield 和 Lewis 兩人興趣的不同，因此他們所看到的是 Tepoztlan 村民生活的不同面，一個着重於群體的、理想的層面，另一個則着重於個人的、心理的層面，由於這種着重層面的不同，就產生了他們對 Tepoztlan 人生活描述的差異。但是，不論他們是如何着重於不同的層面，這正代表一種主觀成份的存在，這也正是一般社會科學家對參與觀察法以至於對人類學家的研究所嚴厲指責與批評之處。

雖然參與觀察的研究所受到的批評很嚴厲，但是它仍然具有別的

研究方法所不及的優點。事實上，除去我們在第一節所述一般觀察法的優點外，參與觀察法在社會及行為科學方法論及知識論上有其特殊的地位與意義。參與觀察的研究不但可以在研究異文化上發現許多不為人所知的行為幅度（實際上這是人類學家所以堅持用參與觀察的基本原因），同時在研究同一社會的不同次文化、不同社會階層、甚至於同一文化的較不明顯或較不受注意的行為層次時，參與觀察也可以發揮其最寬廣而不受拘束的效用（註14）。更有進者，以各種不同的程度參與到被研究的群體中去，觀察者就會如前文所引 Malinowski 所說的，分享土著的感情；實際上不僅是分享土著的感情，而且是具有土著的看法與想法，或者更嚴格地說，是體會出土著的認知與思考的方式。這種人類學上稱為「文化主位研究」（emi approach）（註15）的態度，確實是最能擺脫既有範疇的束縛，拋棄文化本位偏見的塑模，去探索人類社會現象。科學的目的假如是要以「客觀」的立場，來瞭解宇宙間的現象，那麼，以西方科學思維與認知的範疇所定的模式，來作為觀察的根據，恐怕未必是真正客觀的，只有擺脫既有範疇的束縛，拋棄文化本位的偏見，而能體會出不同文化認知模式的研究方法，才是探索人類社會文化最有效的工具。

對上述參與觀察研究性質的體會，並非只有人類學家而已，有不少的社會學家也加以鼓吹，例如著名的社會學家 Everett Hughes,

---

註14：R. H. Wax (1968) Participation observation. *International Encyclopedia of the Social Sciences, Vol. 11.* New York: The Macmillan and The Free Press. pp. 238-240.

註15：文化主位研究（emic approach）與文化客位研究（etic approach）是人類學方法論上一組相對的名詞。這一對名詞係借自語言學的詞彙與觀念；emic 一詞是來自「音位的」（phon*emic*）一詞，etic 則來自「語音的」（phon*etic*）一詞，首創者為 Keneth Pike，其後普遍為人類學家所接受。一般來說，emic 是指站在被研究者的立場或思考方法來分析現象，etic 則是指站在科學研究者的立場或思考方式來分析。

卽鼓勵他的學生 Howard Becker 與 Blanche Geer 等人，在研究密蘇里州之醫學院學生學習的過程時採用參與觀察的方法，其效果十分突出。Becker 與 Geer 兩人在他們所寫的 <u>「參與觀察」(Participant</u> <u>Observation: The Analysis of Qualitative Field Data)</u> 一文有相當精采的敍述與分析 (註16)。事實上，社會學家採用參與觀察方法從事社區研究的已有不少著名的例子。早在 1923 年，Nels Anderson 的「浪人」研究 (*The Hobo: The Sociology of the Homeless Man*)，卽是他加入一流浪者的隊伍，在相當長期的參與觀察後所寫成的報告。其後，更膾炙人口的是 Robert Lynd 與 Helen Lynd 夫婦在美國中西部典型城鎮「中鎮」(Middletown) 的研究。此外如 James West 的研究 Plain‐ville (1945)，Erving Goffman 的研究收容所 (1961)，也都是採用參與觀察方法而得到良好結果的實例。

第三節　有結構的觀察

有結構的觀察可以說是觀察研究中最嚴格的一種，一般都經過相當緊密的設計，並且有相當程度的控制 (註17)。有結構觀察研究的觀察者，通常都已先肯定了那些活動或行為是要觀察的，同時也知道那一些可能發生的事件以及反應的類型，因此事前可以定下範疇與工具，作為嚴格準確記錄的準備，這種情形下其觀察的結果都可用來驗證假設之需。Karl E. Weick 在「社會心理學要覽」(*The Handbook of*

註16：H.S. Becker and B. Geer (1960) Participant observation. In Adams and Preiss (eds.), *Human Organization Research: Field Relations and Techniques.* Homewood, Ill.: Dorsey. pp. 267-289.

註17：N. Lin (1976) *Foundations of Social Research.* New York: McGraw‐Hill. pp. 210-211.

Social Psychology) 第二版的「系統觀察法」(Systematic Observational Methods) 一章中，對有結構的觀察（他的系統觀察即等於本文所謂的有結構觀察）下了一最肯定的定義：「系統觀察法是在原地 (in situ) 對合乎實證標準之有機體的行為與情景，作選擇、觸引 (provocation)、記錄和評等的工作。」(註18)。由此可知，有結構的觀察與實驗的觀察實際上是很接近的。照 Weick 的定義，觀察者的工作不但包括選擇，而且可以觸引有機體的行為，這已很類似於實驗的情況，唯一重要的差別，在於 Weick 定義中所用的「原地」一詞，也就是說有結構觀察只在自然的情境下進行。

一、觀察的範疇

前文已說過，有結構的觀察是在嚴格的設計下進行，因此事前對觀察行為的範疇都有系統的安排。例如哈佛大學社會學家 R. F. Bales 在觀察群體內成員互動的情況，就設計了「團體互動類別」，以供從事互動歷程分析 (interaction process analysis, 簡作 IPA) 之用。IPA 所用的十二項互動類別列於表 5-1(註19)。其後 E. F. Borgatta 又重新修訂 Bales 的類別，稱之為「互動過程分數」(interaction process score, 簡稱為 IPS)（如表 5-2）。這兩種範疇對觀察小團體互動行為可以說提供了很系統化的工具 (註20)。

註18：K. E. Weick (1968) Systematic observation methods. In G. Lindzey and E. Aronson (eds.), *The Handbook of Social Psychology*. Massachusetts: Addison-Wesley. p. 360.

註19：R. F. Bales (1950) *Interaction Process Analysis*. Cambridge: Addison-Wesley. pp. 177-195.

註20：E. F. Borgatta (1962) A Systematic study of interaction process scores, peer and assessments, personality and other variables. *Genetic Psychological Monographs*, 65, 219-291.

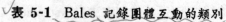

表 5-1 Bales 記錄團體互動的類別

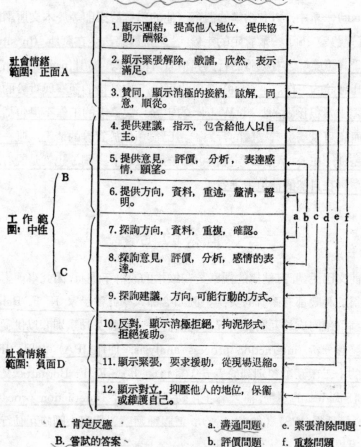

社會情緒 範圍: 正面A	1. 顯示團結, 提高他人地位, 提供協助, 酬報。	
	2. 顯示緊張解除, 戲謔, 欣然, 表示滿足。	
	3. 贊同, 顯示消極的接納, 諒解, 同意, 順從。	

A. 肯定反應　　　　　　a. 溝通問題　　　e. 緊張消除問題
B. 嘗試的答案　　　　　b. 評價問題　　　f. 重整問題
C. 問題　　　　　　　　c. 控制問題
D. 否定反應　　　　　　d. 決策問題

表 5-2　Borgatta 氏群體互動分數 (IPS) 表

```
01  社會共同的承認。 (1a)

02  透過提高他人地位的方式以顯示團結。 (1b)

03  顯示緊張的解除，笑謔。 (2)

04  共認，理解，認可。 (3a)

05  顯示同意，一致，順從。 (3b)

06  提供程序上的建議。 (4a)

07  建議解決問題的方法。 (4b)

08  提供意見，評價，分析，表達感情或願望。 (5a)

09  自我精神分析及反省的行為。 (5b)

10  將外界的情境當作是暴力的轉移。 (5c)

11  提供取向、資料，傳遞消息。 (6a)

12  引起注意，重述，澄清。 (6b)

13  探詢意見、評價、分析、情感的表達。 (8)

14  意見不和，保持對立的姿態。 (10)

15  顯示緊張，以個人的不足求取援助。 (11a)

16  顯示緊張的增加。 (11b)

17  顯示對立、敵意，要求。 (12a)

18  自我防衞。 (12b)
```

(括弧內數字表示 Bales 氏原範疇之數號，見表 5-1)

　　另一種值得一提的觀察類別系統，是 R. D. Mann 氏發展出來的「成員領袖分析」(member-leader analysis)，也是觀察群體中成員與領袖互動關係很有系統的設計，其互動類別如下 (註21)

註21：R. D. Mann (1967) *Interpersonal Styles and Group Development.* New York: Wiley.

I. 情感部份

惡意

1. 反對──表示不喜歡、不信任或氣憤；攻擊、拒絕、嘲笑、侮辱。

2. 抗拒──不同意、爭辯、阻止、閃避或重新解釋領袖的建議。

3. 退縮──無視領袖之存在、離開場所、不管事、表示厭倦、置身局外、無所謂。

4. 歸罪──非難、抱怨、譴責、感到誤解或凌辱、恥感。

善意

5. 補救──原諒、道歉、否認敵意。

6. 認同──對其他成員扮演領袖角色。

7. 接受──同意、承認、順從。

8. 歸依──表示喜愛、信任或溫暖。

II. 權威關係部份

9. 顯示依賴──表示對認可、指示、結構的需要。

10. 顯示自立──與領袖關係形同伙伴、表達自己的標準並以之判斷自己的行為。

11. 顯示互相依賴──宣示一種對指示的需要之缺乏。

III. 自我狀態部份

憂慮 (12及13)

12. 表示憂慮──顯示不自在、緊張或不肯定，感到被批評、被審詰或受威脅。

13. 否認憂慮──否認對領袖感到緊張、憂慮、關心。

14. 顯示自尊──對自己感到滿意，能夠自我開放與誠信。

壓抑

15. 顯示壓抑——感到罪惡、傷悲、無助、無力。

16. 否認壓抑——拒絕隱含的批判、矜誇並表露自己的能力。

二、觀察的記錄

有結構觀察研究在設計上旣然甚爲嚴格，因此在記錄觀察的種種現象時，亦經常借助系統的方法；同時，有結構的觀察在很多情況下都是不使被觀察者意識到有人正在觀察他們，這是與參與觀察法最大不同的地方，例如觀察兒童的行爲以及工廠內工人的工作情形，就經常採用單向透視玻璃以進行觀察，在這種設備下，觀察者可以清楚地看到觀察對象的行動，但是被觀察者却不能看到觀察者的所在，因此觀察者就可以用各種方式進行記錄。

一般進行有結構觀察的研究者，都有他固定觀察的項目，因此對該一項目記錄的設計也就十分周詳，例如 H. Leventhal 與 E. Sharp 在記錄觀察對象臉部表情時，卽採用一套特定的符號。茲將他們設計的符號轉列如表 5-3(註22)。

哈佛大學人群關係學派的學者 Elton Mayo 等人，從事工廠人際關係的研究時，大都採用有結構的觀察，並設計各種儀器以記錄人際互動的情形。該學派的重要繼起人物 Elliot Chapple 卽設計了一種稱爲「互動記錄器」(interaction chronograph) 以記錄被研究對象之間互動的情形 (註23)。利用互動記錄器可以把人際之間互動的情形，包

註22: H. Leventhal and E. Sharp (1965) Facial expression as indicator of distress. In S. Tomkins and C. E. Izard (eds.), *Affect, Cognition, and Personality*. New York: Springer.

註23: E. D. Chapple (1962) Quantitative analysis of complex organization system. *Human Organization*, 21, 67-87.

表 5-3 臉部表情記錄符號

符 號	代 表 意 義
	前 額
	I. 愉快的
	1. 光滑的（固定的輕皺紋或現或不現）
	2. 平行的皺紋顯現於全前額
	II. 不愉快的
	3. 皺紋出現於前額中間，而不出現於兩邊
	4. 平行或垂直低陷，激怒表情
	眉 毛
	I. 愉快的
	1. 兩眉平行，其間無隆起或低抑
	2. 一眉揚起
	3. 兩眉振動
	4. 雙眉均揚
	II. 輕微不愉快
	5. 雙眉或單眉輕縮
	6. 雙眉振動眉心成V形
	III. 不愉快
	7. 雙眉縮起，眉心V形明顯
	8. 雙眉緊縮，眉心V形極明顯
	眼 瞼
	I. 正常狀態
	1. 眼瞼不動
	II. 不愉快
	2. 上瞼振動
	3. 上瞼皺起
	4.（2）與（3）同時發生
	5. 瞪大眼睛，眼瞼皺起
	6. 眼睛開啓頻頻

括頻率、時間長短、方向等等很準確地記錄下來，Chapple 利用記錄器從事人際互動的研究所得結果甚有貢獻，例如圖 5-3 所列他的十二項人際互動模式，即是研究人群關係者所常引用的。

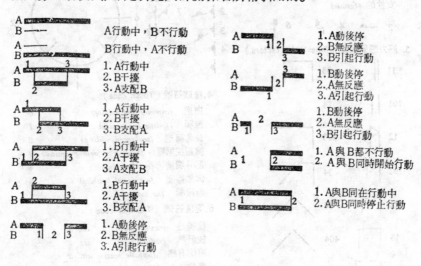

圖 5-3 人際互動的時間模式

此外如 E. T. Hall 亦設計了一套作為記錄人際空間關係的符號系統，這一系統包括三種記號法 (type of notation)：第一種是圖形符號，第二種是記憶符號，第三種為數碼。Hall 的空間行為記號系統如圖 5-4 (註24)。

依照 Hall 的記號系統，我們可以記錄兩人的空間關係如下：

1. 兩個男人站着（性別姿態符號 55）

2. 面對面而立（方向符號 0）

3. 可以用手接觸到對方（筋力感覺符號 101）

註24：E. T. Hall (1963) A system for notation of proxemic behavior. *American Anthropology*, 65, 1003-1626.

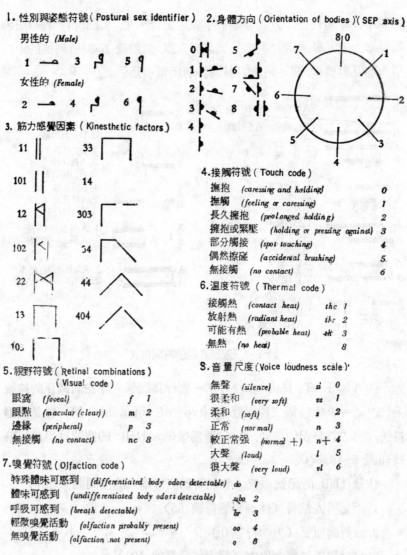

1. 性別與姿態符號（Postural sex identifier） 2. 身體方向（Orientation of bodies）（SEP axis）

男性的 (Male)

女性的 (Female)

3. 筋力感覺因素（Kinesthetic factors）

4. 接觸符號（Touch code）

撫抱　(caressing and holding)　　　　　　　0
撫觸　(feeling or caressing)　　　　　　　1
長久擁抱　(prolonged holding)　　　　　　2
擁抱或緊壓　(holding or pressing against)　3
部分觸接　(spot touching)　　　　　　　4
偶然擦碰　(accidental brushing)　　　　　5.
無接觸　(no contact)　　　　　　　　　6

6. 溫度符號（Thermal code）

接觸熱　(contact heat)　　　thc 1
放射熱　(radiant heat)　　　thr 2
可能有熱　(probable heat)　　tht 3
無熱　(no heat)　　　　　　8

5. 視野符號（Retinal combinations）
　　　　　　（Visual code）

眼窩　(foveal)　　　　　f 1
眼點　(macular (clear))　　m 2
邊緣　(peripheral)　　　p 3
無接觸　(no contact)　　nc 8

8. 音量尺度（Voice loudness scale）

無聲　(silence)　　　　si 0
很柔和　(very soft)　　vs 1
柔和　(soft)　　　　　s 2
正常　(normal)　　　　n 3
較正常強　(normal +)　n+ 4
大聲　(loud)　　　　　l 5
很大聲　(very loud)　　vl 6

7. 嗅覺符號（Olfaction code）

特殊體味可感到　(differentiated body odors detectable)　do 1
體味可感到　(undifferentiated body odors detectable)　ubo 2
呼吸可感到　(breath detectable)　　br 3
輕微嗅覺活動　(olfaction probably present)　oo 4
無嗅覺活動　(olfaction not present)　　o 8

圖 5-4 Hall 氏人際空間行爲記號系統

4. 不互相接觸（接觸符號 0）

5. 講話的人不是正眼看對方，聽者看旁邊（視野符號23）

6. 站得很近可以感到熱度（溫度符號 2）

7. 體味可以聞到，但不能聞到呼吸口氣（嗅覺符號 2）

8. 聲音甚柔和（音量符號 1）

三、觀察的信度問題

觀察研究的信度（reliability）問題，不僅僅是有結構的觀察所着重，也是其他兩種觀察法所注意的，我們在前文已略加說明。根據 Medley 與 Mitzel 的研究，觀察研究的信度包括三類型：(1) 不同觀察者的相關數（coefficient of observer agreement），(2) 隱定係數 (stability coefficient)——指同一觀察者在不同時間觀察的符合度及 (3) 信度係數（reliability coefficient）——不同觀察者在不同時間內觀察的符合度（註25）。一般來說，測定觀察信度問題，都着重於不同觀察者的符合度，也就是利用不同的觀察者同時進行觀察同一事件，但 Medley 與 Mitzel 的意見則認為，增加觀察的次數，要比增加觀察者的人數來得更合理。Whiting 夫婦在討論到觀察的信度時，也提到同一觀察者在不同時間的重複觀察，並且強調觀察的時間不可太長久，以免因疲勞而產生觀察錯誤（註26）。M. D. Dunnett 對討論觀察信度時，曾提出四種觀察的可能錯誤：(1)觀察內容的選擇不够準確

註25: D. M. Medley and H. E. Mitzel (1963) Measuring classroom behavior by systematic observation. In N. L. Gage (ed.), *Handbook of Research in Teaching*. Chicago: Rand McNally.

註26: B. Whiting and J. Whiting (1970) Methods for observing and recording behavior, In R. Naroll and R. Cohen (eds.), *A Handbook of Methods in Cultural Anthropology*. New York: Natural History Press. pp. 290-292.

(inadequate sampling of content)，發生於許多觀察者觀察一複雜事件時，每一觀察者所選擇觀察內容常有不同，因此有誤差的出現。(2) 機遇反應趨勢 (chance response tendency)，發生於不同觀察者對觀察類別定義不能肯定時，常會用他自己的解釋來界定類別。(3) 環境變遷 (change in the environment)。發生於不同時間的現象觀察時。(4) 人的變遷 (change in the person)，同一個人在不同時期被觀察時，亦可能有不同的行為表現。針對這些可能發生的錯誤，觀察者在不同設計下，應採取不同的預防方法，以求得觀察信度的提高。

Systematic observation is a research method in which events are selected, recorded, coded into meaningful units and, interpreted by nonparticipants.

第六章

實驗觀察研究

張 春 興

實驗觀察研究是指實驗室研究 (laboratory experimentation)，為科學研究方法之一。討論此一研究方法者，在理論上應具備兩個基本條件：第一，對所要研究問題的性質及所需有關知識，必須具有相當的基礎；如研究的是物理現象，就必須具備物理學的基礎知識；如研究的是心理現象，就必須具備心理學的基礎知識。第二，對一般科學方法所需知識，必須具備相當的基礎；一方面要有邏輯的基本概念，另方面要有統計學的基礎知識。現在討論實驗方法，原則上假定讀者們均已具備上述兩個條件。因此，在行文時所涉及的專門性術語，筆者不擬詳加解釋；讀者如感需要，可自行參考有關書籍。

第一節　實驗研究的基本概念

一、實驗法的性質與功能

多年來科學家們為求了解自然界各種事象的變化，已創用了很多種研究方法，企圖由之對自然界的變化了解「是什麼」(what)，進而探究「為什麼」(why)，並從而發現原理原則，建立系統理論，以期

對同類事象去解釋、預測和控制。此種觀念爲社會及行爲科學家所借用，並採取了自然科學上各種方法的原理，發展出各種研究人類行爲與社會事象的方法；其中最主要者爲自然觀察法、調查法與實驗法。從科學方法對解決問題的功能看，或是從前述對事象變化的解釋、預測、控制三者所能達到的程度看，自然觀察與調查兩種方法只能解釋「是什麼」，不能回答「爲什麼」；只能達到部分的預測，不能達到控制的地步。要想達到這些目的，只能採用實驗法。因此，實驗法無疑是所有科學方法中發展最精密、應用最廣泛而且成效最顯著的一種研究方法。

實驗法之所以優於其他方法，主要是因爲使用此法可以獲得事象變化的因果關係。如果能對某一事象變化的前因後果有所了解，對於同類事象，不僅可以根據原因去預測結果，而且也可安排原因去產生預期的結果。此處「安排原因」一語，如改用實驗法的用語來說，就是「控制」。實驗法的最大特徵就是在控制的情境下研究事象的變化，從而發現並確定其變化的因果關係。

實驗法在應用上有廣狹兩種範圍。從狹的範圍言，它限於使用特別設備的實驗室內應用；從廣的範圍言，它也包括實驗室之外在實際生活情境下進行的研究。在前一種情境下做的研究，一般稱爲實驗室實驗 (laboratory experiment)；在後一種情境下做的研究，一般稱爲實地實驗 (field experiment)。事實上，在基本原則上兩類實驗並沒有太大的差異，只不過實驗室內的實驗較能做到更精密的控制而已。以下本章所討論者，原則上以實驗室內的實驗研究爲範圍。

二、實驗研究的一般程序

從事一項實驗研究，等於是運用科學方法去解決一個問題。從遇到

待決的問題開始到獲得結果爲止，從事實驗研究者大致遵循一定的程序或步驟。從科學家們發表的研究結果看，縱然在文字上所列的研究程序簡繁不一，但任何一項完整的實驗研究，總不能離開以下八個步驟：

(1) 確定研究問題：　對問題的性質、研究價值、事實限制與研究可能性等，經通盤考慮而後決定。

(2) 陳述研究假設：　對問題中有關因素的因果關係，先提出一個暫時性的、假設性的陳述，做爲以後進行實驗的指引。

(3) 設計實驗進程：　假設既定，接着要進行實驗設計；即考慮採用什麼方法和如何進行實驗以驗證所提假設是否成立。

(4) 確定研究對象：　社會及行爲科學的研究以人爲對象。然則，選取什麼樣的人爲代表參加實驗研究，又如何選取研究對象等，均須在進行實驗之前確定。

(5) 選擇研究工具：　實驗時所需要的實驗設備、測量工具等，均須在實驗前準備妥當，而後實驗進行始能按部就班，得心應手。

(6) 進行實驗觀察：　實驗進行時，實驗者一方面按照預定計劃安排並控制情境，另方面必須對預期的結果仔細觀察測量。觀察測量所得的記錄，乃是對實驗結果分析解釋的主要根據。

(7) 整理分析資料：　實驗結束後，通常多採用統計學的方法整理分析資料，並根據原提假設研判資料所顯示的意義。

(8) 撰寫研究報告：　實驗結果經整理分析後，通常以文字的方式撰寫報告。報告的內容要在提供讀者問題的性質、實驗方法、所得結果的意義等，以增加同類問題處理的知識。

列舉實驗研究的八個步驟，旨在提供讀者一個比較完整的架構。以下本章所要討論者，雖不以這個架構爲範圍，但總離不開此一架構所代表的一些基本概念。以後討論時將有需要回頭來參考此一架構，

此種需要尤將以其中第二至第五各步驟所涉及的問題爲然。

第二節　實驗控制與實驗效度

一、變項與控制

前述實驗法中的因果關係，也可以看做是兩種因素間的關係。屬於「因」的因素是經實驗者安排或控制的，亦卽通常所謂的情境或條件；屬於「果」的因素是實驗者企圖觀察測量的，亦卽通常所謂的行爲或反應。例如，在一定的距離內能否聽到某種聲音（結果），將決定於該種聲音的強弱變化（原因）。在這種情形下，聲音強弱的變化屬於前一種因素，聽到聲音與否則屬後一種因素。不過，在實驗法中習慣上稱此等因素爲「變項」(variable)；屬於原因性因素者稱爲「自變項」(independent variable)，屬於結果性因素者稱爲「依變項」(dependent variable)。意思是說，原因性的因素是經安排或控制使它發生變化的（如變化聲音強弱），結果性因素是依隨原因性因素的變化而發生變化的（如聲音愈強愈能聽到）。因此，在實驗法中自變項又稱爲「實驗變項」(experimental variable)，依變項又稱爲「反應變項」(response variable)。現在如將實驗研究改以變項的觀念陳述之，那就是：在控制的情境下，實驗者有系統的操縱自變項，使其按照預定計劃改變，而後觀察其改變對依變項所發生的影響。如經分析發現依變項的改變確係由自變項的改變所引起，而且改變的情形又依隨實驗者系統操縱自變項的方式具有密切的關係（正的或負的關係），於是自變項與依變項之間的因果關係，乃告成立。

在以上對實驗研究的陳述中，所謂「在控制的情境下」一語，有

待進一步的解釋。意思是指，除了使自變項系統的變化之外，還須對其他一切可能影響實驗結果的因素，加以控制。否則，實驗者將無法肯定依變項的變化確是由於自變項變化的結果。如上例聲音強度與聽覺反應的關係中，如果實驗場地內安靜的程度（有時噪雜有時安靜）與受試者的年齡、聽力甚至注意、心向、動機等因素不加以控制，實驗者就不能肯定聲音強弱是產生聽覺反應與否的唯一原因。

　　在實驗的過程中，除預定自變項外，可能影響實驗結果的因素很多，如將此等因素也稱為變項，那就是所謂「外擾變項」(extraneous variable)與「中介變項」(intervening variable) 兩類變項。外擾變項是指自變項之外的一切可能影響結果的因素而言，諸如實驗環境以及受試者的年齡、性別、身體機能（視力、聽力等）等可以辨認的一切因素均屬之。至於中介變項則是指介於自變項與依變項之間的一切對實驗結果發生作用的內在歷程而言。中介變項是不能直接觀察辨認的，只能憑個體外顯行為的線索去推知。例如，設置一簡單實驗情境，在下午四時許放置一個沙拉麵包在廚房的桌子上（自變項)，然後觀察放學回來的小學五年級的小明進廚房後拿起麵包吃了（依變項)。小明看見麵包而後取來吃了，似乎是一件簡單而因果關係明確的事實。但如問：麵包的出現是構成小明吃的行為的唯一原因嗎？或問：這兩者之間有必然的關係嗎？這問題不難回答，因為憑經驗可以推理，介於刺激（麵包）與反應（吃）之間，小明「饑餓」才是主要條件。饑餓在心理學上視為基本動機之一，動機與行為之間具有密切的關係。因此，以實驗法研究人的行為變化時，動機自然被視為主要的中介變項之一。其他內在因素影響實驗結果而被視為中介變項者甚多，諸如性格、態度、人格等均屬之。

　　基於以上分析可知，安排一項實驗時，實驗者必須同時考慮如何

處理三類變項: (1) 有計畫的系統操縱自變項; 亦卽實驗者有意安排的刺激情境（亦卽實驗變項）。(2) 預先設計好觀察、測量、記錄依變項; 亦卽等待發生的反應變項, 這是實驗者所要研究的。(3) 設法控制自變項之外一切可能影響結果的所有變項; 這其中包括外擾變項與中介變項。由此看來, 要想對人類行爲變化從事實驗研究, 而且希望像物理化學實驗那樣達到絕對控制而又肯定變項間因果關係的地步, 事實上是不可能的。人的行爲複雜, 影響行爲的變項太多, 要控制有時不勝其控制, 有時無法甚至不能控制。這就是有些心理學家無法用人實驗時改用動物實驗的主要原因。

　　從事實驗研究時, 除上述各類影響實驗結果的變項之外, 另外還有一個影響結果準確度的因素, 就是測量工具的誤差。在這方面諸如心理測驗、問卷、量表、各種儀器等均屬之。無論測量工具如何精密, 使用時如何審慎, 其效度是永遠達不到百分之百的程度。因此, 在討論行爲科學的實驗研究時,「控制」(control) 一詞的涵義只是相對的, 而非絕對的; 只有程度之分, 而非有無之別。實驗者對各類變項的控制, 有一個基本原則。這個原則包括三個層面: (1) 控制自變項, 使其有系統而且儘量的 (maximized) 使前後的變化顯出差異。例如, 要研究室內照明度（自變項）與閱讀速度（依變項）的關係時, 照明度的變化宜於採用 20, 40, 60, 80, 100, 120 等不同呎燭光的亮度的變化; 不宜採用 1, 2, 3, 4 等不同呎燭光的變化順序。因爲後者變化間差異太小, 所生結果影響不易辨別。(2) 控制自變項之外一切可能影響結果的其他變項, 使其保持不變或達到最小 (minimized) 變化甚或排除於實驗情境之外, 務期不致影響自變項與依變項之間的因果關係。(3) 控制測量工具的選擇與使用, 務使誤差減低到最低限度。綜合以上三點, 可以把實驗控制歸納爲一個原則:

即最大最小控制原則。意思是使自變項產生最大變化，使其他干擾的變項與誤差產生最小的影響，這個原則在英文上稱為 Maximincon Principle；顯然的，前一字係由 maximize, minimize, control 三字縮寫組合而成。

二、實驗控制方法

接下去要討論的是，實驗者如何對自變項以外可能影響結果的變項予以控制。達到這方面控制的目的，通常採用以下各種方法：

排除法　排除法 (elimination method) 是在設計實驗時將可能影響結果的變項，預先排除於實驗條件之外，使自變項簡化，免受其他變項的影響。譬如說：其他條件不變時，兒童的智力愈高，其學習某事物的速度愈快。這句話的意思是說，把智力一個因素孤立起來分析時，我們可以發現它與學習速度有如此的關係。文中「其他條件不變」等於是一個限制，這限制也就是把其他因素排除。因為除智力外影響學習速度者尚有其他因素；諸如兒童的經驗、年齡等均屬之。使用排除法時，只能從事單變項的簡單實驗，如就變項控制的觀點言，排除法確屬有效。但如就實驗研究的價值看，使用排除法後所得研究結果缺乏普遍的推論性。例如，實驗者因為顧慮到將來實驗結果受到性別的影響，因而排除性別的因素，採用單一性別（如只用男生為受試），所得結果自然就不能對女性的同類行為推論解釋。因此，在實驗設計時，排除法並不常用。

納入法　納入法 (building-it-into method) 乃是彌補前述排除法缺點的一種方法；就是把影響將來實驗結果的某種（或某些）因素也當做自變項來處理；安排使之系統變化，而且也觀察、測量、記錄、分析行為反應中與此等變項的關係。例如，實驗者企圖研究過度

練習（自變項）對數字記憶廣度（依變項）的影響，他不妨把受試者的智力和性別兩因素包括在內，當做自變項處理。不過，在這種情形下實驗者也改變並擴大了原來單變項實驗的假設；設想認知廣度不但與過度練習有關，而且與性別和智力有關，甚至更有可能在練習、智力、性別、記憶廣度等各變項間具有交互作用的關係。採用納入法設計實驗，就是對此類多項假設進行驗證。

　　配對法　配對法 (matching method) 乃是企圖使自變項之外其他變項發生相等影響的一種方法。此法在單變項等組控制的實驗中（見本章第三節）常被使用。例如，實驗者企圖安排，除自變項外要使實驗與控制兩組受試者在各方面的條件盡量相等。於是他就按每一條件選擇配對，期能搭配成兩組條件相等的人參加實驗。此法在理論上雖有可取之處，但實際上甚難使用。因爲，如超過一個條件（或因素）以上時，實驗者常感顧此失彼，甚至無法配搭。例如實驗者同時考慮年齡、性別、出生次序、智力等四個條件，企圖使所有條件均配合相等而編爲兩組，殊非易事。即有可能，勢必排除很多受試者，不能參加此一實驗。又何況，屬於中介變項的條件如動機、態度等內在因素，根本無法找到可靠的根據去實施配對。因此，配對法在實際上並不常用。

　　隨機法　隨機法 (randomization) 是採用數學上概率的原理，將參與實驗的受試者以隨機分派 (random assignment) 的方式，編歸實驗組與控制組或各個不同的實驗組。在理論上講，隨機法是控制影響變項的最佳方法。因爲在概率的原則下，各組受試者所具備的各種條件機會均等，絕不致產生系統性的偏差。隨機法不但可彌補配對法顧此失彼的缺點，而且對難以觀察測量的中介變項如動機、性向、疲勞、注意等因素，也同樣發生控制作用。在實際使用時，隨機分派法

可分兩個步驟使用。假如要將全班50個小學五年級兒童分爲兩組（一爲實驗組，另一爲控制組）參加某項實驗。實驗者第一步可採用隨機的方法（或編爲號碼抽籤決定，或使用亂數表決定），先將 50 人隨機分派爲兩組，每組 25 人。分組之後，再以隨機分派方式（如丟一硬幣決定）決定那一組爲實驗組，那一組爲控制組。如此，實驗者對受試者的分派，完全靠機會來決定，是客觀的，不帶任何個人主觀的偏見。如此分配的兩組，縱然在事實上未必各方面完全相等，但理論上他們相等的機會比較多。

　　共變量分析法　以上所述各種方法，都是在實驗之前可以考慮使用的，也可以說是在實驗設計時可以採用的。因此，此等方法稱爲「實驗控制」(experimental control)。有時候，因爲受事實的限制，上述各種方法不能使用，明知有些因素將會影響實驗結果，但無法在實驗進行時加以排除或控制。像這種情形，只有在實驗之後採用統計分析的方法，把影響結果的因素分析出來，爲達此目的所使用的方法稱爲共變量分析法 (analysis of covariance)。此種事後用統計技術來達到控制影響變項的方法，稱爲「統計控制」(statistical control)。假如只有兩班學生可用，要實驗並比較兩種敎學方法的優劣，由於事實限制，兩班不能混合編組，只能使用全班；而且實驗者事先知道該兩班的智力不等。在這種情形下，智力顯然是影響將來實驗結果的重要因素。在實驗前旣無法對智力因素加以控制使兩組相等，不妨先讓兩班學生隨班實驗。實驗之後，使用共變量分析法將智力因素所發生的影響分析排除之後，再比較兩種敎學法下兩班學生成績的優劣。

三、實驗效度

　　在本章之初討論實驗法的性質與功能時，卽曾說明，科學硏究的

基本特徵是經由發現事實、探求原理原則、建立系統理論，以期能對同類事象達到解釋、預測和控制。在各種研究方法中，實驗法的性質與功能最能符合此種說明。在此一說明的原則之下，實驗者從事一項實驗研究時，他應該同時考慮達到兩個目的。第一個目的是，他要設法控制實驗情境，安排實驗變項，控制其他可能發生影響的變項，期能肯定依變項的變化確係由自變項的變化而產生。第二個目的是，他企圖將實驗研究的結果，拿來推廣應用，希望能對同類事象去解釋、預測和控制。顯然的，第一個目的是屬於實驗方法準確度的問題 企圖驗證自變項X與依變項Y的因果關係。如所得結果正是此種關係，當可肯定採用方法準確無誤。不過，我們前曾指出，像此種 XY 之間的因果關係，在行為科學中所能達到的程度，不能像物理化學那樣，只是相對的，而非絕對的；只有程度之分，而非有無之別。如果從這個觀點來評鑑一個實驗的結果和它的設計，並檢查該實驗結果所能達到第一個目的的程度，在實驗研究上稱為「內在效度」(internal validity)。至於第二個目的，顯然是屬於結果推論能否用以解釋和預測其他同類事象的問題。從這一個角度來評鑑一項實驗研究，那就是指該實驗的「外在效度」(external validity)。由此可知，一項好的實驗研究，必須同時顧到內在效度與外在效度兩個方面。接下去我們要討論的是，實驗者應如何考慮設計實驗，以提高這兩方面的效度。

影響內在效度的因素　設計實驗時如能考慮以下五方面的因素，將有助於提高實驗的內在效度。

1.生長與成熟　個體行為的變化，除了經過實驗設計的自變項處理可能使之變化之外，個體本身的生長與成熟，也是使其行為變化的重要因素。特別是以小學兒童為受試者而又採用單組前後測量的實驗下，生長與成熟的因素將發生更大的影響。單組前後測量的實驗方

法，通常是實驗處理之前先對受試者的某種行為測量一次，實驗處理之後再以同樣方法測量一次，兩次測量之差，卽顯示實驗變項發生的效果。顯然的，此種設計忽略了前後兩次測量之間受試者本身生長與成熟的因素。特別是以兒童學習動作技能時，此一因素更應注意，為了避免此一因素的影響，因而增設同條件的控制組。

2.測驗的練習　在一般的情形下，前後兩次測驗的結果將有差異，後一次的分數將較前一次為高。這中間包括練習的因素、臨場經驗以及對實驗目的的敏感，提高了第二次測量時的動機。如果前後兩次測量時間拉近，此一因素的影響將更顯著。

3.受試者出缺　如果進行的是一項長期實驗，如何保持原實驗受試者的人數不變，將是一個極困難的問題。卽使開始參與實驗的受試者是經由隨機抽樣組成的，但中途出缺者常是代表常態分配中偏於極端的人物。如果進行的是一項與智力因素有關（如學習）的實驗，中途缺失者可能智力較低；如果進行的是一項與生理因素有關（如耐力實驗），維持到底的受試者可能身體較為健康。實驗結果只能按最後人數的分數計算，難免喪失原來樣本所代表的行為特徵。

4.寬心藥效應　如果個體自己知道他在參加一項實驗，這將影響他的行為。在醫藥實驗上早經發現，要病人參加實驗時，無論給他任何藥物，都會對他原來病痛的感覺產生影響。因此，一般醫藥實驗的安排，多採用「寬心藥」（placebo）的措施；使實驗組服用預定藥物，使控制組服用外形相同但不發生藥物效應的寬心藥，如此可消除心理影響的差別。基於同樣考慮，如果實驗組與控制組在被處理的感受上不相同時，自然會影響他們的行為反應。因此，為求避免此種心理影響，在實驗期間最好不要標明「實驗組」的字樣。

5.統計廻歸現象　統計廻歸現象（statistical regression），可能

使實驗者對實驗變項的效果有所誤解。特別在教學上選取常態分配中的兩極組爲矯治實驗時，此種現象尤須注意。通常此類實驗是，矯治之前後實施測驗，廻歸現象就出現在第二次測量的結果之上。此種現象是，第一次測量平均值偏高者，第二次測量的平均值有趨低的傾向（向常態分配的平均數廻歸）；第一次測量平均值偏低者，第二次測量的平均值有趨高的傾向（也向常態分配的均數廻歸）。第二次測量雖在實驗處理之後，其升高或降低只是統計廻歸的影響，可能不是實驗變項發生效果所致。

影響外在效度的因素　外在效度的高低決定於實驗結果能否普遍推論其他同類事象的程度。以人的行爲爲對象所得的實驗結果，其推論性受到相當限制。主要是由於以下三個原因。

1.實驗情境過份人工化　實驗既在控制的情境中進行，控制情境下所得的結果，總難免帶有人工化的成份；拿來解釋日常生活中的行爲現象，其不能完全切合實際，是可以想像的。實驗室內儀器、設備可能構成實驗變項之外的新刺激變項，影響受試者的行爲。另外實驗者的新奇安排和受試者自己在實驗情境中的感受，無疑也會影響受試者的動機和注意。在實驗室之外的生活情境中，就不再有這些因素。因而，實驗結果常不能用來對實驗室以外的行爲現象做普遍性的推論解釋。

2.受試樣本缺少代表性　雖然在理論上強調實驗受試者必須具有代表性，必須從將來預期推論解釋同類行爲現象的群體中按隨機原則抽取。但事實上這一點很難做到。尤其是有些實驗是徵求自願參加的受試者或雇用受試者完成的，此類實驗結果的代表性更低。有時候，卽使受試者的選取是按照隨機取樣和隨機分派的原則，但用於推論時如果超越了原來的層次，仍然會喪失實驗的外在效度。例如從大

一新生隨機抽取受試者所做的實驗結果，如用來推論大四學生的同類行爲，其外在效度自然會降低。

　　3.**測量工具的效度問題**　實驗變項與反應變項的操作性定義，實驗者往往按其使用的測量工具的測量結果界定之。例如，把智力當做一個自變項時，常根據某種智力測驗所測分數來界定智力並評定其高低。智力測驗有不同形式，紙筆式的文字測驗與操作式的非文字測驗，所測量者並不代表同一種能力。假如在實驗時採用的是某一類智力測驗，而在事後又試圖去推論與另一種能力的關係，在外在效度上自然發生問題。

第三節　實驗設計

　　前述實驗研究的八個步驟，可以將之歸納爲三件事：(1) 確定研究的問題並提出假設，(2) 擬定驗證假設的方法並進行研究，(3) 整理分析資料並解釋研究結果。在這三件事之中，驗證假設自然是整個實驗研究的重心，而驗證假設的主要工作又在於實驗設計。實驗設計相當於建築工程的藍圖；有了藍圖，不但可以根據它去籌款、購材、施行興建，而且更可以根據它去監督工程進度、檢查施工情形，以至考驗是否符合建築目的。因此，單從一項完整的實驗設計，大致即可判斷：(1) 該問題的研究價值，(2) 研究計劃實施的可能性，(3) 主持實驗者的研究能力。實驗設計現已成爲一種專門學問，本章只能從實用的觀點，簡略說明其要義。

一、實驗設計的目的

　　從事一項專題實驗研究時，研究者可憑良好的實驗設計達到以下

三個目的:

解答待決問題　實驗研究本爲解答問題的一種科學方法，實驗設計乃是研究者採用實驗法如何解答問題的具體說明。只有具體可行的實驗設計完成之後，待決的問題方可獲得按部就班解決的可能。

控制有關變項　實驗研究的主要目的雖在探究自變項與依變項之間的因果關係，但除預計的自變項之外，影響結果變異者，尚有其他變項（外擾變項與中介變項）。實驗者必須在設計實驗時縝密考慮，如何對此等發生作用的變項加以控制，而後進行實驗時，方可達到實驗研究的目的。

提高實驗效度　一項眞正成功的實驗研究，必須同時具備內在與外在兩種效度；不僅採用方法正確由之肯定變項間的因果關係，而且所得結果又具原則性，可用以推論解釋其他同類事象。要想達到像這樣的雙重目的，只有在事先嚴格講求實驗設計，捨此別無他途。

二、實驗設計的基本模式

接下去要向讀者介紹幾種實驗設計的基本模式。這些模式可以視做各種不同的實驗方法。爲使讀者能由之獲得更清楚、更具體的概念，我們將儘量舉例說明其應用，並分別指出各種方法的利弊得失。

模式一　等組隨機控制後測實驗法

此一模式的基本設計如表 6-1 所示。受試者是從預先界定的群體中（如國中三年級學生）以隨機取樣方式選取；選取之後復經隨機分派的方式分爲實驗與控制兩組。實驗組經過實驗處理（提供自變項使個體行爲有產生改變的機會），控制組則否。經過相當時間後，測量兩組受試者行爲改變的情形（卽依變項），並比較之以確定實驗處理對行爲改變的影響。

表 6-1　等組隨機控制後測實驗設計

組　　別		實驗處理（自變項）	後測量（依變項）
隨機抽樣 隨機分派	實　驗　組	✓	✓
	控　制　組		✓
比　　較			✓

　　在實際進行實驗研究時，如果確實做到隨機取樣與隨機分派處理受試者的地步，在理論上實驗與控制兩組不但可視為等組，而且也經由隨機而自然控制了預定自變項以外的其他變項的影響。因此，此一實驗設計模式，具有良好的內在效度。再就外在效度言，因受試者係由預先界定的群體中隨機抽取的樣本，故所得效果自然可以推論群體中其他類似的行為。不過，在實際從事研究時，很難做到上述雙重隨機的地步：多半只能做到隨機分派分組，而不能做到隨機抽樣選擇受試者。果如是，這種實驗只具有內在效度，仍缺乏外在效度。

模式二　等組配對控制後測實驗法

　　此一模式的基本設計如表 6-2 所示。其基本架構與模式一相似，唯一不同之點是受試者並非以隨機抽樣方式從群體中選取，而是以受試者某種特徵（如智力）為依據配對選取。被選中的一對，在該種特徵上的量是相等的，因此按配對分成的實驗與控制兩組，可視為等組。

表 6-2　等組配對控制後測實驗設計

組　　別		實驗處理（自變項）	後測量（依變項）
配對選取 隨機分派	實　驗　組	✓	✓
	控　制　組		✓
比　　較			✓

　　前文討論實驗控制時，曾經指出配對法並非理想的控制變項方法。尤其在一個以上自變項的實驗中，實驗者將感到配對是一件顧此失彼的難事。在單變項的實驗中，配對固然簡單易行，但如不以隨機分派的方式分組，實驗的內在效度將大爲降低。隨機分派可分兩個步驟進行：首先把特徵相等的一對受試者隨機取出其中一人派入甲組（可向空中丟一硬幣由正反面決定甲乙組），另一人則派入乙組。如此繼續進行，將所有配對者分派進入兩組。然後再以隨機分派方式將甲乙兩組選定一組爲實驗組，另一組爲控制組。如此決定的兩組，在內在效度上當無問題。只是，此種實驗設計法缺乏外在效度，因其受試者並非以隨機方式從預定的群體中所抽取。

模式三　等組控制前後測實驗法

　　此一模式與前兩模式比較，其不同之處是增加了一次前測；卽在實驗處理之前對兩組受試者先測量一次，測量的工具與將來實驗處理之後所使用者相同。因此，模式三可以說是模式一與模式二的改進；其基本設計如表 6-3 與表 6-4 所示。

表 6-3　等組隨機控制前後測實驗設計

組	別	前測量(依變項)	實驗處理(自變項)	後測量(依變項)
隨機抽樣 隨機分派	實驗組	✓	✓	✓
	控制組	✓		✓
比	較	✓		✓

表 6-4　等組配對控制前後測實驗設計

組	別	前測量(依變項)	實驗處理(自變項)	後測量(依變項)
配對選取 隨機分派	實驗組	✓	✓	✓
	控制組	✓		✓
比	較	✓		✓

　　表 6-3 與表 6-4 兩種設計，在架構上可說完全相同，只是受試者的來源不同，前者係來自隨機抽樣，後者係由於配對選取。像這樣的架構，可以說是典型的實驗設計。其主要優點有以下四端：

　　（1）　由於前後測的比較，可以了解實驗變項的效果；並從而肯定自變項與依變項的關係。

　　（2）　由實驗與控制兩組在前次測量結果的比較，可以確定實驗前兩等組的關係；並從而達到變項控制的目的。

　　（3）　由實驗與控制兩組在後次測量結果的比較，不但可以肯定實驗變項的效果，而且也可以排除實驗期間個體生長與成熟因素的影

響。

（4）　如此安排，可以控制單組前後測實驗（不設控制組）時前
測量所生的不良影響。因為在實驗之前的測量，可能引起受試者的敏
感，因而影響以後對實驗變項的反應。在模式三的安排下，因前測量
同樣施於實驗與控制兩組，故而在結果比較時，可以不必考慮實驗組
因前測所引起的影響。

不過，就實驗效度的觀點看，模式三的實驗設計仍難免具有以下
兩個缺點：

（1）　表 6-3 的設計，較之模式一中表 6-1 的設計，多了一次前
測。如此，雖然在內在效度上不致發生影響，但將影響而降低實驗結
果的外在效度。因為受試者經過一次前測量之後再接受實驗時，可能
對實驗變項反應敏感，因而所得結果，用來解釋群體中其他（未接受
前測量者）類似事件時，將受到限制。

（2）　表 6-4 的設計，較之模式二中表 6-2 的設計多了一次前測。
表 6-2 的設計，因受試者並非經隨機抽樣選取，其外在效度本已較低，
現在加一次前測之後，其內在效度雖未受影響，其外在效度將更低。

誠然，在實際從事實驗研究時，模式三（尤其是表 6-3 的設計）
的設計多半認為是適用的設計；一般不把前測量視為影響外在效度的
重要因素。此種看法尤以教育上的實驗為然。其中原因有二：其一，
教育的實驗重視行為的改變（學習結果），要檢驗行為改變的程度，必
須有前後測量的結果做為比較的根據。其二，在教育上經常對兒童實
施各類測驗，兒童對測驗已成習慣，不致因敏感而影響實驗結果。不
過，這要看使用測驗的性質，如果使用者是一種形式新奇或與個人動
機涉連至深的測驗，總難免引起受試者敏感。因此，像此類測驗不宜
用來實施前測。

模式四　等組隨機控制交叉前後測實驗法

此一模式的基本設計如表 6-5 所示，其主要目的在企圖避免模式三中前測量可能對外在效度的影響。

表 6-5　等組隨機控制交叉前後測實驗設計

組　　別		前測量（依變項）	實驗處理（自變項）	後測量（依變項）
隨機抽樣隨機分派	實驗組		✓	✓
	控制組	✓		

　　表五的特點是，實驗組不實施前測量，控制組不實施後測量，完全靠隨機抽樣與隨機分派的方法做爲控制手段，假設實驗與控制兩組的特徵相等。實驗之後，比較控制組的前測與實驗組的後測結果，然後推理實驗變項所發生的效果。雖然在理論上如此設計可以避免前測量的不良影響，但兩組前後交叉比較無法了解其間可能發生的交互影響。因此，非不得已此法不宜採用。尤其是在隨機抽樣與隨機分派程序中受到限制時，此種設計的實驗效度即將完全喪失。

模式五　三組隨機控制前後測實驗法

此一模式的基本設計如表 6-6 所示。

　　顯然的，此一模式是前述表 6-3 與表 6-5 設計的綜合。在設計中增加一個不實施前測的控制組，其目的在避免前測量所發生敏感影響。第二個控制組也給予實驗處理（最奇特之處），其目的在與第一個實驗組比較，以確定前測量是否發生交互影響。因爲，單是實驗組與第一控制組的後測結果比較，無法確定前測量是否發生影響。假如實驗組與第一控制組後測量結果（平均值）之間有顯著差異，實驗組與第二

表 6-6　三等組隨機控制前後測實驗設計

組　　　別		前測量(依變項)	實驗處理(自變項)	後測量(依變項)
隨機抽樣	實 驗 組	✓	✓	✓
	控制組甲	✓		✓
隨機分派	控制組乙		✓	✓
比　　　較				✓

控制組後測量結果（平均值）之間也有顯著差異，而且兩兩比較的差
距也相似時，則大致卽可肯定：(1)實驗變項的確對個體行爲的改變
發生了作用，(2)實驗前的前測量並未發生什麼影響。因此，從方法
論的觀點言，模式五是一種較佳的實驗設計。

模式六　四組隨機控制前後測實驗法

　　四等組隨機控制前後測實驗設計，如表 6-7 所示，乃是前述模式一
與模式三（表 6-3 ）兩種設計的綜合；其目的也在避免前測的影響。

表 6-7　四等組隨機控制前後測實驗設計

組　　　別		前測量(依變項)	實驗處理(自變項)	後測量(依變項)
隨機分派　隨機抽樣	實驗組甲	✓	✓	✓
	控制組甲	✓		✓
	實驗組乙		✓	✓
	控制組乙			✓
比　　　較				✓

從實驗效度的觀點言，此一模式具有以下四個優點:

(1)　由隨機原則分組，可以達到控制其他變項的目的。

(2)　前兩組的設置可以控制受試者生長與成熟的因素。

(3)　後兩組的設置可以控制前測量可能發生的影響。

(4)　由前三組後測量所得結果分析，可以了解實驗變項與前測量兩者的交互影響。

不過，模式六也有兩個缺點。其一，既設四組，受試者自然增多，無形增加了實驗的困難。其二，本來這只是一種單變項實驗（只有一個實驗變項），但所得結果必須經過複雜的統計分析。像前述一至五個模式，均為單變項實驗。單變項實驗結果統計分析時較為簡單；兩組比較時採用 t 檢定法，三組比較時採用 F 檢定法即可。但如擴大為四組時，在性質上就得使用較為複雜的變異量分析法（2×2 factorial analysis of variance）。因此，模式六的設計，雖在理論上效度較高，但如用於單變項實驗時，並不適宜；因為使簡單問題變得複雜化，得不償失。至於變異量分析法，自然在多變項實驗時必須使用。這要留待稍後再行討論。

模式七　等組折衷控制前後測實驗法

以上討論的各種模式，除表 6-3 的設計是由配對選取受試者外，其餘各種設計均具有兩個基本特徵：其一，受試者的選取與分派均按隨機原則；其二，實驗組之外均另設可供比較的控制組。這兩個特徵事實上已成為優良實驗設計的基本條件。因為符合這兩個條件者才能達到控制和提高效度的目的。

然則，在實際從事實驗研究時，要想同時顧到上述兩個條件，有時實有力不從心之感。尤其從預先界定之群體中隨機抽樣選取受試者，紙上作業簡單，實際進行時極為困難；甚至碍於限制成為不可能之

事。例如，實驗者企圖以台灣省幼稚園兩千五百多班兒童中以隨機抽樣方式決定六十人參加一項實驗，實際上無法進行。在這種情形下，實驗工作自然不能不做，因此考慮到以下折衷的方法；此種方法的設計如表 6-8 所示。

表 6-8　等組折衷控制前後測實驗法

組　　　別	前測量(依變項)	實驗處理(自變項)	後測量(依變項)
實　驗　組	✓	✓	✓
控　制　組	✓		✓
比　　　較	✓		✓

　　表 6-8 的內容與模式三的設計頗為相似，其不同者端在受試者來源未經隨機原則處理。使用此一設計時，受試者的選取方式是：在屬於設想的群體中，選取足夠的人數為樣本(如在台北市某幼稚園選取五歲兒童 60 人)。儘可能的按隨機分派原則將受試者編歸為實驗與控制兩組，並分別按前測量的結果調整兩組務使平均數與標準差兩個數值接近相等。在不得已的情況下，從事教育或心理實驗時，也可將全班學生分為實驗與控制兩組，其分組方式須按照上述步驟。使用此一變通方法時，最須注意的是避免採用志願參加的辦法。尤須顧忌的是不能將志願參加的受試者全編入實驗組。因為「志願」行為的本身就是一種「自我選擇」(self-selection)。此類受試者可能動機較強，其智力也可能較高。假如志願參加者人數眾多，按隨機分配方式將他們分為實驗與控制兩組。如此固可消除兩組間自我選擇的因素，但所得結果缺

乏代表性，不足以用來推論其他同類事象。換言之，此種安排固可提高內在效度，但其外在效度仍低。

不過，如讀者按實驗設計的標準去批評中外學者在期刊上發表的實驗研究報告，有很多是採用此種折衷方法設計的。這是一種不得已的辦法，也是一種最常用的方法。

模式八　單組縱貫重複前後測實驗法

從事縱貫式的長期實驗研究時，實驗處理的一段時間，就可視為一個自變項。此種現象尤以時時生長發展的兒童為然。例如，實驗者意欲了解幼稚園階段的學前教育對兒童智力發展的影響。設計這樣一個實驗研究，卽可採用單組縱貫重複前後測實驗法，其基本程序如圖6-1：

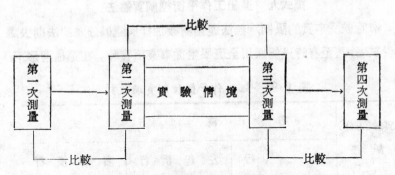

圖 6-1　單組縱貫重複前後測實驗設計

圖中箭頭代表進行時間，按上例，假設實驗情境為一年，亦卽兒童進入幼稚園的第一年(假定為四足歲)。在進入幼稚園之前一年（三足歲時）實施第一次智力測驗，在將進幼稚園時實施第二次智力測驗，在園中經過一年之後實施第三次測驗，然後離開幼稚園。此後經一年後再實施第四次測驗。如此在三年內實施四次智力測驗，主要目

的在分析比較兒童在幼稚園一年的智力發展，是否較之不在園內時發展爲快。爲達此目的，實驗者須完成以下各種比較分析：（1）比較前兩次測驗結果，比較後兩次測驗結果，然後再比較兩種比較的結果，以了解兒童智力發展的趨勢（宜用曲線圖示）。（2）比較第二與第三兩次測驗結果，而後再將所得差距與前兩次測驗比較所得差距比較，以確定實驗變項的影響（宜用曲線圖示）。如能發現在實驗情境中的一年，兒童們智力發展的上升率較之前一年與後一年均高，卽可推知實驗期間的教育環境有利於兒童智力發展。

像這種實驗，固然可經由前後重複測量控制生長、成熟以及前述前測量的敏感反應等因素，但實驗前後的環境因素無法控制，以致對結果解釋增加困難。

模式九　多組工作平衡控制實驗法

有時候受事實的限制，無法遵循隨機抽樣與隨機分派的法則去處理受試者，甚至有時只能採用全班學生從事某項實驗。在這種情形下，

表 6-9　多組工作平衡控制實驗設計

實驗（工作）順序	書　　寫　　方　　式		
	直　　　行	左 起 橫 行	右 起 橫 行
1	甲 組 成 績	乙 組 成 績	丙 組 成 績
2	乙 組 成 績	丙 組 成 績	甲 組 成 績
3	丙 組 成 績	甲 組 成 績	乙 組 成 績
平 均 值	直行總平均	左起橫行總平均	右起橫行總平均

多組工作平衡法可以應用。例如，中文書寫方式有三種，一為直行，一為左起橫行，一為右起橫行。假如要想進行一項實驗，從而研究何種書寫方式的速度最高。即可應用多組工作平衡法達成目的。按此例，其實驗設計如表 6-9 所示。

顯然的，這是一種工作輪換法，每組均有機會從事該項工作，而且在時間上平衡分配，免受練習的影響。就上例言，如全班學生四十五人，可分為甲、乙、丙三組。分組時不必考慮隨機分派或是否各組均等的問題，因為這一點由工作平衡的方法所控制。而且最後需要的資料，不是各組的平均值，而是各種不同方式書寫的總平均值（表6-9最下一行）。因此，受試者的個別差異，在此種實驗中不成問題。

模式十　多變項因子設計實驗法

以上討論的九個模式，在性質上全是單變項的實驗設計（模式六雖可用多變項的統計方法處理資料，但問題性質仍為單變項）。所謂「單變項」是指實驗者所操縱處理的自變項，只有一個使其有系統的改變；其他可能影響結果的變項則加以控制，使其保持恆定。如果單是從實驗控制的觀點言，此種設計自然沒有什麼不妥之處。但如從「了解事實真象」的觀點着眼時，此種「變化其一控制其他」的方法，未免把事實的情境過份簡化或過份人工化，以致影響實驗研究的內在與外在效度。像此種單變項實驗設計的缺點，應用在物理現象研究上困難雖較少，但應用在社會事象研究上就更困難。我們說在溫度不變的情況下（控制變項），氣體所受的壓力愈大（自變項），其體積將變的愈小（依變項）。在這個定律下所得實驗結果，固可確定氣體體積變化的因果關係，但仍未充分說明事實變化的全部真象。因為，在溫度控制的情況下自變項（壓力）對依變項（體積）的影響，未必與溫度不受控制時（也視為一個自變項時）所生影響相同。換言之，在溫度

與壓力同時變化而且交互作用的情況下所得的結果，不是單取壓力
（控制溫度，或反之）所得結果可能予以解釋的。同理，研究社會事
象時，消費者的收入增加（自變項），也未必是構成他們對某種貨品
購買行為（依變項）的唯一原因。這其中尚包括動機、需要、社會環
境，甚至年齡、性別、職業類別等因素在內。另外，最現成的例子是
影響學生成績的因素就是多項的，假如從事一項實驗時，只顧到教學
方法的安排（單變項）而忽略學生智力、經驗、學科性質，甚至學生
性別、年齡、動機、家庭環境等因素時，所得結果無法用來解釋教室
中一般的事實性現象。

　　基於以上原因，多變項的實驗設計，近年來在社會及行為科學研
究中特別受到重視。為便於讀者了解此種實驗如何設計與如何使用起
見，試舉一例以為說明之助。

　　在工業生產的環境中（如工廠），早已注意到噪音會影響工作效
率的問題。不過，單是從噪音的變化（自變項，變化其有無或高低）
與工作效率（依變項，記錄單位時間內生產量）兩者間去研究，並沒
有發現肯定的因果關係。換言之，有些技術熟練的工人，在聲音嘈雜
的環境中仍能照常工作，其工作效率不因噪音的影響而降低。對此一
現象，曾有心理學家提出一個假設，認為：在噪音環境中工作者，須
付出更多的精力去克服噪音的干擾，即使能維持工作效率不墜，但疲
勞的影響力將增大。此一假設，經採用能記錄按鍵強度打字翻譯電報
字碼的實驗所證實。實驗結果顯示，使用電動打字機翻譯電碼時，如
在工作環境中出現噪音，熟練的報務員雖然保持平常工作效率，但手
指按鍵所用的力量增加。原因可能是噪音影響他的注意力，為了克服
噪音的干擾，結果付出較大的精力。這與我們在人聲嘈雜的市場裏打
電話時，不但說話聲音變高，手握送收話器用力加大，就是全身的緊

張度也隨之增高。基於此種現象，以下例舉一個類似的問題，並採用多變項因子設計方法說明之。我們不妨假設，噪音會影響書寫時用力的大小；環境安靜時寫字用力小，噪音環境下寫字用力大。在這樣一個假設之下，自變項當然是噪音，噪音的有、無、大、小等變化，可以經由實驗者控制（也可按物理上的强度單位 db 數量測量之）。實驗的依變項是書寫時用力的大小，我們可以採用自帶複寫的多層記錄用紙；以寫字時透過的張數多寡表示受試者用力的大小。假如只考慮在噪音强度變化的情境下寫字，而對所書寫材料的性質不予考慮時，這個實驗仍然是單變項的（只有噪音的變化）。假如實驗者把書寫的材料也視做一個變項時，這個實驗就成爲兩個自變項的研究。實驗者可以這樣假設：個人書寫時因材料的性質不同，而有不同的心理歷程，

表 6-10 兩變項因子設計示例

依變項　　自變項 自變項		噪音（自變項甲）		橫欄 平均值	兩組間 差　距
		無(安靜)	有(噪音高)		
書寫材料	（自變項乙） 照抄文稿	第一組 n = M =	第二組 n = M =		
	填答問卷	第三組 n = M =	第四組 n = M =		
縱欄平均值					
兩組間差距					

做答習題與照抄文稿時，在外顯行為上雖同屬書寫的動作，但兩者柏較，前者自然需要較多的思考與認知；因此，可能受噪音的影響較大，受試者為克服其干擾付出更大的精力。在實驗設計時，如果實驗者決定同時進行驗證上述兩個假設，而且決定：(1)噪音的變化只分有和無兩種變化（有時環境安靜，有時出現噪音）；(2)書寫的材料分為兩種，一種是照抄文稿，另一種是填答問卷（有的需要填空，有的需要短文解釋）。此一實驗可由表 6-10 的模式表示之。

　　像這樣的一個模式，通常稱之為 2×2 因子設計（2×2 factorial design）。實際從事這樣一項實驗時，其程序如下：

　　(一)就預先界定之群體中隨機抽樣取得受試者，然後再以隨機分派方式編派為四組。如事實限制不能隨機抽樣時，隨機分派的原則須遵守之。

　　(二)四組在性質上均為實驗組，只是所受實驗處理不同：第一組是在安靜的情境下照抄文稿，第二組是在噪音的情境下照抄文稿，第三組是在安靜的情境下填答問卷，第四組是在噪音的情境下填答問卷。

　　(三)用同一標準測量四組書寫時用力的大小；卽書寫完畢後計算他們書寫時透過複頁的張數。

　　(四)因為這個實驗同時考慮兩個自變項，所以每一自變項變化的結果必須予以記錄和比較。此卽橫欄各兩組（第一第二與第三第四）與縱欄各兩組（第一第三與第二第四）平均值與各兩組間差距的資料。

　　像此種 2×2 因子設計的實驗，所得結果可以幫助實驗者回答以下三個問題：

(1)噪音（自變項甲）對書寫時用力大小（依變項）有無影響？

(2) 書寫材料的性質 （自變項乙） 對書寫時用力的大小 （依變項）有無影響？

(3) 噪音與書寫材料兩變項對書寫時用力大小有無交互作用？

換言之，像此種 2×2 因子設計，可以同時驗證三個假設。按照多變項因子設計的原理，可以推廣設計同時包括三個或三個以上的自變項，而且每一個自變項也可增加其變化程度。就上述例子看，實驗者如果考慮到將噪音的變化分為四種程度（無、低、中、高）；同時也考慮到書寫材料之外，可能受試者的智力也是因素之一，如是又將受試者按 IQ 高低分為三個層次（低、中、高）。如此一來，自然就變成為 4 （噪音度）×2 （書寫材料）×3 （智力層次）＝24 個不同結果的實驗設計。當然，要從事這樣一個實驗，在理論上看似簡單，在事實上頗為困難，因為：第一，需要相當數目的受試者，如每組 20 人，總數就得 480 人，進行自非易事。第二，實驗結果的統計分析，相當複雜，使用人工處理資料，不易達到研究目的。

第四節　實驗室研究法的評價

從科學方法本身所具備的客觀條件看，實驗室研究法無疑是所有研究方法中最佳的方法。因為科學方法重在精確、客觀與可重覆驗證，能兼具三條件者，在所有研究方法中只有實驗室研究法。實驗室研究法之所以能夠兼具以上三個條件，主要是因為它能夠 (1) 嚴密的控制影響實驗結果的外擾變項，(2) 系統的操縱企圖研究的自變項，(3) 運用操作性定義使抽象問題具體化，(4) 使用有效的工具精密測量，(5) 運用統計學的技術精確分析處理資料，(6) 運用隨機取樣與隨機分派的原則以提高實驗效度，(7) 使實驗情境簡化從而確定

變項間的因果關係。

　　顯然的，實驗室研究法在物理現象研究上的應用，早已顯示了卓越的成就。因爲物理現象特徵顯著，部分現象能代表全體，而且個別間變異量小，故而較易建立普遍性的原則。然則，實驗室研究法用於研究社會的或行爲的問題時，就不能期望它能够達到像對物理現象同樣的效果。其中原因主要是：（1）實驗情境較難控制。人類行爲複雜多變，個別間差異甚大，尤以中介變項之無法直接觀察與測量，因而構成實驗者無法對實驗情境中之有關變項完全控制。（2）自變項的操縱受限制。以人爲對象的實驗研究，實驗者基於安全的或人道的理由，不能像對付物象那樣隨心所欲的系統操縱自變項。對一塊鐵片而言，可以隨意增加壓力使其彎曲到某種程度，以觀其壓力變化的效果。但不能持此物理原則以處理人的行爲；實驗者不能隨意製造心理上的恐懼壓力，使兒童的情緒無法支持。因爲自變項的強度不够，因而影響到不易收到預期的實驗效果。（3）實驗情境人工化。實驗法既然重在控制，控制之後的情境就難免失去人類生活的現實性。因此，在行爲科學研究上通常遭遇到的困難，是在實驗室內得到的原則，不容易直接推論到實驗室以外去解釋現實生活的普遍事實。心理學上實驗室內建立的學習理論未必有效解決學校教學問題，即其一例。換言之，實驗室研究法雖可經由控制提高其內在效度，但也因控制而形成人工化的情境，影響到實驗結果外在效度的降低。

第 七 章

實地實驗研究

孫 得 雄

　　許多行爲科學的研究，其目的在於探討各種現象的因果關係。例如，研究在某種情況下，某一種行爲或刺激會引起何種反應或後果？爲了正確地測量這種因果關係，研究者必須對研究的環境有充分的了解與把握，甚至要製造某種適合研究條件的情況，而在這種已知的情況下操作刺激因素，並測量所產生的結果，以明瞭其中的因果關係。以人爲的方法操作研究因素而觀察其變化情形的，稱爲實驗。連研究的環境或情況都由研究者製造操作的，稱爲實驗觀察研究 (laboratory experimentation)；而在比較現實的情況下進行此種研究的，稱爲實地實驗研究 (field experimentation)。後者可說是研究者在現實的情況下，盡可能控制各種情況，而操作一項或多項自變項 (independent variable)，以觀察應變項或依變項 (dependent variable) 的反應或變化情形的一種研究方法。由此可見，實驗觀察研究與實地實驗研究之間的差別，並不非常明顯，只不過是程度之差而已；實驗觀察研究對環境及其他因素有嚴密的控制，而實地實驗研究却要在比較不易控制的現實情況下進行。

　　實地實驗研究在因果關係的研究上，雖然因爲對實地情況的控制

不如實驗觀察研究之嚴密而略差，却因爲在比較現實的情況下進行，故所得結果的實際應用價值比較大。實地實驗研究和事後回溯的研究 (*ex post facto* research) 比較，因爲前者對研究情況有所控制，而且能操作自變項，故較後者容易闡明因果關係。因此，實地實驗研究在教育學、心理學、大衆傳播、公共行政學等都有廣泛的應用。

第一節　有關的概念

一、實地實驗研究的重要性

研究人的行爲，不像研究自然界的物質或其他動植物，比較不容易作實驗室裡的實驗。這不但是因爲這種實驗可能違反人權，而且也是因爲在太過份人爲的環境下人的行爲會變得不自然，而很難觀察其正常的反應或結果，因此所得到的結論，在實地應用上將有限制。當然，這並不是說，實驗觀察研究沒有應用價值。如上一章所述，它在許多情形下，仍然有很重要的角色，尤其是因爲它可以嚴格控制實驗條件，所以能獲得較有力的結論。不過，在許多行爲科學的研究中，有些情況是不能或者不願意以人爲的方法來完全控制的。例如，研究民衆對某一種新觀念的接受程度，或一種新的教學方法對整個教育制度的影響等，都不能在嚴格的實驗情形下進行，因爲所包括的對象與因素很多，不容易控制；而實際上，過份控制時便不易得到眞實的反應。此時，實地實驗研究便可以發揮它的功能。在行爲科學的研究中，類似這種情形很多。因此，實地實驗研究也就顯得更重要了。舉凡希望在實地情況下，操作某些自變項來觀察依變項的變化及這些因素之間的因果關係者，均可應用實地實驗研究方法。

　　實地實驗研究有很多優點，也有一些缺點。在實地研究中的變項通常較實驗觀察研究中的變項具有較強烈的影響力。一般來說，研究的情況愈近似現實的情況，變項就愈有力，而且實際應用的可能性亦愈大。在教育上應用實地實驗研究，有特別的優點，因爲大部分在學校中舉辦的此種研究，其所需情況與實際教學情況無太多差別，所以它的眞實性可以增加所得結果的應用價值。實地實驗研究的另一個優點是，它非常適合於研究在極似實際生活的情況下所發生的複雜的社會影響，以及其過程與變化。例如一小群人之間的態度與交互影響，可以用實地實驗研究方法來闡明，而且所得結果相當令人滿意。他如，在實際情形下研究傳播的過程，或「參與」(participation)對接受新事物的影響等等，均可應用此一研究方法而得到有意義的結果。

　　實地實驗研究很適合於檢定理論，也適合於發現實際問題的解決辦法。雖然有很多過去的此類研究是爲了檢定某些假設，但也有不少是爲了獲得實用的結果。例如，很多敎育方面的研究，是在實驗那一種敎學方法比較有效。由此所得的結論，當然有很高的實用價值。

　　實地實驗研究的另外一個特性是，它很適合於檢定廣泛的假設。例如，L. Festinger (註1) 曾用此方法來檢定一個很廣的假設：一個群體愈團結，愈有力量影響其組成人員。這個假設雖然是一個很廣泛的概括判斷，但用實地實驗研究方法，便不難作實地的操作與檢定。

　　對各種問題具有比較大的通融性與適應性，是實地實驗研究的重要特性。只要可以操作一個或以上的自變項，而且研究情況的實際需要容許做某一問題的實地實驗時，便可以應用。這並不是說，實地實驗研究方法沒有缺點或限制。它仍然有缺點。例如，有些自變項是不

註1　L. Festinger and D. Katz (eds.) (1953) *Research Methods in the Behavioral Sciences.* New York: Holt.

能操作的，或者是隨機化 (randomization) 時有困難與問題等等。但是，如果這些缺點或問題能克服，實地實驗研究將是一種可以廣泛應用的有效研究工具。

二、應考慮的變項類型

當研究者選定了研究題目，並設定了假設之後，應先開始思考他要包括的變項種類。這種思考一般對研究的設計有很大的幫助，同時也是一種很好的訓練，因為經過此番思考，常常會提示容易被忽略的變項，也可能顯出危險而不受控制的變項的存在。研究者便可據此重新分類這些變項，將分類不當的變項轉入較理想的類別。根據過去的研究結果，我們可以列出變項的主要類型，並舉出在辦理實驗時應注意的問題。

自變項與依變項　在每一個實驗中，研究者都會操作一項或更多的變項來看它們對其他變項的影響。在實驗中，自變項通常稱為處理 (treatment) 或影響因素；而依變項即稱為效標 (criterion)，因為自變項的影響力是由它來判定。

一個變項的值 (value) 可分為數組，稱為項目 (category)。如果數值很小，每一個項目可能只有一個數值，但多數情形是一個範圍內的數值。例如，若所用的變項是工作時間，則這些項目可能分成「一小時以下」，「一至二小時」等等。

單項的控制　這是將所有的研究對象局限於控制變項的某一個項目。如果將研究對象限於男性，那麼性別已受控制。因為如果我們考慮一個變項的一個以上的項目時，交叉表中的格子 (cell) 將增加很多，而使每一個格子中的觀察對象數減少，甚至少到不能代表的程度。所

以將研究對象限於變項中的某一個項目，有時會比較有效。例如，若將研究對象限於大三的學生，年齡與教育程度同時受到控制。可是由此所得結果，只能代表大三的學生。如果要把結果應用到其他對象，則必須再做其他對象的實驗研究。

　　集區變項或多項控制　集區變項 (block variable) 的控制和單項控制情形相似，不過在這種情形下，同一實驗要就同一變項的不同項目重複舉行。例如，就性別這個變項來說，同一個實驗要就男性或女性分別舉行。多項控制 (multicategory control) 的結果，可以得到比較廣泛的概括判斷 (註2)；在這個例子中即可不必限於某一個性別。因為不同項目所得到的不同結果，有時會對整個因果關係的闡明有幫助，所以對一些在理論上有意義的變項，亦應用多項控制的方法。

　　隨機化變項(**randomized variable**)　將實驗對象隨機分配到各種不同的處理方式，也可以同時控制很多的屬性變項。用這種隨機化的方法，可以使每一個實驗組對無數的屬性變項 (property variable) 有相同的頻度分佈。如果隨機化做得好，在實驗後所觀察的任何實驗組間的差異，便不能視為是屬性變項的差異所引起，因為屬性變項已因隨機化而受到控制。不過在實際作業時，這種隨機化很難做到完全的程度。

　　使用同一組的對象做重複處理時，雖然可以不要作隨機化，但是必須確定第一次實驗處理對第二次處理的反應不會發生影響。如果能夠確定沒有影響，這種方法當然比使用兩組研究對象為佳，因為這裡所比較的是同一人的兩次處理結果，所以屬性變項可說已得到相當完全的控制。

註2：集區變項的使用必須慎重考慮，因為控制項目的增加，必定增加樣本大小。如果增加控制所能減少的誤差不能夠補償樣本增加所帶來的犧牲，則集區變項的使用不但無益反而有害。

不予考慮的變項　因為實驗對象具有無數的屬性，沒有一位實驗者能夠很成功地，將他實驗的對象局限於很多不同屬性的某一狹窄的範圍內。如果很嚴格地選擇眞正符合所有條件的對象，卽可能只有極少數的對象能滿足這些條件，而使實驗的結果不可能概化。所以，實驗者僅能儘量使樣本的純度和幅度之間，得到適當的平衡，明智地判斷那些是比較重要的變項，而放棄其他變項。除了屬性變項之外，仍有許多考慮不到的影響因素。在一般情形下，經常有無數的變項可能影響實驗的對象。不過很幸運的是，大部分的實驗對象，對其中的大多數變項是無動於衷的。因此，那些變項應予以考慮或放棄，就得看實驗者的判斷了。

三、測量與處理方式

多數的實驗都有一個危險性，卽實驗對象的行為可能變得不自然，而使實驗的結果發生偏差。因此，舉辦實驗時，最好不要讓實驗對象覺察到他們在被實驗。所以所使用的測量或處理方式也必須是不會引起對象懷疑的。

(一) 不被覺察的測量

自然測量法　實驗者可以透過一般的例行調查或統計來收集資料。例如，應用普查資料來測量實驗的效果。有些例行調查統計資料的統計單位很小，足以顯出實驗對象各組間的差異，而使實驗者很自然地測量實驗效果。例如，經過一番積極的推動活動後，根據小地區別的接受率統計資料來測量推動的效果。

假的主辦單位　當實驗對象沒有將評價測量和實驗處理連在一起時，所得到的測量結果有時會比較正確。例如，由家庭計畫主辦單位所推動的宣導活動，改由大學的研究單位來作評價。如此可以避免實驗對象因不好意思說實話而引起的偏差。或者，實驗單位可以假借其他單位的名義舉辦實驗，然後自行評價測量其效果。

僞裝的測量　在舉辦某些實驗，如教學法的效果實驗時，可以將測量的問卷巧妙地編入例行的測驗中，使受驗者不自覺。在這裡最重要的，不是有例行測驗的存在，而是怎樣僞裝眞實的測驗目的，使受驗者不覺得有實驗的存在。

(二) 表面上看來眞實的處理方式

有些實驗所採用的處理方式是眞實的，故不必僞裝。不過有些處理方式是人造的。此時，可以安排處理方式，使它看來很像眞實發生的，而使實驗對象不會覺察有實驗的存在。因爲實地實驗是在眞實的情況下舉辦的，又很少把實驗對象特別請出來做什麼事，所以比實驗觀察研究容易安排各種處理而不被實驗對象所覺察。下面是一些這種處理方式的例子：

不實的報告　爲了製造所期望的處理效果，有時可以讓實驗對象接受一種很難評估的經驗，然後給他們一些有關此事而看來似乎具有相當權威性的解釋，由此使實驗對象產生實驗者所期待的心理狀態；例如，覺得不被他人所接受，或有成功或失敗的感覺等。在這種不同心理狀態下的行爲可能有所不同。這正是有些心理學的實驗所想得到的結果。

隱密的隨機化(covert randomization)　使用這個方法可以在不

知不覺中比較兩種處理方式的效果。例如，為實驗兩種廣告內容的效果，可以在同一期雜誌上，每隔一份印刷此兩種不同的廣告，而在廣告的後面附有回信單，以測量其效果。此法亦可應用於挨戶訪問或門診的病人，或所接觸的顧客。在同一研究中，可以將兩種處理方法交替施行於所接觸的個人，以比較兩種方法的效果。例如，在門診要**實驗**樂普 (loop) 和子宮環 (Ota ring) 的效果，可以對來接受子宮內避孕器的婦女，依照來門診的順序，一個裝置樂普，下一個裝置子宮環。如此交替進行，但不告訴來接受的婦女，她所裝置的是那一種。將來比較兩種方法的使用結果，可以得到比較客觀的結論，因裝置何種子宮內避孕器是隨機的，而接受者並不知道所裝置的是那一種，故沒有偏差。

虛構的處理方式 (fabricated treatment) 在實地實驗時，某些刺激因素的效果只有看來很真實，而且參與實驗的人不懷疑有人為的情形下，才能顯示出來。此時，實驗者可以虛構一些看來是真實的不同處理方式。在各種處理方式中唯一的差異是某一刺激因素在程度上的差別。他可以將這些處理方式用隱密的隨機化方法，分配給不同的對象，以測量這些對象對不同處理方式的反應。例如，研究犯罪記錄對就業的影響時，可以將同一個人的人事資料複製幾份，而在各份上分別加註不同程度的犯罪記錄，然後以隨機化方法帶這些不同的卷宗，去向不同的僱主求職。結果顯示，犯罪的記錄愈嚴重，就業的可能性愈低。

第二節 實驗方法

一、單純的設計

最簡單的實驗是，測量一個刺激因素 (stimulus) 對實驗對象某一屬性 (property) 的影響。例如，實驗一個人口敎育課程對高三學生有關人口問題方面知識的提高，最普通的方法是：(1) 在課程開始前，對這些學生作一次課前測驗，以測定他們有關人口問題方面的知識程度；(2) 講授該課程；(3) 課程結束後再作一次課後測驗；(4) 檢定課前與課後兩次測驗成績之差，以知是否該課程有效果。可是，這種單純的實驗，可能得到不正確的結果。例如，(1) 有些知識可能不是得自該課程，而是學生在實驗期間由報章雜誌或其他傳播工具中獲得；(2) 課前的測驗可能引起學生對人口問題的興趣，而自動去找有關的書籍來看，或使他們比較注意聽課，或較用功復習。所以，如果沒有舉辦課前測驗，成績可能會較差。第一種誤差是由於不受控制的事件所引起的，而第二種誤差是課前測驗與實驗刺激因素之間的交互影響所致。

爲了更有系統地表示這個實驗中各種變項的作用，假定以 d 表示實驗前後有關人口問題知識平均成績的差數；以 E 表示課程的眞正效果；以 P 表示課前測驗的效果；U 表示不受控制的變項的效果；I_{PE} 表示 P 與 E 交互作用的影響；I_{PU} 表示 P 與 U 交互作用的影響；I_{EU} 表示 E 與 U 交互作用的影響；I_{PEU} 表示 P，E 與 U 三項交互作用的影響，那麼，

$$d = P + E + U + I_{PE} + I_{PU} + I_{EU} + I_{PEU} \cdots\cdots\cdots\cdots\cdots (7\text{-}1)$$

這個顯然是比天眞的斷定 $d = E$ 複雜多了。在 7-1 式中，只有 d 是已知，其他七項均屬未知。爲了解此方程式，必須假設其中六項的數值。但是要假設 $P = U = I_{PE} = I_{PU} = I_{EU} = I_{PEU} = 0$ 顯然是件危險的事，因爲在上面已經討論過，這個實驗中可能有 U 與 I_{PE} 的存在。

爲避免做那麼多的假設，可以用其他處理方法。對一群對象我們可以選擇是否做課前（或事前）的測驗，或要不要應用刺激因素（卽上課）。基於這種想法，我們對一群對象，可以做四種不同的處理方式：(1) 給予事前測驗及刺激（第一組）；(2) 只給予事前測驗（第二組）；(3) 只給予刺激（第三組）；(4) 不作事前測驗，亦不刺激（第四組）。但對每一組都要做事後的測驗。這四種處理方式代表四組對象，而各種處理方式都可以用一方程式來表示。第一組的方程式和上述者相同，卽

$$d_1 = P + E + U + I_{PE} + I_{PU} + I_{EU} + I_{PEU} \qquad (7\text{-}2)$$

第二組並沒有接受刺激，所以沒有 E, I_{PE}, I_{EU} 及 I_{PEU} 等項，剩下來的是：

$$d_2 = P + U + I_{PU} \qquad (7\text{-}3)$$

第三組沒有接受事前測驗，所以：

$$d_3 = E + U + I_{EU} \qquad (7\text{-}4)$$

這一組因爲沒有做事前測驗，所以不知道 d_3 的數值，不過如果我們對其他屬性相同的組（卽由同一群體隨機抽出之樣本）做過事前測驗，卽可以用這個成績來和本組事後測驗的成績比較而得到 d_3。第四組則可以表示爲：

$$d_4 = U \qquad (7\text{-}5)$$

第三組所加的附註，也可以應用於第四組。

這四種基本的處理方式和它的方程式，可以摘要如表 7-1。

表 7-1　可能採用的實驗組（註3）

組別	事前測驗	實驗刺激	不受控制的事項	事後測驗	方　　　　程　　　　式
1	P	E	U	T	$d_1 = P + E + U + I_{PE} + I_{PU} + I_{EU} + I_{PEU}$
2	P	…	U	T	$d_2 = P + U + I_{PU}$
3	…	E	U	T	$d_3 + E + U + I_{EU}$
4	…	…	U	T	$d_4 = U$

一個實驗設計，可以包含一到四組屬性相同的對象，而這四種處理方式可以任意配合來設計實驗。如果，每一次只包含一組，則可能有四種不同的設計；如果每次包含兩組，則可能有六種不同的設計；如包含三組，則可能有四種不同的設計；如同時包含四組，則只有一種設計。如果一個實驗中包含兩組或以上對象時，必須將實驗對象以隨機方法分配到各組，使各組在實驗前具有相同的屬性。雖然有 15 種可能的設計，下面只討論其中比較有用的設計。不過為了討論的方便，表7-2 中仍列出所有可能的設計。

一組設計

　　1a. 這個設計中，PEUT 表示該組對象接受事前測驗、實驗刺激、受到沒有控制的因素的影響、及事後測驗。為了解答此一設計的方程式(7-1)，必須做六個假設。這裡一共有七個未知數，但解方程式時只要假設其中之六個數值，故在表 7-2 第三欄中表示，這裡有七種方法

註3： A. Ross and P. Smith (1968) Orthodox experimental designs. In H. M. Blalock and A. B. Blalock (eds.), *Methodology in Social Research.* New York: McGraw-Hill Book Co.

表 7-2　15種可能的實驗設計摘要表 (註4)

設　計 (1)	為解答所有未知數所需的假設數 (2)*	合理的臆測值套數 (3)**	不必臆測E值的合法臆測值套數 (4)	不予考慮的項目 (5)	短　　評 (6)
1a. PEUT	6	7	1	無	
1b. P..UT	2	3	(省略E)	E,I_{PE},I_{EU},I_{PEU}	不能獲得E值
1c. ..EUT	不採用				
1d. ....UT					
2a. PEUT P..UT	5	12	3	無	傳統的二組設計
2b. ..EUT ....UT	1	2	1	P,I_{PE},I_{PU},I_{PEU}	獲得E平均值之最佳設計
2c. PEUT ..EUT	5	12	4	無	
2d. PEUT ....UT	5	6	1	無	不可能假設U值,只有一套可以獲得E值的假設.
2e. P..UT ..EUT	3	8	3	I_{PE},I_{PEU}	
2f. P..UT ....UT	1	2	(省略E)	E,I_{PE},I_{EU},I_{PEU}	不能獲得E值
3a. PEUT P..UT ..EUT	4	20	8	無	盛行的設計,但較3b差
3b. P..UT ..EUT ....UT	2	4	2	I_{PE},I_{PEU}	如果I_{PE}及I_{PEU}可以不考慮,是最佳的三組設計。
3c. PEUT P..UT ....UT	4	8	2	無	不可能假設U值
3d. PEUT ..EUT ....UT	4	8	4	無	不可能假設U值

註4: 同註3。

4a.	PEUT P..UT ..EUT ....UT	3	8	4	無	所需假設之數值最少, 但成本最高

* 二組以上的設計均有一套方程式, 而方程式數量和組數相同。方程式數和未知數之差, 便是需要假設的數值數。

**有些假設 (臆測值) 在數學上可能是不合理的, 因爲這些假設值可能和所得的資料無一致性, 或和資料重複。例如, 包含第四組的設計, $U = d_4$, 對 U 值做假設是不合理的, 因爲其假設值不是和所得的 d_4 值矛盾, 就是和 d_4 值重複。在這種情形下, 必須再增加一個假設, 才可以解答此一方程式。

來選擇那六個未知數應假設其數值。平常, 實驗者希望能計算 E 值, 故在第四欄中表示此一設計只有一套假設是要臆測其他六個未知數, 而把 E 值留下來加以計算。第五欄表示在此一設計的方程式中, 沒有漏列應有的未知數。這個設計幾乎都要靠實驗者的臆測來得到解答, 所以和單純的臆測沒有多大差別。

　　1b, 1c 及 1d。這些設計對 E 值的測量沒有用處, 因爲不是沒有事前測驗而不能獲得 d 值, 就是沒有實驗刺激, 所以沒有 E 值產生。不過1b可以用來決定 P 值 (和以 1a 來測量 E 值的情形相同)。

二組設計

　　2a。此一設計包括第一、第二組對象, 亦即所謂傳統的二組設計, 其中只有一組接受實驗刺激。兩組均接受事前及事後測驗。接受實驗刺激的一組, 通常稱爲實驗組, 而另一組則稱爲控制組。所用的方程式是:

$$d_1 = P + E + U + I_{PE} + I_{PU} + I_{EU} + I_{PEU} \tag{7-6}$$

$$d_2 = P + U + I_{PU} \tag{7-7}$$

這裡的假設是, 不受控制的因素同樣影響兩組對象。否則, 兩組的 U 將不相同, 而必須用 U_1 及 U_2 來表示, 不能都以 U 來表示。兩個

方程式相減可以得到：

$$d_1 - d_2 = E + I_{PE} + I_{EG} + I_{PEU} \qquad (7\text{-}8)$$

這個方程式裡有四個未知數。為了解答，必須假設其中三個未知數。事實上，原來的未知數總數有七個，而方程式有兩個，所以必須臆測五個未知數。如表 7-2 的第三欄所示，這裡有 12 種合法的組合可用以假設五個未知數的值。但是，如第四欄所示，其中只有三種是不包括 E 值臆測的合法組合。

很多人在討論此一設計時，常常省略 P 及它和其他變項的交互影響。這種省略，將把這個設計的方程式改為：

$$d_1 = E + U \qquad (7\text{-}9)$$
$$及 \quad d_2 = U \qquad (7\text{-}10)$$

因此，$d_1 - d_2 = E$。不過我們知道，在大部分的實驗中，I_{PE}, I_{EU} 或其他被省略的變數並不等於零。因此，省略這些數值是有問題的。

這種設計，如果能顧慮到每一個變數，便具有預知每一對象事前測驗值的優點。因此，可以用較少的樣本數測量事前與事後測驗值差數的顯著性。如果沒有事前測驗值而必須比較兩組的平均值時，將需要更大的樣本數（參照 2b 的設計）。事前測驗的另一優點是，可以求出每一個人對實驗刺激的反應和他們個別特性之間的相關，藉以闡明他們有此反應的理由。不過，這些優點是有代價的，因為在方程式中增加了 P 及它和其他變項之間的三種交互影響變項。除非能夠相當確實地估計這些多出的變項的數值，在最後的計算時仍不免包括很多臆測。

2b. 此一設計包括第三、四組。其方程式為：

$$d_3 = E + U + I_{EU} \qquad (7\text{-}11)$$
$$及 \quad d_4 = U \qquad (7\text{-}12)$$

兩式相減得

$$d_3 - d_4 = E + I_{EU} \qquad (7\text{-}13)$$

這個設計只有三個未知數，而有兩個方程式，故只需作一個假設（2a 要做五個假設）。這個設計亦可以節省事前測驗的工作與經費。不過，有一個缺點，就是不知道 d_3 與 d_4 的數值。如果我們假設 X_3 與 X_4 為兩組事後測驗的成績，而 Y_3 與 Y_4 為兩組事前測驗的成績（假如舉辦過的話），那麼

$$d_3 = X_3 - Y_3 \qquad (7\text{-}14)$$

$$d_4 = X_4 - Y_4 \qquad (7\text{-}15)$$

$$\text{又} \quad d_3 - d_4 = (X_3 - X_4) - (Y_3 - Y_4) \qquad (7\text{-}16)$$

因為兩組都是由同一群體隨機選出的樣本，所以我們可以假設 $Y_3 = Y_4$，則 $d_3 - d_4 = X_3 - X_4$。所以方程式 7-13 可以改寫為

$$X_3 - X_4 = E + I_{EU} \qquad (7\text{-}17)$$

則假設一個數值就可以得到 E 值了。

在實驗時，經常有不受控制的事件發生，所以有 E 產生時，必然也有 U 與 I_{EU} 產生。我們雖然可以從方程式中除去 U，却不能消除 I_{EU}。不過，如果不受控制的事件是實驗環境中正常的現象，那麼 $E + I_{EU}$ 可能是比 E 還更符合我們的需要。如果是這樣，2b 並不必假設任何數值。因此，我們可以說，為了測量 E 或 $E + I_{EU}$，2b 確實比 2a 為優，不過其他方面則以 2a 為優。例如，2b 並不舉辦事前測驗，故不能比較研究個人成績的變化情形。

2c～2f. 不重要，故省略。

三組設計

　　3a.　包括第一、二、三組，其方程式為:

$$d_1 = P + E + U + I_{PE} + I_{PU} + I_{EU} + I_{PEU} \qquad (7\text{-}18)$$

$$d_2 = P + U + I_{PU} \tag{7-19}$$

$$d_3 = E + U + I_{EU} \tag{7-20}$$

這裡有七個未知數及三個方程式，因此必須假設四個數值。其中 P，U，及 I_{PU} 不能全部同時假設其數值，因爲假設其中的兩個數值後，第三個可以用方程式 7-19 求得。這個設計有 20 個合理的方法選擇四個未知數來假設其數值，而其中有八種是不必臆測 E 值的假設。

3b. 這個設計包括第二、三、四組，其方程式爲：

$$d_2 = P + U + I_{PU} \tag{7-21}$$

$$d_3 = E + U + I_{EU} \tag{7-22}$$

$$d_4 = U \tag{7-23}$$

由於第一種處理方式的避免，也除去了事前測驗與實驗刺激因素的交互影響，卽 I_{PE} 與 I_{PEU} 不出現在方程式中。這個設計有五個未知數，但有三個方程式，故只要假設兩個數值。這裡只有四種合法的可以假設其數值的未知數組合，卽 E 與 I_{PU}，E 與 P，I_{EU} 與 I_{PU}，及 P 與 I_{EU}。其中只有兩個不包括 E。在測量 E 及 P 時，3b 比 3a 爲佳，因爲前者必須假設的數值較少。如果只想測量 E 值，則 2b 的設計較其他任何設計爲佳，因爲 2b 的設計不但省錢，而且所要假設的數值亦少。三組或四組的設計，目的在於知道更多未知數的值，而不是爲獲得更正確的 E 值。

3c 與 3d 不重要，故省略。

四組設計

此一設計之特點已列於表 7-2。在七個未知數中，只有三項需要假設，但所花費的時間、經費與實驗對象，均比其他設計爲多。

在上述的各種設計中，只有 1a 與 2a 對每一個實驗對象作事前測驗。在包括兩組或以上實驗組時，我們曾假設各組事前測驗的結果必

是相等的，或者其差異並不顯著，因爲各組的樣本數都相當大，而且是用隨機方法自同一群體選出的。不過，事實上這個假設不一定成立，所以其差異是否顯著，必須予以檢定，以確定我們的假設是對的，也就是說，各實驗組都具有相同的屬性與反應。下面以 2b 的設計爲例，說明其檢定方法。關於 X_3，X_4，Y_3 與 Y_4 的定義，請參閱 2b 設計的說明。

這裡所關心的是 $E + I_{Eu}$（卽 $X_3 - X_4$，亦卽兩組事後測驗成績之差）可能小到兩組事前測驗值的機會差異所能引起的程度；也就是說，這個差異並不是實驗刺激所引起的差異，而是因爲兩組樣本不同質所引起的差異。果眞如此，這個實驗刺激就成爲無效的。有時檢查每人的事後測驗成績也可以作初步的判定；卽，如果兩組內各人成績的變異性 (variability) 很大，那麼兩組間的實驗後的任何差異，可能是偶然發生的。不過，這種判定仍屬非正式的驗判，而且這時的假設是事前測驗成績的差異經過實驗後仍然顯示了出來。如果實驗者覺得這種判定可能有問題，他可以用下述的兩種方法來正式檢定事後測驗成績差異之顯著性，或用另一種方法來檢定事前測驗成績差異的顯著性。這三種方法的主要目的都在估計兩組間事前測驗平均成績 ($Y_3 - Y_4$) 的可能差異。因此，必須求 $\hat{\delta}_{Y_3 - Y_4}$。這個數值依研究群體中的 δ_{Y_3} 及 δ_{Y_4} 的大小而定，而這兩個數值應該是相等的。至此，我們的問題就縮小到 $\delta_{Y_3} = \delta_{Y_4}$ 的估計。下列三種方法唯一的差別是，獲得這個估計的方法不相同。

1. 計算控制組的事後測驗成績標準差 s_4，然後用它來估計 $\delta_{Y_3} = \delta_{Y_4}$。卽

$$\hat{\delta}_{Y_3 - Y_4} = s_4 \sqrt{\frac{n_3 + n_4}{n_3 n_4}} \qquad (7\text{-}24)$$

這裡 n_3 及 n_4 ＝兩組的樣本數

$s_4 =$ 控制組依變項的標準差

$\hat{\delta}_{Y_1-Y_1} =$ 兩組事前測驗平均成績差異之標準差

E 的 95% 信度界限為:

$$E = X_3 - X_4 - I_{EU} \pm 1.96\, s_4 \sqrt{\frac{n_3 + n_4}{n_3 n_4}} \qquad (7\text{-}25)$$

照理 s_4 應該用事前測驗成績來估計, 因為 s_4 可能在實驗期間因為非控制因素的影響而有相當大的變化。如果是這樣, 就不能用這個檢定方法了。

2. 用兩組的事後測驗成績來估計 $\delta_{Y_1} = \delta_{Y_1}$。這裡假設 s_3 (實驗組的標準差) 與 s_4 在實驗期間變化很小。也就是說, E, U 及 I_{EU} 不影響 s_3, 而 U 不影響 s_4 (不管兩個平均值在事前測驗與事後測驗有否差別)。這個假設是合理的, 因為兩組樣本都是以隨機方法由同一群體選出, 故其 s_3 及 s_4 必無顯著的差異。如果它們眞正沒有受到實驗的影響, 那麼事後測驗時, 其差異亦必不顯著。

因為這個方法採用合併計算估計 (pooled estimate), s 必須以各自的 n 來加權。n_3 與 n_4 平常是相等的。

$$\hat{\delta}_{Y_1-Y_1} = \sqrt{\frac{n_3 s^2_3 + n_4 s^2_4}{n_3 + n_4 - 2}} \sqrt{\frac{n_3 + n_4}{n_3 n_4}} \qquad (7\text{-}26)$$

那麼, $E = X_3 - X_4 - I_{EU} \pm 1.96\hat{\delta}_{Y_1-Y_1}$ \qquad (7-27)

3. 此法之應用, 須再由原群體中另外抽選一組對象, 做事前測驗。此一組的 s 不但代表群體的標準差, 理論上亦可代表其他兩組實驗前的標準差。這裡所用的方程式和第一種方法相同, 卽方程式 7-25, 不過要以第三組的 s 來替代 s_4。用這個方法的另一個優點是, 第 三 組的平均值可以代表其他兩組事前測驗成績的平均值, 故可以推估各組內事前與事後的變化。

二、傳統的設計

自從 R.A. Fisher 等創立了這種實驗設計方法以來，這種被稱為傳統的設計，已成為農業、生物學、遺傳學、及心理學方面重要的研究方法。在適當的條件下，這種設計非常有效且有用，因為它富於變化與適應性。

一般來說，這種設計具有下列的特性：(1) 不舉行事前測驗；(2) 因此，估計每一個實驗組的標準差，必須根據事後測驗的成績。這一點很重要，因為所有的 F 檢定、t 檢定、及信度都要求實驗前實驗小組內 (within-cell) 變異的正確估計。所以，根據事後測驗值來估計標準差時，已經假設該實驗雖然可能改變各組平均值，却不會改變各組內的標準差。這種假設在心理學或社會學中的實驗，不一定成立。實驗對象常常對實驗刺激作不同方向的反應，增加實驗組內的標準差。(3) U，卽不受控制的事件，以及它和其他變項的交互影響，在這種設計中都被包含在其他項目中，而幾乎完全被忽略。這裡的 E 包括上述的 $E+I_{EU}$。因為傳統的設計常常包括數個小組 (cell)，也許我們可以想像有 E_1，E_2，E_3……等實驗刺激的存在。U 本身有時是以不接受刺激的一個實驗組的事後測驗平均值來代表，或者 U 根本就沒有被提到而實際上成為各組事後測驗值的一部分。不過，這樣並不會構成嚴重的問題，因為所要分析的是各組平均值之差，故 U 在各組平均值相減時就互相抵銷掉。不過，在實地實驗研究時，最好還是將各種變異的成分表明清楚，因為在實地情形中，常有很多無法控制的事件發生。用相似的對象與相同的程序來做的兩個實驗，如果實驗環境不同，所得的結果可能不同，因為兩種情況下的U及它和其他變項的交

表 7-3 幾種傳統的設計方法

(1) 單因素設計

處理方式 (1~c)

1　2　3　4 ·················c

(2) 集區單因素設計

處理方式 (1~c)

1　2　3　4 ················c

集區

a

b

c
⋮

(3) 全因素設計

(因素 1 及 2：處理方式 1~2；A~C)

1　　　　2

A　B　C　A　B　C

(因素 3；處理
方式 I~Ⅲ)

I

Ⅱ

Ⅲ

(4) 集區多因素設計

(因素 1 及 2：處理方式 1-3；A~B)

1　　2　　3

A B　A B　A B

集區

a

b

c
⋮

(5) 拉丁方格

行影響

	1	2	3
I	A	B	C
Ⅱ	B	C	A
Ⅲ	C	A	B

列影響

互影響不同。

下面介紹幾種最普遍的傳統設計方法（見表 7-3）。介紹的重點將放在各重要型類的特性，而不詳細討論各種設計的細節。關於其細節，請參閱有關的專門書籍。在下面的討論中，將照一般的用法，不考慮 U 及其交互影響，因爲要將這些設計中的變項改回到較完整的形式，並不困難。例如，可以將任何一組的重要影響 E 改寫爲 $E + I_{EU}$，或以 $I_{E_1E_2} + I_{E_1E_2U}$ 來代替 $I_{E_1E_2}$ 等。

單因素設計(single-factor design) 這是一種最簡單而有時是最好的設計。設計時，將所有的對象都聚在一起，用隨機化方法，將不同的處理方式指定給不同的對象。爲了提高某些處理結果的信度，可以增加接受該處理方式的對象數而不損害到隨機化的原則。不過，各組的對象數如果不相等，將會影響統計分析，所以最好能使各組的對象數相等。這種設計使自由度(df = c −1，設 c 爲處理方式數)達到最大，因爲它將實驗對象分配到各處理方式時所受的限制最少。這是令人滿意的特性。可是這種設計不容許將實驗對象分成性質相同的幾個小群。實驗的結果，可以用變異量分析(analysis of variance)來分析檢定其顯著性。如果只有兩種處理方式時，可用 t 檢定，如果超過兩種，就用 F 檢定。在處理方式超過兩種，而且總括的結果有顯著的差異時，我們也許想知道其中某一對的處理效果是否有顯著的差異。這是一件相當困難的事，因爲這個將牽涉到，從所有可能的處理配對 (pair) 中抽出這一對 （我們想比較的一對）的機率 (註5)。這個機率就比較高了，所以不能用一般的 t 檢定來研判。這方面的檢

定，請參閱 Winer（註6）。

集區單因素設計(single-factor design with blocks)　一個集區(block) 就是一小群性質相同的對象。在將所有的對象作隨機分配以前，先將對象分成幾個性質相同的小群，然後就每一小群舉行相同的單因素設計實驗。如此所得的結果，有時各小群都很相似，就比較容易作結論。可是，有時各小群的實驗結果，可能互相矛盾（若不用此法而改用單因素設計，這些小群間的矛盾可能會互相抵銷而不顯出任何趨勢），作結論就比較困難了。不過，照理說，將實驗對象分成性質相同的小群，可以減少集區內的變異量，而使實驗處理的效果容易顯示出來。例如，將男性列入一個集區，女性列入另一集區；或將已婚者列入一個集區，未婚者列入另一集區等。如果這種分區能使實驗對象的性質變得比較單純，這種設計是一個很好的策略。可是，如果如此做的結果並沒有能夠將誤差變異量（error variance）減少到相當程度，那麼自由度的損失將使這種設計顯得比單因素設計較劣。何時才可以有利地應用此法而不用單因素設計，雖然沒有絕對的標準，但可參閱 R. A. Fisher（註7）。

這種集區的概念，在社會學的應用上，很類似都市裡的行政區。一般來說，住在同一行政區內的人口，性質比較相似，其差異必較全市居民間之差異為小。就很多社會經濟指標、種族、及國籍等來說，這個假設大抵是對的。例如，在一個以家庭主婦為對象的實地實驗計劃中，如果以各行政區為單位重複舉行，將可減少因對象性質的不同所引起的差異，而且在執行時亦比較方便。

註6：B. J. Winer (1962) *Statistical Principles in Experimental Design.* New York: McGraw-Hill.

註7：R. A. Fisher (1960) *The Design of Experiments.* (7th ed.) New York: Hafner.

實驗用集區，可能是自然的分區。在這些分區中，有很多變項都是比較同質的（如家庭、普查區、里鄰等）；但是，也可以用人爲方式創設新集區，而使區內的對象就某一變項來說是同質的。後者常稱爲「配對」(matching)。例如，將有相同子女數的婦女列入同一集區。這種集區本身亦可視爲一種變項，而可能成爲一個有趣的因素。例如，以小學生爲實驗對象的一個實驗，每一個小學可成爲一個集區。（就表7-3中的 (2) 部分來說，每一排將代表一個學校）。在市區裡，小學均有學區，而每學區內居民的社會經濟情形都比較相似。所以，對某些研究來說，這種分區本身就是一個有趣的變項。集區變項與一個因素之間的差別，主要是集區本身並不是研究興趣所在，所以不能視爲一個因素；它只不過是爲了分配實驗對象，使之更爲同質的一種方法。

全因素實驗設計 (full factorial experimental design)　如果一個實驗中的處理方式，包羅所要觀察的一套因素之所有可能的組合時，此一實驗稱爲全因素實驗。從表面上看來，表 7-3 中的 (3) 似乎和集區單因素設計相同，但是兩者之間却有很大的差別。在全因素實驗設計中，表的每列或每行都構成一個單因素設計，而各列或各行的合計即構成包括所有實驗對象的單因素設計；用以分類列變項或行變項者稱爲實驗中的因素。這種設計在管理上效率較高，因爲每一個對象都有雙重的任務，卽被包括在行設計，亦被包括在列設計，而且實驗者可以同時執行幾個單因素設計。但更重要的是，實驗者可以觀察在不同的行因素所產生的列因素的效果；同時亦可以觀察在不同的列因素所產生的行因素的效果。這個優點使實驗結果的概化產生很大的變通性，因爲實驗者可以知道各因素在很廣的不同情況下的作用。雖然如此，每一種主要效果的估計，仍然可以和專門爲測驗這個效果而舉辦

的實驗一樣正確。最後，在全因素實驗設計中，各因素間的交互影響都會顯示出來，但在單因素設計中却不會。

在何種情況下適用這種全因素實驗設計呢？W. G. Cochran 和 G. M. Cox（註8）摘要說：

(1) 試探性的研究，其目的在於迅速決定許多因素中各因素在某一範圍內的效果。

(2) 測驗數個因素的效果間的交互影響。

(3) 必須將所得結果廣泛地應用於各種環境的實驗。

不過，如果已經有相當豐富的資料，或者實驗的目的很特殊，也許單因素設計或幾個因素組合的設計比全因素設計較有效。例如，如果實驗的目的在於發現產生最大反應的因素數值的組合，那麼經過精細計劃的一連串單因素設計可能比一個規模龐大的全因素設計容易達到目的。

關於這種實驗的統計分析，請參閱 Winer 及 Cochran 與 Cox (148 頁起) 等人的著作。

集區多因素設計 (multiple-factor design with blocks)　這個設計和集區單因素設計相同，不過要同時觀察兩個或以上的因素。表7-3 的 (4) 表示，每一個集區包括一個全因素設計（兩個因素）；而每一個全因素設計是由幾個單因素設計之交叉所組成。於是，這個設計可以說是，在集區中有全因素設計，而在全因素設計中有單因素設計。這個設計和表 7-3 中的 (3) 比較，形式完全相同，唯一的不同是，實驗者對「列」(row) 的觀點的差別；如果它們只是為了使實驗對象分類得更同質，即稱為集區；如果它們具有因果關係的意義，即可認為

註8：W. G. Cochran and G. M. Cox (1957) *Experimental Designs.* (2nd ed.) New York: Wiley.

是一個因素，而必須在統計分析時以這種看法來處理。此一設計的統計方法。請參閱 Cochran 與 Cox（註9）。

　　拉丁方格（Latin square）　這是**在一個實驗**中控制兩個因素的方法；也可以說是實驗對象的一種**雙重組合**。表 7-3 的（5）是這種設計的一個標準形式，包括 A, B, C, 三種處理方式，而將實驗對象依兩個因素分組；每一個因素有三項，卽I, II, III, 及 1, 2, 3, 故一共形成 9 個組。平常每一組中只有一個對象，不過也可以有 n 個對象。其實，這種設計也可以**稱爲部**分因素實驗設計（partial-factorial experimental design），因爲上述的形式可以改寫如表 7-4。當這個形式中的每一格都填滿時，就變成全因素設計。**表 7-4** 顯示了拉丁方格的重要特性：

(1) 每一種處理方式在每一列或每一行只出現一次。

(2) 每一列（或行）重複接受一系列的處理方式，但其中每一行（列）的處理方式均不同。

(3) 列、行、與處理方式的數目完全相同。在許多場合，實驗對象數亦和這些數目相同。要找到能夠符合這些限制的因素是相當難的事。

(4) 每一處理方式只施行於不同的列、行組合，而沒有一個相同的列、行組合會接受一種以上的處理方式。例如，接受 B 處理方式的只有 II 列 1 行、I 列 2 行、及 III 列 3 行。

　　這些特性使拉丁方格產生優點，也產生缺點。從一方面來看，任何一列對三種處理方式的影響都會互相抵銷，因爲每一列對每一種處理方式只有一次影響；行的影響亦同。可是，每一處理方式的施行是依照特別的列、行組合的。例如，**處理方式A發生在和 B 或 C 完全**

─────────────────

註9：同註8。

不同的格子。因此，無法將 A 的影響從這三個格子的獨特影響（如果有）分開來。

其實，這三個格子也許並沒有獨特的影響，則 A，B 或 C 可以互相交換而仍然得到相同的結果，如果是這樣，則列與行的影響是可相加的；也就是說，它們沒有交互的影響。在可相加的情形下，拉丁方格可以很有效地控制列與行的影響，卽不必再擴充表 7-4 中的空格。可是，如果有交互影響存在，這個設計可能導致誤解，因爲拉丁方格不能測出交互影響。

表 7-4　拉丁方格 （註10）

列的影響	第1行影響 處理方式			第2行影響 處理方式			第3行影響 處理方式		
	A	B	C	A	B	C	A	B	C
I	×				×				×
II		×				×	×		
III			×	×				×	

第三節　研究計劃的設計與執行

當完成一個實驗，在詳細檢討該實驗的結果時，常常會發現，該實驗的結果並不能用以推論或應用於實際情形，或者是不能解答實驗者原想解決的問題。其主要的原因是，在實驗之先缺少充分的計劃，

註10: 同註 3 。

以致目的不清，或實驗的方法不對，或執行有偏差，或統計分析的方法有問題等等。這是一件非常傷心的事。爲了避免這種事情發生，而眞正達到實驗的目的，必須多花些時間，詳細計劃，細心執行。研究者在計劃某一實驗之先，必須自問，爲什麼要舉辦此一實驗；要能證明所用的實驗處理方式是正當的；並且要能夠辨明這個實驗的結果將能實現所預期的目的。研究者最好能將這些寫成計劃書，包括三個主要項目：(1)實驗目的的敍述；(2)實驗方法的說明，包括實驗處理方式、實驗的規模、及實驗的資料等；(3)實驗結果的統計分析方法。

一、研究目的的敍述

研究目的可以用不同的形式來表示；可以用尋求解答的問句，也可以用假設的方式，或列出預期的效果。無論用何種形式，其敍述必須明確而具體。比較常犯的錯誤是用辭或意義含糊，或期望過大。例如，列出要20年時間才能實現的研究目的等等。如果可能，應將目的分爲主要和次要的兩類，因爲有些實驗對某些處理結果有比較高的精確度，但其他結果的精確度可能較低。

這種敍述亦應包括將來予以概化的範圍，或予以推論或應用實驗結果的人口（群體）。我們知道，一個小規模實驗的結果，不一定能用以推論廣泛的人口的情形。有些實驗只能窺視某一問題的皮毛，所以必須愼重檢討實驗的結果所能應用的範圍。

二、實驗方法的選擇與設計

研究目的確定之後，就要檢討應該包括那些變項，以及這些變項

在實驗中的地位。上面已提到如何分類這些變項。在此要決定那些是自變項，那些是依變項；是要採用單項的控制變項或是多項的控制變項？隨機化的變項是什麼；有那些變項不予考慮等等。經過此番考慮，對整個實驗就會有更明確的把握。

此時當然也要決定採用何種實驗方法，何種處理方式，何種實驗對象、地區、規模與時間，以及如何測量實驗的結果等。在上面已經說明兩類的實驗設計方法，包括其優點及缺點。實驗者應視實驗的性質與其他條件來選擇最合適的實驗方法。在選擇處理方式時，應該明確地規定各種處理方式，並瞭解各種處理方式在達到實驗目的時所擔任的角色。如果實驗者沒有弄清楚，實驗的目的只是要選出較有效的處理方式或者還想多知道這個處理方式為何有此結果，可能會發生混淆。如果目的是在於後者，也許還要多做一些實驗，並要增加處理方式才能達到目的。有時不能實際應用的處理方式，也許可以提供一些頭緒，以了解其他處理方式的作用，所以增加這些處理方式，有時是有必要的。

我們還要考慮要不要控制組。如果我們已知這些處理是有效的，而實驗的目的只是想選出其中比較有效的處理方式，那麼就不必設控制組。如果我們想知道這些處理方式是否有效，那麼就要設控制組來做測量的基礎。若要設控制組，它一定要成為整個實驗的一部分，以便和其他處理方式作直接的比較。

實驗對象的選擇與分組，以及實驗地區的選擇，也是很重要的工作。為了將來實驗結果的應用，實驗對象一定要能代表我們想推論或應用實驗結果的人口。實驗的地區，為了操作的方便，不宜太廣，但還是要考慮其代表性及集區的方便等條件。為了增加實驗的正確性，可以：(1) 增加實驗規模，即增加更多的複驗 (replication)，或增加

處理方式；(2) 改進實驗技巧；(3) 操作實驗資料以減少變異性的影響。至於何時舉辦這個實驗，整個實驗的時間為多久，何時施行何種處理方式，何時舉辦事前、事後測驗等，也要事先有妥善的計劃，列出實驗的各項步驟，編為進度表，以嚴格控制實驗的進行。

應採用何種方法及指標來測定處理的效果，也是很重要的問題。上面已提到如何避免因測定其效果而發生的偏差。在處理內容比較複雜時，測定的指標要小心研擬，以便正確地測量處理的效果。例如，在實驗一個新的教學方法在增進某一方面知識的學習效果時，所擬訂的問卷一定要能夠測量這方面知識程度之差別。

最後，在實驗計劃書中，應列出主辦實驗的人或單位，協辦的人或單位，參與實驗工作的人，各機關或個人應擔任的工作，以及預算等。因為實地實驗通常規模較大，所以用人較多。

三、實地實驗工作的執行

在執行實驗計劃以前，應該舉辦參與人員的講習，以便大家有共同的瞭解與一致的步調，以提高工作效率，避免偏差，同心協力，做好實驗工作。在執行計劃時，可能會遇到不測的問題，必須立即予以合理的解決，以免影響實驗的進行。如果實驗的時間較長，地區較廣，參與的人員較多，則實地工作的督導與檢討是很重要的，否則就不易及時發現問題而作適時的處置，以致影響整個實驗的結果。例如，在某一實地實驗中規定，有些婦女不要訪視。但是，因為訪視員和當地的人很熟，在路上或市場遇見她們，也談到實驗訪視的內容，以致破壞了實驗計劃。如果能及早發現此一問題而制止，可能不致有大的影響。

實驗工作的執行情形，應作詳細的記錄，並記錄在實驗期間所發

生的可能影響實驗的意外事件，以爲將來研判實驗結果時的參考。有必要時，可編製定期的報表，以觀察實驗的進行情形。

四、實驗結果的統計分析及應用

實驗結果的統計方法，依實驗方法而異，上面已經簡述採用單純的實驗設計時所用的方程式及實驗效果顯著性的檢定方法。關於傳統的實驗設計時所應用的統計分析方法，請參閱 Cochran 與 Cox （註11）。他們舉例介紹最小二乘法的模式、變異量分析、及共變量分析等統計程序及其檢定顯著性的方法。

實地實驗的一個重要的目的是，希望將實驗所得的結果應用於廣大的人口。如果實驗對象是從一個人口中隨機抽出，實驗結果必包含抽樣誤差。不過，這種誤差有很多統計方法來處理，故不成問題。嚴格地說，如果抽樣的方法不合隨機的原理，實驗的結果就不能適用於實驗對象以外的人。很多實驗的對象並不是以隨機方法抽出，而是操作比較容易的某一群人。將實驗對象用隨機方法分配到各處理方式，並不能補償沒有隨機抽出樣本的缺陷。前者只能保證實驗結果可以安全地適用於全部的實驗對象，但不能因此而增加其對整個人口群體的代表性。不過，有些牽涉到基本的心理反應或生理特性的實驗，可能不必太擔心實驗對象的抽樣問題，因為其個別差異並不大。因此，實驗者必須預先判斷實驗結果的敏感程度，然後決定如何選擇對象，以免實驗後發生概化的問題。

註11：同註8。

五、常見的錯誤及應注意事項

和一般的觀察研究比較，實地實驗研究不失為一種很有效的研究方法，因為可以將實驗對象隨機分配到各處理組而使實驗前的差異減少到最小程度，而顯出實驗處理的真實效果。不過，在實驗過程中仍然有很多可以使實驗結果產生誤差的事。一些公認的誤差是：實驗處理以外的刺激因素，可能同時影響實驗對象而使實驗的結果發生偏差，或者是實驗者並不能確定處理方式的那一方面真正發生了效果等等。除此之外，仍有下列常見的錯誤。

1. **隨機化的失敗：** 實驗前實驗對象的隨機化分配，可以減少各實驗組間依變項的差異到不顯著的程度。不過，是否達到此一目的，是機率問題。如果很小心去做，在大部分的情形下，結果是可靠的。但是也有失敗的機會，卽實驗前依變項有顯著的差異。為了避免此種機會的發生，可以：(1) 增加實驗對象數；(2) 隨機化以前，依照一個重要的變項用配對方法選擇實驗對象，以便將他們分配成數目相同的組。然後在各組內將對象隨機分配到不同的處理方式（參照傳統設計的 (2) ）；(3) 將實驗對象作適當的分配，使各組就兩個或以上變項中的一個有相同的頻度分佈，但不一定要使所有變項同時有相同的頻度分佈。此法較不精確，但比較容易做，而選擇對象亦較易；(4) 重複使用同一對象幾次。

2. **未知變項數值臆測的錯誤**（參閱單純設計的說明）。

3. 所有變項的測量都可能發生誤差。這種誤差有很大的隨機成分，而會減弱相關強度。會特別改變某一組平均值的誤差，是最令人擔心的。使各組的平均值產生相等程度偏差的測量誤差，可以用大樣本

數及較有效的設計來發現。

4. 有偏差的中途退出: 當實驗期間較長時, 有些實驗對象會因種種理由而退出實驗, 損害樣本的代表性。更不好的是各組退出的人數不相等, 或各組退出者的特性不同, 而改變了各組的特性, 減少了各組間的可比較性, 以致實驗者弄不清各組之間有何差異。

5. 混染(contamination): 實地實驗的對象可能互相討論他們所接受的處理內容, 而破壞各實驗組互相獨立的原則, 使各種處理方式影響到不希望影響的組, 以致混雜其效果。如果所要測量的是同一處理方式效果的強弱程度, 這種混雜會引起嚴重的問題, 因爲各組間的差距已變小。爲了避免此種混亂, 可以選擇身份或空間相隔較遠的對象, 以增加各組間的距離。其他如避免有關該實驗的宣傳, 使用自然的處理方式, 或採用不讓對象覺察到是在被實驗的方法等等, 亦可以避免上述的混亂。

第四節　實例—臺中市家庭計劃推行實驗

　　民國五十三年在臺中市舉辦的家庭計劃推行實驗, 是一個大規模的實地實驗的例子。下面簡單介紹其計劃及執行情形。有關細節, 請參閱 R. Freedman 與 J. Y. Takeshita(註12)。

一、研究目的

　　此一實驗的主要目的, 在研究如何迅速地將家庭計劃服務提供給

註12: R. Freedman and J. Y. Takeshita (1969) *Family Planning in Taiwan: An Experiment in Social Change*. Princeton, N. J.: Princeton University Press.

臺中市民，並觀察各種推行方法的效果。這個目的可以用下列的問句來表示：

(1) 短期間的大規模宣導與服務的提供，能提高家庭計劃實行率若干？

(2) 在敎育宣導計劃中，是否有必要包括夫妻雙方，或只接觸妻子就可以達到目的？

(3) 家庭計劃的觀念，是否可用通信方式擴散？

(4) 對有系統地分散的小群人口作直接的指導，是否會由此擴散而間接影響其他更廣大的人口？

(5) 新引進的子宮內避孕器，在其被接受性及普及率方面，是否優於其他避孕方法？

(6) 如果家庭計劃接受率有顯著的提高，這是否會加速已開始降低的生育率？

(7) 決定在大規模推廣工作中是否接受家庭計劃之最重要的人口與社會特性（夫妻的特性）是什麼？

(8) 表示願意接受家庭計劃，但實際上沒有接受的大量夫婦有何特性？

(9) 接受家庭計劃的夫婦，其接受前的生育率是否高到其避孕方法的實行可以顯著降低臺中市生育率的程度？

(10) 接受後會長期繼續使用所接受避孕方法的夫婦，具有何種特性？

(11) 有關他人實行家庭計劃的認知與討論，如何影響他們的家庭計劃的知識和接受率？

二、實驗設計

此一實驗的刺激因素包括：(1) 經過訓練的女性衛生工作人員對

夫、妻的訪視，以提供有關家庭計劃之知識並推動他們接受；(2) 寄信給新婚及已經有二個或以上子女的夫婦，提供有關家庭計劃的知識與消息，接信者可以請求訪視以進一步瞭解；(3) 在各鄰召開鄰會，介紹家庭計劃；(4) 在各地張貼海報宣傳家庭計劃。

這些刺激因素不同的組合，構成四種處理方式，卽：(1) 包括所有刺激因素者（簡稱 Ehw）；(2) 包括所有刺激因素，但只訪視太太而不訪視丈夫(Ew)；(3)只包括第二（通信）及第四（海報）刺激因素(M)；(4)只有第四種（海報）刺激因素(N)。

實驗地區爲整個臺中市，而實驗對象卽爲臺中市在民國五十二年時妻之年齡在 20—39 歲的 36,000 對夫婦。上述的四種處理方式均以鄰爲單位施行。每一鄰平均有 20 戶，包括約 12 對實驗對象夫婦，過大的鄰均予以調整劃分，結果全市一共劃分爲 2,400 個鄰。除了上述四種處理方式之外，全市又分爲三種密度區。這些區的區分在於接受較密集處理(如 Ehw 及 Ew)的鄰所佔比例之不同。爲此，全市乃由中心向外分成生育率、市街與鄉村比例、職業構成、及教育程度大致相同的三個地區。在各地區內，所有的鄰都以系統隨機方法照表 7-5 的比例分配到四種處理方法之一。在第一區接受第一、二種處理方式者所佔比例爲50%，第二區的此一比例爲 34%，第三區爲 20%。這三個地區分別稱爲「高」、「中」、「低」密度區，以表示所投下努力的程度。凡住在同一鄰內的夫婦，不管該鄰是屬於那一區，均接受被指定的同一種處理方式。不過，在不同密度區的鄰，其附近的鄰接受其他處理方式的比例不同，卽環境不同。此一實驗可說是一種包括五個刺激因素的部分因素實驗設計，一共分爲12個小群（見表7-5）。

全市的十個衞生所都提供家庭計劃服務。所提供的避孕方法包括子宮帽、安全藥膏、安全素片、保險套、安全期計算法、口服避孕丸、

表 7-5 臺中市各鄰數實驗處理方式及處理密度
之分配(註13)

處理方式	處 理 密 度			
	高	中	低	合 計
實際鄰數之分配				
Ehw	232	122	73	427
Ew	232	122	73	427
M	232	244	292	768
N	232	243	292	767
合計	928	731	730	2,389
百 分 比 分 配				
Ehw	25	17	10	18
Ew	25	17	10	18
M	25	33	40	32
N	25	33	40	32
合計	100	100	100	100

及新的子宮內避孕器。雖然在設計中並沒有想嚴格地試驗各種避孕方法的可接受性，但結果却顯示實驗對象對新子宮內避孕器有偏好。在實驗期間，除了子宮內避孕器及口服避孕丸只有在衛生所才能得到以外，其他避孕器材都可以向工作人員索取。除了貧民之外，避孕方法的供應均收取一點手續費。

註13：同註12。

三、實驗計劃的執行

此一計劃係由臺灣人口研究中心及臺灣省婦幼衛生研究所合辦，由臺中市衛生局協辦。在實驗之前，自民國五十一年十月至五十二年一月間，自全市的實驗對象中，以系統隨機抽樣法抽選 2,515 名有偶婦女，辦理訪問調查，作為實驗前的基礎資料。實際實驗工作，係在五十二年一月至十月間執行。在五十二年十月至五十三年三月之間，並沒有任何教育宣導活動，但衛生所仍繼續提供避孕服務。在五十二年十月至十二月間舉辦實驗後調查，訪問與實驗前調查時相同的樣本。在實驗期間，對各種活動都有詳細的記錄，包括避孕方法的接受情形。

四、實驗結果的評價

實驗結果以 20—39 歲有偶婦女之避孕方法累積接受率來表示。自五十二年十月起至五十三年三月止各小群的累積接受率有如表 7-6。

表 7-6　臺中市各實驗區別 20—39 歲有偶婦女避孕方法
累積接受率（52年10月至53年3月）（註14）

處理方式	密 高	度 中	區 低	別 合　計
Ehw	20	12	14	17
Ew	18	14	14	17
M	8	7	8	8
N	9	7	7	8
合計	14	9	8	11

註14：同註12。

根據實驗資料及實驗前後兩次調查結果的分析，以及實驗後接受情形的繼續觀察，得到了下列結論：

1. 在當時的臺灣，短期大規模的推動與服務活動，可以顯著增加家庭計劃之實行。

2. 在推行家庭計劃時，不一定要訪視夫妻雙方。

3. 雖然識字率相當高，通信的方法並沒有顯著的效果。

4. 口頭的傳播是家庭計劃消息主要的擴散方法，可使教育宣傳的效果自原訪視的夫妻推廣到其他人。

5. 有效的小型聚會對子宮內避孕器接受率的提高，扮演了重要的角色。

6. 大部分的婦女接受新的子宮內避孕器。

7. 臺中市的生育率，在實驗後的一年加速降低，而五十二年至五十三年的降低幅度遠超過其他市或全省平均。但是，到五十四年以後，臺中市的優勢減弱，可能是由於全省性家庭計劃工作的加强所致。

8. 那些對家庭計劃感到興趣的夫婦，都得到幫助而接受較稱心有效的避孕方法。

9. 最重要的一個發現是，這種大規模的推廣工作，可以按照計劃執行，得到具體的結果，不引起政治上的反應，而爲以後推行的全省性計劃提供了主要的依據。

第五節　結　語

本章的主要目的，在於介紹實地實驗研究的特點、方法與執行的步驟。在第一節列舉了實地實驗研究的優劣點及其可能的應用範圍，並討論所應該包括的變項、測量與處理的方式。第二節介紹兩類主要的實驗設計方法，卽單純的設計與傳統的設計方法。第三節敍述實驗

研究計劃的設計內容、實驗方法的選擇與設計、實地實驗工作的執行步驟、以及實驗結果的統計分析與應用，並列舉常見的錯誤與應注意的事項。最後介紹臺中市家庭計劃推行的實驗為例。由於篇幅所限，未能詳細介紹統計分析的方法，希望讀者參閱有關專書。

　　實地實驗研究由於其應用性很廣，近年來已逐漸普遍被採用。惟實地實驗的設計，看似容易，但可能犯的錯誤很多。如果不慎重計劃，可能使實驗結果發生偏差，而失去其應用價值。實驗者在採用實地實驗方法之先，應詳細檢討應用此法的優劣點，在確定此一方法較其他研究方法為優異時，才開始設計，以免浪費時間與人力。

第 八 章

樣本調查研究

張 曉 春

社會學家 C. A. Moser 等（註1）曾指出社會與行為科學從事研究，在方法上面臨三個有待解決的問題：其一是向甚麼人搜集資料，這是研究對象的問題；其次是搜集甚麼資料以及如何去搜集資料，這是搜集資料的內容與方法的問題；其三是如何處理、分析以及解釋資料，這是提出研究結果或結論的問題。這些問題其實就是研究方法的問題，是任何一個從事研究的社會與行為科學者，在其準備研究時就必須加以認真而慎重考慮的，亦即要有一縝密的適當計畫，才能使研究具有科學的意義或實用的價值；如果計畫不當或全無計畫，則不僅差之毫厘，失之千里，甚至毫無結果，而失去研究的意義。

研究方法所討論的中心問題，是如何取得資料與利用資料以完成研究。事實上，研究資料的來源有二：其一是次級的或間接的資料，包含個人的，諸如日記、信件、自傳以及有關的文件；機關團體的，例

註1：C. A. Moser and G. Kalton (1975) *Survey Methods in Social Investigation.* (2nd ed.) London: Heinemann Educational Books Ltd.

如記錄文件、各種統計資料，以及各種調查報告與統計分析等；這些資料都可用以從事研究。其二是初級的或直接的資料，是直接實地調查所得的資料，以這種方法搜集研究資料，是社會與行為科學研究的一種明顯傾向。直接實地調查獲取資料，應用範圍很廣，從早期的貧窮調查，到蓋洛普民意測驗、都市計畫、市場研究，以及各種機構、大學乃至政府支持的研究都包含在內。就直接實地調查的目的來說，也很殊異，可能是為了行政管理上的需要而搜羅客觀資料，如戶口普查，或是為了推行社會福利而從事實地調查，如我國歷年來舉辦的貧戶複查，或者是由於營利或服務的需要而舉辦的市場調查；這些都是基於實用性或實踐性的目的而搜集實際資料。另外一種則是由於科學研究的要求，亦即為了探討社會現象之間的因果關係，以建構社會或行為科學的理論，因而採取直接的實地調查以取得資料。所以，實際調查乃成為社會與行為科學者從事研究最常用的方法。本章的目的即是將這種方法作一敍述。

第一節　調查研究的意義

一、樣本調查研究的意義

直接實地調查通常稱為社會調查 (social survey)，我們可將其界定為尋找事實 (fact-finding)。近代的社會調查起源於十九世紀，其目的在於探討勞工階級的貧窮，以及社區的性質與問題。這是古典的社區與貧窮的研究；其實，當代任何以尋找事實發掘直接的初級資料而作的社會調查都可包含在內。一般而言，社會調查固然是搜羅社會事實，不過只有藉諸嚴格抽樣設計而尋找社會事實才是科學的社會調

查，因為這樣始能探討社會現象諸變項之間的關係，也因此調查研究乃成為社會的科學探究的方法之一。這種研究方法，可用於研究大大小小的各種群體，是透過從群體中選取樣本予以研究，以發現社會的與心理的諸變項彼此影響的情形、分配的狀態以及相互的關係。採取這樣定義的調查，就是通常所說的樣本調查 (sample survey)。

　　調查研究的樣本調查，與其他的研究方法有其相似之處，那就是都是直接實地搜集資料，尤其是與普查幾乎是一模一樣，兩者的差異只在於對象的不同，調查是由群體而選出的樣本，普查則是包含整個群體中的所有個體。普查可以追溯到古代的我國與埃及，統治者用於獲得實徵性的客觀資料，俾作治理國家的參考。

　　社會與行為科學者從事研究，往往以群體中的一部分（樣本）為對象，搜尋所需資料，乃是以兩項假定作為基礎的：其一是樣本含於群體之中而數量較少，更重要的是與群體有同樣的特徵、現象、關係及過程；其二是樣本能為研究者提供一個有關團體生活、團體態度、價值以及意見的更加清晰的經緯脈絡。樣本調查不外乎是以親身實地訪問與郵寄問卷從事的。

二、樣本調查研究的性質

　　樣本調查研究是抽樣後實地調查以搜集研究所需資料的一種方法。據此說法，這種調查研究具有三個基本性質，略加敍述於下。

　　第一，調查研究是抽查而非普查：從所要研究的整體對象（即群體）當中，根據抽樣原理選取一部分以代替全部來實施調查，並以部分調查結果推論全體的情形。

　　第二，研究所需資料直接由樣本取得：以所選定的樣本為對象，

採取訪問或郵寄問卷方式，從樣本本人直接獲取資料。

第三，調查研究在於探究諸變項間的關係：根據研究題目的理論架構或假設，將由樣本直接得來的資料，予以適當的處理，找出變項間的關係究竟如何。

例如，研究臺北市家庭父母對子女的管教態度，我們從全市的四十萬戶家庭，以 .25% 的抽出率選取一千戶為樣本，由調查員携帶調查表登門造訪樣本，或郵寄問卷給樣本填答，直接從樣本搜集資料，然後根據假設從所得資料分析各種社會階層的家庭（社會的變項或自變項）與管教子女的態度（心理的變項或依變項）的關係。

樣本調查研究以樣本代表群體，根據所得資料推論群體的一般情形。這是如前述假定樣本與群體具有同樣特性為前提，因此選樣之前應對群體特性有精確瞭解，否則抽出的樣本其特性與群體的不能一致甚至相異，其結果的推論就不能正確。關於瞭解群體特性問題，有三項原則可以運用，其一是對調查對象的群體資料，諸如地區、家庭結構、職業組合、性別分配等等，必須明確瞭解，才能確定群體的基本單位 (elementary unit)；其二，群體提供的資料，其真實性或真實的近似值如何，可能因調查工具（如訪問的問卷、統計處理與測定的方法等等）而異，不能不加以顧慮；其三，有關調查結果正確性程度高低的要求如何，決定抽樣設計的嚴密程度。事實上，樣本調查研究，有關群體的種種特徵，要是確能全面瞭解，而且控制其中無關緊要的特徵或因素，然後實施選樣與調查，則樣本調查的結果無異於普查者，亦即根據樣本推論群體可得相當高度的精確性。

三、調查研究的科學特徵

社會與行爲科學學者，他們在從事社會的科學探究所用的方法甚多，抽樣調查研究只是其中之一，但却是較常使用的方法。由於統計學理的發展以及調查研究技術的進步，這種方法在社會科學的研究中，更加普遍，也更加重要。事實上，調查研究能够適用於許許多多的社會研究的課題；如果與其他方法配合運用，則能發揮特別顯著的效果。

調查研究不僅在從事實際研究時是重要的，在教學上也是重要的，因爲調查研究爲社會與行爲科學方法的講授提供了一個適當的例子。一般說來，假若學生能够充分瞭解調查研究的邏輯與技巧，將能具備學習及使用其他研究方法的能力；換句話說，在學習研究方法時，調查研究與其他各種方法同樣重要，因爲它是最基本的方法之一。至於調查研究的科學性，則是基於下述各項特徵：

第一，調查研究是合乎邏輯的：調查研究受邏輯指引，決定研究題目，形成假設，提出理論架構，都是依循邏輯的原則進行；就是研究的實際操作，甚至調查資料的取捨、運用以及分析與解釋，都是細心地按邏輯途徑實施。例如，在有關婦女對糖菓嗜好的探討中，調查資料顯示嗜好程度大小與年齡高低密切相關；但是若依邏輯而作討論，則年齡並不是嗜好差異的惟一因素，顯然應再作測定，以尋找正確的關係或事實。

第二，調查研究含有決定論的意義：調查研究者對於社會事象所作說明而提出的理由，以及資料的來源、特性及相關，都需要擬定一個因果性的假定。這就是說，調查要有一個清晰的、有力的邏輯模式(logical model)，以認清因與果的關係系統。根據邏輯模式可以便於

考察社會事象自變項與依變項間的相關，並且判斷這種相關究竟是直接的，或是透過中介變項而產生的。再以上述例子來說，若介入婚姻因素而作多元分析，則因高年齡的已婚者居多，而低年齡的却多半未婚，所以婦女對於糖菓嗜好的差異，可能並非年齡所致，而是受婚姻狀況的影響。

　　第三，調查研究追求普遍性的事實：樣本調查研究的終極目的，不在於描述所研究的特殊的個別樣本，乃是在於從樣本所顯示的情況以瞭解樣本由來的群體。蓋洛普有關選舉的民意測驗，訪問 1,500 個樣本，根據樣本所得的結果以預測七千萬選民投票的可能趨勢，其目的不是僅僅在於瞭解樣本的實況而已。同理，調查研究所作的解釋分析，其目的是在發展有關人類行爲的概化命題(generalized proposition)。

　　第四，調查研究是化繁爲簡的：調查研究者有衆多變項待加處理，正如同所有的科學家，想從最少變項瞭解最多事象，希望藉諸一顆砂看出一個世界。因此，調查研究的一個要求就是所搜集的繁多資料（變項）能够加以量化，並且能够藉由機器從事處理，使調查分析者能够建構一系列的解釋模式，然後從中選取一個或數個最適合其研究所需要者。

　　第五，調查研究有其特殊性：調查研究中所涉及之諸變項的概念化與可測量性，是調查研究具有科學特徵的重心所在。對於同一概念的理解往往因人而異，爲了避免意義紛異而致指鹿爲馬，調查研究將概念化的變項，依其特定指涉予以操作性的定義，不致使人望文生義，各有不同想法，或以日常用法而作理解，也因此使概念可作操作上的測量。換言之，變項有了操作性的定義之後，對於字義的體會，卽使人人不能完全相同，至少亦可相近，因而調查所得資料可得採信。

第六，調查研究是可驗證的: 調查研究所得結果，可從事實徵性的驗證。

第七，調查研究方法促進社會與行為科學的發展: 調查研究包含資料的搜集與量化，而這些資料常會成為知識的一種永久性的來源。某一調查的資料，可以在搜集來之後隨即從事分析，以檢驗某一社會行為的特殊理論的正確性。如果這一特殊理論本身後來受到修正，這些資料還可以再依據新的理論，重作分析，因而有助於促進理論的發展（註2）。

四、調查研究與變項

樣本調查的目的，在於確定社會性的諸變項與心理性的諸變項之間的影響情形、分配狀態以及相互關係。一般而言，調查研究的探討方法與技術，可用於任何適當界定的研究對象，然而其焦點却在於人們的動態事實，他們的信仰、意見、態度、動機以及行為。這些就是我們所說的變項。調查研究的變項可分為兩類，第一類是社會性的事實，乃是個人所具有的屬性，是個人在社會團體或機構中以成員的身份得來的，諸如性別、收入、政治與宗教關係、社會經濟地位、教育、年齡、生活水準（費用）、職業、籍貫、宗族、國籍、種族等等。

第二類的變項是心理性的，一方面包含意見與態度，另一方面則是行為的。調查研究者的主要興趣不在於社會性的事實，乃是在於人們想甚麼與作甚麼; 人們因其屬性（社會性的變項）不同，所想所作（心理性的變項）自然有其差異; 這就是說社會性的變項與心理性的變

註2: E. R. Babbie (1973) *Survey Research Methods*. Belmont. Calif.: Wadsworfh

項，彼此之間有某種狀態的關連存在，而這些關連便是從事研究者所要探討的。所謂社會性的變項，就是調查研究中一般所說的自變項，而心理性的變項則爲依變項或中介變項。我們可以瞿海源有關社會態度的研究 (註3) 爲例來作說明。表 8-1 是瞿氏在探討大衆傳播對於社會態度變遷的影響。

表 8-1 年齡與閱報的關係

	每 天 看	偶 而 看	不　看	合 計
高　齡　組	5(22%)	4(17%)	14(61%)	23
中　齡　組	6(20%)	12(40%)	12(40%)	30
低　齡　組	21(36%)	30(53%)	6(11%)	57
合　　計	32	46	32	110

$\chi^2 = 23.37$　　　　df=4　　　　$p < 0.01$

瞿氏假定大衆傳播是導致社會態度變遷的因素，以閱報而言，閱報多寡或頻率高低，可以影響社會態度。他問樣本看報情形，分爲每天看、偶而看與不看三項。在樣本年齡組別的資料統計中，年齡就是社會性的變項或自變項，看報行爲項目卽是心理性的變項或依變項。調查研究其實並不僅限於尋找自變項與依變項間的關係，通常也探究諸依變項（心理性的變項）之間的關係。瞿氏的研究也包含收看節目的情形。若將閱報與收看電視節目兩項求其相關，則是在於瞭解諸依變項之間的關係。

第二節　調查的類型

在調查研究的過程中，調查對象旣經決定，並且也已抽出樣本，

註3：見文崇一等（民64）西河的社會變遷。中央研究院民族學研究所專刊第六號。

接著便是實施調查。調查的類型，依照獲取資料的途徑，可分爲訪問、郵寄問卷、集合塡表、及電話調查等類。這幾類之中，親身正式訪問的重要性遠勝過其他各類，所以成爲社會的科學性調查研究中最有力與最有用的辦法；事實上也是最常用的一種調查方法。本節只就各類調查作一簡單敍述，本書另有專章（第十八章）詳細討論，特別是有關訪問及郵寄問卷。

一、訪問的意義與種類

　　訪問是調查研究用以搜集資料的主要方法，也是最有效最妥當的程序，因爲凡是可用語言描述的事件、情境及內在經驗，都可運用訪問來搜集。廣義而論，許多情境都可說是訪問，但是調查研究所說的訪問，並不包含下述情境：企圖協助他人或敎育他人所作的訪問，以及評估個人對工作的適合性或請敎專家學者的意見而作的訪問。我們所說的訪問，僅限於那些爲搜集有關受訪者本人或他所熟知者的消息或意見以供研究之用者。因此，訪問實質上是一種互動過程，這種互動是雙向交談(two-way conversation)式的，多半的情形是訪問者携帶事先設計好的調查表或問卷而進行訪問的。調查表上的資料項目，包含事實資料 (factual information)、意見與態度，以及有關行爲、意見與態度的理由。訪問調查表或問卷的設計，是一件相當複雜的事，本書另有專章（第十四章）討論，本章僅就涉及的內容作一簡述。

　　調查所要搜集的事實資料，包含前述所謂的社會性的資料（自變項），諸如性別、年齡、婚姻狀態、職業、敎育、所屬政黨以及宗敎信仰等等。這些資料被用於探討諸變項間的關係，以及檢查樣本的正確性，在調查研究中乃是不可或缺的。這些有關個人背景資料的項目，

通常編印於調查表或問卷的首頁部分。這些背景資料，一般說來乃是
訪問時最先要取得的。在特性上，它們多半是中立的，可以幫助訪問
員與被訪者建立良好的、適當的關係，而有利於訪問工作之進行。那
些高度私人性質的問題，諸如有關個人的收入、個人的習慣，以及那
些相當不易回答的問題，例如受訪者個人的知識或能力程度，以留在
後面去問比較適宜，或者在結束訪問前提出；究竟何時爲宜則依個人
的判斷與經驗而定，不能一概而論。一般而言，以不會妨礙有關研究
主題的問題之訪問爲其原則。

　　其他事實資料或問題，則是有關探究主題而要從受訪者取得的，
這些乃是調查所想要得到的主要內容。研究閒暇生活時，娛樂行爲是
一重要部分。有關娛樂行爲，我們可以問受訪者過去與現在作些甚麼
娛樂，甚至亦可問未來將作些甚麼娛樂。這些才是調查者想要從受訪
者取得的主要資料。有關受訪者的娛樂行爲的所有資料，除非我們直
接從事觀察，否則只有得自受訪者本人或由他人提供。就這點特別
意義而言，所有這些過去、現在與未來的行爲，都能歸類爲行爲的事
實，卽使行爲僅是一種企圖而未成爲事實。研究所提出的一切事實問
題的一個主要關鍵，乃是基於這樣的假定：受訪者對其本身的行爲，
知道得一清二楚，亦卽提出的事實問題，是受訪者所知道的，不然就
無法作答；而且受訪者的回答，如果不是前後矛盾或有其他資料足以
引起懷疑，調查者就得採信而接受。如是生活情形的調查，受訪者說
從不抽烟，而其個人的消費則有香烟一項的支出，則顯然兩者之中有
一項回答是不實的；訪問者若能當時發現，立卽加以處置，便可明瞭
究竟。

　　調查所要搜集的資料，除了事實與行爲之外，便是有關受訪者對
於認知目標 (cognitive objects) 或社會事象所持的信仰、意見、態度

以及感覺等等；從社會的科學探究的立場來說，這些方面的資料與事實及行為同樣重要，有時甚至更加重要。至於所謂認知目標，乃是意指用於表示一種態度所對應的標的而言。幾乎所有事物都可作為態度的標的，但是認知目標一辭通常只能用於重要的社會標的，例如團體（宗教的、教育的、政治的）與制度（教育、婚姻、政黨、金融）等等。事實上，社會上所存在的任何事物或現象，都能促使我們產生某種意見或態度，所有這些事物與現象便是認知目標。調查研究所涉及的認知目標，因研究者所從事的研究主題而異，研究少年問題者可能重視父母對子女的管敎態度，探究家庭生活者對夫婦相處態度有其濃厚興趣。總之，認知目標繁多，調查研究所能指涉的，只能限於與研究題目直接有關的，實際上無法也不必顧及無關的。

　　親身訪問以搜集資料，能夠有助於瞭解受訪者本人對其所作所為，以及對於某些社會現象的意見所持的理由。如果我們問受訪者對其行為、意願或態度的理由，他可能回答做了某些事情，企圖做些甚麼，或者對於某些事物有甚麼感覺；他也可能說他的作為或想法是受家庭、友輩或他所從屬的其他團體之影響，或者由某些偶發事件所引起；或者他可能表示我們所探討的問題，是經由大眾傳播媒體而得知。例如，對於台北市政府最近推行的「吾愛吾市」運動，受訪者認為不必多此一舉，所持的理由是市政府應先多為市民充分提供必要的服務，如交通、清潔、自來水等等，然後才能要求市民愛護台北市。有關行為或態度的理由，在分析問題時非常有用，因為從受訪者的敍述可以瞭解為甚麼有那樣的行為或態度。以上述例子來說，我們不僅知道某一市民不支持「吾愛吾市」運動，而且也瞭解這種態度的究竟。探索理由，通常以「為甚麼」或「請說明理由」等方式提出，編排在有關問題（行為或態度）的回答項目之後；有時並不直接印在調查表上，而只

在訪問須知上規定訪問者發問。

個人的行為或態度，往往受其本身的願望、價值或需求的影響。最近報載政府將改變國民住宅政策，採取出租與出售並行的辦法，放棄以往僅限出售的政策。受訪者對這一新政策採取支持的態度，可能是因為他需要住宅而又無力購置，或是覺得租居比購買房屋而居要合算。這是態度受願望支配的一個例子。如果研究的主題，涉及個人的願望、價值觀念或需求等等，親身訪問可以比較深入瞭解問題。

訪問有多種分類方式，可以根據功能（診斷、處理、研究）、參與人數（團體或個人）、接觸期間（短期或長期）以及探究類型（結構或無結構）而作分類。訪問通常使用調查表，依據調查表設計的情形，可將其簡單地分作正式的有結構訪問與非正式的無結構訪問兩大類。

（一）正式訪問

正式訪問（formal interview）就是由訪問員攜帶著事先設計印製好的調查表所從事的訪問。正式訪問又稱為有結構的訪問（structured interview），這是因為這種訪問使用調查表，訪問內容無論是事實的、行為的或態度的，在調查表中都曾作縝密安排，成一有結構的狀態。又稱為標準化訪問（standardized interview），是指問問題與記錄回答都是依據標準化方式處理，亦即各訪問員對問題的問法與記法都能因標準化方式而達到一致的目標。通常所說的訪問就是指這種而言，因為這是最常用的訪問方式。

（二）非正式訪問

非正式訪問（informal interview）亦稱無結構或低度結構的訪

問 (unstructured or less structured interview)，因爲在訪問時不用印製好的統一調查表，訪問員只就研究題目有關的關鍵性要點形成問題，而在訪問時發問受訪者。所以，正式訪問與非正式訪問的基本差別，乃在於有無調查表或記錄回答的方式。非正式訪問方式的特點是富彈性、重素質、能夠深入而又不受控制，使受訪者有較大的自由來回答問題。這種訪問最適用於調查情感、態度、價值判斷方面的問題。非正式訪問由於訪問技術的不斷發展以及適用情境的不同，又有非引導性訪問 (nondirective interview)、重點訪問 (focused interview)、反覆訪問 (repeated interview)、深度訪問 (depth interview) 等等。由於非正式訪問在調查研究中較少使用，所以略而不談。不過，一般而言，非正式訪問較諸正式訪問，能夠深入瞭解問題，尤其是態度方面；但是，訪問工作不能大規模進行，訪問員素質的要求嚴格，所得結果不宜於量化，同時費時又費錢，這些是其主要缺點。

二、郵寄問卷

這種調查是將問卷亦即調查表寄給樣本，由樣本填答後寄回。這也是社會與行爲科學研究常用的調查方法。郵寄問卷在費用與時間上均較經濟是其最大的優點，但也有嚴重的缺點，收回率低以及無法查證答案便是。收回率低是郵寄問卷經常遇到的問題，也是研究者最感頭痛的事。收回率高低常因調查的主題或內容、問卷的分量、以及樣本的特性而異，收回率低到10％是常有的事，通常是30％上下，能夠收回一半左右則是少之又少。

收回率低所導致的結果，就是不能有效概括論斷。因此，研究者通常採取其他途徑以提高收回率，如再寄問卷並催促回覆，附寄禮品

或金錢，親身訪問不回覆者的隨機樣本，這些方法往往費時、費錢而且效果並不顯著，有時甚至較諸訪問調查更不經濟。

此外，郵寄問卷尚有若干限制，如樣本對於問題是否確實瞭解；問卷的答案是最後而絕對的，不能再予以查證；是否獨立作答或是受別人影響；可先看全部問題而後作答，失去了正確性；不能確定塡答者卽爲樣本本人；無法得到樣本的補充資料。

針對低收回率與回答可靠性問題，如果經費與時間充分，可採取先派人分發問卷而後郵寄回來，或者先郵寄問卷而後派人收回。

三、其他調查類型

集體塡表與電話調查兩者，在調查研究中也有人使用。集體塡表又稱當面分發問卷法(self-administered questionnaire method)，研究者將樣本集合起來，當場分發問卷塡答，樣本的疑問可以隨時隨地解答。這種方法與考試很相似。其優點是費用與時間經濟，收回率高，非樣本誤差小，回答者確實是樣本本人。最大的缺點是不能普遍應用，因爲樣本的集合不易，只能用於學校、軍隊、以及企業組織等，塡答者可先看整份調查表，亦是其缺點之一。

電話調查是利用電話與樣本接觸，以電話交談，在電話中問問題與答問題。費用與時間經濟，回答率高而有效率；其缺點是只適用於簡單的表面性的問題，而且如同郵寄問卷法，不能得到詳細資料或補充資料。

第三節　調查研究的方法問題

如前所述，調查研究方法涉及群體範圍，如何搜集所需資料，以及如何整理與解釋調查結果等。所有這些問題，都是關涉甚廣，並非純粹技術方面的；以樣本設計來說，既取決於實際可行性，又要顧慮理論架構的需求。

由於調查研究是社會與行為科學從事研究的方法之一，是以研究設計所提出的理論架構與假設為基礎而實施的，所以調查研究上的方法問題，必須依據研究設計而作適當處理。換句話說，調查設計是來自整個研究設計，並且構成其中的一部分，以完成整個研究；這與都市計畫中細部計畫源於主要計畫，而以實現主要計畫為其目的是相同的。總之，調查設計的通則是要受研究設計的指導，依照研究設計來處理有關的方法問題。

調查研究者通常使用流程計畫或流程圖 (flow plan or chart)，概略說明調查的設計與實施，以控制實際工作的進行。一般說來，流程計畫首先敍述調查的目的，然後詳細表列調查的每一具體步驟，最後則為撰寫報告。流程計畫，實際上乃是以調查研究涉及的方法問題為中心，依實施工作先後序列而擬定的。有關方法的問題分述如次。

一、研究的目的與問題

調查研究的目的與問題，實即研究設計的理論架構與假設中所討論者。但是，基於調查工作須能適當地實施，應將研究的一般目的，分作若干特殊目的，而且也應考慮將一般問題與特殊問題盡可能謹慎

而完善地陳述。在許士軍與文崇一先生主持的「青年工人的職業生活
與個人行為——社會變遷中的調適問題」的研究中，其一般問題為
「社會變遷中的調適」，而特殊問題則為「職業生活與個人行為」，包
含職業流動、消費行為、交友與擇偶以及休閒活動等項；這些特殊問
題中尚含若干更細微而具體的特殊問題。

　　研究問題的特殊化與明確化，是有關方法的一個最主要問題，是研
究者在調查設計上最重要的工作。由於青年工人的離職或職業流動，
可能是許多原因造成，所以，提出最近有否離職意願固然是一個途
徑，如果針對這個問題，從不同角度設定各種情況，形成若干特殊問
題而提出，則更能瞭解真實意願。所有這些問題，都構成訪問調查表
的內容。就這點而言，有些調查研究者，甚至設計資料分析的表格，
以將研究問題明確化，並進而建構訪問調查表。試以青年工人離職傾
向為例，設計一個雙向表，以表示如何能夠特殊化調查的目與問題。

　　問題是：「離職傾向（態度）與技術水準是否有關？」就這個問題而
言，所謂「離職傾向」與「技術水準」應予以操作定義 (operational
definition)。離職傾向積極（強烈）與消極（微弱），可由有關問題的
回答情形判斷。如果表示不管如何只要有其他工作機會就要離開現職，
這是傾向積極；當然只憑一個問題不能充分判斷，應該提出若干相關
問題比較可靠。「技術水準」的定義則較簡單，可依工作所需技術如
何分為技術、半技術與非技術。分析的範例如表 8-2。

表 8-2　分析範例

離職傾向 技術水準	積　極	消　極
技　　術		
半　技　術		
非　技　術		

這種範例的優點，在於能使研究者立即發現是否清晰地提出特殊問題，而且特殊問題是否與一般問題有關；這也提供研究者以數碼化（coding）與分析的線索。

總之，調查設計最重要的工作，是將研究目的與問題特殊化，並將涉及的概念或變項賦予操作定義。

二、調查群體與抽樣

調查群體是由研究設計所規定的。在抽樣設計時，樣本的代表性乃是應該愼重考慮的最基本問題。樣本的代表性如何，在相當限度上取決於群體分類的精確程度，樣本的足夠性以及群體的異質性。如果群體曾給予恰當界定，則能增加樣本代表性的可信程度。假若選取的樣本非常小，則足够性是一很需要考慮的問題；根據統計技術，樣本必須要有充分規模（數量），研究者才能根據樣本推論群體狀況。代表性爲群體的異質性所左右，群體的各個單位愈是相似，則卽使較少的樣本仍然有其代表性。

因此，在實施抽樣前，應先劃定群體範圍，瞭解群體特性，確定樣本單位，然後選擇抽樣方法以及決定樣本規模。樣本多少與調查費成正比，樣本規模應視經濟狀況而定；但是，拒訪與空戶的情形也須列入考慮，通常採取抽出若干預備樣本備用。隨機抽樣一般說來是較好的方法之一，因爲群體保持隨機狀態，每一成員都有被抽出的同等機會，但是費用較高而且不容易實行。究竟採取甚麼抽樣方法最適宜，通常係依研究目的、研究問題的性質以及群體的特徵以作選擇。

三、設計調査表與試查

調査研究幾乎都是使用調査表或問卷，作爲搜集資料的工具，所以，調査表設計得適當與否，影響研究甚大。調査表所列問題，如前所述力求特殊化與明確化是一基本原則；有關設計調査表，本書另章（第十四章）將詳細論述。

正式訪問是一標準化的訪問調査，樣本愈大訪問員愈多，非樣本誤差可能愈大；所以，應該編印訪問須知（手册），包含調査目的與訪問方法，並對若干項目予以明確說明，如拒訪或空戶如何以預備樣本代替，使訪問員能够隨時解決困難，因而有助於達到一致的目標，以減少非樣本誤差。

試查通常是一不能缺少的作業步驟，特別是大規模或比較複雜的調査研究，因爲經由試查可使研究者在準備及實際作業上，更加完善。一般而言，試查爲實地調査提供下列諸項功用：

第一，瞭解用作選樣的抽樣名册 (sampling frame) 是否完整、正確、適當以及最新。

第二，測知調査群體的變異性，這是決定樣本規模極需要的知識。

第三，有助於無回答率的控制。拒訪與空戶可因試查而作粗略估計，以便採取有效措施，減少無回答率。

第四，試驗調査表或問卷的妥當性，這是試查最具價值的功能。調査表是否便於操作，概念的定義是否明確，問題的提出是否適當，措詞是否簡潔、清晰、不武斷、不模糊，受訪人是否對問題有誤解或不盡瞭解，或瞭解問題而基於私人緣故提供不實回答，這些情況都可

經由試查結果而測知。針對試查所顯示的情形修正調查表，使其更具
妥當性。

第五，試查後的調查表，若試行數碼化，可以發覺問題答案項目
的適用情形，從而可作必要的修正。

第六，試查可以考驗搜集資料方法的適合性，藉以選擇一個低成
本高效率的方法。

第七，試查亦可瞭解調查須知（手冊）的適用狀況，預估主要調
查及其各個不同階段的費用與所需時間。甚至亦有助於判斷研究人員
與訪問員之間溝通意見的效率。

總之，試查在實地調查中有其重大功能，尤其大規模的調查研究，
由於試查可能使準備工作更加充分完備，實際工作更具效果，所以，
試查是不能忽略的步驟。試查的規模與設計沒有定則可循，通常視時
間與經費而定，其規模則以能充分實現上述諸項功能為原則。

四、決定搜集資料方法

搜集資料方法的選定，一般而言，是受研究主題、探究單位（個
人或家戶，如為家戶則受訪者為其成員之一，樣本單位與探究單位不
一定相同），以及調查所用尺度的支配。例如，探究對象為受高等敎育
者，研究主題又與其有密切利害關係，則採用郵寄問卷法就能達到目
的；若為一般人，而提出的問題又相當複雜，則以親身實地訪問比較
適當。各種方法各有利弊，選擇方法以最能搜集到調查研究所需資料
為準則。

五、誤　差

調查過程的每一階段，都是誤差的潛在來源。抽樣誤差比較容易保持控制狀態與予以適當估計。非樣本誤差，可能發生於訪問、問題本身、編審、數碼化、列表甚至分析的任何過程，對於這些誤差來源，在調查設計時，必須竭盡所能予以掌握，並且在實際工作上採取任何可行措施，以使誤差減少到最低程度。

六、實地調查工作

訪問員的素質，是實地調查工作成敗的主要因素之一。因此，訪問員的選取要謹慎，訓練要嚴格；至其僱用為專任或兼任，論時或論件計酬，所有訪問員待遇平等齊一或依經驗而定，都應作適當處置。實施正式調查前，舉辦講習會，以使訪問員在實地調查工作，能夠統一觀念齊一作法。實地督導的範圍與方法，也必須作適當而有效的安排；訪問員的誠實與效率，要隨時隨地檢查。

七、整理與分析

實地調查工作，是調查研究的主要階段，但有許多工作却是在調查結束以後進行的，如整理與分析。由於這些工作是調查研究的一部分，所以，在擬定調查計畫時對於如何從事也須先作考慮。整理包含編審、數碼化與製表三項。編審的綱要，數碼化的問題分項細目表，列製統計表的試驗性觀念，都應包含在調查計畫中；如果涉及態度或

意見的調查，在編審時先作內容分析，以便就問題作取捨。如果是複雜的研究，除非能夠充分掌握調查結果，多半無法決定製表與分析的原則。

在計畫階段，採取何種分析方法要作決定。如果使用電腦，則要瞭解其程式的特性；假如分析需要運用加權 (weighting)，則所用程式應作檢查，觀其是否適用，否則決定以其他方法達到加權的目的。

資料經過分析，並檢定信度，研究者就可進一步依據研究設計的理論架構及假設，將調查結果發現的情形或事實撰寫報告。

上述調查研究方法上的諸問題，實質上大致對應著樣本調查過程的幾個階段，如前所述乃是受研究設計所指導，可用流程計畫控制實際工作。這些階段並不是獨立進行，而是前後互相關連，像鍊條的環節彼此連結，所以，整個調查進行過程，各階段所要作的事情，基本上乃是以前一階段的情形如何作爲參考，並同時預測或判斷下一階段的可能狀況而作決定的。

調查搜集的資料，其信度與效度如何，與資料分析及研究所得結論有關，因此作一簡單敍述。一般說來，對於調查得來的資料，能夠檢定信度。信度的檢定，乃是以同樣的調查表或問卷，調查同一樣本兩次，觀其結果是否前後一致或有其差異；結果愈是一致的，其信度愈高。通常有關個人的事實資料如年齡、職業、收入等等，或是事實問題的回答信度較高；有關態度與意見的信度高低則較難確定，因爲前後回答相異，可能是由於態度的眞正改變，也可能並非如此，而是由於不實的回答所造成。

調查資料可作效度的檢定，是社會的科學探究方法當中，調查研究特別具有的優點，檢定效度所用的工具，必須是外在於調查資料的標準。我們將調查結果，與假定有效的外在的標準作比較，便可知其

眞假實情。例如，受訪者說其本人是「生命線」的義務工作員，我們
可由「生命線」義務工作員名册查證。個人的行爲通常是不作查證
的，因爲有關個人的情報難以獲取，但是團體的情報却是較易得到。
這種情報能用於查證受訪者回答的有效程度。事實的效度檢定只要有
外在的評價標準就可進行，至於態度、期望（expectation）與意圖
（intention）等資料的效度檢定則是不易的事，因爲沒有外在的評價
標準可作研判依據；特別是回答者有意或無意所作的不實反應，這種
違心之言實在難以探察。針對此點，可以採取另行調查，並決定容許
誤差的程度。

　　總之，要使樣本調查合乎科學的要求，首先應將調查研究的目的明
確限定，調查範圍的清晰劃分，而實際調查所用方法要能獲得有信度
與效度的資料。

第四節　調查研究的實例

　　調查研究在方法上所涉及的基本問題，我們在上節曾作簡單討
論，本節將提出一個實在的研究計畫，即「青年工人的職業生活與個
人行爲──社會變遷中的調適問題」，作爲調查研究實例的說明。這
個計畫涵蓋方法上的基本問題，選作調查研究的實例，可供作參考。
這個實例有助於瞭解調查研究方法上的一些實際問題。玆將這一研究
計畫予以摘要叙述。

一、研究主題

　　台灣在急速工業化，但是國內對於工業勞動人口的研究，却是爲

數殊少。就是以往的這些少數研究，多半偏重於經濟層面的，將勞動人口當作「經濟人」來作考察。這種研究雖為瞭解工人生活不可缺少的一部分，但是要對工人生活有完整的全面瞭解，今後的研究應著重於社會的層面與心理的層面。

青年工人是指年齡由 16 歲到 25 歲的工廠從業員，他們或者是剛從學校畢業，或者是離鄉背井到一個陌生的環境就業謀生，他們在職業生活上如何適應，有那些休閒與娛樂活動，如何處理婚姻與性生活，在一個陌生環境裡遭遇到那些問題，這些都是值得加以探討的問題，也是提出這一研究的原因。

這一研究係屬於「社會變遷中的青少年問題」整體研究計畫的一部分，是以青年工人為對象，探討他們在一個現代化工業生產的環境下所發生的一些調適的問題。本研究假定，青年工人為了適應現代性生產環境所要求的生活與行為模式，必然導致和外界環境與人群關係的調適。這種調適的過程及所產生的問題，即為本研究的重心所在。

本研究由國立政治大學與中研院民族學研究所合作進行，是一包含管理科學、社會學與心理學的科際整合性的綜合研究。所要研究的具體問題有下列幾項：職業變動問題、消費行為、交友與擇偶問題、休閒活動以及工作態度問題等。

二、研究設計

(一) 研究的架構

本計畫的研究架構，是根據整體研究計畫所決定的四個原則，兼顧問題取向、行動取向、互動取向、動態取向，亦即以互動與動態的

研究方法來瞭解靑年工人問題的成因，並探究實際問題之所在，希望能提出解決靑年工人問題的途徑。本研究所假設的諸變項間的關係圖示如圖8-1。

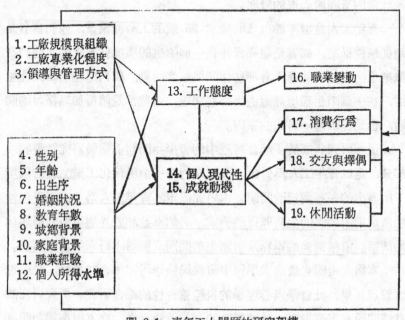

圖 8-1 靑年工人問題的研究架構

變項 1-12 爲假設架構中的自變項，13-15爲中介變項，16-19爲依變項，前一組卽爲社會性的變項，後兩組爲心理性的變項。

變項 1-3 是靑年工人的工作環境，包括技術的與人事的環境。變項 4-12 是靑年工人的個人特質，變項 13-15 爲態度特質，包括工人的一般社會態度與因工作環境而產生的特殊的工作態度兩者。變項 16-19 爲靑年工人所表現的各種社會行爲。變項 13-19 爲本計畫所研究的五個重點。

本計畫假定，變項 1-12 是影響靑年工人行爲的先決變項(antecedent variable)，變項 13-15 為中介變項。如將圖 8-1 切開，則變項 1-12 為變項 13-15 的自變項，而變項 13-15 可作為依變項來加以研究；再就架構的後半部來講，變項 13-15 又為變項 16-19 的自變項，雖然前者在整個假設架構中是居於中介變項的位置。簡言之，本研究假設，變項 1-12 一方面透過變項 13-15 而影響變項16-19，另一方面則是並不經由變項 13-15 而直接影響變項16-19，這時變項 13-15 並不發生「中介」的作用。如上所述，中介變項可自成研究的對象，而在實際的研究中，工作態度即為五個研究重點之一。在研究架構中，變項 13、14 與 15 雖然皆居於中介變項的位置，但我們假定變項14與 15 亦為與變項 13 有關的重要因素。

在圖示的研究架構中，我們得知，研究者的分析焦點在探討個人現代性與成就動機等一般性的社會態度與工作態度、職業變動、消費行為、交友與擇偶、以及休閒活動間的關係；次一目的，則在檢查工人行為與工作環境、個人特質諸變項間可能的關係；最後則為探討變項 16、17、18 與 19 之間的關係。

（二）研究的變項與假設

在研究計畫中，這一部分是將所有自變項與中介變項，逐一加以簡單說明或給予操作定義。本研究將檢查收入高低對工作滿足程度的影響，其次將檢查這個變項與職業變動、消費行為與休閒活動之間的關係。

（三）研究的問題

這一部分與前者相同，在研究計畫中將所擬研究的問題，逐一具體敍述。例如，職業變動問題，經過文獻檢討之後，不僅將問題概念

化, 而且加以具體化, 並提出研究的重點: 其一, 瞭解工人職業變動的頻率、種類與性質; 其二, 分析職業變動與工作態度、個人現代性、成就動機等諸變項間的關係: 其三, 探討不同的工作情境與個人特質是否造成不同的職業變動。

(四) 工廠的選擇與抽樣

在工廠的選擇方面, 本計畫考慮三個因素, 即工廠規模 (包含工人數目與工人性別比率)、工廠的專業化程度 (包含機械化與分工程度、工作環境與管理方式, 希望選出代表四個不同技術層次的工廠)、工廠類型 (國人投資的而能代表我國工業發展的幾個階段者)。根據這三個原則選取勤益紡織廠、南亞新東廠、裕隆汽車廠與中華電線電纜廠從事研究。

抽樣時控制性別與工廠類型兩個因素, 因為性別是行為模式的基本因素, 而工廠類型則為本研究所強調的因素。兩者在分析上有無差異, 對本研究均可能產生重大影響。預計每廠抽取 300—500 人, 四廠共計 1500—2000 人。實際抽樣時, 上述前兩廠選取女工, 後兩廠選取男工, 共得樣本約 1400 人。

(五) 研究策略與實際搜集資料的方法

研究的策略 有關工人問題的研究, 在國內可說較為罕見, 對於工人生活的綜合性與科際性研究更是未有, 因此本研究可說是一種開創性的工作。研究期間兩年, 第一年的工作著重於假設的建立與問卷、量表的發展。建立假設與發展量表, 將以國外已有的研究為基礎, 從事探索性的研究, 以期能建立適合我國青年工人的研究假設與量表。所擬建立的工具有: 個人現代性量表、成就動機量表、工作滿足量

表、疏離量表等，並且設計調查職業、消費、擇偶、休閒等類行爲所
需的問卷。

　　搜集資料的方法　爲了對工人生活作比較完整的瞭解，本研究儘
量利用社會與行爲科學所發展出來的各種搜集資料的方法。其一爲參
與觀察，本研究的工作人員，以三個月的時間，住在上述所選的四個工
廠，從事實地參與觀察工人在工廠中的生活。觀察項目包括工人操作
機器的情形，廠中的正式與非正式的關係，工廠管理方式與工餘的活
動等。有的是完全在旁觀察，如工作情境；有的是參與性的觀察，如
社交生活。

　　其二爲深度訪問，本研究除了從工人這一方面來瞭解其態度與行
爲外，並且也從廠方的觀點與管理人員的觀點來瞭解工人，因此，須
對工廠中的高層人員進行深度訪問。工人的感覺也是重要的，我們要
從討論問題中來瞭解他們，特別是具有領導能力的工人們。另外，工
廠中發生的一些特殊事件，或工人的一些特異的行爲，也要加以詳盡
地記錄或作個案分析。

　　其三爲社會問卷，本研究以設計的完整問卷，收集工人的個人與
社會背景資料，並調查消費行爲、休閒活動、職業流動、離職行爲及
男女工人的交友與擇偶行爲等。

　　其四爲量表施測，將以上述發展出來的量表，測量我國工人的成
就動機、個人現代性及工作態度等。

（六）資料的整理與分析

　　本研究所收集的資料，因所用的方法不同，可將其分爲兩種。其
一，是由參與觀察與深度訪問所搜集得來者，這些是描述性的資料，
無法予以統計分析，却能在解釋問題時增進其深度與透視力。其二，

是由社會問卷與態度量表所得到者，可用各種統計方法加以分析。但是，不管資料是否能予以統計處理，在資料的分析上，我們將採用下列各種策略：

(1) 來自不同地區工人樣本的比較：將工人分成來自鄉村或都市兩類，城鄉背景的不同，在許多相關的研究中，都顯示是一種影響工人態度與行爲的重要因素。

(2) 不同工廠類型的比較：可瞭解在不同的規模與技術條件，及不同的管理方式下的工人生活。

(3) 在職時間樣本的比較：在職時間的長短或久暫也是在分析資料時的一個標準；在職時間一方面顯示職業訓練的深淺，另一方面則表示職業生涯的穩定與否。

(4) 不同家庭背景樣本的比較。

(5) 不同個人特質的比較：如性別、年齡、教育程度等。

(七) 研究的進度

本計畫所定的研究進度，分作兩年實施。第一年以四廠爲主，作深度與密集的調查，除了分析依變項中各項問題外，並且建立上述各項量表，作爲第二年分析的依據；第二年調查對象將遍及全省不同地區與不同類型的工廠，並以第一年所建立的假設與所發展出來的量表，以問卷方式作普遍式的抽樣調查。亦卽第一年爲個案研究，用以發展模式，並找出問題；第二年爲普遍研究，用以肯定問題，並提出建議。兩年的方法、步驟、原則都是一致的。下面是第一年計畫的研究程序。

第一個階段：由六十五年七月一日至八月卅一日。這一階段的工作有三：其一，全體參與研究人員實地到龜山與新莊工業區訪問，以

選取四個具有代表性，而又能從事研究工作的工廠。其二，每一研究人員提出個人的研究構想、理論與方法，彼此交換意見，讓全體人員都能瞭解彼此的問題，並藉以溝通彼此的觀念。其三，擬定問卷，因為所擬問卷是否完善將影響研究成果，所以要謹慎從事。

第二個階段：由六十五年九月一日至十一月卅日。從九月一日開始，工作人員住進工廠作實地參與觀察。在對各工廠及工人有一初步瞭解之後，將問卷在廠內實施試測，以檢驗問卷的可用程度，作為最後修訂的依據。正式問卷的施測工作將在十月中旬開始，最後工作在十一月底結束。

第三個階段：由六十五年十二月一日至六十六年二月廿八日。這一階段是整理與分析資料的期間，除了將實地參與觀察的資料加以整理外，並將由問卷所獲得的資料加以審查、數碼化及過錄，然後以電腦從事統計處理。

第四個階段：六十六年三月一日至六十六年七月卅一日，每一參與人員撰寫各自的報告，並討論結果。

第五節　調查研究的利弊

社會與行為科學的各種研究法，利弊互見，優點與缺點並存，調查研究亦是如此。

一、調查研究的優點

大致而言，調查研究的優點有以下三項：

1. 調查研究能用於搜集大量資料: 樣本調查是調查研究的特質之一, 我們可以從一個大的群體, 如台北市或台灣地區, 大規模抽選個人或團體作爲調查對象, 實施調查以搜集大量資料, 這是其他方法所不能做到的。

2. 調查研究比較經濟: 嚴格依據抽樣原理抽選樣本, 樣本具有高度的代表性, 而以樣本實施調查, 無論費用或時間都要比普查經濟, 但較諸重質的實驗法來說, 則並不經濟。再者, 與普查相比, 所需調查員較少, 因而來自調查員的有意或無意的誤差, 都能爲之減少。

3. 調查研究所搜集的資料有其正確性: 依據抽樣原理 採取適當的抽樣方法所選取的樣本具備高度代表性, 如果調查表或問卷設計完善, 訪問員 (如果採取實地親身訪問) 素質高, 則所得資料常是正確而可採信的。

二、調查研究的缺點

大致而言, 調查研究的缺點有以下四項:

1. 調查研究僅及表面而不能深入。一般而言, 深入探究問題乃是研究所強調的, 而調查研究只能廣泛地搜集大量資料, 無法突破表面而深入內層來瞭解問題, 特別是有關意見的或態度的探討。

2. 調查研究是樣本調查, 使用樣本則易有樣本誤差, 而誤差有時可能嚴重地影響調查資料的正確性。

3. 調查研究的一個潛在缺點, 而並不一定是實在的缺點, 便是訪問員會影響受訪者的回答。這種非樣本的誤差, 在調查訪問時經常可能存在, 致使調查無效。訪問員的個人特質與社會背景, 訪問時所持態度, 甚至與受訪者交談或互動的方式, 都可能促致受訪者提供不實

的資料。

4. 調查研究也需要豐富的研究知識與通達的人情世故。一個卓越的調查研究者，必須熟知抽樣、設計調查表與問卷、訪問、資料分析以及其他有關調查的技術。這些知識不是輕易可得，甚少研究者擁有所有的這些知識與充分的經驗。這也就是，以調查研究方法從事研究，須具備各方面的卓著知識與豐富經驗，否則研究設計縱然週詳可行，却也不易成功，這是應用調查研究的限制。

社會與行為科學的各種研究法，各有其優點與缺點。調查研究雖有上述缺點，但是無論如何，它是從事研究的有效方法之一。而上述幾個缺點，事實上是可以克服或控制的，如果運用調查研究法時能同時兼採觀察法，如上節研究實例所採用的辦法，則不僅可以廣泛搜集大量的資料，而且可以突破表面而深入內層，取得更有深度的資料。再者，如果群體資料精確，抽樣設計嚴謹，則可減少樣本誤差；而訪問員素質高而又接受過嚴格訓練，同時又能認真督導，並慎重審查調查表，則可相當程度地避免訪問員所導致的誤差，因而可以提高調查資料的正確性。

第 九 章

事後回溯研究

黃 光 國

顧名思義，事後回溯研究法係指：一件事情發生之後，才着手收集有關此一事件的各項資料，並分析其原由的研究方法。在經濟學、社會學、考古人類學等領域裏，研究者常以現成的既有資料從事研究工作，這種方法固然是事後回溯研究之例；其實，從方法學的觀點來看，醫學、心理學、教育學等領域中，以個人之特質或經驗爲自變項所做的「準實驗」(quasi-experiment)，也具有事後回溯研究之性質，也應該在此一併討論。因此，本章將先敍述幾種常爲人用的既有資料，以及它們在社會及行爲科學研究中的用途。接着，本章將分析以既有資料從事研究的利與弊。隨後，本章將從方法學的觀點來界定事後回溯研究，並討論其性質。我們將特別強調事後回溯研究所得結果之解釋，並將以實例說明解釋其結果時可能犯的錯誤。最後，本章將建議一種可以補救事後回溯研究部份缺點的方法，以供學者參考。

第一節　既有資料與社會科學研究

社會及行爲科學工作者在從事研究工作時，經常會遭遇到某些特殊問題。這些問題既無法用實驗來加以驗證，又不能以社會調查來尋求

解答，其解決的唯一方式，便是從分析既有的資料中覓致答案。這類
問題包括：

歷史性的問題　例如研究自十九世紀末葉至二十世紀七十年代臺
灣的經濟發展模式時（註1），研究者根本不可能使其感興趣的歷史情
境再次復現，此時，解決問題的途徑之一，便是從政府機構歷年累積
下來的經濟統計資料中找尋有關的研究材料。

難以實驗的問題　在研究某些問題時，研究者雖然可能在實驗室
或實際生活場所中佈置出他感興趣的問題情境，以檢視一組自變項對
研究對象可能產生的效果；然而，此種研究計劃之執行倘若違反了社
會規範或可能導致不良的後果，則整個計劃會顯得窒礙難行。例如，
研究飲水中含砷量與烏腳病之間的關係時，我們很難想像有任何研究
者能以人為對象，將此研究付諸實驗。一般而言，研究此類題材較為
可行的途徑，仍是從醫院中留存的記錄裏找出烏腳病患的個案，再研
究其居所附近飲水的含砷量（註2）。

實用的問題　社會及行為科學工作者若想運用其研究結果來解決
社會問題，則他在撰寫研究報告時，必須對該一社會問題提供翔實可
靠的背景資料，這些資料的最大來源自然是現成的既有文獻。這樣做
一方面研究者可以檢視其研究結果是否可以應用於現實社會中，一方
面關心該一問題的社會大眾也比較容易接受他的看法。

通常社會及行為科學工作者運用得最廣的三種既有資料是：統計

註1：有關此一問題之研究，讀者可參閱：T. H. Lee (1971) *Intersectoral Capital Flows
　　in the Economic Development of Taiwan, 1895-1960*. Ithaca and London;
　　Cornell University Press; 及 R. I. Wu, (1971) *The Strategy of Economic
　　Development: A Case Study of Taiwan*. Louvain: Vander. 這兩本書都是運
　　用既有的統計資料，對臺灣在過去七十年之經濟發展模式所作的事後回溯研究。
註2：有關臺灣地區沿海鄉鎮烏腳病之研究，請參閱「臺灣省環境衛生實驗所」出版之
　　「臺灣省環境衛生二十年：中華民國44年至64年」，民64，頁247-261。

記錄，大眾傳播媒體，以及私人文件（註3）。

在世界上大多數運用文字的文明社會裏，政府、學校、醫院，乃至於公司、工廠等等的次級社會機構，為了對其所掌業務施予有效的行政管理，大多會保有各種有關的統計記錄，這類記錄往往是極有價值的研究材料。例如，臺灣地區各級縣市政府都逐年出版有「統計要覽」，其中載有關於當地的土地、人口、政治、財政、教育、建設、工商、農業、畜牧、社會、警務、衞生、公用事業等各方面的統計資料；此外，我國行政院所屬各部會如主計處、經合會、經濟部、內政部、教育部等，也都定期出版有各種「統計報告」、「調查報告」、「統計要覽」（註4），這些統計資料都是學者在研究有關臺灣的問題時，經常引用的寶貴材料。

所謂大眾傳播媒體係指信息控制者將某種訊息傳遞給大多數訊息收受者所用的工具，如電視、電影、廣播、報紙等等。傳播媒體所載的信息，或為生活知識，或為娛樂節目，或為訊息控制者企圖告知或說服大眾所用的材料：無論其內容為何，它們在在都反映出流通於某一社會中的文化素材。因此，分析傳播媒體的內容不僅可以看出一特定文化的某些層面，可以作不同文化間的比較，而且還可以看出一特定社會中文化變遷之趨勢。人類學家 Margaret Mead 所倡議的「從遙處研究文化」(study the culture at a distance)（註5），其方法即是分析世界上各不同文化中大眾傳播媒體的內容，藉以了解並比較各

註3：見 C. Selltiz, M. Jahoda, M. Deutsch, and S. W. Cook (1959) *Research Methods in Social Relations*. New York: Holt Rinehart and Winston.

註4：關於中華民國臺灣地區各政府機構出版期刊之名稱及查詢單位，請參攷「交通部運輸計劃委員會」出版的「資料指引」(民62)；「交通運輸資料分類索引」(民63)；及「經濟資料分類索引」(民64)。

註5：見 M. Mead and R. Metraux (eds.) (1953) *The Study of Culture at a Distance*. Chicago: The University of Chicago Press

個不同文化的某些層面，如育兒方式、人際關係、家庭結構等等。

一般所謂的私人文件係指研究對象的日記、自傳、信件、著作等等。有些學者認為，既有的私人文件，必須具有下列特質：（1）以文字書寫者；（2）文件內容限於作者自身之經驗；（3）作者在書寫文件時，未受到任何外力之干擾（註6）。其實，任何足以反映個人特質之私人作品，如藝術創作，對問卷或晤談之反應，以及在投射測驗或其他心理測驗上的得分等等，都可以算是私人文件之例（註7）。乍看之下，藉由各種心理測驗測得的個人特質似乎不是「既有的資料」，然而從方法學的觀點來看，以個人之特質為自變項所做的研究，和以既有資料為材料所做的研究，在本質上並沒有什麼不同。關於這一點，我們將在下列各節中再加闡明。

第二節　利用既有資料從事研究的優點與缺點

利用既有資料從事社會及行為科學研究有許多好處。第一、由於資料是現成的，研究者不必再耗用大筆經費去收集資料，因此可以省下大筆研究經費。在從事社會及行為科學研究的過程裏，大部份的研究經費都用在收集資料的步驟中。例如：建立實驗情境，購置測量儀器，施行社會調查等等，均是所費不貲之事。如果有現成資料可供運用，研究者之經濟負擔自然能大幅度地減輕。

其次，由於大多數的既有資料都是長期累積的，以之從事研究，可以看出一件事情在時間序列上的長期發展。大體言之，諸如政府機

註6：例如 Selltiz 等人卽持此種看法。同註3，pp. 323-324.
註7：例如心理學家 Allport 卽主張此種觀點。見 G. W. Allport (1942) *The Use of Personal Documents in Psychological Science.* Bulletin 49, Social Science Research Council.

關之類的次級社會機構都會長期收集和其業務有關的統計資料。此種資料之收集，其規模之大，時間之久遠，都不是一般私人研究機構可望其項背者。同樣地，大眾傳播工具之存在於某一社會中，也不是一朝一夕之事。是以分析既有的統計資料和大眾傳播媒體可以看出一特定社會中文化變遷之趨勢，這種趨勢是短期的收集資料難以窺其全豹的。

　　私人文件能反映出個人生活歷史之演變，其理亦同。經過標準化的心理測量工具固然能顯示出在時間序列上某一特定點個人所具備的心理特質，但是要了解此種特質之發展過程，必須長期追蹤受試者，並陸續施予類似的心理測驗。在平常狀況下，此種長期追蹤之是否可行，實在不無疑問。因此，假使某一研究對象保有日記、信件、自傳等私人文件可資運用，則分析此等文件之內容不失為了解其生活史之一下手處。

　　除此以外，運用既有資料從事研究的另一個好處是不必求取研究對象的合作。以晤談或社會調查的方式收集資料時，訪問者常會遭遇到受訪者不肯合作的困擾。尤其是訪問的內容涉及受訪者之財產、收入、或隱私等情事時，受訪者更會抱有懷疑的態度，以為吐露實情可能對自己不利，而在言談之中有所保留。以既有資料從事研究時，研究者既不必訪問受試者，又不必向他求取訊息，自然不會發生此類困擾。

　　然而，利之所在，弊亦隨之。以既有資料從事社會及行為科學研究也有許多限制，研究者不可不加以注意。最大的限制發生在保有資料者不肯合作，不願意提供資料之協助時。不論是統計資料、傳播媒體、或私人文件，如果保有資料之單位由於業務上的保密需要或其他原因而視其所掌握的資料為不可與外人道的禁臠，則研究者雖明知何

處何人保有此等資料，恐怕他也會一籌莫展，徒呼負負。

　　卽使保有資料者肯提供協助，研究者也還可能遭遇到其他困難。困難之一，是既有資料可能不够翔實。前面說過，研究者在作社會調查時，受訪者常因某種緣故而隱瞞實情。同樣地，當初保有資料之機構在收集資料時，受訪者也未必肯據實相告。其所獲資料是否能反映實情，實在不無疑問。譬如，臺灣地區的人口統計大多是以戶口登記為憑據，然而臺灣的戶口登記資料和實情却不盡相符（註8）。一般而言，憑藉戶口登記做成的人口統計常將人口移入率高之縣市的人口，過份低估，反之，對於人口移出率高之地區，它却常將其人口過份高估。不僅如此，戶政資料登載的職業、教育程度、遷徙記錄等等，也常有不符事實之情事。此種誤差之所以發生，是部份民眾未將其家庭中發生過的有關事項立即向戶政機關報備所致。當然，其他如稅務機關之稅務統計、經濟機構之產業統計等等，也都含有一定成份的誤差。推計並減少統計資料中之誤差，乃是有意以既有資料從事研究者必須深加注意之課題。

　　運用大眾傳播媒體從事研究也必須考慮訊息之可靠性。我們說過：傳播媒體的重要功能之一，是訊息控制者可藉之說服訊息收受者。在說服過程中，訊息控制者很可能依據自己的態度、意見、或價值觀念，將訊息的內容予以添增、減少、刪改、或甚至掩蓋不使人知。林憲、鄭連德、陳端（註9）分析 1967 至 1971 年間臺北聯合報

註8：有關臺灣地區戶口登記資料之誤差推計，請見 Paul K. C. Liu（劉克智）著，W. L. Parish 翻譯 (1967) The Use of Household Registration Records in Measuring the Fertility Level of Taiwan. Economic Papers, No. 2, The Institute of Economics, Academia Sinica.

註9：林憲、鄭連德、陳端（民63）報紙所報導的自殺行為之分析。中華心理學刊，第16期，7-24。

報導的 364 件自殺行爲，結果發現：報導者對各類自殺方式之興趣及態度，能影響報紙報導自殺事件時採用之標題大小及篇幅多寡。對於涉及犯罪行爲、精神病患、社會衝突等的自殺案件，報紙會以較大的標題及較長的篇幅來報導。尤其是自殺時顯示戲劇性行爲，如殺人而後自殺者，報紙更會以詳盡的報導大事宣揚。對於因爲婚姻或家庭不合而引起的自殺，報紙報導的態度較爲保守。至於因貧病而厭世的案件，則多半用小字體來報導。訊息控制者對自殺案件之報導如此處理，對其他類新聞之安排，又何獨不然？是以學者以之作爲研究材料時，絕不可忽略訊息控制者對其報導之事件所持的立場，以免受其偏頗態度影響而獲致錯誤的結論。

私人文件也經常有虛浮不實之情事發生。個人在書寫自傳、信件、日記時，如果有意以之示人，或使之廣爲流傳，則他下筆之際，可能極力強調一己之長，對自己的短處則找託詞，尋藉口，甚至歪曲事實，或乾脆避而不談。對於強烈希冀獲得社會之讚許的人物，此種傾向尤爲明顯。有意以私人文件爲研究材料之學者，對此傾向，不可不察。

運用統計資料從事研究時，還可能遭遇到另一個問題：當初資料收集者所用的測量工具與測量單位，不合當前研究之需要。社會及行爲科學工作者從事研究工作之際，大多會以某種理論架構(theoretical framework) 爲依據，擬出一套工作假設 (working hypothesis)，然後再設計出一套運作程序 (operational procedure) 來界定其假設中所涉及的各個變項。這套運作程序即是測量各變項所用的方法。倘若當初收集統計資料者所用的測量工具及測量單位和他所擬出的運作程序不謀而合，自然是最好不過。可是在大多數狀況下，研究者都必須遷就既有的材料，而修正其擬出的測量步驟。假使既有材料之測量過

程和研究者之理想相差太遠，則勢必構成一項難以解決之棘手問題。

第三節　事後歸因的謬誤

一、事後回溯研究之定義

以傳播媒體和私人文件為研究材料時，最常用的研究法是「內容分析法」。雖然晤談的結果與問卷的回答等等，也可以用內容分析法來加以分析，但是後者的主要用途却是分析傳播媒體的文字內容。關於內容分析法的各種技術性問題，諸如：界定作為研究對象之群體（universe），從群體中取出具代表性之樣本，決定分析單位，建立分類體系，提高分類體系的信度等等，在本書第二十五章中將有詳盡的介紹，此處不再多加贅述。

在處理既有的統計資料及內容分析所得的結果時，最常用的統計方法是求取變項與變項之間的相關。易言之，分析既有資料祇能看出變項與變項之間是否有顯着的關係，但却無法得知其間是否有因果關係（cause and effect relationship）。社會學家 F. S. Chapin 以為：將既有資料作統計處理時，並不一定非用相關法不可（註10）。他將登載於既有資料中的研究對象的某種屬性當做自變項，然後依照各研究對象在自變項上的不同，將之分成數類，再比較各類研究對象在某一依變項上的差異。Chapin 認為：這樣的「準實驗」，可以供作檢試假設之用，也可以讓人看出自變項和依變項之間的關係。這種研究設計，他稱之為「事後回溯研究法」。

註10: F. S. Chapin (1947) *Experimental Designs in Sociological Research.* New York: Harper.

　　嚴格說來，Chapin 所倡議的事後回溯研究，仍然祇能顯示出變項與變項之間的相關，而不是眞正的因果關係。Kerlinger 從方法學的觀點重新檢討事後回溯研究法的本質。他將之界定如下：

　　「事後回溯研究是一種有系統的實徵性探討法。此類研究中之自變項，若不是旣成的事實，便是根本無法操弄的，是以採用此法的科學家不能直接控制自變項，變項與變項之間的關係也不能直接測知，它必須從自變項和依變項的共同變異來加以推論。」（註11）

　　換句話說，一個研究是否屬於事後回溯研究，並不是決定於研究材料之是否爲現成者，而是取決於研究者對自變項的控制程度。凡是研究者無法直接控制自變項的研究，都應該算是事後回溯研究。利用旣有資料做成的研究，固然是事後回溯研究；在醫學、敎育學、心理學等領域裏，許多以研究對象之特質所做的研究，也應該算是事後回溯研究。這類研究的設計，看來好像是實驗，其實研究者並不能眞正控制自變項，因此它們祇能算是「準實驗」。要闡明這一點，必須先討論自變項的性質，再比較「實驗法」和「事後回溯研究法」的差異。

二、自變項的種類

　　一般而言，社會及行爲科學研究者從事研究時所操弄的自變項大致可分三類：環境變項 (environmental variable)，工作變項 (task variable)，和對象變項 (subject variable) （註12）。環境變項是受試者所處環境之某種屬性，研究者可將之隨意操弄，使其產生有系統的

註11：見 F. N. Kerlinger (1973) *Foundations of Behavioral Research.* (2nd ed.) New York: Holt, Rinehart and Winston. p. 379.

註12：見 B. J. Underwood (1957) *Psychological Research.* New York: Appleton-Century Crofts. pp. 36-41.

變化，並加諸受試者之身，以檢視其變化對依變項的影響。例如，研究「照明强度與閱讀速度之關係」時，不同亮度的燈光卽是環境變項之例。

有些敎育學或心理學的研究要求受試者做某種工作，以測定他們在工作上的表現。此時，研究者可以變動工作本身的某些屬性，以檢視受試者因此種變動所導致的行爲變化。這種工作屬性之變化，卽爲工作變項。譬如研究「學習材料之意義度與記憶之關係」時，建構具有不同意義度的學習材料以供受試者記憶之用，卽是操弄工作變項之例。

「對象變項」一詞中所謂的對象，可以是團體，也可以是個人。凡是研究對象本身所擁有的某種屬性，而可在質或量方面加以區分者，卽可作爲對象變項。社會及行爲科學工作者之研究對象，或爲個人，或爲團體，或爲整個社會，端視其研究興趣而定。然而，不論其研究對象爲團體或爲個人，研究對象的屬性均無法從對象本身分離開來，而研究者也無法像操弄環境變項或工作變項一樣地操弄對象變項。這是對象變項和環境變項或工作變項的根本不同之處。這種不同，也是「實驗法」和「事後回溯研究法」有所差別的主要原因。

諸如統計資料、傳播媒體、私人文件之類的既有資料，都是關於某一研究對象的歷史性記錄，它們分別描述了研究對象各方面的不同屬性。研究者從事事後回溯研究時，以研究對象本身的某一屬性作爲自變項，再依各對象在此屬性上的差異而將之加以分類。此時，他並未將研究對象的屬性和對象本身分開，他所操弄的自變項卽爲對象變項。

在醫學、敎育學、和心理學等領域裏，有許多研究以受試者（卽研究對象）本身具有的特質作爲自變項。在這類研究中，研究者常依

受試者在自變項上的差別，將之分成數組，並檢視他們在各種實驗情境中的行為表現。這類研究雖然也在實驗室中進行，但是由於它們所操弄的自變項為對象變項，從方法學的觀點來看，它們和以既有資料為研究材料的「事後回溯研究」並沒有什麼不同。

三、事後回溯研究法和實驗法之比較

本書第六章說過：實驗研究的結果可以作有關自變項和依變項之間因果關係的推論，而本章又一再強調：事後回溯研究無法推知變項之間是否有因果關係。其中差異，即是這兩種研究法所操弄的自變項之本質不同所致。欲說明此點，必須先討論實驗法的特色。實驗研究之設計雖然變化多端，但是一個良好的實驗，却必須具備下列特點：

(1) 研究者能按照他要檢試的假設操弄自變項，並據以建立數個不同的實驗處理情境；

(2) 研究者選擇受試者，將之編組，並將各組受試者指派至不同的實驗情境時，必須嚴守隨機原則 (randomization)；

(3) 研究者必須嚴格控制自變項，務使不相干之變項不致對依變項產生有系統的影響。

在一個具備上述三個條件的研究裏，接受不同實驗處理的各組受試者，其本身之特質並無任何有系統的差異。當他們在依變項上有不同的表現時，此種不同方能歸因於他們所接受的不同實驗處理情境，而自變項和依變項之間的關係，也可以說是因果關係。

由此觀之，吾人不難看出：在典型的實驗研究中，研究者操弄的自變項必為環境變項或工作變項。唯有在操弄環境變項或工作變項時，研究者才可能建立獨立於受試者自身之外的各種實驗情境，並將

受試者隨機指派到各情境去接受不同的實驗處理。反之，如果他所操弄的自變項爲對象變項，卽無法做到這一點。此時，他所能做的，祇是依照研究對象本身所具有的特質，將之分成數類，然後比較他們在依變項上的差異。研究者具有某種特質，卽會被指派至自變項的某一類中。易言之，研究對象在自變項上的歸屬，乃是決定於其自身所已經擁有特質或屬性，而不是取決於研究者的隨機指派。此種現象，稱爲研究對象的「自我選擇」(self-selection)。

　　研究者自我選擇其在自變項上的歸屬，乃是吾人在事後回溯研究中無法作因果關係之推論的主要原因。一般而言，具有某種屬性或特質的研究對象，通常也會具有相關的特質或屬性。當研究者將其對象依照某種屬性或特質分成數組時，他們在相關的屬性或特質上也可能表現出有系統的差異。此時，各組研究對象卽使在依變項上有顯着的不同，研究者亦無法判斷：此種差異到底是他所操弄的自變項引起的？還是研究對象其他有關的屬性或特質造成的？在這種狀況下，研究者祇能說：自變項和依變項之間有關係，但却不能說：他們之間的關係爲因果關係，因爲和自變項有關的特質和屬性，都可能是導致研究對象在依變項上有所差異的原因。如果在事後回溯研究中冒然斷言：自變項之變化爲因，依變項之變異爲果，則犯了「事後歸因的謬誤」(*post hoc* fallacy 或 *ergo proper hoc* fallacy)。

四、事後回溯研究之實例

　　運用既有資料做成的社會及行爲科學研究，很容易讓人看出其「事後回溯研究」之本質。然而，以研究對象之屬性或特質作爲自變項之研究，却常常被人誤以爲是實驗研究。因此我們特地以楊國樞氏在台灣所從事的「中國人之現代化」的研究爲例，來說明事後回溯研

究之本質及其結果之解釋（註13）。

楊氏以為，要想了解目前中國人在行為上所表現的種種個別差異，從事個人現代性的探討應該是一個很好的入手之處。因此，從 1969 年起，楊氏卽和其學生做了一連串有關個人現代性的系統性研究。楊氏在探討與個人現代性有關的種種因素或變項時，將他們所完成的研究分成三類：（甲）將個人現代性視為依變項，而探討決定因素 (determinant)：（乙）將個人現代性視為並存變項 (concurrent variable)，而探討其伴隨或相關因素 (concomitant or correlate variable)；（丙）將個人現代性視為自變項 (independent variable)，而探討其影響或後果 (consequence)。從方法學的觀點來看，（丙）類研究卽為事後回溯研究，而（乙）類研究則有助於說明何以（丙）類研究為事後回溯研究。所以我們特地從楊氏的（丙）類研究中舉出一例，並以（乙）類研究的結果來闡明其本質。

為了測量中國人的個人現代性，瞿海源和楊國樞特別編製了一份「個人現代性量表」(Individual Traditionality-Modernity Scale, 簡稱 ITM Scale)（註14）。量表中共有55個題目，其中34題描述中國人傳統的社會態度，21 題描述了現代化的態度。依據受試者對各題目之描述所表示的贊成或反對程度，卽可獲致一總分，總分愈高，其個人現代性愈強，反之，總分愈低，其傳統性愈強。

為了研究個人現代性對行為的影響，黃光國和楊國樞曾以「個人現代性量表」作為測量自變項的工具，在實驗室中做了一連串的研究（註15）。其研究例子之一，係先以個人現代性量表施測數百名大學

註13：楊氏曾將其 1974 以前所作之研究作一總結。見楊國樞、瞿海源（民63）中國"人"的現代化。中央研究院民族學研究所集刊，第37期，1-38。

註14：瞿海源、楊國樞　中國大學生現代化程度與心理需要的關係。見李亦園、楊國樞編（民61），中國人的性格。中央研究院民族學研究所，專刊乙種之 4。

生，接着從女生中取出得分最高者 20 人（高現代性組）與最低者 18 人（低現代性組），然後在實驗室中一一測量她們認出社會禁忌詞（例如手淫）和中性詞（例如桌椅）所需要的時間。該項研究所用的刺激詞包括五個禁忌詞和五個中性詞，呈現刺激詞的儀器是瞬間現露器（tachitoscope）。開始進行測量時，現露的時間甚短（約為千分之十六秒），如受試者未能正確說出刺激詞，則將現露時間增長，每次增長千分之二秒，直到受試者能向一名男性實驗者正確地說出刺激詞，實驗者才記下當時的現露時間。受試者認出刺激詞所需的現露時間愈長，表示受試者在說出該刺激詞時感受到的社會禁制力量愈大。

全體受試者測量完畢後，即分別計算高現代性組與低現代性組說出每一刺激詞所需的平均顯露時間，並分別加以比較。結果發現：個人現代性高的女生認出大多數禁忌詞所需的時間顯着地短於個人現代性低的女生。換句話說，前者從事此一工作時感受到的社會禁制力量小於後者。但是，在認知中性詞時，這兩組受試者所需的時間卻沒有什麼顯着的差異。根據這些結果，作者遂下一結論：在向他人言及社會所禁忌的事情時，比較傳統化的人（低現代性組）顧慮較大，往往不敢或不好意思開口；相反地；比較現代化的人（高現代性組）則不大在乎別人的想法，而較能照實表達。

乍看之下，這個研究似乎是實驗，其實它卻是事後回溯研究。個人現代性是受試者本身具有之特質，屬於對象變項；黃、楊二氏操弄此一自變項時，凡在個人現代化量表上得高分者，即成為「高現代性

註15: 黃光國、楊國樞（民61）個人現代化程度與社會取向強弱。中央研究院民族研究所集刊，第32期，245-278。

組」之成員，得低分者，爲「低現代性組」之成員。換句話說，受試者屬於自變項中之何種情境，乃是決定於其自身之特質，而不是由研究者依隨機原則所決定。由於受試者能自我選擇他們在自變項上的歸屬，假使我們將自變項和依變項之間的關係解釋爲因果關係，並下結論說：個人現代性的高低是決定他對社會力量之感受的原因，則吾人犯了「事後歸因的謬誤」。這一點可以用楊氏等人所完成的（乙）類研究來加以解釋。這類研究視個人現代性爲並存變項，而探討其伴隨或相關因素，結果發現：台灣之大學女生其個人現代性愈高者，愈具有下列特質：

(1) 表現在愛德華氏個人愛好量表 (Edwards Personal Preference Schedule, 簡稱 EPPS) 上的自主需要 (need for autonomy) 及異性需要 (need for heterosexuality) 愈強；表現在同一量表上的順服需要 (need for deference) 愈弱 (註16)。

(2) 表現在社會期許量表 (Social Desirability Scale) 上的社會讚許動機 (social approval motive) 愈弱 (註17)。

(3) 表現在修訂卡氏十六種人格因素測驗 (Cattell Sixteen Personality Factor Questionnaire) 上的穩定性、特強性、興奮性、敢爲性、及實驗性愈強；表現在同一測驗上的有恒性、憂慮性、及自律性愈弱。

(4) 表現在基、晉二氏氣質測驗 (Guilford-Zimmerman Temperament Survey) 的優勢性、和男性表現愈強；表現在同一量表上的抑制性、友善性、與個人關係愈弱。

(5) 表現在加州人格量表 (California Psychological Inventory)

註16：同註 14。
註17：同註 15。

的自在性、幸福度、容忍度、和可塑性愈高（註18）。

　　由此可見，在黃、楊二氏的研究中，「高現代性」和「低現代性」兩組受試者在許多相關的人格特質上均有顯着的差異。當他們在「對社會禁忌詞的感受性」（依變項）上表現出顯着的不同時，吾人卽無法判斷：此種不同究竟是他們在個人現代性的差異所引起的？還是他們在其他人格特質上的差別造成的？如果冒然將受試者在依變項上的差異歸因於其自變項的不同，則犯了以偏概全的毛病，亦卽是事後歸因的謬誤。

第四節　結　語

　　運用旣有資料從事研究時，研究者常常會遭遇到資料不夠翔實或旣有資料的測量單位不合己意之困擾。假使研究者祇以旣有資料中的一項指標（indicator）作爲界定其理論架構中某一概念（變項）的運作步驟，則他求得的概念與概念之間的關係往往是不十分可靠的。在此，吾人必須强調：理論架構中的一個概念可以用許多套運作步驟來予以界定。如果研究者同時用許多項指標來界定一個概念，則他對自己所獲致的結論，將會有更强的信心。譬如研究某一社會之經濟發展時，倘若研究者祇以該一社會的「稻米生產量」作爲經濟發展之指標，則他可能遭遇到兩個問題：第一，他可能無法判斷歷年稻米生產量之記錄是否正確；第二，他將很難解釋：何以「稻米生產量」一項指標卽能概括「經濟發展」之概念？如果他採用多項指標來界定一項概念，則可以減少此種困擾。例如在研究上一問題時，假使以「稻米

註18：第3、4、5項之研究結果，請參閱李本華（民62）個人現代化程度的相關人格特質。中華心理學刊，第15期，46-53。

生產量」、「工業指數」、「礦業生產量」、「交通成長量」、「貿易成長量」等等指標作為定義「經濟發展」之運作步驟，則他所獲致的結論必定較容易為人所接受。

總而言之，以事後回溯研究法從事社會及行為科學的研究有許多方便之處，但是也有許多限制。運用此法時，研究者必須知其短而用其長，小心謹慎，避免作不當的因果關係的推論。若能善加利用，則運用事後回溯法同樣可以讓吾人看出現象界中很多變項之間的關係，並對問題有更進一步的了解。它在社會及行為科學研究方法中的地位是極其重要而無可移易的，學者萬不可掉以輕心。

第 十 章

文 化 比 較 研 究

李 亦 園

文化比較研究在行為與社會研究方法中是較後發展的一種，它的發展是開始於人類學家，但是近年來已逐漸受到其他行為科學家的注意，並成為行為與社會研究的重要方法之一。文化比較研究法，英文稱為 cross-cultural comparison 或 cross-cultural study。以往常譯為「泛文化比較法」，本書的編輯同仁在商定翻譯名詞時，建議改譯為「文化比較研究」。

第一節　文化比較研究的特點

文化比較研究法的基本前題是利用全世界各種不同文化為樣本，以其資料作比較研究，以便驗證對人類行為的假設，這一前題並非僅僅是由於人類學家著眼於全人類（不論是原始或文明的）文化之偏好，而是有其實際理論上的重要意義的。我們可以借用文化比較研究的先驅 John Whiting 常用的一個例子來說明這一重要意義。Whiting 的例子首先說明心理學家 Robert Sears 等人在 1950 年前後曾經研究美國 Kansas 市兒童教養與人格關係一事，Sears 研究重點是要瞭解兒童斷奶的時間與兒童情緒上引起困擾與不安的關係。以八十個嬰

兒為樣本作研究，他發現凡是斷奶期愈延後者，引起兒童情緒上困擾不安的情形愈大（參看圖10-1實線部分）。但是 Sears 的研究對於人類學家，特別是像 Whiting 等著重於文化比較研究的人而言是不

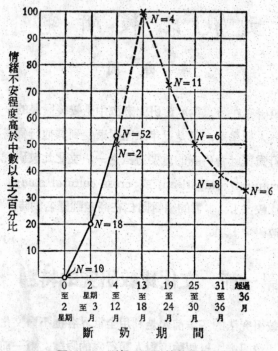

圖 10-1　斷奶時間與情緒困擾的關係

能滿足的，因為它僅僅代表一個民族的情況，這種情況是否適合於全人類不同的文化，就很難說了。Whiting 以這個疑惑為出發點，用 Sears 同樣的變項，證之於七十五個不同文化的情況，他發現在不同文化的比較下，兩個變項的關係恰好相反。換言之，多個民族比較所得的結果，是斷奶時間愈延後，則引起兒童情緒不安的情況愈低

（參看圖 10-1 虛線部份）（註1）。從 Whiting 這個例子，我們可以知道，文化比較研究對人類行為研究的重要性，因為它不但使研究者可免去單一文化狹窄範圍的圍限，又可以使研究者發現更多、更廣的人類行為的幅度。同時，更重要的，這種比較研究可以說提供了一種類似實驗研究的方法。社會科學家和行為科學家在研究人類行為時，面臨的最大問題是不能像自然科學家或生物學家一樣，很直接快捷地對研究對象進行實驗，這是研究「人」的科學在方法上的困境。文化比較研究採取文化交錯比較的策略（所以稱為 cross-cultural），可以把用作比較的民族，其相同部份的文化當做控制群，而進行其相異部份的分析，進而求取文化變項的關係現象。這種策略確在某一程度上補足了不能對人群進行實驗研究的困難，因此文化比較研究法無疑是研究人類行為方法中的一種重要方法。

第二節 文化比較研究的方式

一般而言，凡是把兩個以上的民族作比較研究者，都可稱為「文化比較研究」。但是，目前人類學家和其他行為科學家們所做的文化比較研究，都是盡可能採取較多的文化樣本，以便作有意義的統計處理。人類學家做文化比較的研究時，大都選取兩個或兩個以上的文化或行為的特質作為研究的變項，以分析變項間相關性。選取變項的原則，自然隨研究者的興趣而定，但大都依據已有的人類學或其他行為科學的理論而來。變項確定以後，研究者即依據已定的標準從不同的

註1：J. W. M. Whiting (1968) Methods and problems in cross-cultural research. In G. Lindzey and E. Aronson (eds.) *The Handbook of Social Psychology.* (2nd ed) Vol. 2. *Research Methods.* Reading, Mass. : Addison-Wesley. pp. 693-728.

民族誌中選取合用的文化樣本，然後根據樣本的材料加以處理，最後
進行統計分析。例如我們假設某一文化特質A與某一風俗或制度X的
存在有關連，則我們預期凡具有文化特質A的民族，必有X風俗或制
度的存在，而未有文化特質A的民族，也就不見X風俗或制度的存
在。用文化比較研究證實此一假設時，就得在全世界不同的民族樣本
中選出具有A特質，以及具有X制度的樣本，然後分析其關係。通常
分析的過程是用四格的矩陣來說明。例如下表顯示在49個民族樣本
中，A與X存在的關係，在49個民族中，具有A特質者有28個，未
具有A特質者（Ā）則有21個；在28個具有A特質者之中，X制度
存在者（AX）21個，X制度不存在者（AX̄）僅有7個；而在21個

	X	X̄
A	21	7
Ā	7	14

未具有A特質民族之中，有7個民族出現有X制度（ĀX），其他14個
民族A與X都不見（ĀX̄）。如此，我們可以看出A特質與X制度確存
有相當的相伴關係，這種關係我們又可以進一步用卡方（χ^2）檢定來
驗證相關的有無。自然，很多文化特質及風俗制度並不能用簡單的存
在或出現與否來證明，遇到這一類的變項時，研究者就得設計出評分
的辦法或標準，然後根據這標準來判斷其存在的程度（通常評分的工
作都交由別人來做，以避免主觀的影響）。一般都把存在的程度分爲
高低二組或高中低三組，然後用矩陣來分析其關係。下面舉若干實例
來說明。首先要用社會科學家和行爲科學家們都熟識的 E. Durkheim
的自殺論爲例。Durkheim 認爲一個社會的自殺率在三種情況下會增

加: (1) 團體約束力鬆懈，自我主義 (egoism) 擡頭之時; (2) 道德規範力薄弱，社會產生失序 (anomia) 之時; (3) 以宗教或信仰為號召的利他主義 (altruism) 高張之時。對此項自殺理論的驗證自然是以許多不同文化的比較，以尋求自殺率高低與上述三變項的關係最為合宜。下面所舉的例子，雖不是直接針對三變項的分析，但也可看出其相關的趨勢。作者 Herbert Krauss 用作測驗自殺率變項的是社會發展的程度。他採用的民族數為 58 個，把 58 個民族依分工程度、組織分化、與都市化三指標分為高、中、低三等次的發展程度 (註2)，再就自殺率高低兩組作比較，其結果如表 10-1。

表 10-1 社會發展與自殺率相關表 (註 3)

社 會 發 展 程 度	自　　殺　　率	
	低組	高組
低 (12-25分)	15	4
中 (26-33分)	7	13
高 (36-84分)	10	9

$$\chi^2 = 7.76, \quad df = 2, \quad p < .025$$

從表 10-1 所示，我們可以知道自殺率與社會發展有相當程度的關係，特別是低度發展與中度發展的社會，其自殺率有明顯的差異。低度發展的社會因分工程度、組織分化、與都市化較低，因此可以認為其社群約束力較高，道德規範力較強，所以其自殺率的趨低，是相當程度

註 2: 社會發展三指標的評分法較為複雜，此處不再細述。
註 3: H. Krauss (1970) Social development and suicide, *Journal of Cross-cultural Psychology*, 1, 159-167.

地證明了 Durkheim 所說的三項自殺因素中的兩種。

其次要舉的是關於性敎育的例子。美國學者 Barbara Ayres 硏究兒童性規範的嚴格程度與懷孕期間性禁忌長短兩變項之間的關係，她把第一個變項性規範嚴格程度用婚前性行爲標準來表示，並將之分爲四等（其標準列下），又把第二個變項懷孕期間性禁忌期分爲長與短兩類，然後分析這兩變項間的關係，其所得結果如表 10-2。

表 10-2　性訓練與性禁忌相關表（註4）

婚 前 性 行爲標準	懷孕期間性禁忌 較短者(民族數)	懷孕期間性禁忌 較長者(民族數)
V	0	4
P	1	3
A	3	2
F	9	3

$\chi^2[(F+A)=(P+V)]$　$p<.01$(Fisher 精確檢定法)

V　婚前性關係極嚴，如犯禁將受到嚴厲處分，事實上少有
　　婚前性行爲
P　婚前性行爲雖不允准，但處分較不嚴厲
A　婚前性行爲可寬恕，除去懷孕外不處罰
F　婚前性行爲很自由，卽使引起懷孕亦不處罰

由上表所列，我們可以看出兒童時性訓練的嚴格程度與懷孕期性禁忌的長短有正相關的關係；也就是說，凡是對婚前性行爲嚴格限制的民

註4：Barbara Ayres (1967) Pregnancy magic: A study of food taboos and sex avoidances. In C. S. Ford (ed.), Cross-cultural Approaches. New Haven, Conn.: HRAF. pp. 111-125.

族，其在懷孕期間的性禁忌將趨向於較長，兩者相關性在統計分析上達到 .01 的顯著度。Ayres 所以選擇性訓練嚴格度與懷孕期間性禁忌兩變項進行研究，是基於「文化與人格」(culture and personality) 或「心理人類學」(psychological anthropology) 的理論而來。受佛洛依德心理分析學派影響很深的心理人類學家，很著重於找尋早期兒童訓練過程與若干文化特質之間的關係。以上述例子而言，作者的理論基礎是認為，早期兒童性訓練如很嚴格，則易於引起性憂慮，在成年後會出現較長期的性行為禁忌，這種禁忌正是性憂慮的表現。

下面我們再舉兩個例子作進一步說明。這兩個研究都是要尋找社會結構與某些文化行為之間的關係。首先 Otterbein 夫婦研究盟兄弟組織 (fraternal interest group) 與好鬥行為的關係。他們的假設是，凡有盟兄弟組織存在的民族，必偏向於好尋仇爭鬥。這兩組變項用比較文化資料驗證的結果如表 10-3。由此我們可知，這兩個變項有相當程度的相關，其顯著度達 .05。另一個例子是企圖證明不同類型遊戲的存在與該民族的政治形態及社會階層有關。Roberts 等人的研究，分遊戲為體能性的、策略性的、和機運性的（註5）三種。他們

表 10-3　盟兄弟組織與好鬥相關表

		尋仇好鬥習尚	
		不存在	常　見
盟兄弟組織	存　在	10	15
	不存在	18	7

$$\chi^2 = 5.20 \quad \phi = 0.32 \quad p < .05$$

註5： 人類學家一向把遊戲分為文中所述三大類，所謂體能性的遊戲是指賽跑、角力等用體力為基礎的競爭；機運性的遊戲則指靠運氣的競爭，如賭博等；策略性的遊戲則指靠機智而取勝者，如下棋、猜謎等。

特別認爲，策略性遊戲較常出現於較複雜社會組織的民族中，因爲策略性遊戲本身就是社會互動的模型。這一假設證之於比較文化的資料，結果也得到相當程度的證明，其統計分析資料簡述如表 10-4。

表 10-4　社會複雜度與策略性遊戲相關表

		策略性遊戲	
		有	無
政治整合度低	社會階層化未出現	3	13
	社會階層化出現	2	5
政治整合度高	社會階層化未出現	2	4
	社會階層化出現	12	2

　　上面所舉的各個例子，很清楚地說明，作文化比較研究的分析過程、以及這一方法對行爲研究的重要性。但是研究者，特別是非人類學家的其他行爲科學家，首先要問的是，如何得到一個够用的民族樣本。其次是，即使找到了够用的樣本，我們又如何從浩瀚的資料中得到可作爲變項評定的材料？對於這一問題，不僅是其他行爲科學家不易解決，就是對熟識民族誌資料的人類學家，也是個難題。在人類學範圍中，首先倡議用文化比較研究法的可追溯到 1889 年英國學者 Edward Tylor 的研究，但眞正有系統地作文化比較分析的應該是耶魯大學人類學家 George P. Murdock。1935年時，Murdock 開始分析母系社會與父系社會之相關，他已感覺到，作文化比較的研究時，最大的困難是如何找到合適的樣本資料。所以他倡導在耶魯大學人類關係研究所 (Institute of Human Relations) 設立「文化比較研究」(Cross-cultural Survey) 的附設機構, 從事廣泛民族誌資料之搜集與分類, 並以建立一個檔案庫為目的。這個機構的初步工作是首先出版兩册分類索引, 頭一本是「文化資料大綱」(*Outline of Cultural Materials*), 其次是「全球文化大綱」(*Outline of World Cultures*)。前者初版於 1938年, 已印行第四版(1965); 後者初版於1954年, 也已印行第四版 (1972)。根據這兩本分類索引, 他們逐漸發展資料檔案庫的想法終於在1949年成立「人類關係區域檔案」(Human Relations Area Files, 簡稱 HRAF)。人類關係區域檔案最初由二十個大學共同支持, 成為一個獨立於耶魯大學之外的財團法人, 從事人類文化行為資料之系統化累積。其資料最初是編印成册, 供給二十所支持的大學。後來因參加的成員增多, 且普及於全世界各重要研究機構, 而累積的資料也逐年劇增, 所以有顯微影片形式的發行。這對於從事文化比較研究的學者而言, 確是很有幫助的事, 因為學者們可以較容易地從檔案中理出他所需的樣本資料, 而免去在無數民族誌中去鑽尋的工夫。人類關係區域檔案在我國中央研究院民族學研究所藏有一份顯微影片版。

利用人類關係區域檔案時, 首先應該查閱「文化資料大綱」一書, 該書中把人類文化行為的可能項目都逐條給予一個數碼 (code)。例如前舉第二個例子, 有關性訓練嚴格度問題, 應該查 Socialization (社化) 一項 (code 86) 中之 sex training (864) 以及 (83) Sex 中之 (836) premarital sex relation. 而懷孕禁忌則可查 (84) Reproduction 一項中之 (843) pregnancy. 知道要研究變項的數碼後, 然後又可利用「全球文化大綱」一書, 對全世界各民族文化所作的分類與數碼, 逐項查出可資比較研究的材料。「全球文化大綱」一書, 把全球文化分為八個區域: (1) 亞洲, (2) 歐洲, (3) 撒哈拉以南非洲, (4) 中東, (5) 北美, (6) 大洋洲, (7) 俄國, (8) 南美。每

區域又再分為副區，副區之下又細分個別民族文化。研究者可選取各別單位文化作為比較研究的資料。截至 1973 年止，人類關係區域檔案所累積的資料共有 294 族文化。

　　人類關係區域檔案雖是一個很好的資料庫，但對於一般研究者來說，仍然是不易利用，找尋資料也很費時。為了補救這一缺點，Murdock 及其同仁曾於 1962 年開始編纂一本「民族誌圖表」（*Ethnographic Atlas*）。該書於 1967 年印成單行本，書內將 862 個民族文化單位與 40 個文化特質分列於圖表中的直行與橫列，表內則將各民族在某項文化特質所表現的情況以符號表達出來。如此對作文化比較研究者極為方便，可查表中所列，一一得到希望得到的基本資料。茲將該書第 64 頁部份表格節錄如下，以便於讀者瞭解如何利用該書。表中

1	3	42	44	46	48	50	52	54	56	58	60	62
Aa1	1:Kung	O	O	M	O	O	F	G	M	O	O	O
Aa2	101:Dorobo	O	O	F	O	O	F	G	M	O	O	O
Aa3	102:Nama	M	O	G	F	O	D	F	M	M	D	O
Aa5	202:Mbuti	O	O	O	O	O	G	G	N	E	O	O
Aa6	301:Sandawe	.	.	.	.	.	.	F	M	F	M	G
Aa7	636:Naron	O	O	M	O	O	F	F	M	O	O	O
Aa9	726:Hatsa	O	O	.	.	O	.	F	M	O	O	O
Ab1	2:Herero	Mc	O	M	.	O	.	F	M	O	E	O
Ab2	3:Swazi	Mc	O	M	.	.	E	F	M	O	M	G

第 1 行是區域碼（見上述文化區域），第 3 行是民族數碼及民族名，第 42-62 行分列各種經濟及生產活動之兩性分工情形：42 金屬工、44 紡織、46 皮革工、48 製陶、50 造船、52 建屋、54 採集食物、56 打獵、58 捕魚、60 飼養、62 農業。表內代表符號如下：D 兩性分工，但工作量兩性相等，E 無明顯分工，F 女性為主，G 兩性共同參加，但女性工作量大，M 男性為主，女性不重要，MC 男性專業之

工藝，N兩性共同工作，但男性較重，O該項工作在該民族中不重要或未出現，P兩性分工情形未詳。如此研究者如欲搜集各民族兩性分工的情況作爲變項之一作分析，卽可從「民族誌圖表」中所列得到基本的資料。

「民族誌圖表」所供給的資料雖較簡單，但無疑的給予研究者在搜集資料上最快捷的辦法，同時也幫助解決文化比較研究過程中的若干重要方法問題，這些方法上的問題，我們將在下節討論之。

第三節　文化比較研究的方法問題

Murdock 之編纂「民族誌圖表」，除去供給文化比較研究者以資料上的方便外，其目的主要仍在解決數個方法上的問題。Murdock 在 1949 年曾出版一本很重要的專著:「社會結構」 (*Social Structure*)，這本書可以說是第一本利用文化比較研究法寫成的專著，他利用二百五十個民族樣本來比較不同社會組織的起源與進化。在他的研究過程中，Murdock 發現，利用很多民族作相關分析的研究，有幾個問題是很困擾的。這幾個問題包括如何抽選民族樣本，如何避免樣本民族的歷史相關，比較的單位如何確定，變項如何量化或評分，以及民族誌的可靠性問題等。這些問題到目前仍然是文化比較研究面臨的問題，下面卽就這些問題的性質依序加以檢討。

一、民族樣本抽樣的問題

文化比較研究的特點，是利用各種不同民族的資料作比較分析，因此在比較研究過程中，首先面臨的問題是如何選取合乎統計學抽樣

標準的樣本民族 (sample cultures or sample ethnic groups)。解決這問題最合理的方法，自然是先有一個包括全世界古今中外的民族清單，然後以這個清單爲群體 (universe) 作隨機抽樣，抽出所需的樣本。但是實際上這個清單並不易做到眞正的完整。前文所說Murdock所編「全球文化大綱」一書，就是希望作爲抽樣的清單。該書共列約四千個民族，此一數字在當時已不算少，但實際上距離完整的程度仍很遠，而且最嚴重的事是，卽使以該書爲根據作隨機抽樣，抽出來的樣本民族也許只知道其名，而實際上並無可資利用的民族誌材料，這是文化比較研究者最困擾的事。Murdock 等人爲了解決這一困難，所以又從事編纂「民族誌圖表」一書，該書中所列的 862 個樣本民族，都是可以找到較完整的民族誌資料的，因此文化比較研究者就可以較放心地把這 862 民族作群體抽出他所需的樣本做研究。

「民族誌圖表」可以說在某一程度內供給文化比較研究者以合理的取樣群體。但是嚴格地說，它仍是具有偏見的，因爲這些樣本民族都是有民族誌記載的。換而言之，都經過人類學家或各種不同的研究者或記述者研究或記述過的，而這些研究者或記述者在選取對象時，本身卽因某種原因或目的才選取之，這就不是隨機的選取，所以是具有偏見的。總之，文化比較研究者在抽取樣本的工作上仍然是依賴有意的 (purposive) 或判斷的 (judgmental) 樣本，這是應該首先說明的一點。

選取文化比較研究樣本民族時常遇到的另一種困難，是不易找到對特定變項有足夠記載資料的樣本。上述「民族誌圖表」列有民族誌記載的樣本雖有數百種之多，但是在進行研究時，研究者研究的對象總是限定在兩個或僅有的若干變項上，如此則可選擇的範圍就更小了，因爲民族誌記載經常是隨研究者或記述者的興趣而定，某一個研

究者對若干文化項目有興趣時則詳細記述，對若干項目無興趣，則可能完全忽略之，所以在做文化比較研究時，要選定對特定兩變項有詳細記載的樣本民族是相當難的。事實上，文化比較研究的例子，經常只能選取到很有限的樣本。第二節所舉的三個實例，都僅有 25-50 之間的樣本。樣本太少時，大都很影響研究的結果，有時也常迫使研究者放棄原有的研究架構。關於資料與樣本缺乏的問題，我們將繼續在下文關於資料分等評分的討論時再作進一步說明。

二、Galton 氏問題

　　文化比較研究者從事比較研究時，除去遇到上述抽樣的問題外，在樣本處理上另外面臨的是 Galton 氏問題。所以稱爲 Galton 氏問題，因爲這是由英國著名學者高頓 (Sir Francis Galton) 首先提出的。原來當 1889 年時，Edward Tylor 在英國皇家人類學會發表他的先驅性文化比較研究論文「制度發展之研究」(*On a Method of Investigating the Development of Institutions*) 的會場上，Galton 爵士卽向 Tylor 提出問題，他說 Tylor 用以證實某些社會制度互相關連的民族樣本假如有不少是有歷史淵源的話（亦卽出自同一民族或由傳播而獲得），他怎能够在統計的意義上說明其間的功能關連呢？

　　Galton 爵士所提的問題確是非常重要，而且一直到目前都在困擾文化比較研究者。就如前文所述，文化比較研究者所從事的研究，大半是要分析某種文化特質（甲變項）與另一文化特質（乙變項）之間的共變關係，自然這一關係是指制度間的功能關係，而非其歷史關係。因此我們從事研究時，假如所用的民族樣本有很多是出自於同一淵源的話（包括同一祖源或傳播、採借等現象），那麼將使功能相關

的分析，產生很大的偏差，而實際上，從民族樣本清單裡抽出的樣本，確有很多是同源的民族。

解決 Galton 氏問題的主要辦法，應從區域分層抽樣 (area stratified sampling) 入手，因為隣近或同一區域的民族，經常是出自同一淵源的，能夠避去同一區域內抽出過多的樣本民族，自然可減少同源的偏見，而要避免同一區域內有過多的代表，以區域為分層的標準是必要的。上述 Murdock 氏所編「民族誌圖表」的設計即帶有區域分層的意義。如前文所述，該書列有 863 個樣本民族，但是由於這 863 個樣本民族有許多是同出一源的，Murdock 併合那些可認為是同源的民族，使成為 412 個稱為族群 (cluster) 的單位，同時又進一步把 412 個族群，依其淵源合為 200 個區 (province)，他認為這 200 個區很合適於作為區域分層抽樣的標準。

Murdock 在另一篇稱為「標準文化比較樣本」(Standard Cross-cultural Sample) 的重要文章中，從 200 個區中，每一區選出一個代表民族，共得 186 個民族（有十四個區無法選得合乎標準的民族）為樣本，Murdock 建議文化比較研究者作研究時，即以這 186 個為樣本，這樣就可以避去同源的民族重複出現於樣本之中。而且這些民族在資料來源、文化變項、及時間空間上，都經過細心地選擇，對文化比較研究者極為方便有利。這 186 個樣本民族在六個大區域的分佈亦甚為平均，各區數目如下：

A	撒哈拉以南非洲	28（民族樣本數）
C	環地中海	28
E	東部歐亞	34
I	太平洋島嶼	31
N	北美洲	33
S	中南美洲	32

用區域分層作爲選取樣本的標準，確可以減輕同源樣本重複出現的現象，但是並不能完全避去其可能，所以 Galton 氏的問題仍然存在。要進一步處理此一問題，就應該量度若干變項在隣近區域間相同性的程度了。著名的文化比較研究方法論學者 Raoul Naroll 曾提出五種解決這一問題的辦法（註6）。這五種方法都是利用兩變項在隣近民族分佈的情形，以測定其相關的種類。這五種方法分別稱爲：(1) 變衆數篩取法 (bimodal sift method)，(2)叢聯法 (cluster method)，(3) 區段篩取法 (interval sift method)，(4) 配對法 (matched pair method)，(5) 聯對法 (linked pair method)。本文僅以配對法爲例，作一簡單說明。其他方法，因篇幅關係，不例舉於此，讀者可參考上引 Naroll 氏論文。

所謂配對法，是把研究的許多樣本民族，依其居地鄰近關係配成對，然後測量其在兩變項間之關係。以第二節中所引社會階層化與政治複雜度兩變項的相關性爲例作說明。這兩變項之關係可以假設爲兩種情形：一爲歷史關係，一爲功能關係。測量的目的就是要瞭解那一種關係是較重要的。在過程中，我們先分析每一對（鄰近關係）民族在這兩變項上的關係情形：在一對民族中，如兩者在社會階層化上相同，則可給予歷史關聯一個正分；政治複雜度亦相同時，亦給予歷史關聯正分。但一對民族中，任何一族在兩變項上若同時爲正相關或負相關時，則都可以給予功能關係一項正分，否則給予負分。計算許多

註6：R. Naroll (1964) On ethnic unit classification. *Current Anthropology*, 5, 283-312; R. Naroll (1970) Data quality control in cross-cultural surveys. In R. Naroll and R. Cohen (eds.), *A Handbook of Method in Cultural Anthropology*. Garden City, N. Y.: Natural History Press. pp. 927-946; R. Naroll and G. D. Roy Andrade (1963) Two further solutions to Galton's Problem *American Anthropologist*, 65, 1053-1067.

民族配對的情形，可得結果如表 10-5。

表 10-5 配對法測驗表

		歷史關聯		總計
		正	負	
功能關係	正	50	24	74
	負	4	0	4
總　計		54	24	78

從表 10-5 我們可以看出，以78個民族為樣本作測驗所得的結果，可知社會階層化與政治複雜度在文化比較研究中所得的相關，是一種較明顯的功能相關，而非歷史關聯的現象所形成。

三、文化單位的問題

所有的比較研究中，很重要的一個問題是，作為比較的樣本，在某一標準內是相等的單位，如此比較才有意義。文化比較研究也相同，因此作為比較的民族樣本，亦須具有共同的標準，否則就失去嚴格的意義。文化比較研究者以往所用作比較的樣本，受到很嚴厲的批評，特別是一般行為科學家，大都認為用人類學家的資料作文化比較研究，實在很成問題。他們都認為，人類學家經常把數百人口的初步蘭島 (Triobriand Is.)，當作一個比較單位，同時也把數億人口的中國，當作一個單位。這樣的比較，實不能令人不起懷疑。人類學家對

這樣的問題較持樂觀的態度，主要是由於人類學家在對文化的概念上，經常有較寬廣的看法。他們認爲，文化的基本結構模式是存在於每一個成員的心中與行爲之中，這種存在與範圍的大小並沒有一定必然關係。有些受生物學影響較深的人類學家，甚至以生物種屬的大小爲例作比喩。他們認爲，生物學家從不以「人口」的多寡來懷疑種屬的分類，例如澳洲的鴨嘴獸現存恐不過數百而已，但是它在分類單位上，仍與其他具有億萬「人口」的動物相等（註7）。自然，這種比喩並不是完全恰當，也不是所有的人類學家都能接受的，因爲生物的分類是趨向於不連續的，而文化的現象則是連續的。

　　不管人類學家在比較的單位上如何較其他行爲科學家爲樂觀，從事文化比較研究的人類學家仍然很重視單位的問題，他們都同意比較的樣本在某種程度之內，必定要具有相等的意義才行，所以在抽取民族樣本作爲文化比較分析時，這些民族樣本如何界定，是他們討論很多的問題。前文提到對 Galton 氏問題的解決很有貢獻的人類學家 Raoul Naroll，對比較單位的問題也有他的想法。Naroll 曾提出一個名詞，稱爲「文化單位」（cultunit），建議在作文化比較研究時，卽以「文化單位」作爲比較的標準單位。他的「文化單位」的定義如下：「一群人在日常談話中，用一種共通而有別於其他的語言，他們通常又屬於同一政治體，或同一接觸群（contact group）」（註8）。這樣的定義，初看起來有點失之鬆懈，但是就因爲它的這種特性，就可以包括人口極多以及甚小的族群在同一比較的單位內。

　　另一個著名從事文化比較研究的人類學家 John Whiting，不滿意 Naroll 的文化單位的說法，他認爲作爲比較的單位應該是一個文

註7：H. E. Driver (1973) Cultural diffusion. In R. Naroll (ed.) *Main Currents in Ethnological Theory*. New York: Appleton-Century-Crofts.
註8：同註6，Naroll (1964) p. 286; Naroll (1970) p. 731.

化內的地域社區 (local community)，在這個地域社區內：(1) 成員都可以作面對面的接觸；(2) 他們說同一種方言；(3) 他們有相當程度的政治主權；(4) 他們有一個共同的名稱。Whiting 並且認為這樣的社區單位易於和民族誌學者所從事研究的單位符合，因為民族誌學者做田野研究時，無不以一個地域社區為對象，如此文化比較研究者在選擇民族誌資料時也較方便了。本文作者認為 Naroll 和 Whiting 兩人對比較單位的看法實際上並不衝突，也許我們可以說，Naroll 的定義屬於概念性的 (conceptual definition)，Whiting 的定義是屬於操作性的 (operational definition)；有了 Naroll 的定義，我們可以界定一個樣本文化(sample culture)的範圍，依據 Whiting 的定義，我們則可以在一個樣本文化中，選取一個有資料可作為比較分析的對象。例如依據 Naroll 的定義，我們可以把「中國」當作一個文化單位；而依據 Whiting 的定義，我們則可把楊懋春教授所描寫的山東台頭作為中國文化的一個地域社區來取得研究資料。

四、民族誌資料的品質問題

　　文化比較研究所用各民族的資料，一般都依據民族誌的記載。民族誌在廣義上包括所有對一個民族或文化的記錄。狹義的民族誌是指文化人類學家或民族學家對一個民族或文化所做的調查報告。人類學家在研究一個民族時，有很多因素影響他研究成果的水準，即使是最好的人類學家，也免不了有錯誤或主觀的影響（本書第四章所述 Redfield 與 Lewis 之爭即是明顯的例子）。受過科學訓練的人類學家都免不了會出問題，更不用說一般的記述，其品質自然更有疑問了。文化比較研究的目標是盡可能地包括較大的民族樣本作分析，因此不

能不利用一切可用的民族誌材料，以求比較範圍的擴大，但是由於民族誌可靠性的問題，所以品質控制就受到文化比較研究者的重視。對民族誌品質控制 (ethnographic data quality control) 的問題最有貢獻的學者仍是 Raoul Naroll，他在 1962 年曾出版一本專書，即稱爲「資料品質控制」(*Data Quality Control*)，其後又有一專文「文化比較調查的資料品質控制」(*Data Quality Control in Cross-cultural Surveys*) 發表於 1970 年。在後一文中，Naroll 曾提出二十五點可作爲判斷某一民族誌品質的標準。一般認爲其中九點是最重要的品質判斷標準，這九點如下：

(1) 調查時間：研究者在田野時間越長，其報告越可靠。

(2) 參與觀察：實際參與或觀察要比訪問資料可靠。

(3) 報告性質：報告個案要比一般陳述可靠。

(4) 語言應用：用土語調查所得較經過翻譯可靠。

(5) 作者訓練：有訓練的科學家比一般記述者可靠。

(6) 報告內容：報告內容詳細不含糊者爲佳。

(7) 報告長短：報告篇幅較長者通常有較多資料可用。

(8) 報告發表時間：報告發表與田野時間的差距，發表年代等。

(9) 土著助手的人數與性質。

Naroll 曾對上述各品質因素做過測定，以瞭解所用資料的可靠性。例如他研究文化壓力所生的四種異常行爲：醉後爭吵、殺人、抗議性自殺、與諉過於巫術，與上述各種品質因素的相關。他發現前二者（醉後爭吵及殺人）與各品質因素無關，但抗議性自殺與品質因素 (6) 報告內容有重要相關，更重要的是關於巫術一項，他發現它與 (1) 調查時間及 (4) 語言應用兩因素有重要相關。換而言之，調查時間越長，報告巫術的個案越多，用土著語言越純熟，報告巫術個案亦越

多。由此可看出民族誌品質與資料內容的關係。文化比較研究者在從事研究時，如情形許可，應該特別注意這一問題，同時也由於這一原因，人類關係區域檔案 (HRAF) 收錄民族誌資料時，經常都把該報告的各種品質因素列於檔案中，以供研究者作判斷之用（註9）。

五、量化與評分的問題

文化比較研究者對各變項的評分和量化，基本上與其他行為科學家相同，但是也有不少特殊問題，為別的行為研究所無。本節只就特殊問題加以說明，一般問題在本書中其他部份已說明，此處不贅。

在未真正討論評分問題之前，應該先就變項的定義加以說明。文化人類學家一方面努力追求對人類文化共通法則的瞭解，但是另外一方面又深知文化的差距是如此之大，因此對文化的比較頗具戒心。他們知道某一文化變項，在甲社會中所具的意義與在乙社會或丙社會可能有很大的不同，不同意義之變項間的比較，就很成問題了。例如一般所說的「亂倫禁忌」(incest taboo)，通常都認為是遍存於全世界各民族的，但是最近的研究發現，所謂亂倫禁忌，在各民族中觀念、範圍、對象、以及制裁與否，都有很大的差別，如果以亂倫禁忌作為一行為變項作文化比較研究，其引起的問題及可能的混淆就很大了。

上述亂倫禁忌的問題，一般稱為跨越文化的定義 (transcultural definition) 問題，這是牽涉到對文化認識的基本問題。這一問題並沒有立即解決的可能，我們只有加以留心而已。與跨越文化定義近似的，尚有範疇界定的問題，這也是文化比較研究者應特別注意的。我們

註9: R. O. Lagace (1974) *Nature and Use of the HRAF Files*. New Haven: HRAF Inc.

可以用「食人肉」(cannibalism) 這一風習來說明。所謂 cannibalism
眞正的意義是，一個民族把人肉當做可吃的肉，並認爲吃人肉是對
的。但是除此之外，有些民族只吃敵人的肉（爲了要增加勇氣），有的
民族吃人肉作爲巫術之用，另有些民族吃死去親人的肉（一點點）作
爲紀念，更有些民族只在危急情形下勉强吃人肉。因此，假如一般民
族誌只提到 cannibalism 一現象，而未加詳細說明，而研究者又把它
放在同一範疇去作相關分析，那麼所得的結果就很成問題了。

　　對文化變項的評分，很多情形下都是採用「類別尺度」(nomi-
nal scale) 的，尤其是常用二分法的「出現」與「不出現」或「存在」
與「不存在」，例如第二節中表 10-2 及表 10-3 所舉的兩個例，關於好
鬥及策略性遊戲的研究，就是採用「出現」或「不出現」來評定的。
這種評定法首先碰到的困難是有關民族誌未作記錄的問題。一般民族
誌很少明白指出，在該族中那一些風俗習慣或文化特質是不存在的，
因爲一個社會或民族所行的風俗習慣，只是全人類文化的一小部份。
一本民族誌假如要把所有未見於該族的文化特質都一一列出，那是不
可能，也是可笑的事。在這種情形下，我們在評分時，如遇到該族民
族誌對某一特質之存在未有記載時，我們將算它是「不存在」或是把
這一樣本不予計算呢？一般來說，通常都把這樣本除去不算，以免引
起統計上的偏誤。但是有經驗的文化比較研究者，爲了恐怕可用的樣
本太少，所以採用一種較細心的計算法。凡是在一本民族誌中雖未肯
定記載某種文化特質不存在，但誌書中却對有關的問題有詳細的叙
述，在這種情形下，我們可以引伸認爲該特質不存在於該民族中。例
如前述策略性遊戲的研究，某一民族誌中，如對該民族遊戲或娛樂方
面的文化有相當詳細的記述，但一字未提及策略性遊戲，就可以藉以
評定該民族無策略性遊戲的存在。

文化變項的評定有時很難肯定，因為風俗習慣有些是較有硬性規定的 (prescriptive)，有時是任選的 (preferred)。所謂任選，即是有數個可能的選擇。在這種情形下，評定就很不易了。例如關於婚後居住型式的研究，人類學家很仔細地分別隨父居 (patrilocol)，隨母居 (matrilocal)，隨舅居 (avunculocal)，隨夫居 (virilocal)，隨妻居 (uxorilocal)，新居 (neolocal) 等等，但是有些民族是可選擇的，或者前後不同的。例如有些民族先行隨夫居，後來又允許隨妻居。Murdock 在他的「民族誌圖表」中，對這類問題都作詳細的處理。例如他把固定隨夫居的民族，給予 V (virilocal) 的符號，給予隨夫隨妻兩方式可改變的民族，則用 Vu (virilocal＋uxorilocal)。在文化比較研究過程中，同類問題可以遇到的很多，應該特別注意。

有關於規定的或任選的行為，在文化比較時常可以用一個尺度 (scale) 來評定。人類學家通常用的尺度如下 (註10)：

0分：某種行為在該民族中被禁止或視為禁忌，如違犯時將受到嚴格制裁。

1分：該種行為被禁止，但犯者只受到輕微處罰。

2分：該種行為被認為無所謂，成員對它的態度不完全相同。

3分：該種行為認為是應當的，別的選擇認為不好。

4分：規定要做的，未做到時將受到嚴格制裁。

第二節所舉婚前性行為限制的例子，即採用此一方法加以評定的。

有些文化比較研究者對若干文化變項的評定，儘力採用更有系統的評分尺度，很多即採用 Guttman 式的量表。例如 Frank Young 在他的「成年禮」(*Initiation Ceremonies*) 一書中分析各種社會對初為

註10: 同註1，p. 712

成年人地位承認的處理方式，即採用 Guttman 式量表如下：

0分　一般承認，未有下列各種戲劇性行動。

1分　有限度的行動處理，包括禮物、集合或改名等。

2分　個人戲劇化行動，包括個人身體裝飾等。

3分　團體戲劇化行動，包括團體裝飾及表演。

4分　社會有激烈行動，對成年者施予激烈或嚴厲處理，包括鞭打、禁閉、毀飾等。

有很多文化變項的評定是牽涉到次數的問題，因此就可以用「等級尺度」來評定，但是對行爲次數的記錄，除非是眞正靠觀察外，很難有可靠的判斷。例如第一節所引斷奶與嬰兒情緒不安的相關研究，Whiting 等人就用嬰兒哭泣的長短及發脾氣的次數來作爲情緒不安的等級標準，這些資料假如不是眞正的觀察是很不易有準確的報導的，而很多民族誌對這方面的記載經常是不完整或全未提及的。

嚴格的文化比較研究者，在研究的過程中經常是先擬定評分的標準，然後選定樣本，但是當進入對每一樣本作評分時，他經常邀請別人代爲評分，以避免主觀的因素存在，這種方法在其他行爲科學家中是常見的事，在文化比較研究的領域內目前也已逐漸通行。

第四節　文化比較研究的若干成果

文化比較研究的發展，大致可分爲三個階段：第一階段可以說始自 Tylor 在 1889 年的論文，一直到 1934 年止。這一階段的研究，大都沒有任何抽樣的方法，也不計算相關係數及作顯著性檢定。第二階段自 1934至1960，其中最重要的研究，首推 Murdock 的「社會結構」一書。這一階段的研究，雖已講究方法問題，但抽樣方法仍屬有意或

判斷性的樣本，已採用相關法，但其他方法問題仍未注意。第三階段是自1960年以來，在這一階段中方法問題的探討佔很大的比重是其特色。截至目前為止，重要的文化比較研究大約有 200 種左右，Raoul Naroll 曾在 1970 年發表「文化比較研究的成果」(*What Have We Learned From Cross-cultural Surveys?*) 一文於美國人類學雜誌，在該文中，他對過去的文化比較研究作一總評，本節卽根據他的材料及 Driver 的另一篇文章 (註11) 作簡要介紹。

首先要介紹的是關於進化的研究。十九世紀末葉到廿世紀初年的社會科學界，可以說為進化論的思想所瀰漫，因此早期的文化比較研究者，很多都是著重文化或社會進化步驟的分析，但是因為他們太熱心於進化的思潮，並且缺乏方法學的修養，所以他們的研究在目前看來都已不值得再提起。可是進化的主題仍然是人類學家所熱衷的，這一方向的探討，近年來有一突出的研究，那就是 Robert Carneiro 的單向多線進化理論 (註12)。Carneiro 的研究選取一百個民族為樣本，並選擇 354 個文化特質作綜合分析。在這 354 個特質中包括生計、經濟、社會、政治、法律、宗教等方面的特質。經過分析後，Carneiro 發現這些特質在各民族中出現的情形，可以排成一個 Guttman 式的量表，而從這個量表中，我們可以發現，最簡單的民族，所具的文化特質最少，文化較複雜的民族，所具的特質較多，而某些特質只見於複雜的文化之中，它所構成的累增關係甚有規律，由此可以看出文化的進化是朝着一定方向而行的。但是在這種相同方向的進

註11： 同註7。

註12： R. L. Carneiro (1970) Scale analysis, evolutionary sequences, and the rating of cultures. In R. Naroll and R. Cohen (eds.), *A Handbook of Method in Cultural Anthropology*. New York: Natural History Press. 李亦園 (民64) 人類學與現代社會。臺北：牧童出版社。頁 99-107.

化行列中，即使是相同程度的民族，也有他們自己的一套發展的格調 (style)：他們可以具有相同的特質數目，但是有些著重於政治方面的特質，有些則可能著重於宗敎方面的特質，有些則屬均衡的發展。這種同一方向而格調不同的進化，就是這一新進化理論的主題，所以又稱爲單向多線進化理論。

其次應該討論有關社會結構的研究，Tylor 在他1889年的開創論文中，即企圖對若干社會結構的存在與發展作相關的研究。但對社會結構的探討，要等到 Murdock 在 1949 年出版他的「社會結構」一書才初具規模。Murdock 在書中，企圖利用 250 個民族的樣本，對各種社會結構尋求其發展的相關法則。Murdock 在書中所分析的雖然已有很多已被放棄，但若干基本的原則被再肯定，例如有關兩性分工、居住法則、嗣系形式、親屬稱謂的相關連，已被證實是一連串的因果發展，其情形可簡述如下表 (註13)：

兩　性　分　工	居住法則	嗣系形式	親　屬　稱　謂
(1) 女性爲主要生產者→	→隨　母　居→	→母系嗣系→	→ 二分合併型稱謂 ↓ Crow 型表親稱謂
(2) 男性爲主要生產者→	→隨　父　居→	→父系嗣系→	→ 二分合併型稱謂 ↓ Omaha 型　稱謂
(3) 兩性同爲生產者→	→兩可居或 從新居→	→双系親屬 群→	→直系或行輩型稱謂 ↓ Hawaiian 或 Es-kimos 表親稱謂

上述各種變項的相關情形用 φ 係數表達如表 10-6。

註13：同註7，pp. 350-351。

表 10-6　四種社會變項的 φ 係數表

	兩性分工	居住法則	嗣系形式	親屬稱謂
兩 性 分 工	—	.24	.11*	.00+
居 住 法 則		—	.36	.13++
嗣 系 形 式			—	.43
親 屬 稱 謂				—

* 　預期值 .09＝(.24)(.36)

+ 　預期值 .04＝(.24)(.36)(.43)

++ 　預期值 .15＝(.36)(.43)

　　文化比較研究者從事研究工作最多, 並且最受注意的, 是關於兒童教養方式與成人人格及其他文化投射部份之關係的探討。開創這方面研究的是 John Whiting, 他在 1953 年和 Irving Child 合著「兒童訓練與人格」(*Child Training and Personality*) 一書出版, 這和 Murdock 的「社會結構」一樣, 全是應用文化比較研究方法為分析基礎的專著。這一派研究者的理論是來自心理分析學派, 他們的理論架構可列如下:

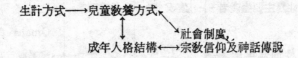

在生計方式與兒童教養間之關係方面, 以 Barry, Child 和 Bacon 三人在 1959 年發表的「兒童訓練與生計經濟的關係」(*Relation of Child Training to Subsistence Economy*) 一文貢獻最多。在兒童教養方式與社會制度與宗教信仰間之關係方面, 以 Frank Young,

Spiro 與 D′Andrade 和 Whiting, Kluckhohn, 與 Anthony 以及 Swanson 等人的著作最重要 (註14)。在兒童敎養與成年人格間關係方面，自然以 Whiting 本人及其夫人的工作爲主。但是在成年人格與社會制度及宗敎信仰之間的關係，仍然缺少有力的研究來支持。

文化比較研究者對戰爭及侵略性的研究亦頗有貢獻，較早的如 K.F. Otterbein 的研究 (註15)，最近則有 E. W. Rusell 的研究，頗引起廣泛的興趣。Rusell 的研究是要瞭解好戰的文化和心理背景，而企圖分析人類社會侵略性的基本因素。他採用四百個民族爲樣本，並以七十八個文化與心理特質作因素分析，發現有六組與戰爭有密切關係的因素。這六組因素是：戰爭頻率、好爭鬥、犯罪率高、成就動機與企業心、嚴格嬰兒敎養方式、以及婚前性行爲嚴格限制和處罰。Rusell 的結論是，一個民族的是否好戰，雖然也有政治、制度和經濟的因素，但是最基本的仍是心理因素；一個民族的憂慮和敵意程度若很高，則易於引起仇外及戰爭，而心理的憂慮和敵意，則與兒童所受的敎養嚴格或鬆懈有密切關係，甚至對於成就動機及企業心的嚴格要求，也易於引起憂慮，因此趨於自由放任的敎養方式，將減輕憂慮和

註14: M. E. Spiro and R. G. D′Andrade (1958) A cross-cultural study of some supernatural beliefs. *American Anthropologist*, N. S. *60*, 456-466; G. E. Swanson (1960) *The Birth of the Gods: The Origin of Primitive Beliefs.* Ann Arbor: Univ. of Michigan Press; J. W. M. Whiting, R. Kluckhohn and A. Anthony (1958) The function of male initiation ceremonies at puberty. In E. E. Maccoby, T. M. Newcomb and E. L. Hartley (eds.), *Readings in Social Psychology.* New York: Holt, Rinehart and Winston. pp.359-370.

註15: K. F. Otterbein (1968) A cross-cultural study of internal war. *American Anthropologist, 70,* 277-289.

K. F. Otterbein (1968) A cross-cultural study of armed combat. In Glen H. Snyder (ed.), *Buffalo Studies in International Conflict, 4,* 91-112.

敵意的形成 (註16)。

　　其他文化比較研究的貢獻，包括對於犯罪、自殺、藝術以及前述
的遊戲等等 (註17)。

　　總結而言，文化比較研究是一個較後發展的方法，就如 Naroll
所說的，它的成就雖仍然甚為有限，但却為行為與社會文化的研究開
創了一重要的途徑。

註16: E. W. Rusell (1972) Factors of human aggression: A cross-cultural factor analysis of characteristics related to warfare and crime. *Behavior Science Notes*, 7(4), 275-312.

註17: R. Naroll (1970) What have we learned from cross-cultural surveys? *American Anthropologist*, 72, 1227-1288.

第三編

測量程序與工具

第十一章

測量的基礎

黃 國 彥

Whenever you can, count

—— sir Francis Galton

　　S. Stevens 曾說：「廣義的來講，測量係根據法則而分派數字於物體或事件之上。」(註1)這個定義已簡要的說出測量的基本性質。然而，欲了解測量的意義，我們必須對它的每個重要名詞加以界定和解釋。本章將對此予以深入的探討。

　　不久以前，筆者曾被要求對一位學生做一種語文的評價，因為該生正被某一大學考慮是否給予教職的聘約。對此聘約，筆者的評價具有相當的影響力；我必須決定：不是支持，就是拒絕。依據幾年來的印象，該生似乎善於社交。但是，他却意圖向專業性的職業中謀求出路。最先，寄來的評價表所需的資料是這樣的：「該生是什麼類型的人？」以及「他將成為一位優秀的教育心理學者嗎？」筆者的回答是該生係一位非常有為的青年，工作努力且深具潛力。這種回答可能會被讀者認為頗為主觀，而且有些混淆不清。筆者承認確實如此，因為「有為」、「工作努力」及「深具潛力」的意義，實在難以界定。在這種情況之下，大學聘審委員會必須完全信賴評價者的判斷，才能作一決定。

註1: S. Stevens (1951) Mathematics, measurement and psychophysics. In S. Stevens (ed.), *Handbook of Experimental Psychology.* New York: Wiley. p. 1.

　　過了一段時間，該大學寄來一份正式的推薦信，要求筆者更詳細的評價。這次，不僅對該生的智力、敎學效率、硏究能力和個人適應要求評量（1 代表低劣， 5 代表優秀），而且還留有空白要筆者提供其他的評語。現在，我們知道要評量什麼以及根據什麼來評量了。但是，對於評價者而言，「智力」和「敎學效率」仍帶有主觀判斷的色彩。況且，並非對每一個評價者它們都具有相同的意義。此外，開放式的（open-ended）評語能否彌補這些混淆呢？或許，它多少有點幫助。有些人會說，這封推薦信可拿一份學生成績單作爲佐證資料，以利評價。當然，這是正確的敍述。可是，成績單中的科目名稱和符號，譬如「高等統計學──3 學分──85」或「敎育心理學──4 學分──90」等又代表什麼意義呢？究竟這些名稱和符號具有什麼涵義呢？雖然它們具有某種慣例的意義，但是仍有含糊不清的成份。

　　如果更進一步探討這個實例，或許有人建議推薦信不應僅只送給一人，而應該送給三個人，因爲三人的協議性比一個人的判斷能夠提供更多的證據，而且對該生的能力會有比較清楚而客觀的了解。

第一節　測量的定義

　　最爲大家所接受的測量定義爲「測量係根據法則而分派數字於物體或事件之上」。這一方式的定義曾被科學家們熱烈的討論過，尤以心理計量學家爲然。這些討論曾使測量的性質更加的清楚。但是，也有人表示異議，現在分別說明如後：

　　物體與事件(objects and events)　從字面上來看，上述定義具有三種元素：(1) 數字，(2) 物體與事件，以及 (3) 分派的法則。首先，讓我們探討一下「物體與事件」。一般來說，物體與事件是代

表我們所感興趣的東西。說得更明確些，它們就是引起我們興趣的事物的屬性或特徵。在教育方面，我們主要的興趣對象是學生，而且我們感到興趣的是他們所具有的具體特徵。我們常用「特質」(trait) 來區別物體本身及其具有的某些特別屬性。譬如，教育學者雖對兒童本身深感興趣，但他們仍以兒童所具有的具體特質，諸如閱讀能力和數學成就，來了解兒童。更具體的來說，教育學者的興趣在於兒童的理解能力，及其瞭解數學概念的能力。

在這裏必須說明的，就是不管我們所感到興趣的物體是什麼，它們會因其含有的特質程度而異。此外，利用特質來描述物體，有助於我們的瞭解和溝通。基於此，我們對於學生或兒童的若干特質，諸如身高、體重、性別、智力、動機等，都會感到興趣。

數字 (numeral)　在意義上來說，數字比數值 (number) 較少受到限制。所以，一般來說，我們可以把測量中的一個數字當作一種物體或事件特徵的代表符號。所以，我們常以 120 磅代表某一個體的體重，猶如以 5 英尺來代表一個人的身高。同樣的，「聰明」可以用來形容一個人的普通智力，但也可用 IQ 115 作為相同的用途。不論在那一種情況，我們必須注意到的，就是符號都是抽象的東西。它們不是物體或事件的本身，而僅是代表物體或事件的特性而已。此外，這些符號 (如 1, 2, 3 或 I, II, III) 本身不具意義，僅有我們賦予意義時，它們才會具有意義。

有些特質及其符號已為大家所熟知，所以它們的意義非常的清晰。但是，有些特質及其符號並非如此。譬如，某十二歲男孩的體重是 120 磅，此數字所代表的意義相當的清楚。但是，這男孩上學期的數學等級是丙所代表的意義就有所不同。這種差異實是由於分派的法則 (rule of assignment) 不同而造成的。

　　法則 (rule)　測量的最有趣、最困難的工作就是設定法則。所謂法則是告訴我們做些什麼的一種指引或方法。數學上的一種法則是函數。它是把某一集合 (set) 中的物體分派到另一集合的物體之上的法則。然而，在測量方面，有一種法則或許可以描述爲:「依據每個人的好壞而分派 1 至 5 的數字。假如某一個人非常好，那麼就分派數字 5 給他。假使某一個人非常壞，那麼就分派數字 1 給他。至於介於兩極端之間的人，則分派給他們中間的數字 2—4。」此外，另一法則是「假如一個人是男的，則分派他數字 1。假如一個人是女的，則分派她數字 0。」當然，在使用這一法則之前，必須先有另一法則來界定男女才可。

　　假定我們有一個集合 A，含有五個人，其中三男二女:a_1、a_3 和 a_4 是男的;a_2 和 a_5 是女的。如果我們想決定其性別，假使我們已有一種先驗的法則，可以讓我們清晰的界定性別，那麼我們可以應用前面的敍述，卽如一個人是男的，則分派數字 1;如果是女的，則分派

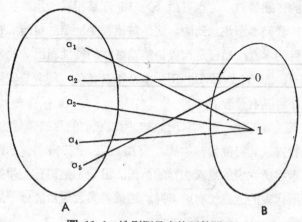

圖 11-1　性別測量中的函數關係

數字 0。如讓 0 和 1 爲一集合, 稱爲 B, 那麼 B＝{0, 1}。我們可將
這種測量的解剖圖呈現如圖 11-1。

這種程序猶如一種關係 (relation), 因爲範疇 A 的每一成員只能
分派到界限 B 內的單一物體之上, 那麼, 是否所有的測量程序都是函
數呢？是的, 因爲被測量的物體可當作範疇, 而分派到物體之上的數
字 (numerals) 可當作界限 (the range)。

現在, 爲了說得更清楚些, 再舉一例來解釋集合、關係 (函數)
及測量三者的關係。所謂一種關係, 卽是一種有序配對 (ordered
pairs) 的集合。同理, 函數亦復如此, 而任何的測量程序, 僅是建立
一個有序配對的集合罷了。當然, 每個配對的第一成員是正被測量的
物體, 第二成員是依照測量法則而分派到物體之上的數字。因此, 我
們可以寫下一個測量程序的一般公式如下：

$$f = \{(x, y); \ x = 任何物體, \ 和 \ y = 一個數字\}$$

這個公式可以讀爲: 函數 f 等於有序配對 (x, y) 的集合, 而 x 是一
種物體, 其相對應的 y 是一個數字。

爲了讓我們的討論更加具體, 茲再舉一例說明如下。如果卽將被
測量的事件 $(x_{,s})$ 是五個小孩, 而數字 $(y_{,s})$ 爲等第 1, 2, 3, 4,
和 5。假使 f 是一個法則, 指示某一教師如下：「對學校功課具有最強
烈動機的學童給予等第 1, 對學校功課具有次強烈動機的學童給予等
第2, ……以及對學校功課最沒有動機的學童給予等第 5。」那麼, 這
種測量或函數就可以呈現如圖 11-2。

這裏必須注意的, 就是相對應的法則 (f) 也可能改變爲: 「假如
一位小孩對學校功課具有強烈動機, 那麼就給予他一個數字1。但是如
果一位小孩對學校功課沒有強烈動機, 那麼就給予他一個數字0。」在
這種情況下, 界限變爲 {0, 1}。五個小孩所組成的集合就依照 f 而分

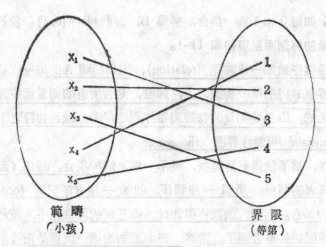

範　疇　　　　　　　　　　　　界　限
（小孩）　　　　　　　　　　　（等第）

圖 11-2　動機測量中的函數關係

為兩個子集合（subsets），且各配有數字 0 和 1。這種關係的圖解如同圖 11-1，其中集合Ａ是範疇，而集合Ｂ是界限。

當法則被人評價以後，可以分為好的與壞的兩種。使用好的法則，我們可以得到好的測量。同理，在其他的條件相同之下，使用壞的法則會讓我們得到壞的測量。許多事物易於測量，因其使用的法則易於設立和遵守。譬如，測量性別就是相當容易，因為性別可用幾個簡單且清晰的效標來決定，並能使研究者明確的知道何時分派 1、何時分派 0。同樣的，人類的某些特徵，如頭髮、顏色、眼色、身高、體重等，也很容易測量。可是，很不幸的，大多數的人類特徵卻都難以測量出來，主要的是因為我們很難設計清晰而良好的法則。

科學家眼中的好法則必須真確，即所使用的符號或數字應真確地代表所感興趣的特質。特質本身與符號系統（數字）的結構之間的關係愈一致，那麼所得的結果就愈符合期望。這種平行性的程度，科學家稱之為形式對稱性（isomorphism）。當然，分派法則的不同能夠造

成形式對稱性的極大差異。在實際的測量中，這種形式對稱性的程度，可以成為一種實徵性的檢驗（註2）。表 11-1 呈現了這些測量的觀念，並且提供了兩個實例可作參攷。

表 11-1　測量過程及兩種尺度的實例表解

物　體	符　號
依其含有某一特質的 程度而排列	可以代表：類別尺度 等級尺度、等距尺度 或等比尺度

物體 1 ──→ ┌─────┐ ──→ 代表 1 的符號
物體 2 ──→ │分派│ ──→ 代表 2 的符號
物體 3 ──→ │的法│ ──→ 代表 3 的符號
物體 "O" ──→ │則│ ──→ 代表 "O" 的符號
物體 N ──→ └─────┘ ──→ 代表 N 的符號

例 1:

特質：學生 身高	學生 1 學生 2 學生 3 學生 "P" 學生 N	按照標準程序 學生赤足筆直 站在測高器上 由脚至頭頂而 得到的尺寸	5′ 4″ 5′ 2″ 5′ 1″ 5′ 0″ 4′10″	等比 尺度

例 2:

特質：拼字 能力	學生 1 學生 2 學生 3 學生 "P" 學生 N	在標準程序的 拼字週考下， 在四十個字中 拼對的字數	40 36 35 32 25	等級 尺度

上表中的例子，一個屬於身體測量，另一個屬於敎育測量。它們告訴我們：假使所選擇的特質與分派的法則具有意義，那麼符號可被用來代表物體的特質。這可能非常的方便，因為它可使符號的抽象應

註 2. J. P. Guilford (1954) *Psychometric Methods*. New York: McGraw-Hill.

用替代實物。

用符號來代表特質，是一種強而有力的工具。但是，它也可能造成「危險」。當以符號來代表人類的特質時，我們易於過分的使用符號，以致錯誤的描述了特質。

第二節　四種類型的尺度

測量有四種水準：類別、等級、等距和等比。此四種程度產生了四種類型的尺度。有些測量專家僅承認等級、等距和等比尺度，但也有人認為類別、等級、等距和等比都屬於測量體系（註3）。其實，只要我們明瞭這些不同尺度和水準的特徵，大可不必加以苛求。

在正式討論測量水準本身之前，我們最好先說明測量的三項基本假定。它的分別如下：

1. 不是 (a=b)，就是 (a≠b)，但是不能得兼。

2. 如果 〔(a=b) 且 (b=c)〕，那麼 (a=c)。

3. 如果 〔(a>b) 且 (b>c)〕，那麼 (a>c)。

第一個假定是歸類時所必需，因為它能使我們確定某一物體的特徵是否與另一物體的特徵相同或不同。在測量中，「相同」並非一定要求完全一致。它僅只要求「充分的相同足以歸類為同一集合的成員」而已。例如，兩個男人的性別是相同，雖然一個男人較另一男人富有男性魅力，而且兩人的其他特徵確有顯然的差異。為了能夠說「兩者相同」，我們必須具有一個效標或一組的效標。如果我們想分派男生到

註3: L. Jones (1971) The nature of measurement. In R. Thorndike (ed.), *Educational Measurement*. Washington, D.C.: ACE; 及 P. I. Gardner (1975) Scales and statistics. *Review of Educational Research*, 45, 43-57.

各種不同的社會階層，那麼我們可以使用父親的職業或其居住地區當作效標。因此，效標必須充分的明確，以使歸類成為可能。換句話說，效標必須滿足「假定」所說的條件。

第二個假定是「如果 a 等於 b，且 b 等於 c，那麼 a 等於 c。」這就是說如果一個群體中的某一成員與另一成員相同，而且第二個成員又與第三個成員相同，那麼第一個成員就與第三個成員相同。這個假定能使研究者比較物體的同一種特徵，而得知某一集合中諸成員的品質。更重要的，假使這個假定的條件成立的話，那麼平常不適於觀察的物體也可分派到某一群體的子集合內。例如，如果我們想把個體分派到兩種類別：偏見與不偏見。現在有一個人，他所隸屬團體的所有成員都具有偏見，所以我們也可以把他分派到「有偏見」的類別內。

對測量而言，第三個假定較為重要。它是這樣的：「如果 a 大於 b，且 b 大於 c，那麼 a 就大於 c。」這稱作「遞移假定」(transitivity postulate)。當然，其中的大於（＞）或小於（＜），可用其他的符號或字彙來代替。例如，我們也常用「較長於」、「較強於」、「前於」、「後於」、「較具權威」等等來取代大於或小於。大多數的心理與教育測量都依賴這個假定，因為它能使我們明確的說出有關等級的敘述句，如「在某一屬性上，a 比 b 較多些，b 又比 c 較多些，所以 a 比 c 具有較多些。」

上面的敘述句似乎顯而易見，但却並非總是如此。譬如，C. Coombs（註4）認為社會心理變項中很難找出簡單等級或順序的例子。以支配性 (dominance) 的關係來講，a 或許支配 b，而且 b 可

註 4: C. Coombs (1953) Theory and methods of social measurement. In L. Festinger and D. Katz (eds.), *Research Methods in the Behavioral Sciences.* New York: Holt, Rinehart and Winston.

能支配 c, 但 a 可能不支配 c。例如, 在一個家庭裏, 太太可能支配其先生, 而且先生可能支配其小孩, 但是小孩可能却支配了其母親。所以, 如果一個研究者探求支配性的關係時, 他不能僅僅假設上面的遞移假定都是對的, 他必須證實它是對的。其他的關係, 如「愛」、「喜歡」及「朋友」等, 也是依此類推。

一、類別尺度

類別尺度 (nominal scale) 是測量水準中最低的一種。如前所言, 也有人認為它不能算是測量。嚴格的來說, 類別尺度又可分為標記 (label) 和類別 (category)。現在分別說明如後 (註5):

標記 數字常被用來記載事物的工具, 而不用來做數量分析。例如, 一位地質學家在山裏探集礦石標本。他分別將礦石編號為1, 2, 3, ……。在這裏的數字純粹是被當作標記罷了, 不能供作數量分析之用。如果異想天開, 將(礦石1)＋(礦石2)＝(礦石3), 那便是鬧笑話了。其他利用數字當作標記的例子很多, 如球員球衣的編號, 公路的數字編號, 化學元素的編號等等。

在這裏必須強調的, 就是用作標記的數字並不是用來代表某屬性的多少, 僅是方便的代號而已。

類別 所謂類別是使用數字來代表物體的團體。例如, 上面所說的地質學家可能把每個礦石分類為水成岩、火成岩和變成岩三種, 並分別稱之為 1, 2, 3。同理, 類別也適用於各種不同的職業; 也適用於把人分為男和女, 或分為腦部受損的人和正常的人等等。

類別與標記具有密切的關係, 它們的相同點是所用的數字都不做

註 5: J. Nunnally (1967) *Psychometric Theory*. New York: McGraw-Hill.

數量的分析。不過，它們仍有相異之處，即 (1) 類別的每個數字都
代表一個以上的物體，及 (2) 在分類時分派到相同數字的所有物體
在某些屬性上都是相似。

　　簡而言之，類別尺度的必要條件很簡單：一個集合的所有成員都
被分派到相同的數字，並且沒有兩個集合被分派到相同的數字。此外，
前面所說的假定 1 和 2 的條件必須滿足，因爲我們必須知道何時物體
相等或者不相等。

二、等級尺度

　　等級尺度 (ordinal scale) 要求一個集合中的物體能够依操作定
義所界定的明確特徵或屬性而排列大小。如果等級遞移的假定得到證
實，那麼等級測量就有其可能性。換句話說，如果我們有三個物體，
a，b，c，而 a 大於 b，b 又大於 c。此外，我們如果有證據可說 a
大於 c，那麼等級測量的主要條件就得到滿足。

　　等級測量程序有多種。最簡單且最直接了當的一種是等第順序法
(method of rank order)。它要求受試者對一組刺激（包括物體、事
物或現象）依某種屬性由「最多」排列次序至「最少」。例如，汽車
製造廠商爲了想知道消費者的看法，將五種類型的汽車，請十個受
試者按耐久性的高低加以評判。這裏所說耐久性的高低就是一組刺激
（不同類型的汽車）的某種屬性。實驗者可先將五種汽車的名字逐個
記在卡片上，然後向受試者呈現這些卡片。受試者按照其所相信的耐
久性高低，把記有汽車型的五張卡片依次排列。排在第一的是他認爲
最耐久的，排在第二的是他認爲次耐久的，依此類推，其結果如表
11-2。

表 11-2 五種汽車的耐久性評定等第

受 試 者	車		型		
	A	B	C	D	E
1	3	4	1	2	5
2	4	3	1	2	5
3	3	4	1	2	5
4	3	4	1	2	5
5	2	3	1	4	5
6	4	2	1	3	5
7	5	3	1	2	4
8	3	4	1	2	5
9	2	1	3	4	5
10	4	3	1	2	5
總 和	33	31	12	25	49
總 等 級	4	3	1	2	5

從上表我們得到了等級的關係， C 車的耐久性最好，其次爲 D 車，B 車，A 車和E 車。但是，一個等級和次一等級之間究竟在耐久性上相差的程度如何，我們無從得知。換言之，由表上我們雖然知道車型 C, D, B 各佔第一，二，三等級，但是我們無法知道車型C和D的耐久性差別，是否大於D和B之間的差別。

較爲徹底的第二種等級測量程序是配對比較法 (method of paired comparisons)。它要求受試者在一定時間內就所有可能的配對，排列每對刺激的大小或次序。例如，有八種重量，它的所有配對可能是二

十八種。每一種配對呈現時，受試者要指出那一個重量較重。換言之，在每次比較中，受試者要對每組配對中的兩個重量加以排列等級。

另一種的等級測量程序是恒常刺激法 (method of constant stimuli)。這種方法與配對比較法相類似，唯一不同點是它以一種標準的刺激連續的與一組恒常刺激中的各個成員相配對比較。例如，在一個舉重的研究中，標準的刺激是 200 克的重量，而六種恒常刺激的重量分別為 185, 190, 195, 205, 210 和 215 克。恒常刺激與標準的刺激以隨機的順序相配在一起，然後受試者在每一次配對比較中要指出何者較重（當然，每一組比較中只有實驗者知道何者是標準的刺激）。為了得到可靠的資料，我們通常要利用各種隨機順序把恒常刺激與標準刺激相互比較。

最後一種等級測量程序是連續性類別法 (method of successive category)。它是要求受試者把一群的刺激分類成為若干顯然不同的類別。這裏的類別已按指定的屬性而予以順序排列。例如，受試者可能被要求對聯合國喜歡程度有關的 100 個敍述句加以分類。給予受試者的可能是十個類別，其中第一個類別是「非常喜歡」，第十個類別為「最不喜歡」，兩個極端中間的類別都有各種不同的文字標記，標明其喜歡程度。然後，受試者必須把 100 個敍述句分類到這十種不同程度的類別之內。

連續性類別法有許多不同的變化。這些變化視實驗者希望獲得的資料的種類而定。當實驗者所尋求的只是等級資料時，受試者常可按其所選擇的方法把刺激分到各個類別之內。然而，另一種變化是要求受試者把相等數目的刺激分到每一類別之內。譬如，最上面的十個刺激分到第一個類別內，…以及最下面的十個刺激分到第十個類別之內。另外一種變化是要求受試者把刺激分成為一種近似常態分配，其中的

每個類別內都規定分有多少刺激。這種變化稱之為「Q 分類」（詳見第二十三章）。

前面的幾種等級測量程序，都可以得到等級資料。但是，我們必須注意的，就是等級數字僅顯示等第順序而已。除此之外，別無其他意義。這些等級數字並不顯示屬性的眞正量或絕對值，而且也不告訴我們數字間的間隔相等。同樣的，它們也沒有絕對的零點。

三、等距尺度

等距尺度(interval scale)具有類別和等級尺度的特徵。此外，它要求尺度上的等差代表所測量的特質的量之等差。假使我們以等距尺度測量了四個物體，並分別得值為8，6，5 和 3。那麼，我們便可以說第一個和第三個物體的屬性間的差異（8－5＝3）等於第二個和第四個物體間的差異（6－3＝3）。換一個方式來說，等距尺度的間隔(interval)可以用來加減。如果一種等距尺度的情況如下（註6）：

a	b	c	d	e
1	2	3	4	5

a 到 c 的間隔是 3－1＝2，c 到 d 的間隔是 4－3＝1，我們可以把這兩個間隔相加，而得（3－1）＋（4－3）＝2＋1＝3。這又等於 a 到 d 的距離，即 4－1＝3。這種關係可用下面的公式表示出來：

$$(d-a) = (c-a) + (d-c)$$

在這裏必須注意的，就是我們不能說 d 的屬性等於 b 的屬性的兩倍，因為等距尺度並沒有絕對的零點。

註6: F. N. Kerlinger (1973) *Foundations of Behavioral Research*. New York: Holt, Rinehart and Winston.

為了得到受試者的等距反應, 我們常用等距法 (method of equal-appearing intervals)。從表面上看來, 它與連續性類別法極為相似, 因為兩者都要求受試者把一組刺激分類到已經順序排列的類別之內。唯一的不同在於其指導語。在等距法裏, 受試者在分類刺激時, 應主觀地使類別間的間隔成為相等。所以, 如果一個人正在分類 100 張灰紙, 並由最暗的分到最亮的, 那麼他要使相鄰類別間所知覺到的差異盡量相等。雖然這件工作的指導語頗難措詞, 而且實驗者的意圖是否溝通得很好也難以得知, 但是這種方法確係尋找等距資料的重要方法 (詳見第十六章)。

較等距法更能有效的得到等距反應的方法是區段估計法 (method of interval estimation)。在區段估計中, 我們最常用的程序是二分法 (method of bisection)。例如, 給予受試者兩種不同強度的燈光, 並要受試者依據高度把第三個燈光放在上面這兩種不同強度燈光的中間點上。另一個例子是給予受試者兩種對聯合國喜歡程度不同的敘述, 並要他選出一個介於兩種喜歡程度中間的敘述句。不管我們使用區段估計的何種方法, 受試者所被要求的, 是估計許多刺激中的互等間隔。

四、等比尺度

等比尺度 (ratio scale) 是測量的最高水準, 而且也是科學家的理想尺度。一個等比尺度, 除含有類別、 等級和等距尺度的特徵之外, 還有一個具有實徵意義的絕對零點, 如果一項測量結果在等比尺度上是零, 那麼我們便可說某些物體並未具備被測量的屬性或特徵。由於等比尺度具有一個絕對零點, 所以算術的所有基本運算均可使用。換句話說, 等比尺度所得的數字都可以加減乘除。基於此, 如果

一個以等比尺度測量的學業成就變項存在的話，那麼我們可以說獲得
8 分的學生實相當於獲得 4 分學生的學業成就之兩倍。

獲得等比尺度資料的測量程序是比值估計法 (method of ratio
estimation)。所謂比值估計法是要求受試者對刺激的絕對量加以反
應。它與區段估計法一樣，有許多的特殊型式。最簡單的例子，就是
給予受試者一種強度的燈光，並要受試者調節另外一個燈光，使其強
度成為第一個燈光的兩倍亮度為止。另外一個例子是給予受試者一種
大多數人都是中等喜歡的食物名稱，並要求受試者評定一個名單中的
每種食物，由「僅喜歡十分之一」到「喜歡十倍之多」。

從表面上看來，區段估計的有些方法與比值估計相似。但是，最重
要的區別是比值估計的低區段必為一種心理上的零點 (psychological
or phenomenal zero)。

第三節　各種尺度的比較

四種類型的尺度及其基本的特徵，已在上面討論過。當物體和符
號之間的形式對稱性程度愈增加，那麼尺度的水準就愈由類別、等
級、等距而提升為等比。或許上面的討論可使我們在兩方面受到影
響。一個方面是它使我們瞭解了測量的基本性質。另一方面是它使我
們明瞭測量的應用仍有某些缺點和限制存在。假使我們瞭解測量的基
礎，我們勢將承認世上很少有物體與符號間相對應得十全十美的實例。
這種情況不僅社會科學是如此，就是物理科學也是如此。基於此，社
會及行為科學研究者或許可以不必太去嚴求絕對的測量。如果等比和
等距尺度不可得，那麼取得有用的類別和等級尺度也是相當合理的事。

嚴格的說，上面四種測量尺度所允許的數字運算和統計處理是什

麼呢？首先，讓我們來看類別尺度。它允許計數每個類別內究竟含有多少個數。因此，它所適用的統計都屬於次數的統計 (frequency statistics)，諸如 χ^2，百分比以及列聯相關係數 (contingency coefficient)。這聽起來有點薄弱。事實上，它已很不錯了。這裏有一個好原則可以銘記在心，那就是如果你不能使用其他的方法，那麼你總可以將受試者加以分類或交叉分類。如果你正在研究兩個變項間的關係，並不能適切的以等級或等距的方法來測量，那麼你至少可以把所研究的物體分爲兩個團體。

根本上來說，智力、性向和人格測驗分數，都是等級性的。它們不能顯示個體的智力、性向和人格特質的量，但能顯示個體的等第順序地位。等級尺度並不含有等距的特徵或絕對零點。舉例來講，我們不能說一個人在智力測驗上得到零分，就認爲他的智力是零，因爲只要他是活的，他應有某些智力才對。等級尺度不但指明類別，而且也指明不同類別的大小。它的代表符號是「＞」。這個不等號僅代表等級而已，並沒有表明差異的份量。所以，它所適用的統計有中位數、百分位數、等第順序相關係數 (ρ)、肯氏 W (Kendall's W) 以及等第順序變異數分析。

等距尺度比等級尺度更上一層，不但有大小關係，而且任何兩個差距之間都是相等。它允許加減運算，但却沒有絕對零點。行爲科學中的資料，能達到這種量度者實在少之又少。通常，我們必須轉換 (transformation) 或做些假設，以促使其所給予的數字能符合等距尺度所要求的數學性質。常態分配和標準差相等之假設，就是爲了這個目的。它所適用的統計大概有平均數、標準差、積差相關、T 和 F 檢驗等。

等比尺度是測量的最高水準。它除擁有前三種尺度的特徵之外，

還有一個特點是具有絕對零點。因此，等比尺度乘上任何一個正的常數，並不改變帶給我們任何新的知識。它允許算術的所有基本運算：加減乘除。所以，它所適用的統計，除上面已說過的幾種之外，還可以採用幾何均數 (geometric mean) 和變化係數 (coefficient of variation) 等。

上述四種尺度是我們經常可以看到的。前兩者可適用在非母數統計(nonparametric statistics)，後兩者則可適用在母數統計學(parametric statistics)。我們對於何種尺度適用何種統計必須瞭解。我們可將四種尺度的基本概念摘要如表 11-3。

表 11-3　測量尺度的比較

尺度的水準	正式特徵	觀覺呈現	功能	例子
類別	相互排斥且可辨識的類別	1　2　3	能分類和描述	種族：1, 2, 3 代表白人，黑人和黃種人。
等級	等第順序大於和少於	1 2 3 4 5 6 7	上面功能加上等級	測驗分數，7比6要大些但是單位代表不同的數量。
等距	尺度上的單位具有相等的意義	1，2，3，4、5	上面功能加上差異的決定和比較	溫度，海拔高度。
等比	有意義的零點	0　1　2　3　4	上面功能加上比值的決定和比較	人的身高，3′ 是6′ 的 $\frac{1}{2}$

第十二章

信度與效度

簡　茂　發

　　在社會與行為科學研究中，研究者通常使用測量或調查工具，以搜集實徵性的量化資料，便會涉及這些資料的可靠性和正確性等問題，而其關鍵在於測量或調查工具的信度 (reliability) 與效度 (validity)。信度與效度是優良測量工具必備的條件。研究者無論是自行設計編製測量工具或從現有的標準化測驗中加以選擇應用，欲期獲得確實可靠的資料，必須講求其信度與效度，且能以科學的方法驗證之。如果研究者對其所使用的測量工具之信度與效度一無所知，則無法判斷其所獲得的資料之可信及真確的程度，更難據以解析問題並從中獲致研究的結論。因此，社會與行為科學研究者莫不重視測量工具的信度和效度，務求對其有所了解。本章係從心理計量學的觀點，闡述信度與效度的基本原理，說明驗證信度與效度的各種方法，分析影響信度與效度的因素，並進而探討信度與效度之間的關係及其應用的途徑。

第一節　信　度

一、信度的意義

信度卽可靠性 (trustworthiness)，係指測驗結果的一致性 (consistency) 或穩定性 (stability)而言。一個測驗的信度在於表示測驗內部試題間是否相互符合與兩次測驗分數是否前後一致，而其符合或一致的程度是相對的，並非全有或全無的特質。任何一種測量，總有或多或少的誤差，而誤差受機遇因素所支配。誤差愈小，信度愈高；誤差愈大，信度愈低。因此，信度亦可視爲測驗結果受機遇影響的程度。

信度的涵義可從兩個層面加以分析：(1) 當我們以同樣的測量工具重覆測量某項持久性的特質時，是否得到相同的結果？由此可知此一測量工具的穩定性、可信賴性 (dependability) 或可預測性(predictability)。(2)測量工具能否減少隨機誤差(random error)的影響，而提供某項特質個別差異程度的眞實量數 (true measure)？由此可知測量結果的精確性(accuracy or precision)。譬如有新舊兩枝來福槍經固定位置後對準靶面射擊，所得結果如圖12-1。從圖中可見舊槍的彈著點比較分散，新槍的彈著點比較集中，後者比前者的變異小而準確，亦卽後者的信度高而前者的信度低 (註1)。在心理和教育測量方面，情形亦相類似，假定有五個學生眞正的數學分數爲89，80，72，60，54，現以甲乙兩套數學成就測驗同時測定他們的數學成績，所得結果如表 12-1。從表中可知甲測驗的分數雖未命中眞正的數學分數，但

註1﹕F. N. Kerlinger (1973) *Foundations of Behavioral Research.* (2nd ed.) New York: Holt, Rinehart and Winston. p. 444.

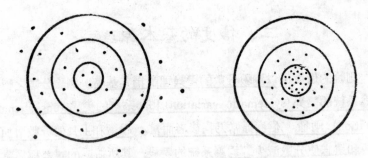

圖 12-1 舊槍（左）和新槍（右）射擊之靶面彈著點的比較

兩者名次則完全相同，而乙測驗的五個分數雖與甲測驗的五個分數雷同，但其名次却與真正的數學分數不一致，可知甲測驗的信度高，乙測驗的信度低。

表 12-1 五名受試者數學成就的真正分數、實得分數及名次

受試者	實際成就		甲 測 驗		乙 測 驗	
	真正分數	名 次	實得分數	名 次	實得分數	名 次
A	89	1	92	1	64	4
B	80	2	85	2	92	1
C	72	3	75	3	56	5
D	60	4	64	4	85	2
E	54	5	56	5	75	3

二、信度的基本原理

測驗的信度係以測驗分數的變異理論為其基礎。測驗分數之變異分為系統的變異(systematic variation)和非系統的變異 (unsystematic variation) 兩種，信度通常乃指後者而言。學習和生長使分數增加，疲勞和遺忘使分數減少，均屬系統的變異，其所造成的誤差稱為常誤 (constant error) 或偏誤 (error of bias)；而注意力的變動、心情的起伏、以及其他暫時性的外界因素等，對測驗分數之增減有不同的影響，產生非系統性的變異，其所造成的誤差稱為隨機誤差或測量誤差 (error of measurement)。

在測驗方法上探討信度的途徑有二：(1) 從受試者內在的變異 (intraindividual or within-individual variability) 加以分析，用測量標準誤 (standard error of measurement) 說明可靠性的大小；(2)從受試者相互間的變異 (interindividual or between-individual variability) 加以分析，用相關係數 (correlation coefficient) 表示信度的高低。

自從測驗的先驅者 C. Spearman 以來，測驗理論即有一個基本的假定：實得分數(obtained score)等於真正分數 (true score) 與測量誤差之和，其公式如下：

$$X_o = X_t + X_e$$

受試者在某項特質上的真正分數通常為未知，祗能從多次實得分數的平均值估計之，而每次實得分數與真正分數之差即為測量誤差，三者的變異關係可用公式表示如下：

$$\sigma_o^2 = \sigma_t^2 + \sigma_e^2$$

卽實得分數的變異量等於眞正分數的變異量與測量誤差的變異量之和。上式可轉化如下：

$$\frac{\sigma_t^2}{\sigma_o^2} + \frac{\sigma_e^2}{\sigma_o^2} = 1$$

卽由於眞正分數與測量誤差而來的變異在實得分數總變異中所佔的比率之和爲1。

信度可視爲眞正分數之變異在實得分數總變異中所佔的比率：

$$r_{xx} = \frac{\sigma_t^2}{\sigma_o^2}$$

信度亦可視爲在實得分數總變異中非由於測量誤差之變異所佔的比率：

$$r_{xx} = \frac{\sigma_o^2 - \sigma_e^2}{\sigma_o^2} = 1 - \frac{\sigma_e^2}{\sigma_o^2}$$

實得分數與眞正分數的相關稱爲信度指數 (index of reliability)，等於眞正分數的標準差與實得分數的標準差之比：

$$\rho_{ot} = \frac{\sigma_t}{\sigma_o}$$

其平方就是信度係數 (reliability coefficient)，可用下列公式表示之：

$$\rho_{ot}^2 = \frac{\sigma_t^2}{\sigma_o^2} = r_{xx}$$

換言之，信度指數是信度係數的平方根，而信度係數是眞正分數與實得分數之間的決定係數 (coefficient of determination)。

三、信度的類型與求法

測驗的信度通常以相關係數表示之。由於測驗分數的誤差變異之

來源有所不同，故各種信度係數分別說明信度的不同層面而具有不同的意義。在實際的應用上，信度係數可分爲五種類型，玆就其性質與求法敍述如下：

（一）再測信度

用同一種測驗，對同一群受試者，前後測驗兩次，再根據受試者兩次測驗分數計算其相關係數，即得再測信度(test-retest reliability)。此種信度能表示兩次測驗結果有無變動，反映測驗分數的穩定程度，故又稱穩定係數(coefficient of stability)。當測驗沒有複本而現實條件容許重覆實施兩次測驗時，通常採用再測法以衡量測驗的信度。它的優點在於提供有關測驗結果是否隨時間而變異的資料，作爲預測受試者將來行爲表現的依據；但其缺點爲易受練習和記憶的影響，前後兩次測驗相隔的時間務須適度。如果相隔時間太短，則記憶猶新，練習的影響仍大，往往造成假性的高相關；如果相隔時間太長，則身心特質的發展與學習經驗的累積等均足以改變測驗分數的意義，而使相關降低。一般言之，相隔時間愈長，穩定係數愈低。最適宜的相隔時間隨測驗的目的和性質而異，少者兩週，多者六個月甚至一、二年之久。

（二）複本信度

如果一套測驗有兩種以上的複本，則可交替使用，根據一群受試者接受兩種複本測驗的得分計算相關係數，即得複本信度 (alternate-form reliability)。以複本衡量信度的方法，可避免上述再測法的缺點，但所使用者必須是眞正的複本，在題數、型式、內容以及難度、鑑別度等方面皆屬一致。複本測驗可同時連續實施或相距一段時間分

兩次實施，前者的複本信度又稱等值係數 (coefficient of equivalence)，後者又稱穩定與等值係數 (coefficient of stability and equivalence)，可說明由於內容和時間變異所造成的誤差情形。從測驗原理與實驗研究應用的觀點而言，這是考驗信度最好的一種方法。

(三) 折半信度

在一種測驗沒有複本且祇能實施一次的情況下，通常採用折半法以估計測驗的信度。一般常用的折半法是將受試者的測驗結果，按題目的單雙數分成兩半計分，再根據各人在這兩半測驗上的分數，計算其相關係數，卽得折半信度 (split-half reliability)。不過，此一相關係數祇是半個測驗的信度而已，由於在其他條件相等的情況下，測驗愈長愈可靠，故必須使用「斯布公式」(Spearman-Brown formula) 加以校正，藉以估計整個測驗的信度：

$$r_{xx} = \frac{2r_{hh}}{1+r_{hh}} \quad (註 2)$$

式中 r_{hh} 表示求得的相關係數；r_{xx} 表示估計的信度係數。但斯布公式係建立在兩半測驗分數的變異性相等的假定上，惟實際資料未必符合此一假定，宜採用下列兩種公式之一，直接求得測驗的信度係數。

范氏公式 (Flanagan formula)

$$r_{xx} = 2\left(1 - \frac{S_a{}^2 + S_b{}^2}{S^2}\right) \quad (註 3)$$

式中 $S_a{}^2$ 和 $S_b{}^2$ 分別表示兩半測驗分數的變異量，S^2 表示整個

註2: J. C. Stanley and K. D. Hopkins (1972) *Educational and Psychological Measurement and Evaluation.* Englewood Cliffs, N. J.: Prentice-Hall. p.125.
註3: 同前註。

測驗總分的變異量。

盧氏公式 (Rulon formula)

$$r_{xx} = 1 - \frac{S_d{}^2}{S^2} \quad (\text{註4})$$

式中 $S_d{}^2$ 表示兩半測驗分數之差的變異量，S^2 表示整個測驗總分的變異量。

折半信度又稱內部一致性係數 (coefficient of internal consistency)，不適用於速度測驗。

（四）庫李信度

G. F. Kuder 和 M. W. Richardson 在1937年設計一種分析項目間一致性 (interitem consistency) 以估計信度的方法，最常用的是庫李二十號公式 (Kuder-Richardson formula 20)：

$$r_{KR20} = \left(\frac{k}{k-1}\right)\left(1 - \frac{\sum pq}{S^2}\right) \quad (\text{註5})$$

式中 k 表示整個測驗的題數，$\sum pq$ 表示整個測驗中每題答對與答錯百分比乘積之總和，S^2 為測驗總分的變異量。

另有庫李二十一號公式 (Kuder-Richardson formula 21)，適用於各試題難度相近的情況下，計算過程比較簡易，惟其求得的庫李信度 (Kuder-Richardson reliability) 有低估的傾向，尤以各試題難度相差懸殊時為甚。其公式如下：

$$r_{KR21} = \left(\frac{k}{k-1}\right)\left(1 - \frac{\sum \bar{p}\bar{q}}{S^2}\right) = \frac{kS^2 - \bar{X}(k - \bar{X})}{(k-1)S^2} \quad (\text{註6})$$

註4：同註2。
註5：G. F. Kuder and M. W. Richardson (1937) The theory of estimation of test reliability. *Psychometrika*, 2, 151-160.
註6：同前註。

式中 k 表示整個測驗的題數，p̄ 表示試題平均難度，q̄ 為 1−p̄，S² 為測驗總分的變異量，X̄ 為測驗總分的平均數。

上述兩個公式祇適用於答對一題得一分、答錯無分的一般標準化測驗，不適用於多重記分的測驗工具，如評定量表、態度量表等。針對此一需要，L. J. Cronbach 另創 α 係數，其公式如下：

$$\alpha = \frac{I}{I-1}\left(1 - \frac{\sum S_i^2}{S^2}\right)$$ （註7）

式中 I 為測驗所包括的項目數，S_i^2 為每一項目分數的變異量，S^2 為測驗總分的變異量。

此外，C. Hoyt 另創一種衡鑑測驗或量表的內部一致性之方法，以變異量分析 (analysis of variance) 求得所需的統計量，代入下列公式即可求得信度係數：

$$r_H = 1 - \frac{MS_{errors}}{MS_{individuals}}$$ （註8）

以庫李公式等方法求得的信度係數，通常比折半信度為低，兩者之差，可作為測驗項目異質性 (heterogeneity) 的指標，據以判斷測驗內容的同質性 (homogeneity)。

（五）評分者信度

對一些無法進行完全客觀記分的測量工具而言，評分者之間的變異亦屬誤差來源之一，有加以探討的必要。譬如創造性思考測驗與衡鑑人格的投射測驗之評分，必然涉及評分者主觀的判斷，為了衡鑑評

註7： L. J. Cronbach (1951) Coefficient alpha and the internal structure of tests. *Psychometrika, 16*, 297-334.
註8： C. Hoyt (1941) Test reliability estimated by analysis of variance. *Psychometrika, 6*, 153-160.

分者信度 (scorer reliability) 的高低，可隨機抽取相當份數的測驗卷，由兩位評分者按記分要點分別給分，然後根據每份測驗卷的兩個分數計算其相關係數，卽得評分者信度。在理論上，一般標準化測驗應有完全的評分者信度。

四、影響信度的因素

信度與誤差變異之間有密切的關係。誤差變異愈大，信度愈低；誤差變異愈小，信度愈高。爲探討影響信度的因素，必須先分析誤差變異的來源。H. B. Lyman (註9) 曾提出五個層面的模式 (five-dimensional model) 說明誤差變異的來源如下：

(1) 受試者方面——身心健康狀況、動機、注意力、持久性、求勝心、作答態度等均隨時在變動中。

(2) 主試者方面——不按照規定實施測驗、製造緊張氣氛、給予特別協助、評分主觀等。

(3) 測驗內容方面——試題取樣不當、內部一致性低、題數少而受機遇影響大。

(4) 測驗情境方面——測驗環境條件如通風、光線、聲音、桌面好壞、空間闊窄等皆具有影響的作用。

(5) 時間影響方面——兩次測驗相隔時間愈久，其他變項介入的可能性愈大，受外界的影響也愈多。

至於影響測驗信度的主要因素，可歸納爲下列三項(註10)：

註9：H. B. Lyman (1971) *Test Scores and What They Mean.* (2nd ed.) Englewood Cliffs, N. J.: Prentice-Hall. pp. 27-31.

註10：同前註，pp. 31-32.

(1) 測驗長度——在適當的限度內，且合乎同質性的要求，一個測
　　驗的題數愈多，其信度也愈高。

(2) 受試人員的變異性——在其他條件相等的情況下，團體內成員
　　特質分佈的範圍愈廣，其信度係數也愈大。

(3) 間隔時間的長短——以再測法或複本法求信度，兩次測驗相隔
　　時間愈短，其信度愈高。

　　綜上所述，一個測驗的信度受許多因素的影響。為了提高測驗的
信度，應設法控制這些造成分數變異的因素，使誤差變異盡可能減
小，使個別差異盡可能增大。研究者在衡鑑測量工具之信度與解釋測
量結果的時候，必須考慮足以影響信度的各種因素，始能確實把握測
驗分數的意義，在可靠的範圍內加以適當的應用。

第二節　效　　　度

一、效度的意義

　　效度即正確性，指測驗或其他測量工具確能測出其所欲測量的特
質或功能之程度而言。一個測驗的效度愈高，即表示測驗的結果愈能
顯現其所欲測量對象的眞正特徵。效度是科學測量工具最重要的必備
條件，一個測驗若無效度，則無論其具有其他任何要件，一律無法發
揮其眞正的功能。因此，選用標準測驗或自行設計編製測量工具，首
須衡鑑其效度。在考慮測驗的效度之時，必須顧及其測驗的目的與特
殊功能。一個測驗所測得的結果，必須符合該測驗的目的，始能成為
正確而有效的測量工具。不過，一個測驗應用於某種場合，其效果甚
佳，但對另一個不同的目的和用途，則可能毫無價值。因此，每種測

驗各有其功能與限制，世上沒有一種對所有目的都有效的測驗，也沒有任何一個測驗編製者能把一切的特質都涵蓋在他的一套測驗之中。總之，測驗的效度是特殊的而非普遍的，任何一種測量工具祇對某種特殊目的有效，僅能就其特定項目作正確的度量，此外別無意義。再者，測驗係根據行為樣本(behavior sample)，對所欲測量的特質作間接的推斷，祇能達到某種程度的正確性，且測驗的效度通常以測驗分數與其所欲測量的特質之間的相關係數表示之，祇有程度上的不同而非全有與全無的差別，故測驗的效度是相對的而非絕對的。

二、效度的基本原理

測驗的效度涉及測驗的性質、目的、內容、功能與用途等方面。在衡鑑效度之時，必須先確定測驗的目的與範圍，考慮測驗所欲測量者究為何物，分析其性質及據以表現的特徵，進而查核測驗的內容是否與測驗目的相符合，據以判斷測驗結果反映所欲測量特質的程度。

假定某種測驗的目的在於測量個體在某項屬性上的差異情形，則一群受試者在該測驗上得分的總變異量 ($\sigma_o{}^2$) 包含三個部分：一為個體在與該屬性有關的共同特質上所造成的變異量 ($\sigma_{co}{}^2$)，另一為與該屬性無關的其他個別特質所造成的變異量 ($\sigma_{sp}{}^2$)，其餘為誤差變異量 ($\sigma_e{}^2$)，可用下列公式表示這些變異的關係：

$$\sigma_o{}^2 = \sigma_{co}{}^2 + \sigma_{sp}{}^2 + \sigma_e{}^2$$

從上述測驗分數變異的觀點而言，效度就是在測驗分數總變異量中由測驗所欲測量之特質所造成的變異量所佔的百分比，其公式如下：

$$val. = \frac{\sigma_{co}{}^2}{\sigma_o{}^2}$$

各種屬性的變異可經由因素分析 (factor analysis) 找出其所包含的因素成分。如上所述，可以求得一個測驗對不同因素之測量所具有的效度。

三、效度的類型與求法

效度是多層面的概念，並非泛指所有特質的普通名詞。一個測驗的效度，必須針對其特定的目的、功能及適用範圍，從不同的角度搜集各方面的資料分別考驗之。考驗效度 (validation) 的方法甚多，名稱也隨之而異。美國心理學會 (American Psychological Association) 在 1974 年所發行的「教育與心理測驗之標準」(*Standards for Educational and Psychological Tests*) 一書將測驗的效度分為三大類，即內容效度 (content validity)、效標關聯效度 (criterion-related validity) 和建構效度 (construct validity) (註11)。茲分別說明如下：

(一) 內容效度

內容效度旨在有系統的檢查測驗內容的適切性，考量測驗是否包括足夠的行為樣本且有適當的比例分配。成就測驗特別注重此種效度，蓋因其主要目的在於測量學生在某一學科教學活動中學習的結果，故試題必須切合教材的內容，並依據教學目標，就學生行為變化的不同層面加以評量，而其內容效度之高低，視測驗所包括的試題能否適當反映教材內容的重點與行為目標的層次而定。優良的成就測驗應具有相當水準的內容效度，而確能測出學生在各個層面的真正學習成就。

註11: American Psychological Association (1974) *Standards for Educational and Psychological Tests.* Washington, D. C.: Author. pp. 25-48.

由於這種衡量效度的方法，須針對課程的目標和內容，以系統的邏輯方法詳細分析成就測驗中試題的性能，故又稱課程效度 (curricular validity) 或邏輯效度 (logical validity)。

一般人常把表面效度 (face validity) 與內容效度相混淆，事實上兩者的意義不同。表面效度僅指測驗在採用者或受試者主觀上覺得有效的程度，不能替代客觀決定的眞正效度。不過，在研究上爲了取得受試者的信任與合作，表面效度亦不容忽視，故在測驗的取材方面，必須顧及受試者的經驗背景，選用合適的試題內容和用語，使測驗兼具內容效度和表面效度。

（二）效標關聯效度

效標關聯效度又稱實徵效度 (empirical validity) 或統計效度 (statistical validity)，係以測驗分數和效度標準 (validity criterion) 之間的相關係數，表示測驗的效度之高低。效標卽足以顯示測驗所欲測量或預測的特質之獨立量數，作爲檢定效度的參照標準。由於各種測驗所採用的效標，有些是屬於現時可以獲得的資料，另有一些資料則須俟諸將來始能搜集之，故效標關聯效度又分爲同時效度 (concurrent validity) 與預測效度 (predietive validity) 兩種。

同時效度　係指測驗分數與當前的效標資料之間的相關而言。這種效度常用的效標資料包括在校學業成績、敎師評定的等第、其他同性質測驗的結果等。例如編製一套國中數學成就測驗，爲考驗其同時效度，乃從適用對象中，隨機抽取學生樣本接受測驗，並搜集他們在校的數學成績作爲效標，然後計算這些學生的測驗分數與數學成績的相關係數，若達到統計上的顯著水準，卽表示測驗結果確能反映在學習方面的成就程度。同時效度通常與心理特性的評估及診斷有關，大

部分測驗報告書所提供的效度資料，多屬於此種性質者。

　　預測效度　係指測驗分數與將來的效標資料之間的相關而言。其常用的效標資料包括專業訓練的成績與實際工作的成果等。此種效度之鑑定，乃運用追踪的方法，對受試者將來的行為表現作長期繼續的觀察、考核和記錄，然後以累積所得的事實性資料與當初的測驗分數進行相關分析，據以衡量測驗結果對將來成就的預測效力。測驗的預測效度對人員的甄選、分類與安置工作甚為重要，尤其是學校在推行教育與職業輔導方面，必須選用具有相當的預測效度之性向測驗，以了解學生的發展能量，預測他們將來成就的可能性，而給予適當的教育或職業訓練。

　　同時效度與預測效度的效標之選擇，須根據測驗的實用目的而決定。在效度的考驗過程中，效標可能受到測驗分數牽連的影響，而導致兩者之間出現假性的高度相關 (註12)，研究者在選用測驗時應該注意及之。通常效標關聯效度多係針對某一特殊的效標而言，一個測驗對不同的受試者在不同的場合具有不同的功能，其效度也隨之而異。近年來為配合人員甄選與職業輔導上的需要，人事心理學者乃發展出兩種新的效標關聯效度，即合成效度(synthetic validity) 與區分效度 (differential validity)。前者係以職業表現為效標，根據工作分析的結果而決定不同工作項目所佔的比重，且分別求出測驗分數與各工作項目間的相關係數，再按不同的比重加權計算，即可得出合成效度，以預測整個的工作效率 (註13)。後者係以兩種性質不同的職業為效標，分別求其與測驗分數的相關係數，然後以兩者之差作為區分效度，

註12: A. Anastasi (1976) *Psychological Testing.* (4th ed.) New York: Macmillan. pp. 141-142.

註13: 同前註, pp. 149-151.

可表示擇業成功的可能性（註14）。

（三）建構效度 *construct validity*

建構效度係指測驗能測量理論的概念或特質之程度而言。此種效度旨在以心理學的概念來說明分析測驗分數的意義，亦卽從心理學的理論觀點就測驗的結果加以詮釋和探討。所謂「建構」（卽「構念」）就是心理學理論所涉及之抽象而屬假設性的概念、特質或變項，如智力、焦慮、機械性向、成就動機等。在建構效度考驗的過程中，必須先從某一建構的理論出發，導出各項關於心理功能或行為的基本假設，據以設計和編製測驗，然後由果求因，以相關、實驗和因素分析等方法，查核測驗結果是否符合心理學上的理論見解。例如從現代智力的理論，可推出四項主要的假設：(1)智力隨年齡而增長，(2)智力與學業成就有密切的關係，(3)智商是相當穩定的，(4)智力受遺傳的影響。於是心理學者針對智力的心理功能，根據上述的假設，編製智力測驗，再就實施測驗所得資料加以分析，如果受試者的測驗分數隨年齡而增加，其智商在一段時間內保持相當的穩定性，而且智力與學業成就之間確有正相關存在，同卵雙生子的智力之相關亦高於一般兄弟或姊妹，這些實際的研究結果就成為肯定此一測驗建構效度的有力證據。

D. T. Campbell 和 D. W. Fiske 二氏於 1959 年提出「多元特質、多重方法矩陣」（multitrait-multimethod matrix） 對測驗之

註14: W. Dick and N. Hagerty (1971) *Topics in Measurement: Reliability and Validity.* New York: McGraw-Hill. pp.97-98.

建構效度進行系統的分析，以考驗其輻合效度（convergent validity）及辨別效度（discriminant validity）（註15）。假定有一套測驗以數種方法測量數種特質，從理論的觀點言之，測驗的結果應與其所欲測的特質有顯著相關而與其他不相干的特質無關。因此，以相同方法測量相同特質所得的分數之間應具有最大的相關；以不同方法測量相同特質所得的分數之間應具有次大的相關；以相同方法測量不同特質所得的分數之間的相關應較低；以不同方法測量不同特質所得的分數之間的相關應為最低或無意義。若合乎上述的情形，卽表示這套測驗同時兼具輻合效度和辨別效度，這是考驗建構效度的新途徑。

四、影響效度的因素

測驗的效度有不同的層面，其衡鑑的方法視測驗之性質與功能而定。上述各種效度分別從不同的角度說明測驗的正確性，涉及測驗內容、理論依據、效標和樣本等事項，而其效度之高低受許多因素的影響，可歸納為下列五方面：

測驗組成方面 試題是構成測驗的要素，測驗之效度取決於試題的性能。舉凡測驗的取材、測驗的長度、試題的鑑別度、難度及其編排方式等皆與效度有關。若測驗材料經審愼的選擇，測驗的長度恰當，試題具有相當的鑑別力且難易適中並作合理的安排，則效度高，反之則效度低。

測驗實施方面 測驗的實施程序是影響效度的重要因素。若主試

註15: D. T. Campbell and D. W. Fiske (1959) Convergent and discriminant validation by the multitrait-multimethod matrix. *Psychological Bulletin*, 56, 81-105.

者能適當控制測驗情境，遵照測驗手冊的各項規定而實施之，則可避免外在因素影響測驗結果的正確性。在測驗實施的過程中，無論是場地的佈置、材料的準備、作答方式的說明、時間的限制等，如不遵照標準化的程序進行，則必然使效度降低，失去測驗的意義。

受試反應方面　受試者的興趣、動機、情緒、態度和身心健康狀況等，皆足以決定其在測驗情境中的行爲反應，而受試者是否充分合作與盡力而爲，均能影響測驗結果的可靠性與正確性。無論是能力測驗或人格測驗，惟有藉著受試者眞實的反應，始能推斷其心理特性和適應狀態。

效標方面　選擇適當的效標是實徵效度的先決條件，若因所選的效標不當，以致測驗的效度不能顯現出來，則測驗的價值可能被湮沒。一個測驗因其所採用的效標不同，其效度係數可能大相逕庭。從統計的觀點分析之，一個測驗的效標關聯效度受下列三個因素的影響：(1)測驗之信度，(2)效標之信度，(3)測驗所量度者與效標所鑑定者之間的眞正相關程度。

樣本方面　效度考驗所依據的樣本，必須確能代表某一測驗所擬應用的全體對象。一個測驗應用於不同的對象，由於他們在性別、年齡、敎育程度與經驗背景上的差別，其測驗功能不一致，效度亦隨之而異。此外，樣本的異質性 (sample heterogeneity) 與測驗的效度係數有關，如果其他條件相等，樣本分數的全距愈大，則效度係數也愈高。有些測驗在考驗效度時所依據者是經過甄選的樣本，其測驗分數或效標量數分佈的範圍受到限制，由於變異減少，乃使相關係數變小，以致低估效度係數，宜設法加以校正。

綜上所述，測驗之效度受到多方面因素的影響。爲了增進測驗的效度，必須針對這些因素予以嚴密的控制，講求測驗編製和實施程序

的標準化，注意受試者在測驗情境中的行爲反應，並顧及適當樣本和效標之選擇，以建立符合測驗目的與功能的效度。

第三節　信度與效度的關係

一、信度是效度的必要條件而非充分條件

信度和效度是優良測驗工具所必備的兩項主要條件。一般人對信度和效度的界說，往往混淆不清，以致未能把握其意義和相互的關係。從心理計量學的觀點而言，信度僅指測量結果是否一致的可靠程度，不涉及測量所得是否正確的問題；效度則針對測量的目的，考查測驗能否發揮其測量功能，而以其確能測出所欲測量之特質的有效程度表示之。效度是測驗的首要條件，而信度是效度不可缺少的輔助品。不可靠的測驗，沒有多大的用處；測驗結果不正確，則毫無價值。因此，一套理想的測驗應能前後一致測出眞正的特質。

因爲信度比效度易於衡鑑，所以有些測驗編製者避重就輕，祇注意於陳述信度而忽略有關效度的說明，甚至認爲信度就是效度的保證，這是極大的錯誤。其實，信度是效度的必要條件 (necessary condition) 而非充分條件 (sufficient condition)。一個測驗如無信度，卽無效度；但有信度，未必卽有效度。換言之，有效的測驗必須是可信的測驗，但可信的測驗未必是有效的測驗。據此推衍，可得如下的論斷：測驗的可靠性低，其正確性必低；測驗的可靠性高，其正確性未必高；測驗的正確性低，其可靠性未必低；測驗的正確性高，其可靠性必高。

二、信度與效度的變異關聯性

在本章第一、二節中，曾從測驗分數變異的觀點，將信度和效度分別界說如下：

$$r_{xx} = \frac{\sigma_t{}^2}{\sigma_o{}^2} = 1 - \frac{\sigma_e{}^2}{\sigma_o{}^2}$$

$$val. = \frac{\sigma_{co}{}^2}{\sigma_o{}^2}$$

根據因素分析的原理，一個測驗的總變異量(total variance)是由共同變異量(common variance)、特殊變異量 (specific variance) 和誤差變異量(error variance)三部分所構成，其公式如下：

$$\sigma_o{}^2 = \sigma_{co}{}^2 + \sigma_{sp}{}^2 + \sigma_e{}^2$$

上式兩端除以 $\sigma_o{}^2$ 而得：

$$\frac{\sigma_o{}^2}{\sigma_o{}^2} = \frac{\sigma_{co}{}^2}{\sigma_o{}^2} + \frac{\sigma_{sp}{}^2}{\sigma_o{}^2} + \frac{\sigma_e{}^2}{\sigma_o{}^2}$$

上述右端第一項為效度，即共同變異量在總變異量中所佔的比率，第一項與第二項之和為信度，即共同變異量與特殊變異量之和在總變異量中所佔的比率。信度與效度的關係可用下列公式表示之：

$$val. = r_{xx} - \frac{\sigma_{sp}{}^2}{\sigma_o{}^2}$$

三、信度係數的平方根是效度係數的最高限

測驗的效標關聯效度之高低，與測驗及其效標的信度有關。如果測驗及效標的信度均低，則效度係數減低，往往低估了真正的效度。

須用下列公式校正之:

$$r_c = \frac{r_{xy}}{\sqrt{r_{xx}r_{yy}}} \quad (註16)$$

式中 r_c 表示校正後的效度係數, r_{xy} 表示實得的效度係數, r_{xx} 爲測驗的信度, r_{yy} 爲效標的信度。由於 r_c 的最大值爲+1, 故上式可轉化爲:

$$r_{xy} \leq \sqrt{r_{xx}r_{yy}}$$

如果效標的信度未知, 則以其可能的最大值+1代入上式, 又可轉化爲:

$$r_{xy} \leq \sqrt{r_{xx}}$$

因此, 效度係數的最高限爲信度係數的平方根。信度係數的平方根又稱信度指數或內在效度指數(intrinsic validity index)。換言之, 效度係數不致大於信度指數或內在效度指數。

第四節　信度與效度的應用

一、信度與測驗分數之解釋

受試者在測驗上所得分數包含著若干誤差在內, 如果直接以測驗分數作爲某種特質或功能的確切指標, 可能導致錯誤的解釋與論斷。由於個人內在的心理狀態及外界環境因素的影響, 個人在測驗上實際所得的分數可能高於或低於其心理特性的眞正水準。信度卽指實得分數與眞正分數的符合程度, 也就是眞正分數在實得分數總變異量中所佔的比率, 據此可知測驗結果的可靠性。信度愈高, 測量誤差愈小;

註16: 同註14, pp. 131-132.

反之，測量誤差愈大，信度愈低。測量標準誤是表示測驗之誤差大小的統計量，與信度之間有互為消長的關係。在實際應用上，有兩種主要的方式，一者用以解釋個人測驗分數的意義，另一者據以比較不同測驗分數的差異。茲分別舉例說明如下：

（一）個人真正分數的推定

從測驗的信度係數，可求得其測量標準誤，其公式如下：

$$S_e = S\sqrt{1 - r_{xx}}$$

式中 S_e 表示測量標準誤， S 表示測驗分數的標準差， r_{xx} 表示測驗的信度係數。

假定高中英文科成就測驗的信度係數為 .91， T 分數的標準差為 10，則其測量標準誤為 $10\sqrt{1 - .91} = 3$。若某生在該測驗的實得分數轉化成 T 分數為70，則其真正分數以 T 分數表示時，落在 64 至 76 之間的機率為 95.4％。上述測驗分數的分配情形及其間的關係，可從圖 12-2 見之（註17）。

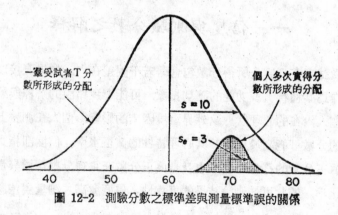

一羣受試者T分數所形成的分配

個人多次實得分數所形成的分配

$s = 10$

$s_e = 3$

圖 12-2　測驗分數之標準差與測量標準誤的關係

註17：同註2，p. 117.

(二) 兩項測驗分數的比較

兩種測驗的原始分數，若參照相同樣本所建立的常模，轉換成相同尺度的標準分數，便可相互比較，惟其差距必須大至相當程度，始能確認其意義。爲了說明個人在兩種測驗上表現的優劣，我們可以應用「差異的標準誤」(standard error of the difference)，衡量其差距的大小，以檢定其差異的顯著性。常用的公式如下：

$$SE_{diff.} = S\sqrt{2 - r_{xx} - r_{yy}}$$

式中 $SE_{diff.}$ 表示差異的標準誤，S 表示相同尺度的標準分數之標準差，r_{xx} 表示第一種測驗的信度係數，r_{yy} 表示第二種測驗的信度係數。

假定英文科成就測驗的信度係數爲 .91，國文科成就測驗的信度係數爲 .84，受試者在該兩種測驗上的原始分數皆已轉化成T分數，其標準差爲10，則其差異的標準誤爲 $10\sqrt{2 - .91 - .84} = 5$。若採取 .95 的信賴水準（亦卽 .05 的顯著水準），則受試者在該兩種測驗上得分的 T分數之差異，必須達到或超過 $1.96\ SE_{diff.} = 1.96 \times 5 = 9.8$，始能視爲眞正有差別存在。

二、效度與效標特質之推估

測驗的效度除用以表示測驗結果的正確性之外，通常可在個人預測和人才甄選方面發揮其估計與決斷的功能。一套具有相當效度的測驗，可增進個人預測與機構選才的效率。在個人預測方面，測驗的效度愈高，估計標準誤 (standard error of estimate) 愈小，兩者的關係可從下列公式見之：

$$\sigma_{est.} = \sigma_y\sqrt{1 - r^2_{xy}}$$

式中 $\sigma_{est.}$ 爲估計標準誤，σ_y 爲效標分數的標準差，r^2_{xy} 爲效度係數的平方。$\sqrt{1-r^2_{xy}}$ 稱爲離異係數（coefficient of alienation），以 K 表示之。當 $r_{xy}=1.00$ 時，K 值爲 0，即預測之結果毫無誤差；當 $r_{xy}=0$ 時，K 值爲 1，即預測的效果與猜測無異。$1-K$ 可作爲預測效率的指數。在人才甄選方面，根據測驗結果定出臨界分數（cut-off score），以揀選在此分數以上的人員，則其在效標上的成功比率提高，可顯示測驗的檢定效率。在圖 12-3（註18）中，水平粗線表示合格標

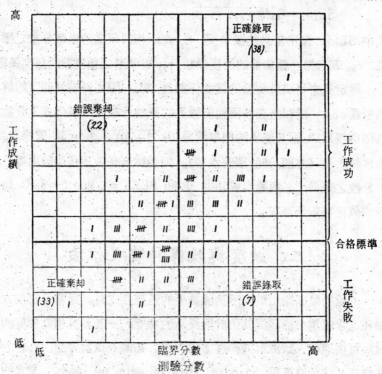

圖 12-3　測驗臨界分數及工作合格標準之訂定與錄取
或棄却之正誤的關係

註18：同註12，p. 168.

準，垂直粗線表示臨界分數，由兩條粗線劃出四個象限：右上角爲正確被錄取者，佔38%；左上角爲誤被棄却者，佔22%；左下角爲正確被棄却者，佔33%；右下角爲誤被錄取者，佔7%。就全體人員而言，工作成功者佔60%；在被錄取的人員中，工作成功者約佔84%。後者的成功比率比前者增加24%，即爲運用測驗作爲檢定工具的效果。

效度在實際應用上，有三種主要的途徑，玆分別舉例說明如下：

(一) 標準分數廻歸方程式

廻歸方程式以標準分數表示，其截距爲 0，斜率爲相關係數，其式如下：

$$Z'_y = r_{xy} Z_x$$

式中 Z'_y 爲效標的標準分數之估計值，Z_x 爲測驗分數的標準分數，r_{xy} 爲效度係數。

玆根據表12-2的資料，說明其應用途徑如下：

表 12-2　高中英文科成就測驗與大學聯考英文科分數的平均數、標準差及其相關係數

	高中英文科成就測驗分數（X）	大學聯考英文科分數（Y）
平 均 數	92.57	64.18
標 準 差	21.01	11.13
相 關 係 數	.86	

假定某個學生在高中英文科成就測驗上的得分爲114，則其在大學聯

考英文科分數的估計值約為74。其計算步驟如下：

$$Z_x = \frac{114 - 92.57}{21.01} = 1.02$$

$$Z'_y = (.86)(1.02) = .88$$

$$Y = 64.18 + (.88)(11.13) = 73.97 \fallingdotseq 74$$

（二）泰、羅二氏預期表

H. C. Taylor 與 J.T. Russell 二氏曾在一九三九年根據相關與機率原理提出一系列統計表，即「泰、羅二氏預期表」（Taylor-Russell expectancy tables）（註19），闡述測驗的預測效度與其人員甄選效率的關係，可供機構預測（institutional prediction）之用。

假定某高級中學最近五年來的升學率分別為42％，39％，40％，38％，41％，在教學情況和學生素質保持穩定的條件下，該校明年的升學率可預估為40％。在升學率為40％的情況下，應以泰、羅二氏十個表中的第五表（即本章表 12-3）為依據，視效度係數與選出率（selection ratio）之高低，以預測學生升學成功的可能性。表中左側第一直行所列者為效度係數，由 .00 至 1.00；頂端第一橫排所列者為選出率，由 .05 至 .95；表內數值為被選出人員中成功者所佔的百分率。茲舉例說明如下：

倘若學生的測驗分數及學業成績的加權組合分數對大學聯考分數的預測效度為 .70，如按加權組合分數的高低，從上述高級中學的學生中擇優選出20％，則這些學生考取大學的機率為 .82；如擇優選出40％，則其考取大學的機率為 .69。倘若預測效度為 .85，從該校學生

註19：H. C. Taylor and J. T. Russell (1939) The relationship of validity coefficients to the practical effectiveness of tests in selection: Discussion and tables. *Journal of Applied Psychology, 23,* 565-578.

表 12-3 應徵者合格率為40%的泰、羅二氏預期表

選出率 效度	.05	.10	.20	.30	.40	.50	.60	.70	.80	.90	.95
.00	.40	.40	.40	.40	.40	.40	.40	.40	.40	.40	.40
.05	.44	.43	.43	.42	.42	.42	.41	.41	.41	.40	.40
.10	.48	.47	.46	.45	.44	.43	.42	.42	.41	.41	.40
.15	.52	.50	.48	.47	.46	.45	.44	.43	.42	.41	.41
.20	.57	.54	.51	.49	.48	.46	.45	.44	.43	.41	.41
.25	.61	.58	.54	.51	.49	.48	.46	.45	.43	.42	.41
.30	.65	.61	.57	.54	.51	.49	.47	.46	.44	.42	.41
.35	.69	.65	.60	.56	.53	.51	.49	.47	.45	.42	.41
.40	.73	.69	.63	.59	.56	.53	.50	.48	.45	.43	.41
.45	.77	.72	.66	.61	.58	.54	.51	.49	.46	.43	.42
.50	.81	.76	.69	.64	.60	.56	.53	.49	.46	.43	.42
.55	.85	.79	.72	.67	.62	.58	.54	.50	.47	.44	.42
.60	.89	.83	.75	.69	.64	.60	.55	.51	.48	.44	.42
.65	.92	.87	.79	.72	.67	.62	.57	.52	.48	.44	.42
.70	.95	.90	.82	.76	.69	.64	.58	.53	.49	.44	.42
.75	.97	.93	.86	.79	.72	.66	.60	.54	.49	.44	.42
.80	.99	.96	.89	.82	.75	.68	.61	.55	.49	.44	.42
.85	1.00	.98	.93	.86	.79	.71	.63	.56	.50	.44	.42
.90	1.00	1.00	.97	.91	.82	.74	.65	.57	.50	.44	.42
.95	1.00	1.00	.99	.96	.87	.77	.66	.57	.50	.44	.42
1.00	1.00	1.00	1.00	1.00	1.00	.80	.67	.57	.50	.44	.42

中擇優選出 5 ％, 由表中數值為1.00可知: 這些學生皆可考上大學; 如擇優選出20％, 則其考取大學的機率為 .93; 如擇優選出40％, 則其考取大學機率為 .79。其餘情況, 可依此類推。總之, 預測效度愈高, 擇優選出率愈小, 則其考取大學的機率愈大。

　　各高級中學的升學率不等，必須從泰、羅統計表中採擇適宜者應用之。如能適當地配合運用高中學生的測驗分數與學業成績，則可提高對其將來升學成功可能性之預測的功能。

（三）勞氏預期表

　　勞氏預期表 (Lawshe expectancy tables) 是由 C. H. Lawshe 氏等人事心理學者在 1958 年首次提出，共有五個表，分別適用於合格率爲30％，40％，50％，60％，70％的五種情況，可供個人預測 (individual prediction) 之用 (註20)。每表左側第一直行所列者爲甄選工具的預測效度係數，由.15 至.95；其右頂端所列者係按甄選分數之高低分爲「最優」、「中上」、「中等」、「中下」、「最劣」五個等級，各佔五分之一；表內數字爲屬於某一等級者合格獲選的百分率。假定某校歷年來平均的升學率爲50％，則該校應屆畢業生中升學成功者可預估佔二分之一，若已知某測驗工具對升學考試分數的預測效度爲 .75，那麼可根據學生在該測驗上得分的等級，從勞氏預期表中的第三表（卽本章表12-4），預測個別學生升學成功的可能性如下：屬「最優」一類者爲92％、屬「中上」一類者爲72％、屬「中等」一類者爲50％、屬「中下」一類者爲28％、屬「最劣」一類者爲 8 ％；若測驗的預測效度爲 .85，則依測驗分數劃分爲五個等級，由上而下各等級學生升學成功的百分率分別爲：97％，80％，50％，20％，3 ％；其餘可類推。有些學者研究的結果指出：根據勞氏預期表所求得的理論預期數 (theoretical expectancies) 與由實際資料所決定的經驗預期

註20：C. H. Lawshe, *et al.* (1958) Expectancy charts, III: Their theoretical development. *Personnel Psychology*, *11*, 545-599.

表 12-4 應徵者合格率為50%的勞氏預期表

預測效度	測驗分數之等級				
係數 r	最優 $\frac{1}{5}$	中上 $\frac{1}{5}$	中等 $\frac{1}{5}$	中下 $\frac{1}{5}$	最劣 $\frac{1}{5}$
.15	58	54	50	46	42
.20	61	55	50	45	39
.25	64	56	50	44	36
.30	67	57	50	43	33
.35	70	58	50	42	30
.40	73	59	50	41	28
.45	75	60	50	40	25
.50	78	62	50	38	22
.55	81	64	50	36	19
.60	84	65	50	35	16
.65	87	67	50	33	13
.70	90	70	50	30	10
.75	92	72	50	28	08
.80	95	75	50	25	05
.85	97	80	50	20	03
.90	99	85	50	15	01
.95	100	93	50	08	00

數 (empirical expectancies) 之間的差異小於純機遇的誤差，可見其具有相當準確的預測性。

第十三章

量 度 化 方 法

黃 榮 村

　　本章將先評論若干與量度化方法有關的問題，再提出量度化方法
的分類，最後討論每種量度化方法的理論大要，並附分析實例，以供
讀者演習。

第一節　測量理論與量度化方法

　　量度化方法 (scaling method) 的演進，和當代科學技術的演進
有相似之處，先由較易客觀量化的對象（如長度、質量、時間等）開
始，後來由於需要，再嘗試量度不易客觀量化的對象（如人類的美
感、對宗教抱持的看法等）。在發展出對某類經驗系統（這系統可以
是物體長度系統，也可以是人類某種態度系統）的量度化方法之前，
必需先確定該系統是否為可測的 (measurable)，因此在提出某一系
統的量度化方法之前，必需先發展出決定該系統是否可測的測量理論
(measurement theory)。亦卽量度化方法是測量理論的副產品，若某
系統沒有一可供探信的測量理論，則自然就沒有可供利用的量度化方
法。以心理學上的智商 (intelligence quotient, IQ) 問題來做比喻，
則智力系統的測量理論就相當於嘗試說明人的智力 (intelligence) 是

有差異的、智力分配具有某種統計學上的性質（如智力分配是一種常態分配等），這些理論上的假設最好能有實徵結果加以驗證；量度化方法則相當於在智力分配的性質驗證無誤後，開始設法對每個人抽象的智力狀況賦以某一數值，以說明某人的智力現況並能與他人互作比較，這就是目前通用的智力商數 (IQ)。但目前的量度化方法（如 IQ 的測量），很多都是權宜之計，在還未建構出其系統的測量理論之前，就已應用不一定正確的量度化方法，因此常會發生「這種方法測出來的究竟是什麼？」之類的問題。這種問題在社會及行為科學上發生的最多，因為該等學科所處理的本來就是不易客觀量化的題材。

　　因此在討論量度化方法之前，必需先說明測量理論究竟處理那些問題？若一實徵的關係系統尚未發展出適當的測量理論，則應想些什麼理由使其仍然能予以量度化？測量理論的要旨在於「如何將實徵的關係系統 (empirical relational system) 與數值關係系統 (numerical relational system) 聯結起來」，亦即如何賦予一實徵關係系統中的每一份子一個數值，而這些數值之間的關係，仍能滿足原來的數值關係系統的特性（如一些基本的代數法則）。因此測量理論勢必碰到底下幾個基本問題:

　　(1) 表現或存在 (representation or existence) 問題。在那些條件下，一件物體或一個人的態度的某些屬性可被測量？如欲量度化物體的重量或人對商品的喜好時，其必要或充分條件為何？

　　(2) 唯一性 (uniqueness) 問題。給予一特殊的測量程序（如用天平秤物體的重量），則賦予該物數值時，是否這些數值一定需是等級尺度、等距尺度、或等比尺度？如重量系統已被驗證為是一等比尺度。

　　(3) 意義性 (meaningfulness) 問題。尺度值出現後，如何解釋

該尺度值的意義？ 例如， 若對一組等級尺度的資料求平均數與標準差， 則這種作法毫無意義可言，因為無法解釋這種平均數與標準差代表什麼意思。

（4）量度化問題。如何實際建構一數值量表，以顯示出某一物體或人的態度之特性，而又能滿足前三項（存在性、獨特性、意義性）的要求？

（5）誤差問題。測量的誤差可能來自於天平製作得不够精密，或人對商品的喜好判斷有不一致的情形。（如 A,B,C, 三項商品中，某人覺得若 A, B 相比, 他較喜歡A； 若 B, C 相比, 他較喜歡B； 但若 A, C 相比， 則他較喜歡C。如此則形成不一致現象，因為依據遞移律，若 A>B 且 B>C, 則應 A>C。）這些誤差如何客觀的估測出來？又如何消除？

一、二等分系統的測量理論

很多理論科學家， 如 Campbell（註1）認為祇有物理特性的測量， 有可能做到等距或等比尺度的程度； 若測量的對象是心理上的屬性， 則最多祇能做到等級尺度的測量。但近年來的研究， 則指出若干與心理歷程有關的測量， 在理論上可以做到等距尺度的地步。今試舉二等分系統為例， 詳細證明則不列舉。

二等分系統 (bisection system) 的實驗程序由 Stevens（註2）

註1：N. R. Campbell (1957) *Foundations of Science.* New York: Dover.
註2：S. S. Stevens (1957) On the psychophysical law. *Psychological Review, 64,* 153-181.

首先提出，其大要為: 受試者被要求在實驗者給予的兩個刺激間，找出一受試者覺得在某一屬性上，剛好介於兩個刺激中間的刺激值。如給予兩個不同物理強度 (intensity) 的聲音 (A,B)，要求受試者憑主觀感覺，調出他認為在心理響度 (loudness) 上，剛好介於A與B之間的聲音C。利用這種方法求出來的數值，Stevens 認為在主觀的心理感覺上，它們三者 (A,B,C) 具有等距性質; 亦即 B,A 之間聲音強度的差異與 C,B 之間聲音強度的差異，在心理感覺上應當相等。

二等分系統的測量理論，一直到 1968 年才由 J. Pfanzagl (註3) 利用公理化方法發展出來。其理論大要如下。

1. 二等分系統的四個公理 (axiom): 設有一物體集合A，A裏面的所有物體按某一物理屬性（如聲音強度、物理重量等）存在有≥（大於或等於）的關係，且對屬於A的任意兩物體 x, y，存在有一唯一的二等分點 B(x, y)，則該系統稱之為二等分系統。對A裏的所有 x, y, z, w 而言，應滿足底下四個公理:

公理1: 反身性 (reflexivity)

　　　　B(x, x) = x

　　　　如，兩個相同強度聲音的二等分點應仍為該一強度的聲音。

公理2: 單調性 (monotonicity)

　　　　x≥y⇒B(x, z) ≥B(y, z)

公理3: 連續性 (continuity)

　　　　二等分點 B(x, y) 可以存在於 x 與 y 之間的任意一點上。

公理4: 雙對稱性 (bisymmetry)

註3: J. Pfanzagl (1968) *Theory of Measurement.* New York: Wiley.

$$B(B(w, x), B(y, z)) = B(B(w, y), B(x, z))$$

在評價這四個公理時, 需注意兩項問題: (1) 祇要從A中任意取出四個不同刺激值, 則可直接驗證這四個公理是否成立。公理4是最重要的一個公理, 可由圖 13-1 表示其幾何性質:

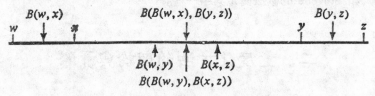

圖 13-1 二等分系統公理四的幾何圖示

(2) 二等分的運作不一定是對稱的 (symmetric), 故 $B(x, y)$ 不一定等於 $B(y, x)$。二等分系統的測量理論因之便可處理呈現次序的效果, 亦卽先呈現 x 或先呈現 y, 其二等分點可能會有所不同。

2.表現定理: 滿足上述四個公理的二等分系統, 對A裏的所有 x, y, 存在有一函數 f, 使得

①$f(x) \geq f(y)$, 若且唯若 $x \geq y$,

②$f(B(x, y)) = pf(x) + qf(y); p+q=1, p, q \geq 0$。

此處的 f 可解釋爲心理感覺的量表值 (scale value)。如 $f(x)$ 是對某一物體 x 所主觀感受到的心理值, 亦卽物體 x 可被表現爲一種心理量 $f(x)$。

3.唯一性定理: f 是一等距尺度。該定理表示所測出的心理量 $f(x)$, 是一等距尺度。

上面所提二等分系統的測量理論, 仍有若干問題需加注意: (1) 該測量理論是否成立, 需看實驗驗證的結果如何。由於上述四個公理

是可直接驗證的，因此實驗結果可決定該測量理論，是否在實際應用
上可以成立。驗證程序請參閱 C. H. Coombs 等人的論文（註4）。
(2) 該測量理論祇證明出，在二等分系統裏，對物理向度的主觀感覺
量可用等距尺度予以測量，但並沒有告訴我們應如何實際做出這一等
距尺度。若想實際測出，則需設計一套符合該測量理論要求的實驗程
序，如 Stevens 的做法便是其中一種。

二、量度化方法的理論與實際

理論上，在量度化任一系統之前，必需先建構該系統的測量理
論。但在實際應用上，勢必無法等到每一系統都有了測量理論以後，
才使用量度化方法來研究。IQ 的測量很可以說明這種理論與實際難
以配合的情況。有些心理學家爲求能計算平均數與標準差，以利常模
的建立及求出相對位置，因此嘗試說明 IQ 是一種等距尺度；但有
些心理學家則認爲 IQ 在本質上是一種等級尺度，根本不能計算平
均數。進一步的觀察，更發現人的智力系統，尙無一適當的測量理
論，亦卽尙無表現定理及唯一性定理。但 IQ 爲一很有用的研究工
具，則是不爭之事實，因此，如何提出一些理由來說明 IQ 的使用
是必要且合理的？底下便是目前使用各種量度化方法的研究者，可能
想到的幾個理由：

1. 預測　數值量表的設計，能最佳的預測出自變項對依變項所造
成的影響。如 IQ 的總分是由幾個分量表的分數加權得來，其目的

註4：C. H. Coombs, R. M. Dawes, and A. Tversky (1970) *Mathematical Psychology*. New Jersey: Prentice-Hall. Ch. 2.

便在於想使其預測智能表現的能力達到最大。這種作法常祗從統計技術上加以考慮，較好的辦法應是建立有關的心理學（或其他行為科學）理論，以說明這種預測效度的意義。

2. 描述　如 IQ 的測量結果，可顯示一個人在百分位數上所佔的位置，亦卽可比較常模而獲知其相對位置。

3. 直接指派數值(direct assignment)　如目前常用的評定量表(rating scale)、分類量表（category scale)、大小估計量表(magnitude estimation) 等。這些量表雖然背後無測量理論支持，但一般都認為它們是等距或等比量表。如在比率估計（ratio estimation）這種實驗中，實驗者要求受試者準確的判斷調整出，剛好是某一聲音强度的一半或兩倍的聲音出來，用這種方式得到的實驗資料，一般都認為具有等比尺度的性質。事實上是否如此？有很多問題存在：(1)這種實驗假設受試者能使用數字，知道實數的性質（尤其是等距與比率的性質），而且對實數系統的運算很清楚（這種受試者若以台灣的數學教育來衡量，則在受完國中敎育後應可具備此項能力，但為安全起見，仍以大學生當受試者較佳)。(2)這種實驗假設在一系列的實驗過程中，受試者能够以一致，沒有誤差的方式使用數字，以當為判斷調整的標準。但以上兩項假設需經進一步驗證才能成立。如在比率估計的實驗中，若一物體 x 的重量被判斷為是另一物體 y 的 2 倍，y 則被同一受試者判斷為是 z 的 3 倍,若該受試者能滿足上述兩項假設,則他在判斷 x 與 z 的相對重量時,應判斷 x 的重量是 z 的 6 倍。假若在這種判斷過程中，誤差太大（如最後判斷為：x 的重量是 z 的 8 倍或 4 倍），則可見該受試者可能：(1)不能充份掌握數值的比率特性,或 (2)受其他心理、環境因素的影響，如動機、周圍環境的干擾等。若有這種情形出現，則所搜集的資料就很難說是否具有等比尺度的特性了。

第二節 資料的分類與量度化方法

量度化的對象是資料 (data)，資料的來源來自於兩種程序，一為我們親自設計一實驗情境來做實驗或測驗；另一則由有系統的觀察某一現象得來。這兩種程序其實可看成是一種，因後者也可視為是該一現象本身在進行實驗，而我們祇是做一觀察者，記錄它們所進行得到的結果。實驗進行後，便有結果 (outcome) 產生，這結果就是我們通稱的「資料」。有了資料，量度化方法才有了分析的對象。

資料的分類標準有二：(1) 兩物 (這「兩物」可以是兩個人、兩個實驗刺激、或一個人與一個實驗刺激) 之間的關係是優勢關係 (dominance relation)，或是接近關係 (proximity relation)。優勢關係的例子如：一受試者判斷或調整一比 B 音響的 A 音、A 鷄的啄序 (pecking order) 比 B 鷄高、A 網球選手打敗 B 網球選手、A 生通過大專聯考。接近關係的例子如：判斷那兩個聲音的響度是相等的，那兩種品牌的香烟抽起來味道差不多。(2) 觀察的兩個對象是屬於同一集合內的份子 (members of the same set)，或是屬於不同集合內的份子 (members of different sets)。屬於同一集合內份子的例子如：在 (1) 中所提出的例子，除了「A 生通過大專聯考」外，都是同一集合內兩兩份子之間的關係。屬於不同集合內份子的例子如：A 生通過大專聯考 (考生屬於一個集合，考試則屬於另一集合)。另外，在測量一個人的感覺閾限 (如，多少強度、頻率以上的聲音或光線，即可被該受試者察覺出來，低於此強度、頻率的聲音或光線，則無法察覺) 時，所觀察的兩種對象分屬不同集合，一為受試者的集合，另一

為實驗刺激的集合。底下二例也是屬於不同集合的份子：將精神病人診斷分類為那一種精神疾病。將故宮的古畫分為山水畫、文人畫、仕女畫等。

Coombs（註5）按上述兩項分類標準，將行為科學裏的資料分成四類，按反時針方向分成四個象限，如表 13-1。

表 13-1　Coombs對資料的分類

	優勢關係	接近關係
兩個不同集合	QⅡ（單一刺激）	QⅠ（喜好選擇）
同　一　集　合	QⅢ（刺激比較）	QⅣ（相　似　性）

表 13-1 的四個象限 QⅠ，QⅡ，QⅢ，QⅣ 之後，都附以習慣上對該類資料的說法，以便參考。

有些資料的分類比較簡單明瞭，很快就可決定是 QⅠ，QⅡ，QⅢ，或 QⅣ。但有些資料則不然，很難由資料本身去判斷，而需依賴研究者對「行為」的一套理論，當為分類的根據。底下的例子可說明此點：設一網球俱樂部有20個會員，有一研究打網球行為的專家，要求每一會員列出他們各自喜歡選擇來當為對打的對象。如此獲得的名單就是該研究者所想要分析的資料，試問這組原始資料，如何按上述兩個標準予以分類？今分別討論這組資料的兩個分類標準：（1）每一會員與他所選出的名單之間的關係，是優勢或接近關係？這完全要看該會員當時的心理狀態與其人格特質才能決定。有些人喜歡與自己實力相當的人對陣比賽，因為這樣他覺得比較刺激；有些人喜歡與比自己

註5：C. H. Coombs (1964) *A Theory of Data.* New York: Wiley.

强的人打球，因爲這樣他覺得自己的球技較有可能進步；有些人則喜歡與比自己弱的人比賽，因爲這樣比較輕鬆、沒有心理壓力，同時面子上也比較好看。因此在決定是那種關係之前，需先有一套對該網球俱樂部成員的喜好行爲的理論，以確定該組資料以那種關係來說明較爲合理。(2) 每一會員與其所列名單的會員，是否爲同一集合內的份子？乍看之下，似乎應屬同一集合，因爲他們都是屬於同一俱樂部的會員。但再進一步看，則不盡然。因爲每一會員的球技可由兩種標準來衡量，一爲由該會員本身來判斷自己的球技，一爲由其他會員來判斷他的球技。因此若每一會員對自己球技的判斷相等於其他會員對他的判斷時，便可說該研究者所觀察的對象，是屬於同一集合內的份子。但若不是這樣，則應屬於兩個不同的集合，一爲會員本身的集合，另一爲會員對其他會員的判斷所組成的集合。(3) 還有最後一個問題。我們都以爲會員們的判斷、選擇喜好的對象，是以「球技」爲唯一的判斷依據，亦即採單向度 (unidimensional) 的看法。但一個人選打球的對象時，並不如此單純，他可能會從其他標準加以考慮，如這個打球對象「會不會得失之心太重？」、「對我的事業有沒有幫助？」、「年齡是不是與我差不多？」等等。若有這種情形發生，則此處的喜好選擇行爲便有多向度 (multidimensional) 的問題出現，如此更增加了研究這種打網球行爲的複雜性。

　　由上例可見，要認定所獲得的資料是屬於資料矩陣中的那一象限，並不是一件簡單的事。一般研究者在分類之時，若太過急躁，便有分類不當的可能，因分類之不當便會使用不當的量度化方法，如此對該組資料的解釋及所獲得的結論，便有問題。因此在使用某一量度化方法之前，最好能先分析該組資料究竟在那種理論或那種認定標準之下，可判斷它屬於 QI, QII, QIII, 或 QIV。

第三節　量度化方法的分類與發展

有三種測量的對象：（1）物理向度（physical dimension）的測量。（2）物理刺激與主觀感覺合併起來考慮的測量。（3）心理向度（psychological dimension）的測量。上述三種中，（1）所用的量度化方法稱為物理量度法（physical scaling），（2）所用的為心理物理量度法（psychophysical scaling），（3）所用的稱為心理量度法（psychological scaling）。

一、物理量度化方法

對物理向度做量度化的情形相當普遍。大部份物理、工程、及生理（如血壓、心跳）的量度，所得出的量表除了少數例外（如硬度系統的測量結果是一種等級尺度），大都合乎等距或等比尺度的要求。如溫度是等距尺度，長度、重量、體積則都是等比尺度。物理量度法的主要目的在於設計一套客觀而且簡單的方法，來直接量度出物體本身所具有的屬性，而不需牽涉到量度者的主觀判斷。這種方法所量度的對象及憑以量度的儀器原理，大都具有不變的（invariant）性質，亦即某一物體在南半球測出的長度，應與在北半球測出者相同。物理量度法也會產生誤差，誤差的主要來源為儀器的靈敏度及穩定性不夠、物理環境的標準化不良、觀測者的不穩。

物理量度化方法由於能從所量度出來的數值，導出有意義的規則或定律，如敍述溫度、壓力、與體積關係的 Boyle 定律（當溫度不變時，氣體體積與壓力的乘積為一常數），因此幾個世紀以來，一般人

認為這種方法所量度出來的，不僅可信而且有意義。使用這種方法的人，一直認為若儀器足夠精良，卽可準確的測出物體所具的屬性。但量子物理學家則認為在量度粒子的運動狀態時，無法同時精確的量度出一運動粒子的位置與動量，不能準確量度的原因不在於儀器的不夠精良，而是因為粒子本身的測不準性。這是一種理論上的論爭，一般而言，在巨觀的 (macroscopic) 物理世界則不存在這種問題（註6）。

物理量度化方法的歷史非常久遠，可遠溯至古埃及人的測地之學，物理學的一些基本測量程序也很早就已建立。科學實驗室的量度及工商業度量衡的標準化，都有很明確的規定，可說是一種最被廣泛注意的量度化方法。

二、心理物理量度化方法

物體的屬性雖然可藉物理量度法，儘量精確的量度出來，但它們經由何種方式影響人的日常生活，却是一般人更感興趣的問題。有很多實際生活的問題，如一間音樂廳應如何設計，才能使演奏的聲音引起最佳的音響效果，這就無法純從物理量度法得知，而必需求助於心理物理量度法。

心理物理量度法的發展，來自於哲學界的一項老問題：心物之間 (mind-body) 的關係。人如何藉著感官系統去認識外界的事物，兩者之間有何關係存在？這些問題首先由 Fechner（註7）予以具體發展，

註6：參閱李太楓等譯（民59）物理之哲學基礎。臺北：幼獅文化事業公司。第二篇、第六篇。

註7：Gustav Fechner 本為物理學家，於1860年寫出一本 *Elemente der Psychophysik.* 但一直到1966年始有英譯本：G. Fechner (1966) *Elements of Psychophysics* (Trans by H. E. Adler). New York: Holt, Rinehart and Winston.

提出目前心理學界、工程學界仍廣泛應用的三種心理物理量度法：極限法 (method of limit)、恆常刺激法 (method of constant stimuli)、均誤法 (method of average error)。

　　心理物理量度法同時處理兩個對象，一為物理向度，一為心理向度。藉著操弄物理向度上有良好定義的刺激量 (stimulus magnitude)，觀察有機體 (這類實驗可以用人，也可用其他動物當為受試者) 感覺量 (sensation magnitude) 的變化。圖 13-2 表示在絕對閾限 (absolute limen, AL) 的實驗中，刺激量與感覺量互相對應的情形。

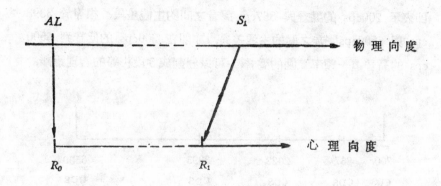

AL：能被受試者 50％ 察覺到的刺激值
S_1：另外一個比AL值大的刺激值
R_0：感覺的絕對零點
R_1：S_1 所引起的心理感覺量

圖 13-2　物理量與心理量之間的對應關係

差異閾限 (difference limen, DL) 的量度中，刺激差異量與感覺差異量之間的對應情形，也與圖 13-2 相同。

　　S. S. Stevens 是與 G. Fechner 齊名的心理物理學家。他在 1950 年代利用分割法 (partition method) 及比率法 (proportionality method)，嘗試建構具有等距與比率性質的心理物理量表。在分割法中，先向受試者呈現兩個固定的物理刺激 A 與 B (A＞B)，要求受試者在該一物理向度上調整一物理刺激 C (A＞C＞B)，使得 C 剛好能够二等分 A 與 B 之間的心理距離 (psychological distance)，亦即 A—C 物理差異量的主觀感覺，剛好等於 C—B 物理差異量的主觀感覺。第一節所提出的二等分系統就是這種分割法最簡單的例子。分割法可推廣到「將一物理向度上的可能刺激值，分成幾段相等的距離」，圖 13-3 即表示 200cps 的聲音與 867cps 聲音之間的主觀差異，相等於 3393 cps 與 6500cps聲音之間的主觀差異，亦即在 200cps 的低音到 6500 cps 的高音這一頻率範圍的聲音，可以分割成 5 段相等的心理距離。

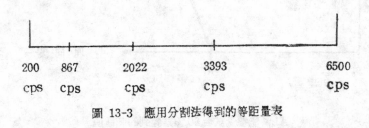

| 200 | 867 | 2022 | 3393 | 6500 |
| cps | cps | cps | cps | cps |

圖 13-3　應用分割法得到的等距量表

　　在比率法中，給予受試者一物理向度上的刺激 A，要求受試者找出某一點 C，使得 C 物理量在心理感覺上剛好是 A 的十倍、½倍，或 2 倍、4 倍。這種作法的目的在將一物理向度上的可能刺激值，分成幾個在主觀感覺上有比率關係的區段，如圖 13-4 即表示 A 在主觀感覺上是 C 的¼倍，D 是 C 的兩倍。

　　心理物理學量度法經大量收集實驗資料後，發現了幾個有名的定

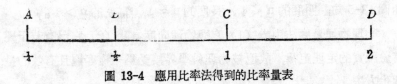

圖 13-4 應用比率法得到的比率量表

律, 其中最常被引用的就是 Fechner 律與 Stevens 律。Fechner 律認為心理量 (Ψ) 與物理量 (ϕ) 之間是一種對數關係, 亦即 $\Psi = k \log \phi$。Stevens 律則認爲心理量與物理量之間是一種乘冪 (power) 的關係, 亦即 $\Psi = k \phi^n$。Stevens 律有很多實驗證據支持, 今擧 Stevens (註 8) 的實驗結果爲例, 如圖 13-5。

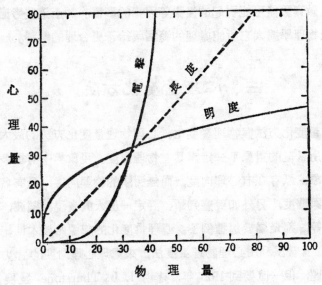

圖 13-5 心理量與物理量的乘冪關係

註 8: S. S. Stevens (1961) The psychophysics of sensory function. In W. A. Rosen-blith (ed.), *Sensory Communication*. New York: Wiley.

由圖 13-5 知，明度的 n < 1，長度的 n ≈ 1，電擊的 n > 1。

心理物理量度法由於 (1) 它與物理向度有關 (2) 它已有若干經實驗證實的定理定律，故已被物理科學界接受為一種客觀且有效的量度化方法。

傳統的心理物理學觀點，認為人對物理刺激的判斷標準，主要係受物理向度變化的影響，亦即心理量直接受物理量所影響，不管這影響的方式是對數形式或是乘冪形式。但最近（第二次世界大戰以後）的訊號察覺理論 (signal detection theory)，則採取一種比較有機的 (organic) 看法，這派理論認為人在判斷、感覺的歷程中，除了受到物理刺激本身的影響外，還受到受試者本身的動機、實驗者所要給予的酬勞、做實驗後可能引起的後果等因素的影響。加上這些考慮後，更使心理物理學擴大它所能處理的範圍與給予更合理的解釋。

三、心理量度化方法

心理量度化方法與物理量度化、心理物理量度化方法的最大不同處，在於所量度的對象不一定需具有物理向度。現象界中有很多急需測量的對象，祇存在有心理向度，而無明顯的物理向度，最有名的例子如智力與態度，另外如美感判斷、評定一個人的表現、腦波、皮膚電阻反應等，都是屬於這種例子。心理量度化的起源始於本世紀初，A. Binet 曾嘗試利用心理物理量度法，來處理心理向度的智力、心理年齡問題，但一直要到 1927 年，才由 L. L. Thurstone 發展出能夠處理心理向度的方法，這是量度化方法由必需依賴物理向度而進入不需依賴物理向度的一個轉捩點。

截至目前為止，心理量度化方法除了缺少測量理論的基礎外，尚

缺少像物理量度法，心理物理量度法所發現的簡單定律，如 Boyle
律、Stevens 律，因此可發展之處甚多。現在另有一些做法加入，更
豐富了心理量度化的內容：（1）由單向度量度法擴大到多向度的量
度。（2）經驗關係系統一向由數值關係系統來測量，但也可嘗試以
非數值關係系統來測量（nonnumerical measurement），這方面的測
量可借助於集合論（set theory）、圖形理論（graph theory）、及電算
機模擬（computer simulation）的方法。

心理量度化方法的參考書，請參看註9，由上到下按處理方式的
易難程度排列。

第四節　心理量度化方法的分類

本節所述，將以第二節對資料的分類為主，敍述如何選擇適當的
心理量度化方法，以處理 QI, QII, QIII, QIV 的資料。QIII, QII
資料的心理量度法在第二次世界大戰前已發展出來，QI, QIV 資料
的心理量度法則在 1950 年代以後才發展出來。依處理方式的難易程
度，大約是呈底下由易到難的排列：QII→QIII→QI-→QIV。底下將介
紹處理 QII, QIII, QI, QIV 資料的心理量度化方法，並附分析實例
以資演習。由於篇幅所限，每類資料祗選擇一種量度化方法。

註9：A. L. Edwards (1959) *Techniques of Attitude Scale Construction*. New Jersey：
Prentice-Hall; J. P. Guilford (1954) *Psychometric Methods*. (2nd edition)
New York: McGraw-Hill; C. H. Coombs, R. M. Dawes, and A. Tversky
(1970) *Mathematical Psychology*. New Jersey: Prentice-Hall; W. S.
Torgerson (1958) *Theory and Methods of Scaling*. New York：John
Wiley and Sons.

一、量表圖分析法——QII資料的量度化方法

量表圖分析法 (scalogram analysis) 由 L. Guttman 首先提出 (註10)，故又稱 Guttman 量表。先從一最簡單的例子談起：有一位國中老師，他想知道在第一次數學科月考時，班上學生數學程度的好壞順序，同時他也想知道這次的數學題目對學生的難易程度。這種問題便是一種典型的量表圖分析實例。爲方便討論起見，設學生只有 6 個（用 1, 2, 3, 4, 5, 6 表示），數學題目只有 5 道（用 A, B, C, D, E 表示），若學生答對某道題目，則令其爲「1」，若沒有答對，則令其爲「0」。將所得的原始資料排成一資料矩陣，可得表 13-2。

表 13-2 數學科月考的原始資料矩陣

	B	C	A	E	D
2	0	0	1	0	0
4	1	1	1	0	0
1	0	0	0	0	0
5	1	1	1	0	1
3	1	0	1	0	0
6	1	1	1	1	1

將此資料矩陣稍作整理，可得一有系統的矩陣，如表 13-3。

虛線將該一矩陣分成兩個相等的三角形，虛線以上都是0，虛線以下都是1，這種矩陣在量表圖分析中稱之爲完全量表 (perfect sc·

註10: S. A. Stouffer, L. Guttman, E. A. Suchman, P. F. Lazarsfeld, S. A. Star, and J. A. Clausen (1950) *Measurement and Prediction*. Princeton: Princeton University Press.

表 13-3　數學科月考的完全資料矩陣

	A	B	C	D	E
1	0	0	0	0	0
2	1	0	0	0	0
3	1	1	0	0	0
4	1	1	1	0	0
5	1	1	1	1	0
6	1	1	1	1	1

ale)。矩陣中的虛線稱之爲分割線 (cutting curve)，是由每一列的分割點 (cutting point) 所連成的線。Guttman 量表尚有一種指標以顯示資料矩陣完全或不完全的程度，稱之爲複製係數 (coefficient of reproducibility)；當量表是完全的，則複製係數爲1，當量表沒有任何規律時，其複製係數爲0。在一般例子中很難得出現完全量表的情形，亦卽在分割線之上方會有「1」出現，在分割線下方也會有「0」出現，在這種情形下，複製係數介於0與1之間。由表13-3我們可作兩個結論：(1) 在第一次月考的數學科測驗中，第一個學生表現最差，通不過任意一個數學測驗題，第6個學生表現最好，他通過了所有的數學測驗題。(2) 在所有數學測驗題中，A題最簡單，因爲除了第一個學生外，其他人都答對該題；E題最困難，因爲除了第六個學生外，其他人都沒有答對該題。若將學生與數學測驗題混合起來——套用 Coombs 對 QII 的說法，亦卽在優勢向度上，考慮刺激與個人在該向度上的先後順序——考慮他們的聯合順序 (joint order)，可得如下由小到大的優勢或順序關係(dominance or order relation)：1A2B3C4D5E6。

（一）分割點與複製係數

今用一例以說明如何找尋適當的分割點 (cutting point)，如何計算 Guttman 量表的複製係數 (coefficient of reproducibility，簡稱 Crep)。設有與某一態度有關的四題敍述句，向 20 個受試者施測，對一敍述句答「是」或「同意」時，以「1」表示，當答「否」或「不同意」時，以「0」表示。經過初步整理的資料如表 13-4。

表 13-4　某一態度敍述句的完全資料矩陣

受試者	敍述句 1		2		3		4		分數
	1	0	1	0	1	0	1	0	
1	X		X		X		X		4
2	X		X		X		X		4
3	X		X		X		X		4
4	X		X		X		X		4
5	X		X		X		X		4
6	X		X			x	X		3
7	X		X			x	X		3
8	X		X			X	X		3
9		X	X			X	X		2
10		X	X			X	X		2
11		X	X			X		X	1
12		X	X			X		X	1
13		X	X			X		X	1
14		X	X			X		X	1
15		X		X		X		X	0
16		X		X		X		X	0
17		X		X		X		X	0
18		X		X		X		X	0
19		X		X		X		X	0
20		X		X		X		X	0

由表13-4 可以很容易的決定分割點應在何處（劃線部份）。在分割點

之上都答「是」或「同意」，在分割點之下則都答「否」或「不同意」，因此這是一個完全的 Guttman 量表 (perfect Guttman scale)，其複製係數為 1。但若所得的資料如表 13-5，則情況就大不相同。

表 13-5　某一態度敍述句的不完全資料矩陣

受試者	敍述句 1		2		3		4		分數
	1	0	1	0	1	0	1	0	
1	X		X		X		X		4
2	X			X	X		X		3
3	X		X			X	X		3
4	X		X			X	X		3
5	X			X	X		X		3
6	X			X	X		X		3
7	X			X	X		X		3
8	X			X	X		X		3
9	X			X		X	X		2
10		X	X			X	X		2
11	X			X		X	X		2
12	X			X		X	X		2
13		X	X			X	X		2
14		X		X	X		X		2
15		X	X			X		X	1
16		X		X		X	X		1
17	X			X		X		X	1
18		X		X	X			X	1
19		X		X		X	X		1
20		X		X		X		X	0
f	12	8	6	14	8	12	16	4	80
e	1	1	3	1	2	2	2	0	$\Sigma e=12$

由表 13-5 無法很簡單的看出分割點應在何處，而需依據某一原則來決定分割點的位置：分割點的劃定，其目的在使錯誤能够減到最少。

所謂「錯誤」(error, 以 e 表示), 指的是 (1) 當「1」應在分割點的上方, 但却有一個「1」在分割點的下方時, 則稱之爲發生一個錯誤。(2) 當「0」應在分割點的下方, 但却有兩個「0」在分割點的上方時, 稱之爲發生兩個錯誤。分割點的決定即在以能使錯誤減到最少當爲最主要的考慮。

複製係數的計算與分割點的決定有密切關係。複製係數的計算公式爲: $Crep = 1 - \frac{總錯誤數}{總反應數}$。由表13-5, 總反應數爲80 (20個受測者, 每個人做 4 個反應), 總錯誤數爲 12, 因此 $Crep = 1 - \frac{12}{80} = .85$。

在建構 Guttman 量表時, 需注意是否能滿足一致性 (consistency) 的要求, 個人與個人之間必需存在某種共同現象。所謂不一致 (inconsistency) 是指當個人 i 通過刺激 j, 而通不過刺激 k; 但另一個人 m, 沒通過刺激 j, 却通過刺激 k, 則發生不一致的現象。複製係數就是表示一致性程度的一個指標, 表示重新整理後的資料矩陣與完全的 Guttman 量表能互相配合的百分比。一般而言, 如資料矩陣能有 .90以上的複製係數, 亦即有90%以上的資料能滿足一致性的要求, 即可算是不錯的 Guttman 量表。將複製係數的標準定爲 .90, 是一種權宜措施, 因爲到目前爲止尚無複製係數的統計檢定法。

(二) 分 析 實 例

1. 在醫院或輔導機構, 有時需要知道來求助的人, 他的性知識是否達到某一水準。但爲了省時, 不想當場花他半個小時或更多的時間去做有關性知識的測驗量表。最好的方式是花最少的時間, 祇問他少數幾個問題, 就可以決定他的性知識差不多達到那種程度。請問, 爲

達到這個目的, 醫生或輔導人員最好用什麼方式去做, 用什麼樣的量度
化方法事先找出一組問題, 來滿足他們日後在臨床與輔導上的應用？
這個問題的標準答案就是: 使用 Guttman 量表。分析程序大致上是
(1) 先設計一些與性知識有關的題目, 答對算「1」, 答錯算「0」。
(2) 抽取一不偏樣本進行施測。(3) 廢棄某些不易找出分割點的題
目。(4) 決定各題目的分割點, 將所得資料整理成 Guttman 量表。
(5) 計算複製係數。

2. Suchman (註11) 曾訪問從第二次世界大戰戰場上退下來的美
國士兵（有效資料共計 93 人）, 調查他們在戰火之下的身心反應。他
設計了底下的題目:

(1) 心臟脈博跳動很快

(2) 胃有下沈感覺

(3) 感到虛弱或暈眩

(4) 胃感不適

(5) 出冷汗

(6) 嘔吐

(7) 全身搖動或顫抖

(8) 尿撒在褲子裏面

(9) 膀胱失去控制

(10) 有僵硬感覺

施測之時, 每個受試者要就上述十項題目, 在底下五種類別中勾上最
切合他們當時情況的答案: ⓐ經常, ⓑ有時, ⓒ祇有一次, ⓓ從來不
曾, ⓔ不予作答。

註11: 同註10

表 13-6　Suchman 研究戰爭恐懼症狀所得之　Guttman 量表

1 a, b	2 a, b	7 a, b	4 a, b	10 a, b	3 a, b	6 a, b, c	9 a, b, c	8 a, b	f
1		1		1			1		1
						1			1
			1		1				1
				1	1				1
	1			1					1
1									7
1			1						1
1			1						1
1				1					1
1						1			1
1							1		1
1	1								7
1	1		1		1				2
1	1			1					1
1	1					1			1
1	1		1			1			1
1	1		1				1		1
1	1		1				1	1	1
1	1	1							3
1	1	1		1					1
1	1	1			1				2
1	1	1	1						2
1	1	1	1		1				1
1	1	1	1						2
1		1	1	1					2
1		1	1	1					1
1	1		1	1		1			1
1	1	1	1	1			1		1
1	1	1	1	1					6
1	1	1	1	1	1		1		1
1	1	1	1	1	1			1	1
1	1	1	1	1		1			1
1	1	1	1	1		1			1
1	1	1	1	1	1	1			1
1	1	1	1	1	1	1			1
1	1	1	1	1	1	1			1
1	1	1	1	1	1	1			5
1	1	1	1	1	1	1	1		7
1	1	1	1	1	1	1	1	1	16
1	1	1	1	1	1	1	1	1	6

　　爲了適合 Guttman 量表的分析程序，做了兩項修正：(1)第 1, 4, 5, 6, 7, 8, 9, 10 這 8 個題目，答 a 或 b 的，登記爲「0」，表示沒通過這項題目的要求；答 c, d, e 的，登記爲「1」，表示通過該題；第 2, 3 題，答 a, b, 或 c 的，登記爲「0」，答 d 或 e 的，登記爲「1」。(2)去掉第 5 題（「出冷汗」）。經過這兩項修正，可得表 13-6 的 Guttman 量表，爲方便起見，祇寫出「1」的資料，空白部份代表「0」。

表 13-6 中，f 表示人數，共有 93 人，因有 9 道有效題目，故共有 93×9＝837 個反應。總錯誤（需考慮每種分數組型的人數），計共 70 個。故該 Guttman 量表的複製係數 Crep＝$1-\frac{70}{837}$＝$1-.084$＝.916，是一合乎要求的 Guttman 量表。由上表可知這九個恐懼症狀，若按由輕到重的程度排列，其順序應爲：1→2→7→4→10→3→6→9→8。

二、比較判斷法——QⅢ資料的量度化方法

　　Thurstone (註12) 首先發展出比較判斷 (comparative judgment) 的量度化方法，提出一套如何在單向度的心理連續體上排定刺激順序的方法。一般心理物理量度法都利用操弄或改變外在物理量，以測量其相對之心理量的變化。但心理量並不必要是某種物理量的依變項，如態度的偏向、美的標準等，今尚處於缺乏某些已知或可操弄的物理向度的情況下。Thurstone 所要研究的，卽是找出在此種情況下如何

註12: L. L. Thurstone (1927) A law of comparative judgment. *Psychological Review, 34*, 273-286; L. L. Thurstone (1927) Psychophysical analysis. *American Journal of Psychology, 38*, 368-389.

量度主觀心理量的方法。若存在一外界物理量為自變項，則兩物理量之差愈大，主觀判斷愈可能有差異，即單調性 (monotonicity) 原理。同理，判斷的一致性與主觀心理量差異間亦存在此種關係。主觀差異愈大，則判斷一致性愈高。依此推想，Thurstone 提出比較判斷法 (law of comparative judgment)：兩物體間主觀心理差異的度量，可由此兩物件間被判斷為何者較大的相對次數(relative frequency) 而得。下面介紹最常被用到的第五型比較判斷法 (Case V comparative judgment)，此法又習稱配對比較法 (method of paired comparison)。

（一）理 論 大 要

呈現給受試者一個 i 刺激，則受試者會對該 i 刺激引起一心理上的主觀判斷 S_i，S_i 稱之為「分辨歷程」(discriminal process)。若將 i 刺激呈現給一群大樣本（這樣本往往在兩三百人以上）的受試者，則所得到的 S_i 會呈一種常態分配，其平均數為 $\overline{S}_i$，變異量為 σ_i^2，如圖 13-6。

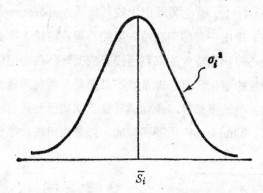

圖 13-6　對刺激 i 分辨歷程的分配型態

若給予兩個刺激 i 與 j（該二刺激可以是有物理向度的刺激，也可以是祇有心理向度的刺激，受試者可在某一屬性上對 i 與 j 做判斷），則可能在一群受試者中形成的分配如圖 13-7。

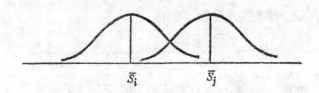

圖 13-7　對兩個刺激分辨歷程的聯合分配

要求受試者判斷刺激 i 與 j 何者在主觀感覺上引起「較大」的反應。一般程序是強迫受試者在 i 與 j 之中必選出其較大反應的一個，而不允許受試者有無法做決定或認爲差不多的反應。如給兩張美女圖片要受試者選出一張較合他胃口的；或給予兩種犯罪行爲，如強姦與謀殺，要受試者主觀的判斷那種罪行比較嚴重。若每人祇判斷一次，則對一群受試者而言，他們判斷 i > j 的相對次數 p(i>j)，應是圖 13-8 中靠右的部份。

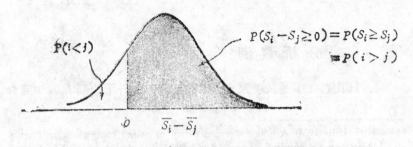

圖 13-8　受試者判斷刺激大小的相對次數圖形

當圖13-8的 $\bar{S}_i - \bar{S}_j = 0$，亦卽 $\bar{S}_i = \bar{S}_j$ 時，理論上應有一半的受試者判斷 $i > j$，有一半的受試者判斷 $j > i$。設 f_{ij} 表示一組受試者判斷 $i > j$ 的次數，N 代表一組受試者每人判斷一次的總判斷數，則 $p_{ij} = f_{ij}/N = p(S_i \geq S_j) = p(i > j)$。

利用統計學的基本觀念，可知

$$Z_{ij} = \frac{(\bar{S}_i - \bar{S}_j) - 0}{\sigma_{i-j}} = \frac{\bar{S}_i - \bar{S}_j}{\sqrt{\sigma_i^2 + \sigma_j^2 - 2r_{ij}\sigma_i\sigma_j}}$$

亦卽　$\bar{S}_i - \bar{S}_j = Z_{ij}\sqrt{\sigma_i^2 + \sigma_j^2 - 2r_{ij}\sigma_i\sigma_j}$

在配對判斷中，若有 n 個刺激需予以評定並給予量表值，則每一受試者便需判斷 $_nC_2 = \frac{n(n-1)}{2}$ 個配對。爲簡化起見，可假設 (1) $\sigma_1^2 = \sigma_2^2 = \cdots\cdots = \sigma_n^2$，(2) $r_{12} = r_{13} = \cdots\cdots = r_{n-1, n}$，上式便可改寫爲

$$Z_{ij} = \bar{S}_i - \bar{S}_j$$

此處之 Z_{ij} 可由已知的相對次數值 p_{ij} 換算出來（查標準常態分配表，卽可將 p_{ij} 換算爲 Z_{ij}）。這一條式子便是 Thurstone 第五型比較判斷的基本公式。由於共有 $\frac{n(n-1)}{2}$ 個已知的 Z_{ij} 值，故理論上可以求出 n 個 $\left(n < \frac{n(n-1)}{2},\ n > 3\right)$ 未知的刺激量表值 $\bar{S}_1, \bar{S}_2, \bar{S}_3, \cdots\cdots, \bar{S}_n$。

(二) 分 析 實 例

1. Hill (註13) 曾於美國介入韓戰之時，設計了 7 個有關美國介

註13：R. J. Hill (1953) A note on inconsistency in paired comparison judgments. *American Sociological Review, 18,* 564-566; 或 A. L. Edwards (1957) *Techniques of Attitude Scale Construction.* New Jersey：Prentice-Hall. Ch. 2.

入韓戰的態度敍述句:

　　(1)我認爲美國已無可選擇的要繼續介入韓戰。

　　(2)我們應樂意提供在韓盟軍的急需經援。

　　(3)此時撤退在韓美軍會使局面更糟。

　　(4)韓戰可能不是遏止共產主義的最佳途徑，但這是目前唯一
　　　能做之事。

　　(5)不惜代價必需贏得韓戰。

　　(6)介入韓戰等於是在保護美國的安危。

　　(7)介入韓戰爲的是捍衛自由。

　　之後將這七個敍述句按比較判斷法兩兩配對，得 $\dfrac{7(7-1)}{2}=21$ 個
比較判斷，要求94個受測者每個人做 21 個比較判斷，在 21 個配對中
分別決定他們比較贊同的敍述句。這組資料共有 $94 \times 21 = 1974$ 個反
應，再求出下列三個矩陣，而得出七個敍述句的反應量表值。

　　1. F矩陣　將得到的 1974 個反應，按敍述句的個數分成七行七
列，分別登記某一敍述句比另一敍述句更被贊同的次數，如表13-7，
所登記的次數表示列 (column) 比行 (row) 更被贊同的次數（一般矩
陣的表示法應該是行比列更被贊同的次數，但在此爲方便求量表值起

表 13-7　比較判斷實驗所得之次數表（F矩陣）

敍述句	1	2	3	4	5	6	7
1	47	65	75	80	75	86	88
2	29	47	51	54	62	68	81
3	19	43	47	49	59	60	63
4	14	40	45	47	49	63	67
5	19	32	35	45	47	51	55
6	8	26	34	31	43	47	57
7	6	13	31	27	39	37	47

見，改爲列比行更被贊同的次數）

表 13-7 的登錄中，65 表示敍述句 2 比敍述句 1 更被贊同的次數，29則表示敍述句 1 比敍述句 2 更被贊同的次數，兩者合加應等於施測的樣本數，亦卽 65＋29＝94。表中對角線部份都登記爲 47，表示當相同的敍述句拿來做兩兩判斷時，被贊同與不被贊同的次數應各佔施測樣本數的一半，亦卽 $47 = \frac{94}{2}$，這是一種假設値，而非實際資料。

2. P 矩陣　F 矩陣的次數表，若將每一次數除以每一比較判斷的總次數，則可得一相對次數 (relative frequency) p_{1j}，而形成一 P 矩陣，如表 13-8。

表 13-8　比較判斷實驗的相對次數表 (P 矩陣)

敍述句	1	2	3	4	5	6	7
1	.500	.691	.798	.851	.798	.915	.936
2	.309	.500	.543	.574	.660	.723	.862
3	.202	.457	.500	.521	.628	.638	.670
4	.149	.426	.479	.500	.521	.670	.713
5	.202	.340	.372	.479	.500	.543	.585
6	.085	.277	.362	.330	.457	.500	.606
7	.064	.138	.330	.287	.415	.394	.500
累積値	1.011	2.329	2.884	3.042	3.479	3.883	4.372

累積值表示列中的每一敍述句的累積 P 值，亦卽 $\sum_{j=1}^{7} p_{1j} = 1.011, \cdots,$ $\sum_{j=1}^{7} p_{7j} = 4.372$。

3. Z 矩陣　比例值 p_{1j} 可再轉換爲標準常態分配 (standard normal distribution) 的標準分數 z_{1j}，其轉換方式如表 13-9。

表 13-9　相對次數與標準分數互換表 (a)

p	0	1	2	3	4	5	6	7	8	9
.99	2.326	2.366	2.409	2.457	2.512	2.576	2.652	2.748	2.878	3.090
.98	2.054	2.075	2.097	2.120	2.144	2.170	2.197	2.226	2.257	2.290
.97	1.881	1.896	1.911	1.927	1.943	1.960	1.977	1.995	2.014	2.034
.96	1.751	1.762	1.774	1.787	1.799	1.812	1.825	1.838	1.852	1.866
.95	1.645	1.655	1.665	1.675	1.685	1.695	1.706	1.717	1.728	1.739
.94	1.555	1.563	1.572	1.580	1.589	1.589	1.607	1.616	1.626	1.635
.93	1.476	1.483	1.491	1.499	1.505	1.514	1.522	1.530	1.538	1.546
.92	1.405	1.412	1.419	1.426	1.433	1.440	1.447	1.454	1.461	1.468
.91	1.341	1.347	1.353	1.359	1.366	1.372	1.379	1.385	1.392	1.398
.90	1.282	1.287	1.293	1.299	1.305	1.311	1.317	1.323	1.329	1.335
.89	1.227	1.232	1.237	1.243	1.248	1.254	1.259	1.265	1.270	1.276
.88	1.175	1.180	1.185	1.190	1.195	1.200	1.206	1.211	1.216	1.221
.87	1.126	1.131	1.136	1.141	1.146	1.150	1.155	1.160	1.165	1.170
.86	1.080	1.085	1.089	1.094	1.098	1.103	1.108	1.112	1.117	1.122
.85	1.036	1.041	1.045	1.049	1.054	1.058	1.063	1.067	1.071	1.076
.84	.994	.999	1.003	1.007	1.011	1.015	1.019	1.024	1.028	1.032
.83	.954	.958	.962	.966	.970	.974	.978	.982	.986	.990
.82	.915	.919	.923	.927	.931	.935	.938	.942	.946	.950
.81	.878	.882	.885	.889	.893	.896	.900	.904	.908	.912
.80	.842	.845	.849	.852	.856	.860	.863	.867	.871	.874
.79	.806	.810	.813	.817	.820	.824	.827	.831	.834	.838
.78	.772	.776	.779	.782	.786	.789	.793	.796	.800	.803
.77	.739	.742	.745	.749	.752	.755	.759	.762	.765	.769
.76	.706	.710	.713	.716	.719	.722	.726	.729	.732	.736
.75	.674	.678	.681	.684	.687	.690	.693	.697	.700	.703
.74	.643	.646	.650	.653	.656	.659	.662	.665	.668	.671
.73	.613	.616	.619	.622	.625	.628	.631	.634	.637	.640
.72	.583	.586	.589	.592	.595	.598	.601	.604	.607	.610
.71	.553	.557	.559	.562	.565	.568	.571	.574	.577	.580
.70	.524	.527	.530	.533	.536	.539	.542	.545	.548	.550
.69	.496	.499	.502	.504	.507	.510	.513	.516	.519	.522
.68	.468	.470	.473	.476	.479	.482	.485	.487	.490	.493
.67	.440	.443	.445	.448	.451	.454	.457	.459	.462	.466
.66	.412	.415	.418	.421	.423	.426	.429	.432	.434	.437
.65	.385	.388	.391	.393	.396	.399	.402	.404	.407	.410
.64	.358	.361	.364	.366	.369	.372	.375	.377	.380	.383
.63	.332	.335	.337	.340	.342	.345	.348	.350	.353	.356
.62	.305	.308	.311	.313	.316	.319	.321	.324	.327	.329
.61	.279	.282	.285	.287	.290	.292	.295	.298	.300	.303
.60	.253	.256	.259	.261	.264	.266	.269	.272	.274	.277
.59	.228	.230	.233	.235	.238	.240	.243	.246	.248	.251
.58	.202	.204	.207	.210	.212	.215	.217	.220	.222	.225
.57	.176	.179	.181	.184	.187	.189	.192	.194	.197	.199
.56	.151	.154	.156	.159	.161	.164	.166	.169	.171	.174
.55	.126	.128	.131	.133	.136	.138	.141	.143	.146	.148
.54	.100	.103	.105	.108	.111	.113	.116	.118	.121	.123
.53	.075	.078	.080	.083	.085	.088	.090	.093	.095	.098
.52	.050	.053	.055	.058	.060	.063	.065	.068	.070	.073
.51	.025	.028	.030	.033	.035	.038	.040	.043	.045	.048
.50	.000	.003	.005	.008	.010	.013	.015	.018	.020	.023

表 13-9　相對次數與標準分數互換表 (b)

p	0	1	2	3	4	5	6	7	8	9
.49	- .025	- .023	- .020	- .018	- .015	- .013	- .010	- .008	- .005	- .003
.48	- .050	- .048	- .045	- .043	- .040	- .038	- .035	- .033	- .030	- .028
.47	- .075	- 073	- .070	- .068	- .065	- .063	- .060	- .058	- .055	- .053
.46	- .100	- .098	- .095	- .093	- .090	- .088	- .085	- .083	- .080	- .078
.45	- .126	- .123	- .121	- .118	- .116	- .113	- .111	- .108	- .105	- .103
.44	- .151	- .148	- .146	- .143	- .141	- .138	- .136	- .133	- .131	- .128
.43	- .176	- .174	- .171	- .169	- .166	- .164	- .161	- .159	- .156	- .154
.42	- .202	- .199	- .197	- .194	- .192	- .189	- .187	- .184	- .181	- .179
.41	- .228	- .225	- .222	- .220	- .217	- .215	- .212	- .210	- .207	- .204
.40	- .253	- .251	- .248	- .246	- .243	- .240	- .238	- .235	- .233	- .230
.39	- .279	- .277	- .274	- .272	- .269	- .266	- .264	- .261	- .259	- .256
.38	- .305	- .303	- .300	- .298	- .295	- .292	- .290	- .287	- .285	- .282
.37	- .332	- .329	- .327	- .324	- .321	- .319	- .316	- .313	- .311	- .308
.36	- .358	- .356	- .353	- .350	- .348	- .345	- .342	- .340	- .337	- .335
.35	- .385	- .383	- .380	- .377	- .375	- .372	- .369	- .366	- .364	- .361
.34	- .412	- .410	- .407	- .404	- .402	- .399	- .396	- .393	- .391	- .388
.33	- .440	- .437	- .434	- .432	- .429	- .426	- .423	- .421	- .418	- .415
.32	- .468	- .465	- .462	- .459	- .457	- .454	- .451	- .449	- .445	- .443
.31	- .496	- .493	- .490	- .487	- .485	- .482	- .479	- .476	- .473	- .470
.30	- .524	- .522	- .519	- .516	- .513	- .510	- .507	- .504	- .502	- .499
.29	- .553	- .550	- .548	- .545	- .542	- .539	- .536	- .533	- .530	- .527
.28	- .583	- .580	- .577	- .574	- .571	- .568	- .565	- .562	- .559	- .556
.27	- .613	- .610	- .607	- .604	- .601	- .598	- .595	- .592	- .589	- .586
.26	- .643	- .640	- .637	- .634	- .631	- .628	- .625	- .622	- .619	- .616
.25	- .674	- .671	- .668	- .665	- .662	- .659	- .656	- .653	- .650	- .646
.24	- .706	- .703	- .700	- .697	- .693	- .690	- .687	- .684	- .681	- .678
.23	- .739	- .736	- .732	- .729	- .726	- .722	- .719	- .716	- .713	- .710
.22	- .772	- .769	- .765	- .762	- .759	- .755	- .752	- .749	- .745	- .742
.21	- .806	- .803	- .800	- .796	- .793	- .789	- .786	- .782	- .779	- .776
.20	- .842	- .833	- .834	- .831	- .827	- .824	- .820	- .817	- .813	- .810
.19	- .878	- .874	- .871	- .867	- .863	- .860	- .856	- .852	- .849	- .845
.18	- .915	- .912	- .908	- .904	- .900	- .896	- .893	- .889	- .885	- .882
.17	- .954	- .950	- .946	- .942	- .938	- .935	- .931	- .927	- .923	- .919
.16	- .994	- .990	- .986	- .982	- .978	- .974	- .970	- .966	- .962	- .958
.15	-1.036	-1.032	-1.028	-1.024	-1.019	-1.015	-1.011	-1.007	-1.003	- .999
.14	-1.080	-1.076	-1.071	-1.067	-1.063	-1.058	-1.054	-1.049	-1.045	-1.041
.13	-1.126	-1.122	-1.117	-1.112	-1.108	-1.103	-1.098	-1.094	-1.089	-1.085
.12	-1.175	-1.170	-1.165	-1.160	-1.155	-1.150	-1.146	-1.141	-1.136	-1.131
.11	-1.227	-1.221	-1.216	-1.211	-1.206	-1.200	-1.195	-1.190	-1.185	-1.180
.10	-1.282	-1.276	-1.270	-1.265	-1.259	-1.254	-1.248	-1.243	-1.237	-1.232
.09	-1.341	-1.335	-1.329	-1.323	-1.317	-1.311	-1.305	-1.299	-1.293	-1.287
.08	-1.405	-1.398	-1.392	-1.385	-1.379	-1.372	-1.366	-1.359	-1.353	-1.347
.07	-1.476	-1.468	-1.461	-1.454	-1.447	-1.440	-1.433	-1.426	-1.419	-1.412
.06	-1.555	-1.546	-1.538	-1.530	-1.522	-1.514	-1.506	-1.499	-1.491	-1.483
.05	-1.645	-1.635	-1.626	-1.616	-1.607	-1.598	-1.589	-1.580	-1.572	-1.563
.04	-1.751	-1.739	-1.728	-1.717	-1.706	-1.695	-1.685	-1.675	-1.665	-1.655
.03	-1.881	-1.866	-1.852	-1.838	-1.825	-1.812	-1.799	-1.787	-1.774	-1.762
.02	-2.054	-2.034	-2.014	-1.995	-1.977	-1.960	-1.943	-1.927	-1.911	-1.896
.01	-2.326	-2.290	-2.257	-2.226	-2.197	-2.170	-2.144	-2.120	-2.097	-2.075
.00		-3.090	-2.878	-2.748	-2.652	-2.576	-2.512	-2.457	-2.409	-2.366

若 $p_{1j}=.990$，則 $z_{1j}=2.326$；若 $p_{1j}=.009$，則 $z_{1j}=-2.366$；…。
故 P 矩陣可轉換爲如表 13-10 的 Z 矩陣：

表 13-10　比較判斷實驗的標準分數表（Z 矩陣）

敍 述 句	1	2	3	4	5	6	7
1	.000	.499	.834	1.041	.834	1.372	1.522
2	−.499	.000	.108	.187	.412	.592	1.089
3	−.834	−.108	.000	.053	.327	.353	.440
4	−1.041	−.187	−.053	.000	.053	.440	.562
5	−.834	−.412	−.327	−.063	.000	.108	.215
6	−1.372	−.592	−.353	−.440	−.108	.000	.269
7	−1.522	−1.089	−.440	−.562	−.215	−.269	.000
(1) 累積值	−6.102	−1.889	−.231	.226	1.303	2.596	4.097
(2) 平均數	−.872	−.270	−.033	.032	.186	.371	.585
(3) 平均數+.872	.000	.602	.839	.904	1.058	1.243	1.457

Z 矩陣列中每個敍述句的平均數可由累積值除以 7 得之。

　4. 刺激量表值的求法及其性質　　Z 矩陣中每個敍述句的平均數卽
可當爲各敍述句的量表值，但由於 Thurstone 的量表一般被認爲是等
距尺度，故其零點的設置可以是任意的，因此可以調整平均數使其從
零開始。這七個敍述句的最後量表值如下：

$\overline{S}_1=.000$，$\overline{S}_2=.602$，$\overline{S}_3=.839$，$\overline{S}_4=.904$，$\overline{S}_5=1.058$，

$\overline{S}_6=1.243$，$\overline{S}_7=1.457$。

這七個量表值間有等距的性質存在（請注意，到目前爲止，這仍是一
種未經驗證的假設）。量表值愈大卽表示該敍述句愈能表示出贊同美
國介入韓戰的態度。

　2. 國內也有許多研究調查，採用這種比較判斷的量度化方法，今

學王震武（註14）對廣告媒體有效性的相對位置的調查爲例。他調查
了七種重要廣告媒體：電視、電影院、報紙、戶外招牌、廣播、雜
誌、報紙、夾報。其目的主要是想得知在誘導消費者購屋時，究竟那
種廣告媒體比較有效，有效到什麼程度？是否可求得一等距尺度，而
按這種量表值來分配廣告預算？將上述七種廣告媒體兩兩配對後，要
求受試者按下列方式作答：

下列各小題，是各種廣告效果的兩兩比較，每兩種廣告方式中，請您
勾出一個您認爲在購置房子時較能引起您的興趣的廣告方式。

(1)　□電視廣告　　　　和　□電影院廣告　　（請選答一種）

(2)　□報紙廣告　　　　和　□戶外招牌廣告　（請選答一種）

(3)　□廣播廣告　　　　和　□雜誌廣告　　　（請選答一種）

(4)　□報紙夾報廣告　　和　□報紙廣告　　　（請選答一種）

(5)　□雜誌廣告　　　　和　□電視廣告　　　（請選答一種）

(6)　□電影院廣告　　　和　□戶外招牌廣告　（請選答一種）

(7)　□廣播廣告　　　　和　□報紙夾報廣告　（請選答一種）

(8)　□雜誌廣告　　　　和　□戶外招牌廣告　（請選答一種）

(9)　□報紙廣告　　　　和　□電視廣告　　　（請選答一種）

(10)　□戶外招牌廣告　　和　□報紙夾報廣告　（請選答一種）

(11)　□電視廣告　　　　和　□廣播廣告　　　（請選答一種）

(12)　□報紙廣告　　　　和　□雜誌廣告　　　（請選答一種）

(13)　□電影院廣告　　　和　□報紙廣告　　　（請選答一種）

(14)　□戶外招牌廣告　　和　□廣播廣告　　　（請選答一種）

(15)　□報紙夾報廣告　　和　□電視廣告　　　（請選答一種）

註14：王震武（民65）大台北區住的意向調查報告。台北：文理出版社。

(16) □戶外招牌廣告　和　□電視廣告　（請選答一種）

(17) □廣播廣告　和　□報紙廣告　（請選答一種）

(18) □雜誌廣告　和　□電影院廣告　（請選答一種）

(19) □報紙夾報廣告　和　□雜誌廣告　（請選答一種）

(20) □電影院廣告　和　□廣播廣告　（請選答一種）

(21) □電影院廣告　和　□報紙夾報廣告　（請選答一種）

經由上述的實驗方法收集資料後，可仿照例1之計算方式，求出各廣

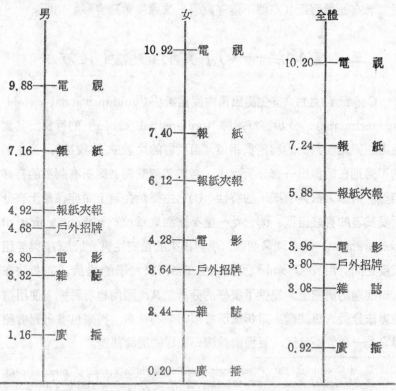

圖 13-9　利用比較判斷法求得的七種廣告媒體量表值

告媒體的量表值，如圖 13-9。

圖 13-9 最右邊一列的量表值是由全體資料算出的，也可再進一步將受測者按某些標準，如性別，社經地位等，加以分類，再算出不同標準下，是否會有不同的量表值，左邊兩列的量表值就是根據不同性別而得出的量表值。

比較判斷法最主要的目的，當然是求出刺激的量表值。但許多技術上的細節，往往會影響到所求得量表值的可靠性，如內在一致性 (internal consistency)、刺激數的數目、p_{1j} 接近或等於1,0 的情形、受測者有循環判斷（亦卽不遵守數學上的遞移律）情形等問題。

三、重折法——QI資料的量度化方法

Coombs (註15) 首先提出單向度重折法 (unidimensional unfolding technique)，分析喜好選擇 (preferential choice) 的行為。其實驗方法與比較判斷的程序很相似（但所需的比較次數較少），最主要的不同則在於提出一套分析程序，考慮每個受測者對所有刺激的喜好組型。這種方法具有底下的特性：(1)它主要是從質上而非從量上來分析受試者的喜好組型。(2)它是一種不需測量單位 (without a unit of measurement) 的心理量度法，所得出來的量表性質介於順序與等距尺度之間。由於 Coombs 及其學生在密西根大學的推廣，重折法在人口問題的研究上，提供了很好的分析工具，國內也有研究者使用這種方法分析人口問題。重折法所整理出來的量表，後來也有研究者認為它是一種等距尺度，更提供該法一較好的理論基礎。

註15: C. H Coombs (1950) Psychological scaling without a unit of measurement. *Psychological Review*, 57, 145-158; 或 W. S. Torgerson (1958) *Theory and Methods of Scaling*. New York: John Wiley and Sons. Ch.14.

(一) 基 本 概 念

假設存在有一心理連續體，可表示出不同刺激點（此處之刺激點可以是物理刺激，也可以是與某一態度有關的敍述句）的位置，也可表示出受試者理想點 (individual ideal point，一種假想點，表示受試者認爲最理想的刺激值) 的位置，如圖 13-10。

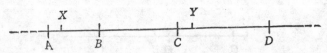

圖 13-10　刺激點 (A、B、C、D) 與個人理想點 (X、Y) 的聯合分配

A, B, C, D 表示四個刺激點，X, Y 表示不同受試者的理想點，這種將所有在實驗過程中所獲得的刺激點與理想點，全部畫出來的聯合分配，稱之爲 J 量表。圖 13-10 即爲一種四個刺激點及二個理想點的 J 量表。若以個人理想點爲軸，將該理想點左邊的刺激點折疊 (folding) 向右邊，則所有的刺激點便會在理想點的右邊形成一由左到右的順序，這種順序的刺激點分配，稱之爲個人的 I 量表。I 量表是一種質的而且不需測量單位的量表。爲說明方便，可由圖 13-10 的 J 量表看如何以個人理想點爲軸，而得到兩個不同的 I 量表。若以 X 爲軸來折，則可得一順序爲 A B C D 的 I 量表，如圖 13-11。

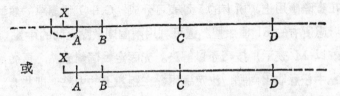

圖 13-11　以個人理想點 X 爲軸折疊得到的刺激點分配

若以Y為軸來折，則可得一順序為ＣＤＢＡ的Ｉ量表，如圖 13-12。

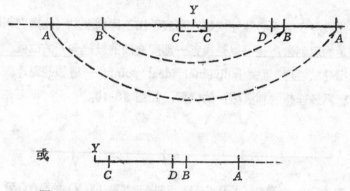

圖 13-12 以個人理想點Y為軸折疊得到的刺激點分配

　　因此可知Ｊ量表與Ｉ量表之間的關係為：將Ｊ量表在各人理想點處折疊 (folding) 過去，則可得到各個人的Ｉ量表；反之，若將所有的Ｉ量表於其個人理想點處重折 (unfolding) 回來，則又可得一聯合分配的Ｊ量表。這就是為何這種方法稱之為重折方法的理由了。這種方法的目的，在於測量是否存在一潛在的屬性連續體，可將喜好或接近程度投影到單一向度的線上去處理（多向度的重折方法已發展出來，不在此地介紹）。

(二) 實際分析程序

　　在實際應用上，所有的Ｉ量表可分成 $_nC_2 + 1$ 種簡單的類型，而不需考慮所有的 n! 種類型。這可利用兩個刺激點之間的中點 (midpoint，以 M 表示) 技巧予以解決。先固定幾個刺激點，再從這幾個刺激點中任意取出兩點，決定這兩點在距離上的中點，則共有 $_nC_2$ 個中點，可將該心理連續體分割成 $_nC_2+1$ 個間隔。設 n = 4，則可得

一如圖 13-13 有六個中點及七個間隔的 J 量表。

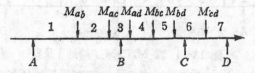

圖 13-13　四個刺激點與七種個人理想點的 J 量表（$M_{ad} < M_{bc}$）

由圖 13-13 可知共有七種 I 量表的類型，分別以 $I_1, I_2, I_3, I_4, I_5, I_6, I_7$ 表示。理想點落在同一間隔內的受試者，會有相同的刺激喜好順序，分述如下：

I_1: ABCD

I_2: BACD

I_3: BCAD

I_4: BCDA

I_5: CBDA

I_6: CDBA

I_7: DCBA

由圖 13-13 可得如下結果：(1)I_1 與 I_7 的順序剛好相反，故 I_1 的順序就是 A, B, C, D 在 J 量表上的順序。由於 J 量表一般是往右折疊，故刺激點在 J 量表上的順序為 ABCD。(2)在順序為 ABCD 時，當中間為 B, C 兩點的中點 M_{bc}，在兩端的 A, D 兩點的中點 M_{ad} 之後時，亦即 $M_{bc} > M_{ad}$，則 A, B 之間的距離大於 C, D 之間的距離，亦即 $\overline{AB} > \overline{CD}$。

但若 M_{bc} 在 M_{ad} 之前（$M_{ad} > M_{bc}$），則有不同結果產生，如圖 13-14。

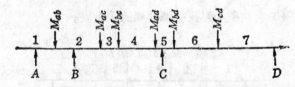

圖 13-14 當 $M_{ad} > M_{bc}$ 時的 J 量表

由圖 13-14 可得如下結論: (1)考慮 7 個間隔折疊後的刺激順序，可得

I_1: ABCD

I_2: BACD

I_3: BCAD

I_4: CBAD

I_5: CBDA

I_6: CDBA

I_7: DCBA

與圖 13-13 之不同，僅在於 I_4，前者的 I_4 是 BCDA，後者的 I_4 為 CBAD。(2) A、B、C、D 在心理連續體上（或 J 量表）的順序從左到右為 ABCD。(3) $\overline{AB} < \overline{CD}$。

當 $n = 5$ 時，共有12組可能的 I 量表，今任意選出其中兩組:

(I)	(II)
ABCDE	ABCDE
BACDE	BACDE
BCADE	BCADE
BCDAE	BCDAE
CBDAE————	BCDEA
CDBAE————	CBDEA
DCBAE————	CDBEA
DCBEA	DCBEA
DCEBA	DCEBA
DECBA	DECBA
EDCBA	EDCBA

這兩組的不同在於劃橫線部份。這兩種不同的 I 量表組型，對應兩個不同的圖形，且有不同的計量關係 (metric relation)，如圖 13-15。

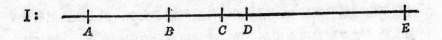

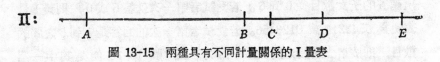

圖 13-15　兩種具有不同計量關係的 I 量表

圖 13-15 在計量關係上的不同為⑴在 (I) 組: $\overline{CD}<\overline{AB}$, $\overline{BC}<\overline{DE}$, $\overline{AB}<\overline{DE}$, $\overline{AC}<\overline{DE}$。由這些計量關係, 可整理出 (i) $\overline{CD}<\overline{AB}<\overline{DE}$, (ii) B, C 之間的距離任意, 但 $\overline{BC}\gtreqless\overline{DE}-\overline{AB}$。⑵在 (II) 組: $\overline{CD}<\overline{AB}$, $\overline{BC}<\overline{DE}$, $\overline{DE}<\overline{AB}$, $\overline{CE}<\overline{AB}$。由這些計量關係, 可整理出 (i) $\overline{BC}<\overline{DE}<\overline{AB}$, (ii) C, D 之間的距離任意, 但 $\overline{CD}\gtreqless\overline{AB}-\overline{DE}$。

利用這種作法, 可以: ⑴將受試者分在不同的 I 量表類型裏, 並可計算那一種 I 量表裏, 受試者人數在所有受試者中所佔的比率, 之後對每一 I 量表賦予理論上的解釋, 則可知某些比例的受試者屬於某一 I 量表的意義何在。⑵可以得知對某一群受試者而言, 各刺激之間的距離為何, 而設法找出 J 量表的等距性質出來。

(三) 分 析 實 例

1.將重折法用於人口問題研究的, 首推 Goldberg 及 Coombs (註16), 旨在研究美國底特律城婦女對子女數目的喜好意向。 先經由

註16: D. Goldberg and C. H. Coombs (1962) Some application of unfolding theory to fertility analysis. In *Emerging Techniques in Population Research: Proceedings of the 1962 Annual Conference of the Milbank Memorial Fund.* New York: Milbank Memorial Fund.

抽樣選出四組已婚婦女，第一組為目前尚無子女者，第二組為已有一個小孩，第三組為已有兩個小孩，第四組為已有四個小孩。之後按序問底下一系列的七個問題：(1)妳最希望有＿＿個小孩？(2)若妳無法有＿＿個小孩，則妳要選擇＿＿個或＿＿個？……。在該研究中，設定所調查的子女數目從 0 到 6。若受試者第一次就答 6 或 0，則其 I 量表便為 6543210 或 0123456。若受試者第一次的回答是 1 到 5 之間的數目，則按事先所設定的次序一直問下去，圖 13-16 便是其中一個事先預定的次序。

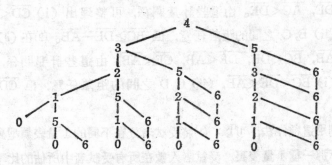

圖 13-16　應用重折法於人口問題研究上的實驗材料

圖 13-16 表示當受試者第一次答 4 時，第二次便問她「若妳無法有 4 個小孩，則妳要選擇 3 個或 5 個？」，若她第二次選 3，則繼續問「若妳無法有 3 個小孩，則妳要選 2 個或 5 個？」，……。按這方式所回答出來的順序（如 4352160），便是該受試者所喜好的子女數目的 I 量表。利用所獲資料，可分別求出上述四組受試者的 J 量表，並獲得計量關係，以探討已有的子女數，對已婚婦女期望子女數的影響。

2. Coombs 等人，Sun（孫得雄），及劉君業、楊國樞（註17）也利用重折法研究生育問題，它們除了測量受試者對子女數目的喜好外，尚測量了受試者對子女性別的喜好。由於這三篇所談的對象相同，所用的方法相同，今僅列出劉君業、楊國樞的作法及結果。

方法: 分別就子女數目及子女性別設計底下兩種問答:

（甲）假如將來您只能夠有相同數目的男孩和女孩，請問您希
　　　望一共有幾個小孩？

（a）〇個（也就是不要孩子）

（b）兩個（一個男孩，一個女孩）

（c）四個（兩個男孩，兩個女孩）

（d）六個（三個男孩，三個女孩）

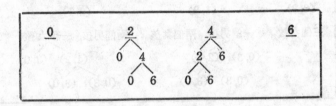

如果受試者的答案是 a 或 d，本問題就結束。如果受試者的答案是 b 或 c，那麼訪問員先在上圖中第一行圈定受試者的答案，然後接著問:「如果你無法有＿＿個小孩（受試者第一個答案），那麼請問您

註17: C. H. Coombs, L. C. Coombs, and G.H. McClelland (1975) Preference scales for number and sex of children. *Population Studies*, July; T. H. Sun (1975) *Measurement of preference for number and sex of children in Taiwan: An application of Coombs Preference Scales*. Paper presented at the Conference on the Measurement of Preference for Number and Sex of Children held at the East-West Center, Honolulu, Hawaii on June 2-5; 劉君業、楊國樞（民65）四種生育意向理論模式的驗證。中華心理學刊，第18期，149-168.

願意要＿＿個小孩（上圖中第二行位於第一個答案左邊的數目），還
是願意要＿＿個小孩？（上圖中第二行位於第一個答案右邊的數目）。」
如果受試者的第二個答案不是〇個或六個，再依同樣的方式問受試者
第三種選擇。

　　　（乙）假如將來您只能够有三個小孩，請問您希望這三個小孩
　　　　　　是怎樣的組合？

　　（a）三個女孩

　　（b）一個男孩和兩個女孩

　　（c）兩個男孩和一個女孩

　　（d）三個男孩

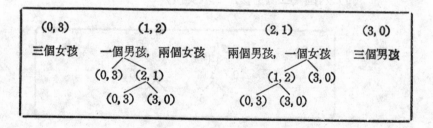

表 13-11　子女數目喜好順序與子女性別喜好順序的 I 量表值

子女數目喜好順序	I 量表值	子女性別喜好順序
0246	I_1	03, 12, 21, 30
2046	I_2	12, 03, 21, 30
2406	I_3	12, 21, 03, 30
2460	I_4	12, 21, 30, 03
4206	I_4	21, 12, 03, 30
4260	I_5	21, 12, 30, 03
4620	I_6	21, 30, 12, 03
6420	I_7	30, 21, 12, 03

資料的分析方式依重折法進行。先找出每個受試者對子女數目、子女性別的喜好順序,再將該順序賦予一 I 量表值,便可得到一張由喜好順序轉換為 I 量表值的對照表(表 13-11)。

若將上表的喜好順序以 J 量表表示,則子女數目在 J 量表上的順序應為 0246,子女性別在 J 量表上的順序則為 (03)(12)(21)(30)。由於他們的研究沒有考慮 J 量表的計量關係,因此將 2460 與 4206 都併為 I_4;將 (12)(21)(30)(03) 與 (21)(12)(03)(30) 也併為 I_{10}。為區分起見,將子女數目喜好順序的 I 量表值定為 I_n,子女性別喜好順序的 I 量表值定為 I_s。若以圖表示,則可畫出圖 13-17 中可能的 I_n 及 I_s 的 J 量表(因不考慮計量關係,故刺激點的位置除了需保有其間的順序外,可任意安排四點之間的距離)。

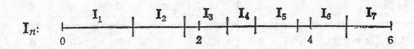

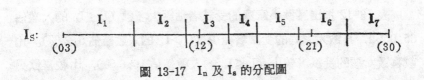

圖 13-17 I_n 及 I_s 的分配圖

I_n 量表值小於 3 ($I_n \leq I_3$) 表示比較喜歡少數的子女,I_n 量表值等於 4 ($I_n = I_4$) 表示喜歡適度的子女人數,I_n 量表值大於 4 ($I_n > I_4$) 表示比較喜歡多數的子女。I_s 量表值小於 3 ($I_s \leq I_3$) 表示比較喜

歡女孩。I_s 量表值等於 4 （$I_s = I_4$）表示對男孩女孩一樣喜歡，I_s 量表值大於 4 （$I_s > I_4$）表示比較喜歡男孩。

　　所得資料按 I_n、I_s 的分類方式，將 132 份資料（子女數目、子女性別的喜好順序）分配到七個 I_n 及七個 I_s 的間隔裏，而得到表 13-12 的結果。

表 13-12　由 Coombs 喜好量表得到的 I_n 量表值和 I_s 量表值的分配

I_n 量 表 值	1	2	3	4	5	6	7
人數（$n = 132$）	0	52	34	39	6	1	0
%	0	39.3	25.7	29.5	4.5	.7	0
I_s 量 表 值	1	2	3	4	5	6	7
人數（$n = 132$）	0	0	22	28	73	9	0
%	0	0	16.6	21.2	55.5	6.8	0

　　表 13-12 指出喜歡小家庭的受試者佔絕大多數（$I_n \leq I_3$ 的人數佔 65.0%），喜歡大家庭的受試者極少（$I_n > I_4$ 的人數僅佔 5.2%）。比較喜歡女孩的受試者較少（$I_s \leq I_3$ 的人數僅佔 16.6%），比較喜歡男孩（$I_s = I_5$ 的人數佔 55.5%）以及非常喜歡男孩（$I_s > I_5$ 的人數佔 6.8%）的受試者佔絕大多數。由此可知大多數家庭主婦傾向於要較少的子女數目，同時也傾向於喜歡男孩。

　　重折方法由於是一種質的分析，所以它的統計理論與統計檢定方法較難發展出來。若能仿效比較判斷方法，嘗試發展出有關的統計檢

定方法，則在應用上就比較方便了。

四、Hays 非計量分析法——QⅣ資料的

量度化方法

Hays 單向度非計量法 (unidimensional nonmetric method)，主要係利用 Coombs 重折法的原理，將個人理想點換為刺激的理想點 (stimulus ideal point)，其他的分析程序不變。在 Coombs 重折法裏，受測者與實驗刺激分屬不同集合，對每一受測者可求出他們各自的 I 量表；Hays 非計量法，處理的是同一組實驗刺激之間的相似關係，故所求出的是每一刺激的 I 量表，利用每一刺激的 I 量表，可決定出對某一刺激（A）而言，同組內所有刺激與刺激 A 的相似順序（對該組刺激而言，與刺激 A 最相似的刺激，理論上應是刺激 A 本身），之後便可畫出 J 量表及求出刺激之間的計量關係。底下是兩個分析實例：

1. Desoto 及 Bosley (註18) 曾對 28 個受試者（大一、大二、大三、大四學生各 7 名）做一對聯學習 (paired-associate learning) 的實驗，有 16 個刺激字 ($S_1, S_2, \cdots, S_{16}$)，4 個反應字 (A, B, C, D)。每個反應字分別配上 4 個不同的刺激字，故這是一有 16 個配對的對聯學習，受試者需連續兩次都答對該列表所有的 16 個配對，才停止該實驗。出現某一刺激字（如 S_{10}）時應該講出一已安排好的反應字（如 B）才算對，若講成 A, C, D，就算錯。在此處設 A 為「大一」，B 為

註18: C. B. DeSoto and J. J. Bosley (1962) The cognitive structure of a social structure. *Journal of Abnormal and Social Psychology*, *64*, 303-307.

「大二」，C為「大三」，D為「大四」。由所獲資料按對每一反應字的平均錯誤反應數，排成一資料矩陣，如表 13-13。

表 13-13　對聯學習實驗的平均錯誤反應數

	大一	大二	大三	大四
大一	—	3.48	2.74	1.72
大二	2.36	—	4.77	3.29
大三	2.23	3.54	—	3.29
大四	1.78	3.00	4.08	—

表 13-13 中，3.48 表示當「大一」是正確反應字，但被誤答為「大二」時的平均錯誤數；2.36 則表示當「大二」是正確反應字，但被誤答為「大一」時的平均錯誤數。若將上表的錯誤次數當為一種相似程度的測度（誤認次數愈多，表示兩刺激愈相似，這是一種研究者需嘗試說明的假設），則對每一反應字，可排出與該反應字相似的順序，亦即可求出四種 I 量表。若分別求 A, B, C, D 四個反應字的 I 量表，可得: ABCD, BCDA, CBDA, DCBA。

　　進一步可求出 A, B, C, D 之間的計量關係: (1) ABCD $\Longleftrightarrow \overline{AD} > \overline{AC} > \overline{AB}$, (2) BCDA $\Longleftrightarrow \overline{AB} > \overline{BD} > \overline{BC}$, (3) CBDA $\Longleftrightarrow \overline{AC} > \overline{CD} > \overline{BC}$, (4) DCBA $\Longleftrightarrow \overline{AD} > \overline{BD} > \overline{CD}$。

將上述的計量關係綜合研判，可得底下一簡單的順序關係:

由上至下，表示兩刺激之間的距離愈來愈短，亦即愈來愈相似。A, D 最不相似，B, C 最相似。若採用 Goode 的相等△解法 (equal delta solution；參考註5第5章)，令 B, C 之間的距離 $\overline{BC}=1$（因 B, C 最相似），$\overline{CD}=2$，$\overline{BD}=3$，$\overline{AB}=4$，$\overline{AC}=5$，$\overline{AD}=7$，則六等分一0 到 1 的直線，便可決定 A, B, C, D 的相對位置，如圖 13-18。

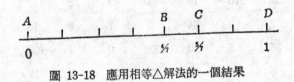

圖 13-18　應用相等△解法的一個結果

由圖 13-18 可得底下的結論：(1)「大二」與「大三」最相似，「大三」與「大四」次之，「大一」與「大四」最不相似；這種結果與我們的常識很接近。(2) Coombs 重折法所得到的量表，有可能具有「等距」的性質。

　　2. Coombs 等人（註19）曾分析 1964 年的 8 種心理學期刊，**分**

註19：同註4，Ch.3.

別被其他心理學期刊引用的論文篇數，利用被引用論文篇數的多寡以
決定各期刊之間的相似程度（A 刊物被 B 刊物引用得愈多，可假設
兩刊物愈相似）。這 8 種心理學期刊分別是: 美國心理學刊（簡稱
AJP），變態與社會心理學刊（JASP），應用心理學刊（JAP），比較
與生理心理學刊（JCPP），諮商心理學刊（JCP），教育心理學刊
（JEdP），實驗心理學刊（JExP），計量心理學刊（Pka）。表 13-14
是每一期刊內的文章被 8 種期刊所引用的篇數，如 119 表示 AJP 內
的論文被 AJP 內其他論文所引用的次數，32 表示 JASP 內的論文
被 AJP 內的論文所引用的次數。

表 13-14　1964 年八種心理學期刊互相引用的論文篇數表

	AJP	JASP	JAP	JCPP	JCP	JEdP	JExP	Pka	總數
AJP	119	8	4	21	0	1	85	2	240
JASP	32	510	16	11	73	9	119	4	774
JAP	2	8	84	1	7	8	16	10	136
JCPP	35	8	0	533	0	1	126	1	704
JCP	6	116	11	1	225	7	12	7	385
JEdP	4	9	7	0	52	27	5		107
JExP	125	19	6	70	0	0	586	15	821
Pka	2	5	5	0	13	2	13	58	98
總　數	325	683	133	637	321	80	984	102	3,265

讀者可嘗試利用 Hays 的非計量法，找出 8 種刊物的 J 量表，進而排
出 8 種心理學期刊的相似順序: JASP→JCP→JAP→JEdP→Pka→
JExP→AJP→JCPP。這種單向度的分析法有兩個問題: (1)這 8 種心

理學刊物在某一向度上會形成相似順序（卽愈遠愈不相似），但該一向度究竟代表什麼意義？對向度意義的解釋往往需靠直覺與經驗。如，這一向度的意義可能是底下的其中之一，也可能是它們之中的組合：軟性一硬性（表示由軟性趨向硬性）、實際情境——人工情境、外在社會——實驗室。(2) 這 8 種心理學刊物可否在其他向度上排出相似順序？若能，則應如何做，這些向度的意義爲何？這種考慮在相似性資料的處理上最常遇到，亦卽所謂的多向度問題，請讀者參閱其他有關文獻。

第十四章

問卷設計

文 崇 一

「問卷」是法文 questionnaire 這個字的中譯名稱，它的原意是「一種為了統計或調查用的問題表格」，也可以翻譯成「問題表格」或「訪問表」，現在大家都習慣用「問卷」，可說譯得很不錯。問卷是研究者用來收集資料的一種技術，也可以說是對個人行為和態度的一種測量技術。它的用處在於量度，特別是對某些主要變項的量度。多半的時候，它是一種控制式的測量，用一些變項來瞭解另一些變項，結果可能是相關的，也可能是因果的關係。所以在建立問卷之前，必須對所研究的問題與假設、客觀事實與資料的性質、模式行為與觀念，以及其他有關方面，都有清楚的認識與了解；否則，所得資料必難符合研究者的需要。這就是說，問卷設計的原則是 (註1)：得到你所要的資料，不多也不少；懂得利用並分析你的資料，盡可能接近所

註 1：下列作者都提到它在個人行為及量化分析上的用處：C. A. Moser and G. Kalton (1972) *Survey Methods in Social Investigation.* (2nd ed.) New York: Basic Books; P. V. Young (1966) *Scientific Social Surveys and Research.* New York: Prentice-Hall.

要研究的問題與假設。這種工作做起來很不易，比如研究「工資對工人工作態度的影響」，要收集到合理的資料，又要在分析時對假設有利。首先就必須考慮下列諸問題：樣本應該多大？年齡如何分組？薪資的類別有多少？工廠的大小與管理方式？家庭負擔如何劃分？大環境中的職業結構與就業機會如何？祇做態度的分析，還是兼顧及行為與事實的層次？每個因素都可能對研究結果產生直接的影響。

　　有人認為(註2)在設計問卷之前，應對下述五類問題先作決定：(1)決定主要和次要的收集資料方法，如訪問，郵寄問卷，觀察，及閱讀文獻；(2)決定接觸受測者的方法（抽樣之後），包括說明支持的機構，研究目的，資料保密，及不具名等；(3)決定在問卷架構內建立問題的連續性，問題的順序，及其他技巧；(4)決定每一變項，卽每一連續問題中的順序；(5)決定使用預先編製的答案或自由回答問題。這五類問題，就問卷而言，實際可以簡化為三項，卽：控制問卷變項，建構問卷中問題順序，及闡述問卷資料的保密度。變項因假設而定，控制變項卽因假設而向受測者提出問題；問題順序為保持問卷的一致性，不必在同一方向的問題中使受測者產生衝突；保密為使受測者放心回答問題，不因涉及敏感性問題而拒答，或故意答錯。

　　可見問卷設計必須儘可能達到周密的程度，設計人要遵循理論與假設提出問題，從各種角度，務使受測者根據事實與真實回答，無從做假或不願做假。這當然是一種理想，究竟能做到什麼地步，事先是不易預料的。不過，這也不是毫無辦法的事，除了可以做效度與信度檢定外，還可以藉參與、觀察、訪問來解釋若干疑難。

註2：A. N. Oppenheim (1966) *Questionnaire Design and Attitude Measurement* New York: Basic Books.

有人根本就懷疑問卷的可靠性，認為受測者「不會照實回答」，尤其是關於一些敏感的問題，如政治，道德，或收入，如此，問卷資料還有什麼用呢？我們在前面已經提過，一方面可以利用觀察或訪問來印證問卷資料，另方面也可以利用問卷本身的檢定來確定是否有效或可信。進一步言，由於受測者數以千、百計，樣本中 5 ％左右的誤差，對於群體或母體 (population) 的解釋，也不致產生太大的偏差。事實上，文獻上留下來的史料，又何嘗不多是一鱗半爪？例如司馬遷的訪問記錄，殷墟的甲骨文字；而用訪問法重建民族文化所做的記錄，還可能祇訪問過一、二人呢。史學家常常指責魏收的「魏書」為穢史，就是有許多假話。其實，那種官書沒有一些假話，只是程度上的差異而已。問卷也難免有些假話，但可以用技術把假話控制到最低限度。因此，用問卷資料來驗證假設，仍不失為一條可行的途徑。

第一節　問卷的類型

因研究性質或目的的不同，問卷可以分成許多類，每一種類的設計又有不少差別。最普通的分法為兩大類：結構型問卷 (structured questionnaire) 與無結構型問卷 (unstructured questionnaire)。

一、無結構型問卷

所謂無結構，嚴格的說，應該是結構較鬆弛或較少，並非真的完全沒有結構。這種形式多半用在深度訪問的場合，被訪人數比較少，不必將資料量化，却又必須向有關人士問差不多相同的問題。對於被訪人來說，可以與前一被訪人的回答完全相同，也可以完全不相同，

非常自由。可是訪員爲了控制問題的內容與方向，就不能不預爲準備一些問題。這些問題，可以寫在紙上，也可以留在記憶裡，再對每個被訪人提出相同的說法，但不由他們自己圈選。這點與一般問卷極不相同。

這種形式，被訪人固然可以自由回答，毫無限制；訪員在不變更內容與方向的前提下，也相當程度地可以自由運用。例如，我們訪問一個兄弟會的成員，想了解五個問題：什麼時候開始？目的是什麼？成員的數量與性質？團體規範與權力分配？到現在爲止有些什麼變化？你問甲時可以說：「目的是什麼？」問乙時可以說：「當初爲了什麼才組成這個會？」問丙時又可以說：「除了某些目的（指訪員已經知道的）外，還有沒有別的？」訪員可以隨情況而改變問話的方式，只要內容不變；被訪人也可以就他所知道的回答，全無限制。

這種訪問比較適合於小樣本，一個訪員去求證某一問題，或訪員數人同時去訪問好幾人以了解某一問題；而不合於大樣本的要求。對於集體研究，臨時發現了重大問題，值得進一步追究時，這種較少結構問卷方法也很有用處。幾年前我們在烏來做研究，有一天，發現烏來泰雅人早期曾經以某一種布料作爲交換的媒介，當時大家認爲應該深一層探討；第二天，多人集中訪問這個問題，結果卽刻就把問題澄清了。這類特殊問題，事實上也祇有部分特殊人物，如領袖、老年人等才知道，正適合無結構問卷的方式。

無結構問卷對大樣本研究也能產生補助功效，比如我們進行城市大社區的研究，完全的訪問及參與辦不通，完全依賴樣本又不容易解釋和推論。這時，就可以在社區中使用重點訪問，把研究中的幾個主要問題提出來討論，然後與大樣本的問卷資料相互印證。據我們的經驗，這種方法對於統計量化有幫助；反過來，統計資料也可以說明實

際觀察所得的行為現象。

二、結構型問卷

結構問卷又可分為兩種：一種以圖畫指示回答的方式，一種以文字指示回答的方式。後者因回答方式的差異，可再分為限制式問卷 (closed questionnaire) 與開放式問卷 (open-ended questionnaire)。

圖畫問卷用於知識程度較低的樣本為適宜，受測者只要依照圖畫的示意就可以回答，不識字也能作正確的選擇，如下例(註3)：

(1) 你家裡有幾個人？

(2) 你願意住在城裡，郊區，還是鄉下？

像這樣的問卷，受測者很容易就可以找到他的答案，減輕訪員不少困

註3，同註1，Young (1966), pp.191-192

難。圖畫問卷不祇可以用來測驗具體行爲，也可以測驗態度或價值一類的問題，不過，那種抽象的概念，畫起來比較難。

圖畫問卷的另一用處是對學童的測驗，尤其是低年級學童，往往誤解或不了解文字問卷的眞意，而胡亂選擇，以致造成分析上的困難。圖畫不但容易理解，也更能引起孩童的興趣。對孩童敎養之類的研究，提供不少便利。

一般結構問卷是指根據假設需要，把所有問題完全印出來，受測者祇要依照自已的想法，每題圈選其中一個答案，或者偶爾塡上一兩句話，就算了事。前面說過，結構問卷有兩種形式。一種是限制式的，卽受測者不能隨意回答，必須按照研究者的設計，在預先編製的幾個答案中圈選一個（通常是一個）。例如：

(1) 你喜不喜歡棒球運動？

　　□很不喜歡 □不太喜歡 □有點喜歡 □很喜歡

(2) 你通常喜歡收視那種球類比賽節目？

　　□籃球 □足球 □棒球 □＿＿＿＿＿＿ （請塡明）

像上述的問題，你只能在規定好的答案中選一種，不管你是不是完全同意。研究者也了解這種情形，數以百計的受測者，答案卻只有三、四個，自然有些勉強。研究者就希望在強迫的情況中去找尋問題的答案——對假設提出合理的解釋。這也就是限制式問卷的特點：有限答案，強迫挑選。

如果採用另一種開放式問卷，上述兩個問題就可以改變成下列方式：

(1) 在球類運動中，你喜不喜歡棒球？

(2) 你通常收看什麼球類比賽節目？

或者改成另外一種開放式：

　　(1) 你喜不喜歡棒球運動？爲什麼？

　　(2) 你通常收看那種球類比賽節目？爲什麼？

兩種方式都不限制受測者如何回答，受測者可以在問題的範圍內說出結果。但第二種開放式問卷加了個尾巴，「爲什麼？」研究者希望獲得喜歡或不喜歡的原因。這種問卷的好處是可得到許多意外的收獲，壞處是資料分散，不易統計，甚至得不到統計的結果。尤其是「爲什麼」，簡直無法統計。我們曾經用過這種方法，到整理資料時，發現毫無辦法使用，最後只好將這部分資料犧牲，可是已經浪費了許多人的精力。不過，開放式問卷對探索性研究却有許多好處，比如提供行爲的方向，問題的焦點，主要價值觀念，等等。正式測驗時就可以把這些已發現的問題標準化。

　　目前，許多問題，如社會經濟發展，行政效率，福利政策，公共設施，青少年犯罪，投票行爲，道德規範，大衆生活品質，都可以用問卷方法來進行研究。有的問題還不十分肯定，需先做探索性研究，以用開放式問卷爲宜；有的問題比較清楚，只是不了解因果關係，以用限制式問卷爲宜。如果環境許可（包括經費，人力，訪問時間等），不妨兩者同時進行，以限制式問卷爲主，在重要問題上加添幾個開放式問題。爲了不讓受測者發揮過多，每個開放式問題之後，空白不必預留太長，迫使受測者祇能提出幾個重要概念，而不是長篇大論。

第二節　問題的內容

　　內容是問卷主要部分之一，內容有偏差，則整個問卷都會產生偏

差。有人認爲，最重要的是建立清晰的類別觀念(註4)。類別觀念可以從四方面來看：(1) 針對研究目的，從一般到特殊，分類清楚明白；(2) 在每一個範疇上，應該窮盡而又互相排斥，做到論理正確的地步；(3) 分類基於把情境結構當作一個綜合的整體，必須包含主要的要素與過程，以達到了解、預測、及決策的目的；(4) 情境的類別觀念儘可能以受測者的想法爲主，包括注意的重點與思想範疇。這就是說，問卷內容首應注意測些什麼，把它分成互相排斥的若干類，每類儘量窮舉（自然不是越多越好）；其次是注意受測者的知識程度，順應他們，而又必須顧慮到問卷的責任，以期達到研究的本來目標。大體的說，這幾點已經說得很清楚，只是還嫌太抽象了些，我們不妨具體點，作更爲詳細的討論。

　　任何一種比較完全的問卷，大致包括三部分：第一部分是有關行動方面的，以宗教爲例，如拜了幾個神，到那些地方拜，等等；第二部分是有關態度方面的，幾題拜神的意見或一個宗教態度量表，如拜神是不是會得到保祐；第三部分是有關個人的靜態資料，卽所謂基本資料，如性別、職業、教育程度。這三部分其實可以併爲兩類來討論，第一、三兩部分爲一類，可以叫做「事實問題」；第二部分爲一類，可以叫做「態度問題」。

　　無論是事實問題還是態度問題，根據上述原則及其推演，若干具體的標準，已經前人(註5)討論或使用過，我們應該特別注意。下面

註4：P. F. Lazarsfeld and A. H. Barton (1955) Some general principles of question-naire classification. In P. F. Lazarsfeld and M. Rosenberg (eds.), *The Language of Social Research: A Reader in the Methodology of Social Research.* New York: The Free Press.

註5：如 F. N. Kerlinger (1973) *Foundations of Behavioral Research.* New York: Holt, Rinehart and Winston; C. Selltiz, M. Jahoda, M. Deutsch, and S. W. Cook (1959) *Research Methods in Social Relations.* (Revised ed.) New York: Holt, Rinehart and Winston.

是比較重要幾點意見，可以做爲提出問題的標準。

問題的類型是否正確而合適　類型可以從兩方面說，一是開放式或限制式的問題，應從研究的性質來決定；一是性質上的類別，如政治、經濟變遷，或集權、民主領導方式。每一個問題應針對類型的需要加以控制，可以免除事後的資料不足或過多；不足會影響分析及結果，過多則影響受測者的情緒。

問題是否切合研究假設的需要　每一類型中的題目，應該均爲驗證假設或研究目的所必需，不能浪費和貪多，亂出題目。例如研究聲望，就不應涉及職業流動；電費能說明一般經濟情況或家庭經濟情況時，就不必再問收入（事實上許多研究說明，所有的收入調查都不切實際）。

問題的項目是否含混不淸　含混不淸容易引起誤解，造成問卷結果的偏差和失眞。通常應設法避免三類問題：(1) 太普遍化的問話，使受測者不知眞正目的，如「你常看電視嗎？」(2) 語意不淸的措詞，使受測者費解，如「你認爲目前公務人員的待遇夠好嗎？」「待遇」和「夠好」都是語意不淸；(3) 包含兩個或兩個以上的觀念與事實，使受測者不知如何選擇，如「宗敎的作用是使人向善，還是麻醉自己？」

問題是否涉及社會禁忌與愛好　任何一個社會，都有些地方不能亂碰的，勉強去碰它，一定失敗，特別是關於禁忌與愛好方面，比如你問美國人「喜不喜歡狗」，問中國人「討不討厭烏鴉」；或者你正面問一些敏感的道德問題、政治問題。結果都會一面倒，無法獲得眞實的情況。涉及個人隱私或恩怨的問題，也不能問，因爲這類問題往往會遭到抑制。

問題是否產生暗示作用　例如你問受測者，「你最近有沒有回家？」結果會偏向於「有」的一面，因爲照我國人的習慣，家是一種情感的認同，這樣問等於暗示他答有的趨勢。又如在棒球季節，你問別人關於少棒、靑棒一類的問題，結果都會產生暗示性作用。

問題是否超出受測人的知識和能力　許多問題，自設計者看來，非常簡單，可是受測者可能從來就沒有想過或遭遇過。比如你問他是否贊成卡特的對華政策，就得事先考慮被訪人有沒有這種知識。假如他們連卡特是誰都不淸楚，怎能正確答覆問題？當年尼克森在國內外鬧得轟轟烈烈的時候，我們的受測者多半還不知道他是美國總統；好在我們祗問「你知不知道現在美國總統是誰？」（註6）對付這類問題的一種可行辦法是，先把問題內容加以描述，然後問他的意見。無論如何，如果受測的樣本不是知識份子，你就得替他們設想，在他們的知識、經驗、能力的範圍內提問題；不要太抽象、太特殊、太籠統、太複雜，更不要把問題理論化。

上述六點，爲設計問卷的一般原則，可以考慮的方面還很多，這裡只是提供一種比較普遍性的參考架構。現在我們要進一步從事實與態度兩方面來討論「問題內容」。

一、事實問題

所謂事實係指曾經發生過的，現存的，和將要發生的事件，或一

註6：當時我們已經顧慮到農村的實際情況，尤其是女性受測者的知識程度。見文崇一等（民64）西河的社會變遷。附錄（頁243—261）第19題。臺北南港：中央研究院民族學研究所。

些實際行為，或已成為行為標準的制度。

╮ 通常，一份問卷的開頭，會請受測者填明一些所謂基本資料（也有人把它叫做靜態資料），如：住所，城市或鄉村；性別；年齡；教育程度，分段或多少年；職業，第一次的或經歷和現職，宗教、民間信仰或基督教；婚姻狀況；父母親職業與教育程度；家庭人數；家庭設備；等等。這些靜態事實，有的牽涉到過去，多半則屬於現況。這部分很容易填，祇要受測者年齡不過小。可是，有些人對這類問題具有強烈反感，不願填。一開頭就問這些，顯然是失策，無異增加拒訪人數。現在許多問卷已經把這部分放到最後去了，結果也許會好些。

這些常識性的問題，已經有點像問卷的「八股」，可是又不能不問，因為它們是基本的自變項。幾乎所有的研究，都必須設法了解：男女在行為或態度上的差異及其顯著度；職業上有沒有顯著的差異；教育程度上有沒有顯著的差異；等等。看起來，彷彿是套公式，**事實**是，如果這些最基本的差別都無法獲得具體結果的話，進一步的分析就非常困難。

另一類事實問題是詢問受測者的某些實際行為（不論過去或現在），或實際行為的制度化一類問題。最明顯的如：

(1) 上屆省議員改選，你有沒有去投票？

(2) 每天閱報時，你最先讀那一版？

(3) 你生男孩是不是為了傳宗接代？

凡是這類問題，都是為了了解實際行為。實際行為可能因年齡、性別而有差異，也可能因職業、教育程度而有差異。祇要研究者稍加注意，把問題盡量放在具體的層次，處理起來，大致都不會有什麼困難。

二、態度問題

這類問題包括兩個層面: 一種是有關意見方面的, 如意見、信仰、情感、動機之類; 一種是有關價值或人格方面的, 如道德觀念、進取性格之類。意見與態度有時很難分辨, 一般而論, 「意見」比較屬於表面和暫時性的看法;「態度」比較屬於深層而持久性的認知。意見問題只是想了解受測者對某些事物或行為的評判, 它可以是一時的, 過些時也許就變了。比如我們問, 「你認為亂挖馬路是對的嗎?」或者問, 「拜拜一定要請那麼多客人大吃大喝嗎?」「你買愛國獎券只為了碰碰運氣嗎?」「你是不是贊成都市平均地權政策?」 這類問題, 都不是詢問行為或事件本身, 而是對於行為或事件的意見。 研究者對這些問題多半是逐題分析, 以了解當前的趨勢而已。再舉數例(65年度工廠青年工人的休閒生活問卷):

(1) 本廠內的娛樂設施, 你滿不滿意?

　　——很滿意, ＿＿滿意, ＿＿不滿意, ＿＿很不滿意。

(2) 對本廠附近的娛樂環境, 你滿不滿意?

　　＿＿很滿意, ＿＿滿意, ＿＿不滿意, ＿＿很不滿意。

(3) 對於目前的休閒生活, 你滿不滿意?

　　＿＿很滿意, ＿＿滿意, ＿＿不滿意, ＿＿很不滿意。

像上述這些問題, 主要在於了解工人目前休閒活動的滿意程度。至於將來是不是仍然滿意, 那是另一問題。

我們也可以用另一種方式問問題 (同上工作問卷):

(1) 你感到社會對你的工作是否重視?

　　＿＿很重視, ＿＿尚重視, ＿＿不重視。

(2) 如果從頭來，你會不會再做現在的工作？

＿＿會，　＿＿不會，　＿＿無所謂。

(3) 你是不是常常想要離開本廠？

＿＿常常想，　＿＿偶而想，　＿＿從未想。

這類問題，可能只是暫時的，一旦獲得滿足，情況就跟著改變；但如未獲得改善，也可能持續一個長時間。上述兩類問題，無論那一類，基本上均可以單獨分析以觀察結果，除非有必要將它們的分數標準化後，經過項目分析，再加起來當作一總分計算。

另一類的「態度問題」是所謂態度量表。這種問卷儘管也是一題一題的問，却不是一題一題的算，而是把整個總分或分組分數與其他變項求相關，或是作因素分析。任何一種態度，總無法用一兩題就可涵蓋，往往必須用四、五題甚或七、八題才能確定。例如問，「你是不是贊成民主政治？」受測者回答說「贊成」。可是這樣一個題目，看不出他為什麼贊成，更不能斷定，他的贊成與研究者所設想的意義是否一致。所以，我們通常用一組題目施測，把它的意義穩定下來，這樣，誤差就會少得多。例如：.

(1) 除了家裡的人以外，沒有人更能瞭解我。

(2) 一個人有了困難的時候，還是找親戚來幫忙比較可靠。

(3) 父親是一家之主，家裡的事都應該由他來決定。

(4) 「在家千日好，出外一時難」，這句話現在是說不通的。

以上四題的整個意義是測定個人對家族的態度，也可以叫做「家族主義」或「家族價值」。四題經過項目分析和信度分析以後，發現大致可以測出這種態度。這比每題分析要有利得多，而且容易概念化。

假如我們用這種量表總分去和行為作相關分析，可以把「事實問題」與「態度問題」連在一起，如表14-1所示的情形。

表14-1　理想家庭形式與家族主義及道德價值(註7)

	大 家 庭	小 家 庭	其　　他	F 檢 定
樣　　　　本	65	-119	49	
家 族 主 義	66. 46	61. 42	63. 78	13. 30***
道 德 價 值	63. 09	57. 06	60. 92	14. 97***

***$p<.001$

說明: 表中平均分數越小者, 現代化程度越高。

從研究設計來看, 任何一種問卷, 如果包含了「事實問題」和「態度問題」, 特別是「態度量表」, 則兩者多半會用來求相關, 以尋找行為和態度之間的差異或一致。

社會學者 R. T. LaPiere (註8) 在1934年與一對年輕的中國夫婦在美國旅行, 他們共同住過66家旅館, 吃過 184 頓飯和咖啡, 其中只有一次遭到拒絕。六個月後, LaPiere 送了一份問卷到那些地方去調查, 問的問題是:「你的店裡願意接受中國客人嗎?」問卷有一半收回來了, 其中超過90%的店家說:「不願意」。事實跟態度居然相差到這種程度, 可見問卷分析不能不特別慎重。不過, 這個故事和問卷間還是有些考慮不週的地方, 比如旅行中進餐時有白人同伴, 問卷沒有提到這一點, 顯然會影響受測者的態度。

第三節　問題的用字造句

如果一位受測者讀不懂問卷中的某一問題, 這一題的結果自然受

註7：資料來源: 文崇一 (民64) 萬華地區的群體與權力結構。中央研究院民族學研究所集刊, 第39期, 頁29。
註8：R.T. LaPiere (1934) Attitudes vs. actions. *Social Forces, 14,* 230–237.

到影響; 如果許多人都讀不懂, 影響就更大。爲什麼看不懂呢? 也許受測者程度太低, 也許研究者出題不當, 不管原因來自那一方, 最後接受失敗結果的總是做研究的人。可見, 題目是不是出得妥當, 關係到研究的成敗。那麼, 編製問卷時, 在字句方面, 究竟應該注意那些難題? 我們可以從下列四類型細加討論。

一、語文問題

語文上最需要考慮的是兩個面向: 一是受測者如何解釋這句話? 卽是他能解釋到什麼程度? 二是受測者認爲這句話的意義是什麼? 卽是他所能意識到的語義。有關於這兩方面的, 有五個問題要特別留意。

語文應淺顯、易懂, 不要超過受測者的領悟能力　如果受測者是一般農、工階層, 就應用普通用語, 而不應用特殊或專有名詞, 如冷戰、推事, 改用吵架、法官, 必定好得多。如果受測者爲知識份子, 文字又不能太通俗, 應合乎這些人的了解範圍。上次我們測大學生的職業評價, 許多人不知道「風水師」是幹什麼的。對於不同的地域, 如城市、鄉村; 不同的職業團體, 如商人; 用語也應特別當心。

用語應求簡單, 不能太複雜　如雙重的否定語,「不是沒有…」; 過於西化的句子,「在解決工作上的困難問題時, 你的老闆是否會徵求你們的意見或想法?」 像這種說法, 其實很容易簡化。與其用「考慮」, 不如用「想」。

字句的意義力求清楚明白, 不要含混或曖昧　如「你是否認爲政府的福利政策合理?」「你通常是否留心社區事務?」 其中許多用字不是混淆, 就是曖昧。如: 那類政府?中央、地方, 還是鄉公所?

那一類福利政策？合理的標準？「通常」是指什麼時候？什麼社區事務？「留心」到那一種程度？看起來眞是問題重重，一句話不小心，就可以檢討半天。如果是多文化或多地區的比較研究，還得注意同類詞的不同意義。

一句話表現單一事物，不要用兩個以上的觀念或事件　如在「你喜不喜歡坐火車和汽車旅行？」或「你同不同意孔子和老子的政治理論？」多數人可能只同意或喜歡其中一種。又如「本廠對於員工的前途與發展，儘力安排與照顧」，前途、發展不是同義語，安排、照顧也不是同義語。

用準確的語文敍述或描述，把範圍固定　如說，「社區內有多少重要領導人？」不如說，「你這個社區，那幾個領導人最重要？」因為社區、重要領導人不太確定，也可能太多，不易分辨。「你讀多少種報紙？」不如說，「你讀那幾種報紙？」把一個問題描述得越肯定，受測者的答案也就越穩定。

二、情緒問題

出問題本來是表示研究者的一種意向，但有時候，這種意向比較情緒化、主觀，就會影響受測者的思考，甚至產生有意的自我防禦，而作出不實的回答。所以研究者必須力圖避免這種情形。

避免主觀及情緒化字句　研究者的主觀發問，容易引起受測者的主觀回答，如好、壞、保守、急進，沒有一定的界線。情緒化句子，如「你贊成賭博嗎？」又很容易引起受測者的自我保衞說，「不贊成」。

避免誘導回答及暗示回答　如「你不贊成抽烟嗎？」回答一定是，「不贊成」。「有人說，選舉造成派系糾紛，你同意嗎？」受測者

對這個問題可能根本沒有印象，或沒有準備，經這樣一提醒，答案很容易偏到「同意」這邊。大致地說，**事實問題不容易受到影響，態度問題則很容易**。

避免不受歡迎或涉及隱私的問題　如你問受測者每個月收入有多少？工人還是僱員？會得不到眞實的回答，因爲誰都不喜歡這類問題。個人的隱私權應受到保護，卽使你勉强問了，依然會徒勞無功，如「你有沒有注射過速賜康？」，說眞話的一定很少，甚至沒有。

避免難於回答的問題　有許多問題，雖不一定牽涉隱私，却難於啓齒，如有關性行爲，考試作弊，不孝順。如果你一定要提出來問，結果可想而知。不過，也不是完全沒有辦法，通常是把這類問題轉移到不具名的第三者身上，如「你對張××考試時作弊，有什麼感想？」這樣也可以反映出他的看法。

三、理 解 問 題

所謂理解是指研究者所出題目應在受測者能理解的範圍內。什麼問題無法理解呢？只有**靠**研究者事先的考慮，特別是樣本的特性，如敎育程度、文化背景等。**通常在文字上要注意的有下列幾點。**

在能懂的範圍內提出問題　假如受測的樣本是農村居民，你問他關於都市化的問題，或者關於城市交通問題，就不易獲得正確的報導。卽使是農村裡的事，如果提出一些防治病蟲害的學名，或社會文化之類的專有名詞，也超出了他們的知識範圍，同樣得不到正確的回答。所以，出題時應該儘量遷就受測者的知識能力或敎育程度，說他們能理解的話。

不要引起誤解或爭論　受測者把你的意思誤會了，不僅題目本身

報廢，還影響其他題目的分析。幾年前，我們曾經問過一個問題，「你最近有沒有請過司公（道士）？」這題的原意是作爲宗教態度量表的效標，觀察他們的宗教行爲。可是有人提出抗議，認爲是咒人，而且剛好有人被問過就死了（道士多用於喪事或病患之家）。這就是引起誤解，以後我們再也不敢出這道題了。爭論也一樣，例如在一個保守的農村，你問的却是急進派所贊成的用語，自然就得不到眞實的反應。

不要用假設或猜測語句　假設有時候可以預測行動的趨向，却不易獲得眞實結果，例如我們問，「你願意增加薪資嗎？」結果定然是偏向「願意」；「假如你有十萬元，你將…」回答這類問題，都不會令人滿意。猜測也一樣，一天抽多少支煙，喝多少杯酒；或一週看幾場電影，幾個鐘頭電視。均不十分肯定，因爲沒有人去特別計較這些事情的頻率。倒不如問最接近的一次，或根本從另外的方向去考慮。傳播研究都偏重於頻率的探測，把人的行動當作一種週期性的活動，實際並不如此規律化，受測者的回答只是一種猜想。其實，這類問題也跟回憶差不多，而回憶容易產生錯誤。例如問，「結婚前，你和女友約會過多少次？」有些人也許還記得一個大概，有些人可能已經忘得一乾二淨。

四、原則問題

這是指在用字造句上，用那種方式比較合適，或者說比較受歡迎。

一般或特殊　「一般」的意思是指較爲「廣泛」，如果所需要的資料涵蓋面比較大，就把題目出得大些；否則就小些，屬於「特殊」的

範疇。 如「你喜不喜歡抽金龍牌煙？」「你有沒有把金龍牌煙介紹給別人？」前者是「一般」，後者是「特殊」。每一個問題的字句之間，都可能牽涉到這類層面，研究者應視需要而予以確定。

直接或間接　一個問題，如果應該直截了當的問，就不必拐彎抹角； 必須拐彎的， 就不能直接問。 這要因環境而異。 例如作社區研究， 對於一些有形的組織， 家庭、宗教團體， 可以直接問； 對於權力分配， 派系糾紛和利益， 就不能直接問， 應用間接的方法去了解。舉個例， 通常我們幾乎無法把個人的收入問出來， 事實上， 很多人也難以算出究竟幾千到幾千， 或幾萬到幾萬。於是我們用 「社會經濟地位」 (socio-economic status, 簡稱 SES) 來間接計算， 或是用每月用電量來測量估計。

個人或集體　有人舉了個例， 先問「你認為， 每個人定期照一次胸部 X 光， 是不是一個好主意？」再問「你是不是照過 X 光？」結果答「是」的， 前一問有 96%， 後一問只有 54%。實際兩個問題的性質幾乎完全相同。 不過， 前者是一種集體環境， 後者把自己牽涉進去了。我國人注重人際關係， 這類問題在措詞上尤應小心。

長句或短句　一般的問卷和量表， 句子都以短取勝， 越短越好。短句使受測者容易集中思想回答， 不會因句長而分散注意力。如問，「你認為你在目前的職業升遷的機會上有沒有可能？」 這句話不但語意不清， 而且**太長**， 不如改為「你認為， 你目前有沒有可能升遷？」或「你認為你目前有沒有機會升遷？」 又如量表句子， 「我們這個地區裡的事只要有人管就好， 不必大家都來出意見」， 這句話顯然也太長， 不如改為「社區事務， 有人管就好， 不必大家出意見」。 甚至這樣還太長， 應改為「社區事務， 不必大家出意見」， 因為這句話的焦點在需不需「大家」出意見， 其餘只是修飾詞而已。有時候也可以用

一長串文字說明一種現象，然後由受測者作答，如楊國樞（註9）用過的價值量表。不過，這種測驗，如教育程度太低，就受到限制。

　　從上述各點，可見在編製問題時，用字造句之不易。目前我國社會與行爲科學界，漸多實徵研究，然而在問卷的用字造句上下過功夫，或懂得下功夫的，實不多見。

第四節　問卷的結構與形式

　　問卷是用來測量受測者的反應，所以受測者對於問卷本身的態度，喜歡或不喜歡，影響結果很大。研究者當然無法顧慮到每個人的反應，却必須認清一般趨勢，例如順序的安排是否合理？難易的程度是否妥當？選擇的方式有無困難？諸如此類的問題，均會對受測者產生不同的反應，教育程度高的可能認爲太容易，低的又可能認爲太難。如果在這些方面出了問題，設計者即使在前述各節控制很好，也會使結果遭到損失。在結構方面應注意的是問題的順序、性質等，在形式方面應注意的是圈選、安排方式等。

一、問卷的順序·

　　一份問卷總是包含許多資料，其中有些容易回答，有些不容易回答；有些使人看了很有興趣，有些則索然無味。究竟應該如何安排，才不致使資料受到破壞或損害呢？據有經驗的研究者說，問題順序多

註9：他引用 C. Morris 的十三種生活方式量表，每種用差不多同樣長度的文字加以描述，每一種方式約280字。見楊國樞（民63）中國大學生的人生觀。載於李亦園、楊國樞編，中國人的性格。臺北南港：民族學研究所。頁298。

少會影響回答，但應如何才能避免這種損失，却有不同的看法。一般認爲，下列幾點值得特別留意。

時間順序　一份問卷中可能包含好幾種時間，有的問回想的經歷，一週前、一月前、或幾天前；有的問開始工作的經歷，幾年前、或幾十年前。這類有時間序列的問題，應依次排列，不要雜亂，以免受測者的記憶遭受干擾，而無法理出正確的時間觀念。至於先問較近的，再問較遠的，或先問較遠的再問較近的，則不必限制。總以有利於施測爲先決條件。例如問，你那一年開始工作？後來在什麼時候，換了什麼工作（列舉）？依序排列下去，受測者就容易回答。

內容順序　內容順序有三個條件：一是屬於一般的或通論的應放在問卷的前面，特殊的或專門的放在較後；二是容易回答的放在前面，不易回答的放在後面；三是比較熟悉的放在前面，生疏的放在後面。這樣可以使受測者由淺入深，由易入難，不致一開始就產生畏懼之感，而心生排斥。不過，在注意順序的同時，也不能忽略問題的性質。同性質的許多問題，卽使有點違背「內容順序」的原則，仍應放在一起，但可以在同一性質中的諸問題，考慮到時間順序和內容順序。

類別順序　就整份問卷而言，必然包含好幾類，最通常可以分爲三類：一類是所謂基本資料，如性別、年齡、收入等項；二類是行爲資料，如每天收看電視時數、收聽廣播節目等項；三類是態度資料，如個人現代性、成就動機量表等。多年來，我們使用問卷的排列順序，也就是按照這個一、二、三的順序。但有人指出，基本資料中的收入、宗敎信仰、政黨、職位之類的項目，涉及個人隱私，有些人不十分願意塡，如果一開始就提出這些問題，顯然會引起反感或排斥；不如把這類問題放到最後，一方面可以減輕受測者的防衞心理，另方

面也使測驗進行較為順利。

　　這裡所提到的問卷類別順序三類中，每類都可能牽涉到時間和內容順序，就必須照前述辦法處理。在類與類之間又可能有相關順序，即前一類與後一類有某種程度上的論理相關次序。在這種情形下，兩類順序也不能亂，亂了就可能引起邏輯上的體系混亂。我們有時為了防止受測者隨意圈選題目，影響信度，常把某些問題前後雜亂，或加入些效標題目進去，這是不得已的辦法。但即使採取這種對策，仍應注意時間、內容、論理體系，不可隨意雜亂。

二、問卷的形式

　　問卷的形式即指，一份擺在受測者前面的完整問卷，所有的安排均已妥當，就要請受測者圈選。用什麼方式選擇？花多少時間？等等，這些問題，還是值得討論。

　　一般的說法，問卷的長度應控制到 30-40 分鐘的回答時間。過短，無法把問題弄清楚；過長，則可能引起受測者的不耐煩，而隨便作答。依據我們的經驗，30分鐘左右的問卷最理想，受測者不至表現厭倦；超過這個限度，就因人而異，大多數會感到不耐煩。所以出題目不應一味貪多，反之，應儘量減少，能用一題測量的，絕不應用兩個題目。

　　有時可能使用一個鐘頭，甚至兩個鐘頭來作一次測驗，尤其是人格測驗，通常會需要較長時間。這就要看情形而定，並且要設法控制情緒，否則，幾個鐘頭的施測，很不容易完成。除了不得已，還是以短時間施測比較可靠，最少，所冒的風險要少些。

　　出一個題目，使受測者勾起來感到容易而又很有意思，實在相當

因難。設計者除了要預估受測者的知識、能力、性格外，還要揣摸勾選問題時情緒上的變化。最近我們作一種職業聲望的調查，希望問卷的圈選項目上能顯示「高」「低」的概念，因爲職業在人們心目中是有高低的。幾經修改，才定爲下列方式。

表14-4 職業問卷方式

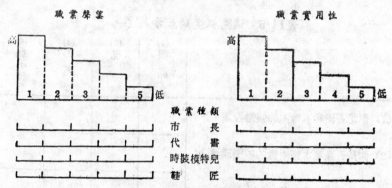

把職業的高低，從平面提升到具有象徵高低的階梯上，選擇或判斷時，要容易得多。把1, 2, 3, 4, 5排列下來，又具有大小的意義，然後在計算時倒過來給分，5, 4, 3, 2, 1，問題就簡單了。如果不必辨別高低，題目就不必這樣出，換個方式可能更好些。

類別的題目，多用下述兩方式之一，使受測者選擇。

(1) 性別：男＿＿，女＿＿；或＿＿男，＿＿女；或
　　　　　男□，女□；　或□男，□女。

(2) 你家裡供有那些神？
　　　觀音＿＿，媽祖＿＿，關帝＿＿，其他＿＿；或
　　　＿＿觀音，＿＿媽祖，＿＿關帝，其他(請列舉)＿＿＿＿。

　　(或用□代替橫條，意義形式完全相同)

非類別項目，也可以用同樣方式勾選(√)，如：

(3) 你認為拜神是否有靈驗？

很靈＿＿，有一點靈＿＿，完全不靈＿＿，不知道＿＿。

（或反過來，把橫條放在前面；或改用□，前後均可）

如果是一連串的問題，最好不必每題分開選擇，而是把它集中在一個方向，一邊是文字說明，另一邊是勾選，如下式。

表14-5　滿意程度問卷方式（一）

	(1)很滿意	(2)滿意	(3)不滿意	(4)很不滿意
(1) 你是否滿意本廠內的娛樂設施？				
(2) 你是否滿意本廠附近的娛樂環境？				
(3) 你是否滿意假日的休閒生活？				
(4) 你是否滿意平常的休閒生活？				

或者你不把它串起來，而採用另一種方式，如：

表14-6　滿意程度問卷方式（二）

	很滿意	滿意	不滿意	很不滿意
(1) 你是否滿意本廠內的娛樂設施？	□	□	□	□
(2) 你是否滿意本廠附近的娛樂環境？	□	□	□	□
(3) 你是否滿意假日的休閒生活？	□	□	□	□
(4) 你是否滿意平常的休閒生活？	□	□	□	□

以表14-5與表14-6比較，你很容易發現,前一種方式更令人產生好感,

或者說，更吸引人注意，後一種似較呆板，雖然實質上並無差異。這兩種方式也可以改爲四條短線，不用方框；但排字太密，可能引起混淆。

像上述這類情緒或態度方面的測量，有時還是會使人感到爲難，因爲情緒上不能這樣一格一格的挑選，好壞之間，它是一個連續體。所以，不如改用下列方式。

表14-7　情緒問卷方式

喜歡	·	·	·	·	討厭
快樂	·	·	·	·	憂愁
滿意	·	·	·	·	不滿意
同意	·	·	·	·	不同意
贊成	·	·	·	·	反對

這種方式，事實上已把從「喜歡」到「討厭」之間，列成一條線，無論受測者勾在那一段或那一點，研究者可以在測後量化。而勾的時候，可以讓受測者隨心所欲，毫無拘束。這種方式的問卷，用在量表上可能更爲有效，因爲量表總是用來量度個人情緒或態度上的贊成與反對的程度。但也有人覺得，這樣還是有一種模糊之感，把分數附上去會有實在的感覺，也更顯得具體些。如改爲：

(1) 贊成 ·____·____·____·____· 反對
　　　　1　　2　　3　　4　　5

(2) 贊成 ·____·____·____·____· 反對
　　　　2　　1　　0　　-1　　-2

這種方式的好處是，可以用分數來表示好惡的程度，壞處是容易使答案集中到中段，尤其像第 (2) 式的給分辦法。

這類的問卷或量表，都是強迫勾選一項。只有在這種情況下，量化才比較容易討論，否則，很難作有效的處理。

有的時候，我們也可以讓受測者在許多項目中勾選幾項，或全部勾選，然後用「加權」的辦法來計算。但那是一種特別設計，與一般問卷有分別。例如調查個人的「社會經濟地位」就常用這一方式。玆舉萬華研究問卷的「家庭設備」爲例（挑選已有的各項）。

(1) 沙發＿＿＿　　(2) 電 冰 箱＿＿＿　(3) 鋼 琴＿＿＿

(4) 電視(黑白)＿＿＿　(5) 電 話＿＿＿　(6) 洗衣機＿＿＿

(7) 電視(彩色)＿＿＿　(8) 冷 氣 機＿＿＿　(9) 錄音機＿＿＿

(10) 電唱機＿＿＿　　(11) 自用汽車＿＿＿

(12) 家用電費(每月)＿＿＿

這類問題是用集體分數來顯示它的意義，僅用某一類，可能無法解釋。事實上，有關態度的問卷和量表，尤其是量表，用某一個題目去作過多的討論，可能偏差很大；而以某幾個或某一類題目，經過標準化後，去作分析，就比較穩定，且更具有說服力。出題目的時候，也應顧慮到這一點，比如使選項統一、方向一致、題目內容有一致性等，量化就不致產生困難。

總之，一份問卷的結構和形式，並非永遠不變，因特定目標，可以產生特定的形式。所謂運用之妙，存乎一心，就全靠設計者的靈活運用；如果墨守成規，那就要事倍功半了。我們要了解，社會與行爲科學方法的進步，就靠大家不斷的努力和改進。上面所談的，只是幾個例子而已。

還有一點必須提醒一下，問卷的開頭通常有一小段客套話，包含說明研究目的與重要性、不洩漏隱私、如何勾選等項，但以越短越好，過長會使人一開始就感到不耐，甚至厭惡。應特別注意。

第五節 問卷的誤差與限制

一、誤 差

一份問卷，從開始設計到分析資料，產生結果，中間須經過許多步驟，每一個步驟都可能發生誤差，也在企圖控制誤差——隨時修正。所以，我們要明瞭誤差的情形，就必須先了解問卷的制作過程。過程大略可分為下述幾段，每段都可能有誤差。

第一步：依照研究的目的，決定收集資料的範圍 問卷中所有的問題都應針對需要，提出問題，這樣，資料會比較完整。但是，有時可能照顧不周，或把問題想錯了方向，則受測者無論如何合作，也會導致資料不全，因為有些地方根本沒有提出問題。修正這種誤差的辦法就是多考慮，從多方面考慮；多討論，從不同的學科取得經驗與意見。可是也不應溢出研究目的，乃至無法消化資料，造成浪費，金錢、時間、精力的各種浪費。假如能把問卷控制在適當範圍內，因這方面而產生的誤差，就可相對減低。

第二步：決定問卷類型與形式 在一次研究中，採用開放式或限制式問卷，與研究的性質和目的均有關。探索性研究以開放式較佳，可以發掘許多新問題；為了特定目的，則以限制式較佳，可以把問題固定在某些焦點上。如果在設計問卷時，忽略了這些因素，誤差就會增加。

形式的影響在於受測者心理狀況與知識程度，如果所採用的形式不能迫使受測者說出真話，或者反過來，說了假話。誤差就會相當嚴

重。控制這種誤差，研究者所能盡力的是，使問卷形式合乎受測者的
要求，但這不是容易的事，我們只能努力嘗試。

第三步：草擬問卷與預試　我們在前面討論問卷內容與用字造句
時，曾反復強調它的重要性，卽因，如果題目出得不合理，則造成的
誤差將無法估計。預試是測驗問卷的量度能力，如果在預試時發現偏
差，就可以及時改正。是不是所有的偏差都可以在預試中發現？未
必。預試只是盡可能減低誤差的程度而已。如果細心的話，屬於文字
或語意上的錯誤，大致都可找出來，不屬此類的錯誤，就很難在這裡
發現。但是，如能把預試資料做進一步的統計分析，則效度與信度的
檢定，也可幫助解決一些問題，並減少若干誤差。

第四步：正式訪問　這是問卷研究中最重要的一個步驟，在這以
前為預備工作，以後為整理與分析工作。這個步驟中所產生的誤差主
要來自受測者（如果使用直接的問卷訪問，也包括訪員），例如把受教
育15年寫成12年，或把年齡18歲寫成28歲；有時也可能是訪員誤填。
無論屬於那一種情況，誤差都難以改過來，甚至難以發現。或者，把
每週看電影一次寫成每月一次，把每天看電視三小時寫成一小時，這
類錯誤，也同樣難以發現。如果是直接訪問，就靠受過訓練的訪員當
場細心修正；如果是郵寄問卷，就不易控制。

第五步：編號與過錄　問卷都回到研究者手裡了，次一步驟就是
編號或給分。這種手續盡是數目字填來填去，久了，最容易把1寫成
2，或把2寫成3；或者，把第10題填在第9題。過錄是把已經編號
和給分的結果寫在一張過錄紙上，備電腦作業打卡之用。這個手續更
容易犯錯，因為滿紙都是1，2；2，1之類數字。對於編號與過錄可
能產生的錯誤，通常是用檢查或校對的辦法來改正，一次或兩次，視
情形而定。

從上面的討論可以了解，不論訪問或問卷調查，幾乎每一步都會產生或多或少的誤差（抽樣誤差，無處不討論），有的可以設法控制，有的簡直無法控制。

修正問卷，除了上述各步驟中曾經提到的一些方法外，最常用的有兩種：一是嚴格檢查各種記錄的資料。有時可以互相對照，如訪問與問卷的對照，不同人與不同團體的對照；有時可以互相查證，如從不同的甲、乙去了解同一問題。二是重新調查。假如結果的可靠性值得懷疑，可以重作一次，用同樣的問卷（或訪問），同樣的受測者，以及同樣的技術與方法。以了解前後兩次的差異在什麼地方，從而提出修正的辦法。任何研究，包括歷史研究在內，誤差總是難免的，如果設計者及時設法修正，就可以把誤差降到最低限度。

最好的減少誤差的辦法是，先做一次小型的探索性研究，用以與正式研究做比較，不但可以減低誤差的比例，還可以找出一些誤差的來源。但是，這種辦法往往在時間和經費上都不經濟。另外的辦法是在問卷中夾雜一些意義相同，而說法不同的問題，作為將來對比的標準，以檢定某份問卷的可信度。這種辦法通常簡單而有效。

做實徵研究時，多半是許多人同時進行問卷調查，匆促之間，常有遺漏的情形。所以訪員必須把每份問卷作一次檢查，把遺漏的設法補充，再交給小組檢查。小組可能找出更多的錯誤來，再去找受測者補填。如果遺漏或錯誤太多，又無法補填，則這份問卷便無效。廢卷太多，會影響結果，也是一種誤差。

一份問卷，必須每一步驟都證實無誤，才能確定它是可用的問卷。然後進行編號、給分、過錄的工作；最後用電腦分析。

二、限　　制

問卷研究法乃西方社會發展出來的工具，西方人，例如美國，一般對生疏人的戒心不是那麼大，而且有種願意幫助生疏人的傾向。對於問卷，尤其是不具名問卷，幾乎什麼都如實回答。這使研究者對於問卷的效度與信度，信心大增，所以使用得相當普遍。

可是用來測量我國人時，是否也有同樣的效度與信度？這就很難說，因為中國人對生疏人一向不太信任，而我們測量的對象，又多半是生疏人。有的朋友跟我們這些做實徵研究的人開玩笑說，「你們這樣問有什麼用？問到我，我就不說實話。」我想這種情形一定存在。不過，話又得說回來，是不是每個人都這樣存心呢？這些年來，我們從事實徵研究，尤其我個人所做的社會變遷，在每個社區所用的問卷大約相同，因為必須比較。結果，在許多方面都有一致的趨勢，例如各村(註10)不同年齡組在接觸大眾媒介的平均數上，都是青年組大於中年組，中年組大於高年組。我們對臺北三個社區的比較研究，也有許多一致的現象(註11)。這應該不能說是巧合。所以我們認為，不肯說實話的人總歸有，但不會太多；太多，這種一致的趨勢就無法保持。

那麼，這種方法是不是就是最好的，毫無缺點？那也未必。我們起碼可以舉出下列幾種優、缺點加以討論。它的優點是：

(1) 問卷不受人數限制，樣本可大可小。

註10: 文崇一 (民65) 大眾傳播與社會變遷。中山學術文化集刊，第17期，頁27-28。

註11: 如教育程度、年齡對個人現代性的影響，即教育程度越高現代性越高，年齡越高現代性越低，諸如此類；見瞿海源、文崇一 (民64) 現代化過程中的價值變遷。思與言，12(5)，頁1-14。

(2) 問卷可以由訪員訪問，也可以郵寄。

(3) 問卷可以讓受測者細心考慮，不受別人的干擾。

(4) 問卷可以自由表示意見。

(5) 問卷可以完全控制變項，找出因果關係。

(6) 問卷資料適於電子計算機處理，節省分析時間，並且容易量化。

(7) 問卷調查涉及的範圍較大，推理的應用性也會較廣。

(8) 問卷用於驗證特定假設的研究，尤為有用。

但是，問卷調查也受到一些限制，可以說是它的缺點：

(1) 問卷只能在一定的範圍內取得資料，沒有彈性。

(2) 問卷的效度，有時比較低。

(3) 問卷不容易找出錯誤或誤解。

(4) 問卷無法跟行動或態度配合。

(5) 如果在設計上出了些毛病，問卷便無法補救。

(6) 用於不識字或教育程度較低的人，問卷訪問非常困難，特別是態度量表方面。

　　總之，問卷方法，有它的長處，也有它的短處，研究者如能設法避免缺點，問卷仍然不失為一優良的研究方法。事實上，任何方法都有它不足的一面，比如訪問法失之太鬆懈，而問卷法又失之太缺乏彈性。但是，問卷調查却能把一個觀念強調到最強烈的地步，這又是別的技巧不容易做得到的。例如，我們要瞭解社會人士對於「家」的看法有沒有變；變了的話，變成什麼樣子；究竟是那些人在變；等等。我們就可以出一系列題目來測量。這裡必須注意的是「一系列」題目，不是一兩個，最後經過統計技術，用總分去說明，或做相關分析。例題如下：

(1)「在家千日好，出外一時難」，這句話現在是說不通的。

(2) 除了家裡人以外，沒有人更能瞭解我。

(3) 並不是什麼時候都要聽父母的話。

(4) 父母有權管理家裡的事情。

(5) 親戚也不一定可靠。

我們用上述 5 題去測量受測者對家的態度，結果定會比用一兩題穩定得多。

第六節　郵　寄　問　卷

問卷可以用三種方式施測：第一種是社區居民抽樣，或學校班級抽樣，把問卷直接發給受測者，由他們自行填寫；第二種也是社區居民抽樣，因不識字或看不懂問卷內容，由訪員一問一填；第三種是用戶籍資料或電話簿抽樣，因地區廣大，只能把問卷郵寄出去，由其自行填寫。前二種都是實地施測；後一種則為郵寄出去施測，所以常稱之「郵寄問卷」。

郵寄問卷在本質上和形式上，與一般問卷沒有差異，只是交遞問卷的方式有點不同。也就因這點不同，形成了郵寄問卷的若干特性。從好的方面來說：

(1) 郵寄問卷可以節省經費，用少量經費就可以調查大量樣本。

(2) 容易做大地區的抽樣，如全國、全省、全縣。

(3) 樣本大，效度增加。

(4) 受測者可以自由填寫，不受時間限制，也不受旁人干擾。

(5) 不受訪員的影響，又可以避免找不到人。

(6) 個人隱私不致為人知道，說假話的程度可以減少。

這些都可以說是郵寄問卷的長處。許多大規模調查，如人口普查、勞動力調查，多利用這種方式。不過，郵寄問卷也有許多限制，不能不特別考慮。

1. 最大的弱點是收回率的問題。我們在做實地施測時，拒絕回答的大約3%，回答不全的大約2-4%，總計不能用的廢卷在 5 %左右。據我們的經驗，如果控制得宜，還可低於這個數字，甚至達到 100 %的收回率和可用率。郵寄問卷就沒有這樣高。民國64年我們研究民生東路社區，第一次抽樣1,000人，全部郵寄問卷，收回率大約18%；第二次再寄1,000份郵寄問卷（同樣的樣本，說明已填寄者免填），收回率約12%：兩次共收回問卷約30%，即300份問卷。收回率實在太低。每一次都附了貼好回郵的信封，否則，收回率將更低。這次問卷的長度犬概有七頁。

依美國做這類問卷調查的經驗：一般的收回率可以達到25%；問卷越短，收回率就越高些；五個題目的問卷可以收回78.5%，題目再多些，收回率相對少些；附了二毛五分錢，可以收回52%（註12）。真是花樣繁多。

用郵寄問卷做學生或學生家庭的調查，結果似乎比一般情況好些，如 W. H. Sewell 和 V. P. Shah（註13）對 Wisconsin 州高中學生家長的郵寄問卷，收回率到達87.2%；R. K. Kelsall 等（註14）做大學生的郵寄問卷，收回率也達到79%。收回率高，抽樣可以減少，不

註12: D. C. Miller (1970) *Handbook of Research Design and Social Measurement.* (2nd ed.) New York: David McKay. p. 77.

註13: 引自前註中 D. C. Miller (1970)，p.81 的說明，書中也提到其他各種問卷收回率的問題，可參閱。

註14: R. K. Kelsall *et al.* (1972) The questionnaire in a sociological research project. *British Journal of Sociology, 23*(3), 344-357.

但能節省郵費、人力，而且降低樣本的偏差。因為從理論上言，接受訪問或拒絕訪問，對該項調查的基本態度就可能有很大偏差。

2.問卷寄還後，不論發現什麼地方錯了，或誤解了原意，均無法補充。如果錯誤太多，該份問卷便只有作廢。

3.受測者填問卷時，可能通篇看過後再答，也可能受了親友的影響。這對於問卷的效度非常不利。

4.受測者對問卷有疑問時，無法獲得合理的解釋，只有亂填，或留下空白，造成問卷的失真或報廢。

5.有時候，收回來的某些問卷是別人代填的，最常見的是夫妻之間的代填。代填的原因或被認為無所謂，誰填都一樣；或問卷太長，來不及填。不論誰代填，對研究者來說，都不合抽樣原則，可能使結果產生偏差。

總之，郵寄問卷只是利用郵局把問卷交給被測者而已，本質上沒有什麼改變。各項步驟與一般問卷設計均無異。唯一的差別，在於研究者與受測者，從未有過實際上的接觸。

第十五章

測 驗 的 編 製

簡 茂 發　　郭 生 玉

　　心理測驗是社會與行為科學的研究工具，其在研究工作中，具有評估(assessment)、診斷 (diagnosis) 與預測 (prediction)三種功能。欲發揮此等功能以收集研究所需之正確可靠的資料，測驗工具須具有相當水準的信度與效度，而其信度與效度視組成測驗的全部試題之性能而定。試題係經過審慎選擇之行為樣本，必須具有充分的代表性，始能根據其所引起的行為反應，而推估受試者的一般行為特質。因此，根據研究的目的，設計編製適當的試題，以構成一套有效的測驗，在研究上極為重要。本文將從測驗編製的計劃、測驗題的編製技術、試題分析的方法、試題的選擇與安排及測驗適切性的鑑定等方面，簡要說明之。

第一節　測驗編製的計劃

　　編製一套良好的測驗，必須要有周密而具體可行之計劃。在測驗的編製計劃中，應包括下列四項：

一、確定測驗的範圍

各種測驗皆有其特定的功能與適用範圍。因此，在編製測驗時，首須確定測量的目的、功能與對象，以作為測驗取材之依據。測驗範圍之確定，應考慮多方面的因素，諸如：測驗所欲測量的行為特質（如能力、興趣、態度、動機等），受試者的發展階段（如兒童、青年或成人）和生活背景（如鄉村或都市、家庭的社經水準）等。在上述因素所界定的範圍內，從事行為樣本的選取，使測驗具有相當的適切性，而發揮其測量與研究的功能。

二、分析測量的目標

每種測驗有其測量的不同層面，故在確定測量的目的後，應進一步詳細分析某種行為特質的構成之因素。如欲測量智力，可依據 L. L. Thurstone（註1）的群因論，從語文理解、文字流暢、數字、空間、記憶、知覺和推理等因素選擇行為樣本，以測量基本心智能力 (primary mental abilities, PMA)；又如欲測量學習成就，可根據 B. S. Bloom（註2）的認知性的行為目標觀點，從知識、理解、應用、分析、綜合與評鑑等六個層次編擬學科試題，以測量學生的學習結果。

註1：L. L. Thurstone (1935) *Vectors of Mind.* Chicago: University of Chicago Press.

註2：B. S. Bloom *et al.* (1956) *Taxonomy of Educational Objectives, Handbook I: Cognitive Domain.* New York: McKay.

三、搜集有關的資料

測驗的範圍與目標確定之後，即須搜集有關命題之資料。在搜集資料的過程中，應考慮能反映所欲測量行為特質的不同層面，分別以各種方式獲取正確而可靠的經驗性材料，以作為命題取材之依據。如以學科成就測驗為例，其所搜集之資料，應包括課程標準、教科書、參考書、教師自編測驗、現成標準化教育測驗以及心理學有關的論著等。資料搜集愈為齊全，則命題工作愈能順利進行，且測驗內容不致有所偏頗，而提高行為樣本的代表性。

四、設計測驗的藍圖

編製測驗猶如建造房子，必須事先設計周詳的藍圖，以作為命題的依據。如此，試題的內容始能具有適當的代表性，而發揮測量的功能，以達成測量的目標。如以編製學科成就測驗為例，命題前應先分析課程的教材內容及其行為目標，進而使兩者適切結合而形成雙向細目表(two-way specification table)，此即為編製試題之藍圖。表15-1係就國小高年級自然科教材與教學目標分析而成之雙向細目表。

第二節　測驗題的編製技術

在整個測驗編製的過程中，命題實為其核心所在，而良好試題之撰擬，除事前要有周詳的編製計劃外，更須講求命題的方法和技術。試題的類型繁多，性質各有不同，其編製技術雖有一般原則可循，但

表 15-1　國小高年級自然科成就測驗雙向細目表

行爲目標 教材內容	基本知識之獲得	瞭解原理原則	應用原理原則	分析因果關係	綜合成有系統之見解	建立判斷的標準	合計
(一) 生 物 世 界	3	5	6	3	2	1	20
(二) 資 源 利 用	2	3	3	1	1	0	10
(三) 動 力 和 機 械	2	3	4	2	0	1	12
(四) 物質、物性與能量	5	6	8	3	2	1	25
(五) 氣 象	2	4	3	2	2	0	13
(六) 宇 宙	2	5	4	1	0	0	12
(七) 地 球	2	2	2	1	1	0	8
合 計	18	28	30	13	8	3	100

各類試題皆有編製要領及應注意事項。兹就編製試題的一般原則及各類測驗題的撰擬要領分別敍述如下：

一、一般命題原則

1. 試題之取材宜均勻分佈，且應包括教材的重要部分。

2. 試題文字力求淺顯簡短，題意須明確，但不可遺漏解題所依據的必要條件。

例 1：一個等邊三角形，三角相等，邊長爲 2 公分，周長爲 6 公分，其面積爲多少平方公分？

(A) 2　　　(B) $\sqrt{2}$　　　(C) $\sqrt{3}$　　　(D) $2\sqrt{3}$

上題中「三角相等」與「周長爲 6 公分」均爲累贅之詞，應予刪

除，以符合文字淺顯簡短之原則。

　　例 2: 有一梯形上底爲 1 公分，下底爲 3 公分，其面積爲多少
　　　　　平方公分？

　　　　　(A) 3　　(B) 4　　(C) 10　　(D) 20

　　上題中未指明梯形之高，遺漏了解題所需的條件，故無法解答。
因此，必須在題中加入「高爲 5 公分」之敍述，使題意明確，成爲可
解答之題目。

3. 各個試題須彼此獨立，不可互相牽涉。

　　例 1: 在可見的光譜中，何種光的波長爲最短？

　　　　　(A) 紫　　(B) 藍　　(C) 黃　　(D) 紅

　　例 2: 下面有關紅外線與紫外線的波長之敍述，何者爲正確？

　　　　　(A) 前者長，後者短。

　　　　　(B) 前者短，後者長。

　　　　　(C) 兩者相等。

　　　　　(D) 不一定。

　　上述兩題的正確答案均爲 (A)，「紫色光的波長最短」之知識爲
了解「紅外線長，紫外線短」之必要條件，故兩題互相牽涉，不能彼
此獨立，在測驗編製上宜避免之。

4. 試題應有不致引起爭論的確定答案。

5. 試題之中不可含有暗示本題或他題正確答案之線索。

　　例 1: 阿拉伯人在科學上的最大貢獻爲發明阿拉伯數目字。(是
　　　　　非題)

　　例 2: 阿拉伯人在文化上的最大貢獻爲:

　　　　　(A) 藝術　　(B) 科學　　(C) 哲學

　　　　　(D) 文學

　　上述兩題如出現在同一份試卷中,雖一為是非題, 另一為選擇題, 但會產生前題暗示後題答案之線索。

6.試題文句須重新組織, 避免直抄課文或原來材料。

7.試題宜注重基本原理之瞭解與活用, 而非零碎知識之記憶。

二、是非題命題要領及原則

　　是非題之所以為一般教師廣泛使用, 蓋因出題容易, 且適於考查學生對簡單觀念或知識的了解, 但其缺點為易受猜測因素之影響, 且缺乏教育診斷作用, 故在標準化測驗中較少使用。然而, 如能注意下列編擬的要點, 是非題亦有其價值。

1.避免使用具有暗示性的特殊字詞, 如「絕不」、「所有…都」等字詞通常帶有「錯」的暗示; 而「有時」、「可能」等字詞通常帶有「對」的暗示。

　　例 1: 所有智慧高的學生之學業成績都很好。

　　例 2: 鄉村兒童的智慧可能高於城市兒童。

　　上述第 一 題正確答案為「非」; 第 二 題正確答案為「是」。作答時, 受試者雖無有關之知識, 亦可憑題中之「所有…都」與「可能」等字詞而猜對。

2.每題應只包含一個觀念, 避免兩個以上的觀念在同一題中出現, 而造成題目「似是而非」或「半對半錯」。

　　例題: 南京是我國的首都和第一大都市。

　　上題前半敍述為正確的, 但後半為錯誤的, 宜分為兩題, 使每題僅包含一個觀念。如:

　　1. 南京是我國的首都。

2. 南京是我國的第一大都市。

3.盡量採用正面肯定的敍述，避免反面或雙重否定的文句。

例 1：　長江不是我國的第一大河流。

例 2：　生物沒有不是由細胞所構成的。

上述第一題應改爲正面之敍述，以免學生忽略「不」字而誤答；第二題不必故意以双重否定的方式敍述，宜改爲「生物是由細胞所構成的」。

4.避免含混不確定的文字敍述，而以具體的數量表示之。

例題：　臺灣南部的天氣很熱。

上題題意不夠明確，蓋因臺灣南部包括的地域甚廣，且天氣因季節而異，又個人冷熱之感受亦不同，故此題可「是」可「非」，宜改爲「高雄市夏天平均氣溫在攝氏 20 度以上」。

5.「是」與「非」的題數應大致相等，且隨機排列之。

三、選擇題命題要領及原則

一般標準化測驗以採用選擇題者爲最多，其主要原因爲此一類型的試題能適用於不同性質的材料，且具有較高的鑑別作用。選擇題在結構上包含兩部分：一爲題幹 (stem)，可由直接問句或不完全的敍述句所構成；另一爲選項(options)，包含一個正確答案及若干個錯誤答案。此類試題之編擬要領及原則如下：

1.每題所列答案數目應該一致，以四或五個爲宜。

2.每題配列的答案以簡短爲宜，必要的敍述或相同的字詞宜置於題幹中。

例題：　孔子最偉大的成就在於：

　　　(A) 學術敎育方面　　　(B) 國防軍事方面
　　　(C) 藝術建築方面　　　(D) 內政外交方面

　　上題選項皆有「方面」兩個相同的字，是為不必要的贅詞，可移置於題幹中，而將題目改為直接問句，如「孔子最偉大的成就在那一方面？」如此，可使選項更為簡短。

　3.正確答案在形式或內容性質上不可特別突出。

　4.錯誤答案與題幹間應有相當的邏輯性和似真性。

　　例 1: 三民主義的本質是:

　　　　(A) 道德　　　(B) 共和　　　(C) 大同

　　　　(D) 倫理、民主、科學

　　例 2: 美國的首都是:

　　　　(A) 華盛頓　　　(B) 臺北　　　(C) 太平洋

　　　　(D) 1776 年

　　前題在形式上正確答案特別突出，而後題四個選項之內容性質不同，其中「臺北」不在美國境內，「太平洋」非地名，「1776年」為美國建國年代，由於此等選項與題幹間缺乏邏輯性，均不可能為美國首都，其似真性甚低，故受試者很容易認出「華盛頓」為正確答案。

　5.少用「以上皆非」，避免使用「以上皆是」的答案。

　　例 1: $49 \div 6 = ?$

　　　　(A) 55　　　(B) 43　　　(C) 8.2

　　　　(D) 以上皆非

　　例 2: 在三角形中，下列的敍述何者為正確？

　　　　(A) 三角之和為 180 度

　　　　(B) 二邊之和大於第三邊

　　　　(C) 有二角為銳角

　　　　　(D) 以上皆是

　　上述第一題，(A)，(B) 皆爲錯誤答案，(C) 是否爲正確答案
須視對數值精確性的看法而定，如採近似值則可爲正確答案，如講求
精確則爲錯誤答案，故在此情況之下，「以上皆非」的選項，不宜採
用，以免造成正確答案的爭論。第二題 (A)，(B) 和 (C) 三個選項
皆爲正確答案，但就此題而言，(D) 才是最佳答案，惟受試者往往僅
選前三者之一爲答案，而未顧及其他，因而錯失得分機會，故「以上
皆是」應避免使用。

　　6. 選項之間應避免重疊現象，且宜按選項的邏輯順序排列之。

　　　例 1：　　9 － 3 ＝ ?

　　　　　(A) 大於 5　　　(B) 6　　　(C) 小於 7

　　　　　(D) 12

　　　例 2：　　6 ÷ 2 ＝ ?

　　　　　(A) 12　　　(B) 4　　　(C) 3　　　(D) 8

　　第一題中的選項，除 (D) 外，其餘三者相互重疊，均爲正確答
案，故在單選式的試題中，應避免之。第二題中的選項，具有數值大
小的邏輯關係，宜按由小而大或由大而小的次序排列，以免造成選答
時的困擾。

　　7. 題幹須求完整，且其敘述應能顯示題意。

　　　例題：戰國初期，魏繼承

　　　　　(A) 秦　　　(B) 燕　　　(C) 齊　　　(D) 晉

　　　的舊業，最爲富強。

　　上題的題幹被選項分隔爲二，受試者如未看完整個試題，則不易
把握題意，增加作答困難，故選項不宜插在題幹中間，以免造成混淆
不清。本題宜改爲：

戰國初期，魏繼承何國舊業而最爲富強？

　　(A) 秦　　　(B) 燕　　　(C) 齊　　　(D) 晉

8.正確答案出現的位置應隨機排列，且其次數要大致相等，以避免猜測因素之影響。

四、配合題命題要領及原則

　　配合題是由選擇題變化而來的一種型式，適用於測量概念與事實之間的關係。此種試題在結構上包括兩部分：一爲問題項目；另一爲反應項目。通常係由後者中選出與前者相適合之項目，由於項目間之性質難求一致，易提供不適當之暗示，故標準化測驗較少採用之，惟在一般教師自編測驗中，如能顧及以下命題要領，此種試題仍有其測量學生成就之價值。

　1.問題項目及反應項目在性質上應力求相近，且按邏輯次序排列。

　　例 1：

　　　　　問題項目

　　(　) 1. 美國南北戰爭時的總統

　　(　) 2. 美國獨立戰爭發生的年代

　　(　) 3. 美國的第一大都市

　　(　) 4. 美國的第一大河

　　　　　反應項目

　　　　A. 紐約

　　　　B. 密西西比河

　　　　C. 林肯

　　　　D. 1776 年

上題中問題項目的性質不同,分別問及人名、年代、地名與河名,受試者卽使缺乏這些方面的知識,亦可憑反應項目的不同性質,作語意關聯的判斷,而猜對答案。

例2:

問題項目	反應項目
（　）1.中法戰爭	A. 1894 年
（　）2.八國聯軍	B. 1884 年
（　）3.鴉片戰爭	C. 1900 年
（　）4.甲午戰爭	D. 1840 年
	E. 1850 年

上題反應項目均屬年代,有時間先後之次序,惟題中年代交錯出現,增加受試者選答困擾,為避免此一缺點,宜按年代的先後排列之。

2.問題項目與反應項目數量不宜相等。

例題:

問題項目

（　）1.我國地理中心的城市

（　）2.我國第一大商埠

（　）3.我國抗戰時期的首都

（　）4.我國第二大都市

反應項目

A. 上海

B. 天津

C. 重慶

D. 蘭州

良好的配合題,其反應項目數應多於問題項目數,否則受試者易

猜對答案。由於上題的問題項目與反應項目數量相等，受試者只須知道其中三個項目的答案，卽使對第四個項目全然無知，亦自然可推知其答案，而答對所有項目，故此題的反應項目應增列一些，以避免上述的缺點。

3. 配對項目不可過多或過少，以十項左右為宜。

4. 作答的方法必須予以明確的規定說明。

5. 同一組項目宜印在同一頁上，以免造成作答時的困擾。

第三節　預試與試題分析

命題時雖能遵循測驗的原理，使其在內容和形式上符合良好試題的要求，但試題是否具有適當的難度與鑑別作用，仍須進行預試，以搜集經驗性的資料，作為試題分析的依據。

一、預試應注意事項

試題性能之優劣，不可僅憑測驗編製者主觀的臆測而決定，必須根據經由實際的預試而獲得的客觀性資料，加以分析。在測驗預試的過程中，應考慮下列事項：

(1) 預試對象宜取自將來正式測驗擬應用的群體中，取樣時應注意其代表性，人數不必太多，亦不可過少，通常以四百人為準。

(2) 預試實施之情況，應力求正常化，使其與將來正式測驗時的情況相近似。

(3) 預試的實施，應使受試者有足夠的作答時間，以搜集更充分

的反應資料，俾使統計分析的結果更爲可靠。

(4) 在預試的過程中，應就受試者反應之情形，隨時加以記錄，如記錄不同時限內一般受試者所完成之題數、題意不淸之處及其他有關的問題。

二、試題分析的方法

試題分析可分爲質的分析 (qualitative analysis) 與量的分析 (quantitative analysis) 兩部分。前者係就試題的內容和形式，從取材的適切性與編擬試題的技術方面加以評鑑；後者則基於試題經過預試的結果，逐一分析其難度 (item difficulty)、鑑別度 (item discrimination) 與受試者對各項配列答案的反應情形。

(一) 難度分析

試題的難易程度通常以全體受試者答對或通過該題的百分比 (percentage passing) 表示之。其計算公式爲：

$$P = \frac{R}{n} \times 100\%$$

上式中，P代表試題難度，n 爲全體受試者人數，R爲答對該題的人數。例如：在 200 名預試學生中，答對某一試題者有 52 人，其難度爲：

$$P = \frac{52}{200} \times 100\% = .26 \text{（或 26\%）}$$

另一種試題難度的求法，係先將受試者依照測驗總分的高低次序排列，然後把得分最高與得分最低的受試者各取全體人數的27%，定爲高分組和低分組，再分別求出此兩組在某一試題上通過人數的百分

比，以兩組百分比的平均數作為該試題的難度。其計算公式如下：

$$P = \frac{P_H + P_L}{2}$$

上式中，P 代表試題難度，P_H 為高分組通過該題的人數百分比，P_L 為低分組通過該題的人數百分比。例如：在某題作答中，高分組有 74% 答對，低分組有 22% 答對，則該題難度為：

$$P = \frac{.74 + .22}{2} = .48 \text{（或 48\%）}$$

以P表示試題的難度，P值愈大，難度愈低；P值愈小，難度愈高。惟P值是一種等級尺度 (ordinal scale)，其差距單位並不相等，因而祇能表示試題難易的相對位置，却無法指出各難度之間差異的大小。針對此一缺點，美國教育測驗服務社 (Educational Testing Service, 簡稱 ETS) 另創一類具有等距尺度 (interval scale) 特性的難度指數，以△ (delta) 表示之。它是一種以 13 為平均數、4 為標準差、下限為1、上限為 25 的標準分數。△值愈小，難度愈低；△值愈大，難度愈高。它不但可以表示試題難度的相對位置，而且可以指出不同難度之間的差異數值。

（二）鑑別度分析

試題的鑑別度分析可分為內部一致性 (internal consistency) 與外在效度 (external validity) 兩方面，其目的在於分析受試者對試題的作答反應與某些參照標準之間的相關程度，藉以判定個別試題的性能及其對整個測驗的貢獻和影響。

內部一致性的分析　此即一般所謂「諧度分析」，其目的在於檢查個別試題與整個測驗的作用之一致性。分析的方法有下列兩種：

(1) 探求試題反應與測驗總分之間的關聯性——受試者對某一個

別試題的作答反應，可分為答對與答錯兩種情形，屬於二分的變項 (dichotomous variable)；每人各有其測驗總分，屬於連續的變項 (continuous variable)。兩者之間的關聯性，可應用雙列相關 (biserial correlation) 或點值雙列相關 (point-biserial correlation) 的方法，求得相關係數 (r_{bis} 或 r_{pb})，以表示內部一致性的高低。

(2) 比較高分組和低分組在個別試題上通過人數百分比——先將測驗總分最高的 27% 受試者列為高分組，最低的 27% 受試者列為低分組，然後分別求出這兩組受試者在個別試題上的通過人數百分比，再以高分組的百分比減去低分組的百分比所得的差數，作為鑑別指數 (index of discrimination)。其計算公式如下：

$$D = P_H - P_L$$

上式中，D 代表鑑別指數，P_H 為高分組通過人數百分比，P_L 為低分組通過人數百分比。例如：高分組通過某試題的百分比為 .63，低分組通過該試題的百分比為 .21，則其鑑別指數（D）為 .63 - .21 = .42。鑑別指數愈大，表示個別試題反應與測驗總分的一致性愈高。

就一般情形而言，D 與 r_{bis} 或 r_{pb} 雖單位不等，但有高度的近乎完全的正相關存在於兩者之間。

外在效度的分析　此即試題的效度分析，其目的在於檢驗每一個試題是否具有預定的某種鑑別作用。它是以外在效標 (external validation criterion) 為依據，衡量試題反應與效標分數的相關程度，或分別求出各效標組 (criterion groups) 在某一試題上通過人數百分比，以其差數作為效度指數 (index of validity)。外在效度分析的方法和步驟，與前述內部一致性的分析相彷彿，所不同者祇是參照標準不同而已。通常，首先必須決定一個外在的效標，諸如學業成績、工作表現或評定的分數等，然後依據效標分數，將受試者區分為高分組

和低分組，各佔總人數的27％，再分別求出高分組和低分組在各個試題上通過的百分比，然後以前者減去後者，其差數的大小，卽可顯示各個試題在預定功能上的鑑別力。

（三） 試題難度、鑑別度與答案分析的實例

試題編撰完成以後，必須經過初步的預試，再根據預試的結果，就試題的難度、鑑別度和各項配列答案的反應情形，進行統計分析，然後據以選擇適當的試題，組成正式的測驗，使其臻於完善而適於應用。試題分析的程序，通常分爲下列幾個步驟:

（1）選取適當的樣本 370 人，按規定程序，進行試題預試工作。

（2）把 370 份試卷依照測驗總分的高低次序排列，然後從最高分者開始向下取足27％（100人）爲高分組，再從最低分者向上取足27％（100人）爲低分組。

（3）計算高分組與低分組通過每一試題的人數百分比，分別以 P_H 和 P_L 表示之。

（4）按照 $P = \dfrac{P_H + P_L}{2}$ 與 $D = P_H - P_L$ 兩公式，分別求出每一試題的難度與鑑別指數。或者，根據 P_H 和 P_L，從「范氏項目分析表」（註3）中查得 P （通過百分比的估計值）、△ （常態化等距的難度指數）、r（試題反應與效標的雙列相關係數）等表示試題難度與鑑別度的數值。

（5）比較高、低分組在試題的不同答案上反應的情形。

（6）根據試題統計分析的結果，修改試題或選擇適當的試題。

註3：Chung-teh Fan (1952) *Item Analysis Table*. Princeton, N. J.: Educational Testing Service.

　　例如：我們計劃編製一套小學六年級學生適用的數學科成就測驗，可按預定題數加倍編擬試題，再以試題分析的方法，從中選出最適當的試題，組成正式測驗。其程序如下：首先，從小學六年級學生中選取 370 人作爲預試對象，接受初編測驗，然後根據每一個學生所得總分，按高低次序排列，進而抽取總分最高和最低的試卷各27%爲高分組和低分組，兩組試卷各恰爲 100 份，在統計分析上比較方便。下表所列者，係其中四個試題經過項目分析所得到的結果。

表 15-2　試題分析的結果

題號	組別	選答人數					難度		鑑別度	
		甲	乙	丙	丁	空白	P	△	r	D
1	高分組 (100人)	0	36*	39	23	2	.34	14.7	.04	.04
	低分組 (100人)	0	32*	46	18	4				
2	高分組 (100人)	22*	12	10	48	8	.27	15.5	-.12	-.10
	低分組 (100人)	32*	25	11	23	9				
3	高分組 (100人)	16	15	7	62*	0	.44	13.6	.37	.36
	低分組 (100人)	36	28	7	26*	3				
4	高分組 (100人)	2	1	95*	2	0	.78	10.0	.55	.41
	低分組 (100人)	18	12	54*	16	0				

*表示答對正確答案的人數

　　表 15-2 中的高分組和低分組各 100 人，佔全體預試對象 370 人中的 27%；各題的 P，△，r 係從「范氏項目分析表」查得。茲以上列第三題為例，說明查表的方法如下：

　　該題經預試的結果，得知高分組通過百分比 (P_H) 為 .62，低分組通過百分比 (P_L) 為 .26，可從「范氏項目分析表」第16頁（見表 15-3）頂欄 $P_L = .26$ 一行和旁欄 $P_H = .62$ 一列的交會處得到三個數值：.44，.37，13.6，分別表示 P ＝ .44，r ＝ .37，△＝13.6。

　　從表 15-2 觀之，第三、四題的鑑別度符合一般的要求，具備良好試題的首要條件；第一題的鑑別力太小，第二題的鑑別作用是負向的，皆非良好試題。就難度而言，第三題難度適中，第四題較易，第一、二題較難。再就各題的答案反應加以分析，可知：(1) 第一題答案甲無人選答，可能的原因是答案錯得太明顯，缺乏似真性，應予更換或修改；在答案丁方面，高分組選答者竟多於低分組選答者，產生負向作用，應加修改。(2) 第二題未作答者所佔比率不小，且答案甲和丁均屬負向作用者，必須究其原因，加以適當的調整。(3) 第三題除答案丙缺乏鑑別作用須予改訂外，其餘均符合要求。(4) 第四題正誤答案之配列，均恰到好處，可選入正式測驗中。

第四節　試題的選擇與編排

　　由上述試題分析的結果，各個試題的性能，已有可靠資料作為評斷之依據。一套完整的測驗，係由性能優良的試題加以適當的編排所構成，以發揮其最大之功能。以下擬就試題選擇的標準和編排的原則，予以說明。其次，再述及試題特性的複核方法與完成正式測驗的程序。

表 15-3　「范氏項目分析表」式樣

P_H	$P_L=.26$ p r Δ	$P_L=.27$ p r Δ	$P_L=.28$ p r Δ	$P_L=.29$ p r Δ	$P_L=.30$ p r Δ	P_H
.99	.70 .82 10.9	.71 .81 10.8	.71 .81 10.7	.72 .81 10.7	.72 .80 10.6	.99
.98	.68 .79 11.1	.69 .78 11.0	.69 .78 11.0	.70 .77 10.9	.70 .77 10.9	.98
.97	.67 .76 11.2	.68 .75 11.2	.68 .75 11.1	.68 .75 11.1	.69 .74 11.0	.97
.96	.66 .74 11.4	.66 .73 11.3	.67 .73 11.3	.67 .72 11.2	.68 .72 11.2	.96
.95	.65 .72 11.5	.65 .72 11.4	.66 .71 11.4	.66 .70 11.3	.67 .70 11.3	.95
.94	.64 .70 11.6	.64 .70 11.5	.65 .69 11.5	.65 .69 11.4	.66 .68 11.4	.94
.93	.63 .69 11.7	.63 .68 11.6	.64 .68 11.6	.64 .67 11.5	.65 .66 11.5	.93
.92	.62 .67 11.8	.62 .67 11.7	.63 .66 11.7	.63 .66 11.6	.64 .65 11.6	.92
.91	.61 .66 11.9	.62 .65 11.8	.62 .65 11.8	.63 .64 11.7	.63 .63 11.7	.91
.90	.60 .65 12.0	.61 .64 11.9	.61 .63 11.8	.62 .63 11.8	.62 .62 11.7	.90
.89	.59 .64 12.0	.60 .63 12.0	.61 .62 11.9	.61 .61 11.9	.62 .61 11.8	.89
.88	.59 .62 12.1	.59 .62 12.1	.60 .61 12.0	.60 .60 12.0	.61 .60 11.9	.88
.87	.58 .61 12.2	.59 .61 12.1	.59 .60 12.1	.60 .59 12.0	.60 .58 12.0	.87
.86	.57 .60 12.3	.58 .59 12.2	.58 .59 12.1	.59 .58 12.1	.59 .57 12.0	.86
.85	.57 .59 12.3	.57 .58 12.3	.58 .57 12.2	.58 .57 12.2	.59 .56 12.1	.85
.84	.56 .58 12.4	.57 .57 12.3	.57 .56 12.3	.57 .55 12.2	.58 .55 12.2	.84
.83	.55 .57 12.5	.56 .56 12.4	.56 .55 12.4	.56 .54 12.3	.57 .54 12.2	.83
.82	.55 .56 12.5	.55 .55 12.5	.56 .54 12.4	.56 .53 12.4	.57 .52 12.3	.82
.81	.54 .55 12.6	.55 .54 12.5	.55 .53 12.5	.56 .52 12.4	.56 .51 12.4	.81
.80	.53 .54 12.6	.54 .53 12.6	.55 .52 12.5	.55 .51 12.5	.56 .50 12.4	.80
.79	.53 .53 12.7	.53 .52 12.7	.54 .51 12.6	.55 .50 12.5	.55 .49 12.5	.79
.78	.52 .52 12.8	.53 .51 12.7	.53 .50 12.7	.54 .49 12.6	.54 .48 12.5	.78
.77	.52 .51 12.8	.52 .50 12.8	.53 .49 12.7	.53 .48 12.7	.54 .47 12.6	.77
.76	.51 .50 12.9	.52 .49 12.8	.52 .48 12.8	.53 .47 12.7	.53 .46 12.7	.76
.75	.51 .49 12.9	.51 .48 12.9	.52 .47 12.8	.52 .46 12.8	.53 .45 12.7	.75
.74	.50 .48 13.0	.51 .47 12.9	.51 .46 12.9	.52 .45 12.8	.52 .44 12.8	.74
.73	.49 .47 13.1	.50 .46 13.0	.51 .45 12.9	.51 .44 12.9	.52 .43 12.8	.73
.72	.49 .46 13.1	.49 .45 13.1	.50 .44 13.0	.51 .43 12.9	.51 .42 12.9	.72
.71	.48 .45 13.2	.49 .44 13.1	.49 .43 13.1	.50 .42 13.0	.51 .41 12.9	.71
.70	.48 .44 13.2	.48 .43 13.2	.49 .42 13.1	.49 .41 13.1	.50 .40 13.0	.70
.69	.47 .43 13.3	.48 .42 13.2	.48 .41 13.2	.49 .40 13.1	.49 .39 13.1	.69
.68	.47 .42 13.3	.47 .41 13.3	.48 .40 13.2	.48 .39 13.2	.49 .38 13.1	.68
.67	.46 .41 13.4	.47 .40 13.3	.47 .39 13.3	.48 .38 13.2	.48 .37 13.2	.67
.66	.46 .40 13.4	.46 .39 13.4	.47 .38 13.3	.47 .37 13.3	.48 .36 13.2	.66
.65	.45 .40 13.5	.46 .39 13.4	.46 .37 13.4	.47 .36 13.3	.47 .35 13.3	.65
.64	.45 .39 13.5	.45 .38 13.4	.46 .36 13.4	.46 .35 13.4	.47 .34 13.3	.64
.63	.44 .38 13.6	.45 .37 13.5	.45 .36 13.5	.46 .35 13.4	.46 .34 13.4	.63
.62	.44 .37 13.6	.44 .36 13.6	.45 .35 13.5	.45 .34 13.5	.46 .33 13.4	.62
.61	.43 .36 13.7	.44 .35 13.6	.44 .34 13.6	.45 .33 13.5	.45 .32 13.5	.61
.60	.43 .35 13.7	.43 .34 13.7	.44 .33 13.6	.44 .32 13.6	.45 .31 13.5	.60
.59	.42 .34 13.8	.43 .33 13.7	.43 .32 13.7	.44 .31 13.6	.44 .30 13.6	.59
.58	.42 .33 13.8	.42 .32 13.8	.43 .31 13.7	.43 .30 13.7	.44 .29 13.6	.58
.57	.41 .32 13.9	.42 .31 13.8	.42 .30 13.8	.43 .29 13.7	.43 .28 13.7	.57
.56	.41 .31 13.9	.41 .30 13.9	.42 .29 13.8	.42 .28 13.8	.43 .27 13.7	.56
.55	.40 .30 14.0	.41 .29 13.9	.41 .28 13.9	.42 .27 13.8	.42 .26 13.8	.55
.54	.40 .29 14.0	.40 .28 14.0	.41 .27 13.9	.41 .26 13.9	.42 .25 13.8	.54
.53	.39 .28 14.1	.40 .27 14.0	.40 .26 14.0	.41 .25 13.9	.41 .24 13.9	.53
.52	.39 .28 14.1	.39 .26 14.1	.40 .25 14.0	.40 .24 14.0	.41 .23 13.9	.52
.51	.38 .27 14.2	.39 .25 14.1	.39 .24 14.1	.40 .23 14.0	.40 .22 14.0	.51

一、試題選擇的標準

試題的選擇，除了考慮試題分析所得有關其性能的資料外，尚須顧及測驗的目的、性質與功能。就成就測驗的編製而言，首先應根據試題分析的結果，將鑑別度較高的試題選出。至於選擇的標準，R. L. Ebel（註4）曾依據其編製測驗的經驗，提出下表，以作為參考。

表 15-4　試題的鑑別指數與優劣之評鑑

鑑別指數（D）	試題評鑑
.40 以上	非常優良
.30～.39	良好，如能修改更佳
.20～.29	尚可，仍須修改
.19 以下	劣，必須淘汰

其次，應就鑑別度所選出之試題中，依其難度指數選出適中者，俾使大部分試題的難度介於 .45～.65 之間，惟尚需選出少數較難及較易的試題，使整個測驗題難度之分配，近似於常態。最後，應檢查鑑別度與難度指數符合要求的試題，在材料內容與其所測量的認知層次上的比率，是否與編製測驗時所擬定的雙向細目表相一致。必要時，須再加以適當的調整，使整個測驗具有相當的內容效度。

註4：R. L. Ebel (1972) *Essentials of Educational Measurement.* Englewood Cliffs, N. J.: Prentice-Hall. p. 399

二、試題編排的原則

試題選出之後，必須根據測驗的目的與性質，並考慮受試者的作答心理反應方式，加以合理的安排。通常的編排原則是先按試題的型式分類，再參照試題的難度由易而難排列之。至於試題的編排方式，主要有下列兩種：

並列直進式 此種方式係依試題材料的性質歸為若干分測驗。在同一分測驗的試題，則依其難度由易而難排列之，如師大教育心理學系所編製之「國小學科綜合成就測驗」的試題編排方式即是。

混合螺旋式 為了使受試者維持作答的興趣，並使其對各類試題均有反應的機會，乃有此種編排的方式。此種方式係先將各類試題依難度分成若干不同的層次，再將不同性質的試題予以組合，作交叉式的排列，其難度則漸次升進。如師大教育心理學系所修訂之「普通分類測驗」即採用此方式編排，將「語文理解」、「算術推理」和「方塊計算」三類試題，依其難度的層次予以組合，依次循環排列，使受試者對各類試題均有循序作答的機會。

三、試題特性的複核

試題難度與鑑別度的複核 (cross validation) 是測驗編製過程中的重要工作。由於預試樣本會有取樣的誤差，故據此所進行的試題分析之結果，未必完全正確可靠。為考驗選出的試題之性能是否真正符合要求，通常須進一步選出適當的代表性樣本，再測一次，再根據其結果進行第二次的試題分析，藉以複核前後兩次試題分析所得的難度

與鑑別度是否符合一致。如果相當接近，則該題確具有測量與鑑別的功能；倘若差距頗大，則此項功能值得懷疑，應考慮將該題刪除或酌予修正，然後再進一步分析。因此，編製一套測驗，只依據一次預試的結果所作的試題分析，是不夠的，宜再選類似樣本，作另一次的試題分析，以複核試題的特性。

四、正式測驗的完成

一套標準化的測驗，除由上述選出的試題構成主幹外，尚須編擬適當的例題與作答說明，使測驗實施的程序有一致的規定，以避免測驗的誤差。爲使正式測驗能作合理的實施與應用，必須編製指導手冊，就測驗編製的經過、信度、效度與常模等項目，作詳盡而明確的敍述，以供使用者遵循。至於信度與效度等的鑑定，詳見下節。

第五節　測驗特徵的鑑定

正式測驗編成後，爲考驗整個測驗是否具有評估、診斷與預測的功能，而成爲有效的研究工具，應就下列各項特徵予以鑑定：

適切性 (relevance)　一種測驗工具所包含的試題，對於所欲測量的行爲特質應具有充分的代表性，且必須符合客觀性 (objectivity) 和標準化 (standardization) 的要求。因此，一套測驗應有相當數量的試題，且此等試題在內容及行爲特質層次上，須有適當的比率分配；而試題的選編、難度與鑑別度的分析等，均須按照客觀的程序予以決定，避免主觀的臆斷；至於測驗的情境與實施的步驟，應有嚴密的規定，以力求一致，且測驗分數的解釋須有常模 (norms) 作爲依據。上

述諸因素係鑑定測驗的適切性之重點所在。

信度(reliability)　信度是測驗工具最基本的條件，因而測驗編妥後，首先須考慮其信度之高低，以了解其可靠性。至於考驗信度的方法，有再測法 (test-retest method)、折半法 (split-half method)、複本法 (equivalent-form method) 與庫李法 (Kuder-Richardson method) 等。（詳見本書第十二章）

效度(validity)　測驗的效度旨在考驗其能否測量所欲測量的行爲特質。若一種測驗工具的效度甚低，則無法發揮其測量的功能，故編妥測驗後，考驗其效度是極爲重要之事。在鑑定一個測驗的效度時，必須以該測驗的目的爲依據，蓋因一種測驗工具對某特定的目的有效，但對其他的目的，可能缺乏效用。依據美國心理學會等學術研究機構的分類，效度有內容效度 (content validity)、效標關聯效度 (criterion-related validity)——同時效度 (concurrent validity)、預測效度 (predictive validity) 及建構效度 (construct validity)。（詳見本書第十二章）

本章已就測驗工具之設計與編製的一般原理及程序加以論述，並以成就測驗爲例，作有系統的說明。至於標準化智力測驗、性向測驗與人格測驗之編製，因屬專業性工作，涉及心理學理論與特殊技術之運用，非一般研究者所能勝任，故未予闡述，讀者可參閱心理測驗方面的專書（註5）和測驗編製報告。（另參閱本書第十六、二十、及二十二章）

註5：如 A. Anastasi (1976) *Psychological Testing*. (4th ed.) New York: Macmillan; 及 A. I. Rabin (ed.) (1968) *Projective Techniques in Personality Assessment*. New York: Springer.

第十六章

態度量表的建立

吳聰賢

　　態度一詞是任何社會心理學敎科書中不可缺少的重要名詞。除了社會心理學以外，其他社會科學的行爲硏究，甚至於日常民間交談裏，也常提到態度這個字眼。態度之所以被社會科學家經常使用，其理由可能有三：第一，態度並不屬於那一門派的心理學說，而具有折衷各門派的性質。第二，態度可以避開遺傳與環境誰較重要的爭執，因爲它可以任意連結本能與習慣來構成，故可以避免極端本能學說與環境主義。第三，強調科際整合的學者，需要建立若干可以適用於不同社會科學領域的名詞，態度正好符合這種要求，因而被大多數社會科學家所使用。

第一節　態度的本質

　　最早使用態度一詞的心理學家可能是 H. Spencer，他於1862年在其所著「第一原則」(*First Principles*) 裏，強調一個人的態度對爭論事項的鑑別有重要的影響。將態度這個概念應用到社會學，而確認其重要性的早期社會學者當中，W. I. Thomas 與 F. Znaniecki 的貢獻比較顯著。他們在「歐洲與美國的波蘭農民」(*The Polish Peasant in*

Europe and America) 一書中曾經提到，態度是個人的心理歷程，它決定個人在社會中實際與潛在的反應。因為態度經常指向某些事體，故它可以解釋作指向某種價值的個人的心理狀態。

在討論態度的測量之前，首先必須分析態度的概念與本質。態度一詞是一種假設或內隱的變項，而不是立即可觀察得到的。態度一詞與其說是指明某人的具體行動與反應，毋寧說是抽象地涵蓋一群相關的行動與反應。例如我們說某甲比某乙對勞工組織持有較偏好的態度，我們是說從某甲與某乙兩人日常對勞工組織的言論與行動看來，某甲比某乙持有較偏好的傾向。這種前後相互一致的傾向，我們用態度一詞來予以涵蓋。

從方法上而言，一個內隱變項是：用以描述受到相類似刺激時所產生的不同反應間的一致性或共變(covariation)的趨勢。這種隱藏性或潛伏性的變項，可以說是根據可觀察的一序列資料，將其統一稱呼。類似這樣的假設性變項，被不同的學者用不同名詞所描述，如特質 (trait)，中介變項(intervening variable)，內隱變項(latent variable)、內隱型(genotype) 與因素(factor)。反過來，對那些可觀察的變項，則給予如下的稱謂：外顯變項 (manifest variable)、表徵型(phenotype) 與指標(indicator)。

D. Krech 等人視態度為「針對社會事體而產生的正負評價的持續性體系、情感性感覺、與贊否性行動的趨勢」。心理過程的持續性體系或組織，似乎強調反應間的一致性。G. W. Allport 參考了許多早期學者所下的定義後，認為「態度是由經驗組成的一種心理與神經的準備狀態，對個人對於事體與有關情況所做的反應，做引導與動態的影響。」W. M. Fuson 解釋態度為，在一定情況下的一定行為發生的機率。由此可知態度含有反應的可預測性與一致性，因為態度具有

引導、中介與預測的功能，能經由針對特定社會事體或環境而做的各種反應表達出來。D. T. Campbell 下了一個操作性的定義：「一個人的態度，是針對一套社會事體而發的具有一致性的反應群」。

對態度的意義加以了解以後，讓我們進一步地明瞭態度與其他類似名詞——如價值(value)、信念(belief)、意見(opinion)——間的關係。在本節開頭裏已經提到各派社會科學家喜歡使用態度來形容一個人的偏好行為，由於大家隨便使用它，導致各個學者賦予它的涵義不盡相同。因此當一個學者提到態度時，可能是指信念，也可能是指意見。也就是說，許多人使用這些類似名詞時，並未賦予一定的界限。不過，這些名詞都是用以表明一個人對一件事體正反兩面的選擇，如政治立場、宗教信仰、道德觀念、養育子女的方式與目的等。這些名詞都可以用來表達個人理性與情感的評價，它們之間的差異，在於所牽涉的範圍與強度，及使用者學科背景的不同。意見通常是針對某種事件所做的短程性的評價，大都是牽涉到公共事務的問題；態度所指的反應則較意見具有持續性，而範圍較為廣泛些；信念則更基本而永久，而牽涉到人生的基本價值，故有時稱之為價值。所以，老百姓對當前的經濟措施或農村發展方案有各種立即性的意見，而對政府扶助農民的政策或低收入者福利政策有正反的態度，進而對民生主義產生某種的信念。又如承受「多子多孫多福氣」這個傳統文化價值觀的人，對家庭計劃等人口政策可能會產生不好的態度，而對節育的指導消息提出反對意見。意見與態度可以說是受信念支配，但是比較能察覺得到，而且較易變化。意見有時稱之為印象或猜測，態度有時叫做觀點，而信念則稱之為價值。不過，我們要知道它們之間並無固定的界限，所以，一個人的意見可能是另一人的態度，同時更可能是再另

外一個人的信念（註1）。

由此可知，廣義的價值乃由信念（狹義的價值）、意見及態度等類的感覺構成；它們之間並無實質上的區別，只有表現性的差異：在運作上或測量工具上，價值（信念）與態度之差異，在於前者是牽涉到少數、概括性、核心性、有影響力、較少有情況差異、較不易改變而且是受原始經驗所支配的。因為學者個人學科背景不一樣，在使用上也就有不同的選擇：

學科	名詞
人類學	文化型態、生活方式、信念（或價值）
社會學	規範、理念
心理學	動機、興趣
社會心理學	態度、意見

明瞭了態度的定義及與其他類似名詞間的關係之後，我們可以進一步探討態度的層面與特徵，以做為測量的基礎。因為態度本身含有不同層次種類的行為，在測量以前應該先了解欲測量的部分，然後才能設計量表或工具。如此，操作性定義與測量工具才能一致。D. Katz 等人（註2）認為態度是由認知(cognition)、感覺(feeling)、行動傾向 (action tendency) 等三個層面構成。

認知層面(cognitive component) 係指個人對事物之了解情形、知識程度及看法。其中最重要而有力的是評價性的認知。例如中國人對農業之認識情形，與美國人對農業的了解情形不一樣，而產生了不

註 1: B. Berelson and G. A. Steiner (1964) *Human Behavior: An Inventory of Scientific Findings.* Harcourt, Brace and World, Inc.. p. 558.

註 2: D. Katz and E. Stotland (1959) A preliminary statement to a theory of attitude structure and change. In S. Koch (ed.), *Psychology: A Study of a Science.* Vol. 3. New York: McGraw-Hill.

一樣的態度。我們所了解的農業自古以來便是勞力操作式的餬口式農業，所得不多而僅够維持生活，而且異常辛苦，不太需要運用科學知識與技術，故一直被大家輕視，於是認為農業是一種沒有出息的行業。美國人所了解的農業是一種企業化的經營，與工商業一樣可以追求利潤，農民工作靠機器而不太辛苦，故對農業產生較好的看法。

感覺層面(feeling component)　係指個人對事物的情感與好惡。一個人對農業既然有了不好的認識，認為它是沒有出息的行業，他當然會產生輕視農民的態度（感覺）。又如一個人認為或了解美國是一個富強國家，對我們有很大的影響力，則會產生對美國人的友善態度，甚至養成媚外（美）心理。

行動傾向層面(action tendency component)　係指一個人對事物的可觀察或覺知的行動傾向。例如一個人受到傳統價值觀的影響，認為多子是家庭幸福的基礎，又認為家庭計劃工作是叫人家抑制生育的話，進而對家庭工作產生惡感，對家庭工作人員不親切，而不願意跟他們親近。同理，輕視農業的人對農民也不太願意親近或與他們有婚姻關係。

上述三個層面，為了研究方便而將它們分開說明，但不是說它們之間是獨立的，實際上它們可以說是屬於同一個連續函數，卽認知層面排在先端，情感層面居中，而行動傾向居後。亦卽一個人的態度之形成，先由認知層面發展到行動傾向，在時間上有時需要較久，有時則較短，甚至於同時產生。態度雖然是較持續的行為，但它可能變化，或甚至於消失。影響態度之形成與變化的來源，約有四則：(1) 滿足慾望的情形，(2) 獲得消息之多寡與強度，(3) 所屬團體之影響，(4) 個人的性格。

第二節　態度量表

上述的態度層面具有若干特徵，會影響態度的測量技巧。比較主要的特徵爲方向、强弱、多面、一致、相關。茲簡單說明如下。

方向性 (direction)　從上述態度的定義裏，我們了解每一個層面都具有正反兩種方向。從測量方法的觀點而言，這種分類法只能算是類別尺度，爲質的分類而已，對態度不能進一步地做更量化的分析。故正反兩類的區別，要配合强弱度加以量化，才能製作更量化的態度量表。

强弱度 (valence)　每一個態度層面有正反兩面，而正反兩面各有其强弱度。例如，對家庭計劃之認識可以從非常好到非常惡劣；情感層面之强弱，可以從無條件的喜歡到無條件的厭惡；行動傾向之强弱，也是可以從極强烈的支持家庭計劃政策與極端的反對或攻擊此項政策。如果把三個層面依照發展順序及强弱度，由左而右排列的話，它們的關係，應如下圖：

態度層面：|認知→：感覺→：行動傾向→|

强弱值：　　弱─────────→强

多面性 (multiplexity)　係指各層面的組成種類與差異情形。例如對科學的認識，可能有理論與應用之別，個人對理論與應用科學之認識程度也不盡相同。但是一個人對宗教的認識可能比較單一而不複雜，例如將宗教與宗教組織視爲一種事物。就感覺層面而言，有人對一個婦女的愛，可以分別爲尊敬、吸引、友誼等，但對另一個女人，可能說不出其理由，只知道喜歡她。就行動傾向的多面性而言，一個人若要支持農業發展，可能會有不同的行動方式，如以身作則而下鄉服務，又如喚起輿論多多扶助農民等。若以强弱度代表深度，則多面

性可以說是代表態度的幅度。

一致性(harmony and consistency)　就同一事物的態度而言，態度的三種層面之間，大都有一致性的關係存在。如一個人對農業問題關心，經常注意到其發展情形，則他的感覺及行動，不但比較朝向贊同的方向，而且支持的程度也比較強烈。屬於同一類型的態度大都具有高度的一致性，例如喜歡小家庭的人可能較贊同節育政策，而支持家庭計劃。大致上說來，當年的美國人是因爲喜歡艾森豪而支持共和黨的政策。

因爲態度是一種潛在性變項，故只能用間接法，從個人的反應來推測。態度測量方法當中，最常用而比較客觀的方法是態度量表(attitude scale)，而大部分態度量表都只測量態度的強弱度(valence)。一個態度量表係由一套有關連的敍述句子或項目構成，然後由個人對它們做反應。研究者根據這些反應去推測個人的態度。研究者所做的量表或尺度可能有異，但是原則都大同小異，亦即利用一個連續函數來代表一個人的態度，個人在這個函數上所佔的位置就代表他對某種事體之態度的強弱度。前述三種態度層面之強弱度的測量，可以分別做兩類的測度，一類是測量認知及感覺，另一類是測量行動傾向。

態度量表既然由互相關連的敍述句子所構成，所以句子的性質及數目之決定，是製作態度量表的要件。茲將態度量表項目之選擇標準介紹於後。

辨別功能(discriminating function)　一個項目要能區別不同的態度，而不同態度的人，對態度項目要有系統地做不同的反應。有時一種態度量表的項目，可以直接地表明該種態度。例如測量家庭計劃的態度時，有些項目可以寫成如「家庭計劃工作之推行，是在謀求家庭之幸福」，對這個項目的贊成與反對程度，直接表明一個人對家庭

計劃的認知層面的強弱度。相反的，有些態度項目並不直接表明一個人的態度。亦卽不能從一個人對項目的反應，看出他的態度。因為態度間的相互關係，我們假定某一種利用直接測量的態度，會間接地表現出另一種我們眞正要知道的最終態度。例如上述對家庭計劃之態度是我們眞正要知道的最終態度，但是我們可以間接地測量個人對宗教的態度，而使用類似下列的項目：「信仰教條是人生日常生活不可缺少的活動」。對宗教的態度，經驗證結果如果和對家庭計劃的態度有密切關係，則對宗教的態度項目可以放在態度量表裏，以其辨別程度來代表一個人對家庭計劃的態度。

辨別尖銳性 (sharpness of discrimination)　項目的辨別功能愈尖銳愈好。所以，對某事體持有贊同態度者，比那些持有不贊同態度者，越站在朝向贊同的極限。理論上，兩者之間不應該有重疊的現象。在選擇項目構成量表時，愈能顯示不重疊的，表示辨別的尖銳性愈高。

整個量表上的辨別　態度量表不但要能區別好惡或好壞，而且希望能做更精細的區別。它必須能將極端贊同與不極端贊同這兩種程度區別出來。我們關心的是，中等態度的人是否被測量成極端，但却無法區別眞正極烈態度的人。尤其是，在強烈不贊成的人群中，往往很難將極烈與一般強烈的程度區別出來。這一點，可能是技術上有待努力改善的地方。

項目的數目　從信度的觀點而言，當然是項目愈多愈好，因為測量上的誤差可藉此而互相抵銷掉。不過，從效率及實用性而論，態度量表的數目，應加以限制。到底適當的項目數應該是多少呢？恐怕無人能給予適當的回答。筆者認為，主要的要看測量標的物的範圍或複雜程度而定。一個量表如果是要測量對一個單獨或較明確的事體的態度，則項目數似乎可以在二十條左右，而從既有的文獻觀之，通常是

三十條的較多。

項目的型式 態度量表的項目，通常使用的有兩種型式。第一種型式的項目，是針對態度的認知與感覺層面，測量個體對某事物的若干敘述句子的認知及感覺反應。在這個時候，可以應用強弱性態度特質及辨別功能特質，要求被訪問者對若干敘述句子表示其好惡或贊否程度。第二種型式的句子，是針對行動傾向層面，測量受訪問者對某些描述具體行動的句子，指出或選擇可能採取的行動種類。第一種型式的項目，如「高山族是一種幼稚無知的種族」，或「高山族是一種工作能力很低的種族」。第二種型式的項目，則如「在車上遇到高山族人同坐時，我會即刻另找座位」。一般而言，第一種型式的項目較常使用，其原因是比較能適合上述的態度特徵。

綜合各方參考資料，態度量表主要有下列三種：

(1) 總加法 (method of summated ratings)

(2) 累積法 (method of cumulative scale)

(3) 等距法 (method of equal-appearing intervals)

第三節 總加量表法

總加法態度量表是由一套態度項目構成，假設每一項目具有同等的態度數值，根據受試者反應同意與不同意的程度給予分數，所有項目分數的總合即為個人的態度分數，這個分數的高低即代表個人在量表上或連續函數上的位置，以示同意或不同意的程度。總加量表法當中，最常用者乃 Likert 量表。

總加量表法之主要特徵或假設有二：一為假定每一態度項目都具有同等量值，項目間沒有差別量值存在，而受測者的差別量值則表現

在對同一個項目反應程度的不同。若干項目的集合，可以視為整個態度量表的部分量表，而一個態度量表中的每一個部分量表之間，理論上具有同等的地位。故其製作要點在於項目本身的選擇妥當與否。總加量表的第二個特徵，是受試者態度之強烈程度可以儘量表達出來，例如五等級的反應類別（極同意、同意、無意見、不同意、極不同意），比兩類或三類反應（同意、不同意、無意見）更能表達差異性。這一個特點可以說是總加量表法的優點，同時也是缺點，因為有些人喜歡以極激烈的反應方式表達其輕微的不同意程度，有人則可能以溫和的方式表達其輕微的不同意程度，一樣的輕微的不同意態度，測量結果卻可能獲得不相同的數值。

總加量表法大都採用 R. A. Likert 於1932年所創用的製作法，故亦稱 Likert 式量表法。其製作步驟如下：

(1) 研究主題決定之後，研究者針對著主題搜集有關的項目，以贊同或反對的方式敘述。根據往例，構成量表的最少項目為二十條，所以初步搜集時，應儘可能在五十條項目以上。

(2) 就測驗對象中抽出一群試查者，請他們就上述每條項目指出同意程度。Likert 式量表法，通常使用五個等級表示強弱度：(a) 極同意，(b) 同意，(c) 未定，(d) 不同意，(e) 極不同意。當然也可以使用三等級，甚至於兩分法。

(3) 每一項目答極同意的給 5 分，而極不同意的給 1 分。每人在所有項目上的得分加起來，就為其態度分數。在這種情況下，總分愈高，態度愈趨向贊同方向。給分的方式也可以倒過來，使答極同意的給 1 分，而極不同意的給 5 分，則總分愈低，態度愈趨向贊同方式。

(4) 每一項目的「好」「壞」，根據每條具有之辨別力 (power of discrimination) 來決定。從初步搜集的項目中，使用辨別力項目分

析法去掉辨別力弱的項目，將留下來的項目做成量表。到此，態度量表之製作過程告一段落。辨別力項目分析法，將在下節用實例說明。

　　玆參照上述 Likert 量表法製作步驟，舉一實例說明。近年來，台灣因感人口壓力之嚴重性，部分人士主張抑制生育率而推行家庭計劃工作。正如大家對人口問題的看法不甚一致，對家庭計劃之推行，也有不同的態度。若果我們決定要研究各種社會階層人士（如大學生、農民、都市居民）對家庭計劃之態度，及其與有關背景因素間的關係，而決定使用 Likert 量表法來測定對家庭計劃之態度。其製作過程如下。

　　項目　根據有關態度之性質及項目之選擇標準，再依家庭計劃之意義、工作範圍、推行情形，另外可以參考書籍、報導等，以釐定項目。理論上應該多選定項目，但限於時間，僅選定如表16-1的25個項目。

　　試測　假定我們的研究對象為大學生，則抽出一群大學生為樣本，當做試測對象，請他（她）們就初選的態度項目表示其同意或不同意的程度：極同意、同意、無意見、不同意、極不同意。

　　給分　態度量表的項目，有些句子是以正面的方式敍述，有些則以反面的方式敍述。如在表16-1中，第 1 題是正向項目 (positive item)，愈贊成，則得分愈高；第 2 題是負向項目 (negative item)，愈贊成，得分愈低。第 1 題，如被測者選「極同意」為答案，則給 5 分，而答案如為同意、無意見、不同意、極不同意，則依次給 4、3、2、1分。第 2 題之反向項目，如被測者選「極不同意」為答案，則給 5分，而答案如為不同意、無意見、同意、極同意，則依次給 4、3、2、1分。由每人所有項目加起來之總分，來表示每人對家庭計劃所具有之態度的強弱。總分越高，則越同意家庭計劃，總分越低，則越不同意家庭計劃。此態度量表以第三人稱來影射，旨在避免答案的不真實。

　　項目分析　假定我們要研究大學生對家庭計劃之態度，則將表

表 16-1　家庭計劃態度量表 (Likert 式量表)

下列是一些對家庭計劃的意見，請您逐條閱讀並在適當地方劃√，以表示您對家庭計劃的態度。每一條項目並沒有正確或對不對的答案，而您的答案僅是表示您對該條的感覺而已。

	極同意	同意	無同見	不同意	極不同意
1. 有的人認為作父母的可以按照自己的希望決定生幾個孩子，你的看法怎樣？(P)					
2. 有些人認為少生幾個孩子對於減輕家庭負擔並沒有什麼幫助，你的看法怎樣？(N)					
×3. 有的人認為一個家庭的子女教養比子女的數目更重要，你的看法怎樣？(P)					
4. 有些人認為一個家庭應該配合家庭經濟能力決定養育幾個子女，你的看法怎樣？(P)					
5. 有些人認為多生幾個孩子比較穩當，你的看法怎樣？(N)					
6. 有些人認為孩子越多家族越興旺，所以要多生幾個孩子，你的看法怎樣？(N)					
×7. 有的人認為了使社會的生活水準提高，每個家庭都需要家庭計劃，你的看法怎樣？(P)					
8. 有些人認為控制生育是違反天意的，人應該順其自然地生育，你的看法怎樣？(N)					
×9. 有些人認為家庭計劃可以替社會培養下一代優秀的人才，你的看法怎樣？(P)					
10. 有些人認為經濟差的人為了減輕經濟負擔，更應該少生幾個孩子，你的看法怎樣？(P)					
11. 有些人就是有機會也不喜歡和別人談起用人工控制生育的事，你的看法怎樣？(N)					
12. 有些人認為子女的前途是命中註定的，所以父母不必為孩子的教養問題而操心，你的看法怎樣？(N)					
×13. 有的人認為家庭計劃工作人員是找麻煩的人，你的看法怎樣？(N)					
14. 有些人認為還沒生男孩子時，即使已經生了幾個女孩子，還是不要控制生育，你的看法怎樣？(N)					
15. 有些人願意勸導他的親友或鄰居控制生育，你的看法怎樣？(P)					
16. 有的人認為節育方法引起任何不舒服的時候，都應該立刻停止使用而不改用其他的方法，你的看法怎樣？(N)					
17. 有的人認為每個人都可以從許多種節育的方法中，找到適合自己的節育方法，你的看法怎樣？(P)					
18. 有的人認為所有的節育方法都會使人不再生孩子，你的看法怎樣？(N)					
19. 有些人認為教人節育是不必要的，你的看法怎樣？(N)					
20. 有的人認為用人工控制生育，會使人對她不尊敬，你的看法怎樣？(N)					
21. 有的人認為每一種節育的方法都不可靠，所以節育是不可能的，你的看法怎樣？(N)					
22. 有些人認為節育是一件危險的事，你的看法怎樣？(N)					
23. 有些人願意採用可靠的節育方法，你的看法怎樣？(P)					
×24. 有的人樂意和家庭計劃工作人員做朋友，你的看法怎樣？(P)					
25. 有的人認為少生幾個孩子，可以使父母有較多的時間教養孩子，這樣孩子才有更好的前途，你的看法怎樣？(P)					

附註：×號表示經項目分析後棄掉之項目。

P，N分別代表正、負態度，施測時冊去。

16-1 之量表，試查 28 個大學生。然後將此 28 個受測者，按其得分總數依次從最高分排至最低分如表　16-2。找態度總分數最高的 7 人（28 人 ×25%），及總分數最低的 7 人（28 人 ×25%），然後計算此兩組人在每一項目上的平均得分的差異，是爲每一項目的辨別力 (discriminatory power)。每一項目的差異值越大，愈顯示其有辨別力，是爲「好」的項目；反過來說，差異值愈小，表示辨別力愈小。若從28題項目中，要去掉 5 題項目，當將辨別力最小的 5 題項目去掉。辨別力的用意，是說總分數高的人，其在各項目的得分應該高，而總分低的人，其在各項目上的得分應該低，兩組人在各項目上的平均得分差距當然也就較大。若果計算結果不符合這個原則者，可以說是「不好」的項目，最好不要使用它，總分高低兩組人每一項目的平均值之差異的計算如表 16-3。今決定留 20 題項目，準備去掉 5 題項目，則依辨別力最小之項目，依次廢棄了第24題、第 9 題、第 13 題，還須棄掉 2 題，但再上去有第 3、第 7、第 12 題之辨別力相等，單憑辨別力，看不出「好」「壞」，便需進一步計算其臨界比 (critical ratio)

$$CR = \frac{\bar{X}_{H25\%} - \bar{X}_{L25\%}}{\sqrt{\dfrac{s^2_H + s^2_L}{n-1}}},$$ CR 之數值大者之項目「好」，小者不易辨別，

則廢棄。今知

　　　　第 3 題之 CR＝2.44

　　　　第 7 題之 CR＝1.05

　　　　第12題之 CR＝2.44

第 7 題之 CR 值最小應去掉，第 3 題與 12 題之 CR 值相等，隨意棄第 3 題，保留第12題。廢棄 5 題之後，有 20 題項目成爲正式量表的項目。

表 16-2　每人之態度分數（預試）

項目 受測者	一	二	三	四	五	六	七	八	九	十	十一	十二	十三	十四	十五	十六	十七	十八	十九	廿	廿一	廿二	廿三	廿四	廿五	計
1	4	4	5	5	4	5	5	4	2	4	4	5	5	4	4	5	5	5	5	5	5	4	4	4	5	111
2	5	5	4	4	3	5	3	5	2	5	5	5	5	5	4	4	5	5	4	5	5	4	4	4	5	110
3	4	4	5	5	4	5	4	5	4	5	4	4	4	5	5	5	5	5	5	5	5	5	3	5		109
4	4	5	5	4	4	5	5	2	2	3	5	5	5	4	5	5	4	5	3	5	4	4	4	5		107
5	5	4	5	4	4	4	3	4	3	4	5	4	4	4	4	4	4	4	4	4	4	4	4	4		105
6	4	5	4	4	2	5	5	5	4	2	5	5	5	4	4	5	4	4	4	2	5	5	5	5	1	5	104
7	2	4	4	4	2	3	5	1	5	5	5	4	4	5	4	5	5	5	2	4	5	5	4	4		100
8	5	4	4	4	4	2	4	4	1	4	4	4	4	4	3	5	5	5	3	4	4					97
9	4	4	4	4	4	4	4	4	2	4	4	4	4	4	4	4	4	4	4	4	4	4	4	5	4	97
10	2	2	4	4	4	4	1	5	5	5	5	4	4	5	2	5	5	4	2	4	4					95
11	2	5	4	4	5	5	2	2	5	4	2	5	5	4	2	4	4	4	2	5	5	2	2	5	5	94
12	2	5	4	4	4	4	2	4	4	4	4	3	2	4	5	4	4	5	5	5	5	3	5	4		92
13	4	4	5	5	4	2	3	2	2	2	4	4	4	4	4	4	4	4	3	5	4	4	3	4		92
14	5	4	4	4	2	2	5	1	5	5	5	4	4	2	2	2	2	4	4	4	5					91
15	4	4	4	4	2	4	4	2	2	4	4	4	4	2	4	4	4	4	4	2	5	5				89
16	4	4	4	4	4	4	4	4	4	4	4	4	4	4	4	4	4	4	4	4	4	4				88
17	2	4	4	4	2	4	3	1	1	4	5	4	4	3	4	4	5	2	4	5	4	3	4	4		87
18	4	4	5	2	2	4	4	2	2	4	4	4	4	4	4	4	4	4	4	4	4	4	4	4		87
19	2	3	3	4	4	2	4	3	1	4	4	3	4	4	3	4	3	4	4	4	4	5	4			87
20	3	3	4	2	4	4	3	4	2	4	2	4	4	4	4	4	4	4	3	4	2	3	4	4		85
21	2	3	4	4	4	3	1	2	4	4	2	5	2	4	4	4	2	5	4	3	3	5	4			85
22	2	2	4	4	2	4	3	2	1	2	2	5	4	4	4	4	4	2	4	4	4	4	4	5		83
23	2	4	4	2	4	2	4	2	3	2	2	2	3	2	3	4	4	3	4	4	3	4	4			82
24	4	2	5	4	2	2	5	2	1	2	4	4	4	2	4	4	4	2	4	4	4	3	4	2		82
25	4	2	4	4	4	2	2	4	2	4	4	4	4	2	4	4	2	4	2	4	4	2	4	4		80
26	2	2	4	2	4	2	2	3	2	3	4	4	4	3	2	3	2	4	4	3	2	4	4			77
27	2	3	4	4	1	3	2	4	5	4	5	2	3	1	3	1	1	4	4	1	5	5				76
28	2	2	4	4	2	4	3	2	1	3	2	4	3	2	2	4	2	4	2	4	4	3	3	4	4	74

最高 25%（對應第 1～7 列）

最低 25%（對應第 22～28 列）

表 16-3　項目分析 (註3)

平均數 題目	最高 25% 的平均數	最低 25% 的平均數	辨　　別　　力
一	28/7	18/7	$\frac{28-18}{7}=1.43$
二	31/7	17/7	$\frac{31-17}{7}=2.00$
×三	33/7	29/7	$\frac{33-29}{7}=0.59$
四	29/7	24/7	$\frac{29-24}{7}=0.71$
五	28/7	16/7	$\frac{28-16}{7}=1.71$
六	30/7	21/7	$\frac{30-21}{7}=1.29$
×七	27/7	23/7	$\frac{27-23}{7}=0.57$
八	29/7	17/7	$\frac{29-17}{7}=1.71$
×九	15/7	13/7	$\frac{15-13}{7}=0.28$
十	30/7	17/7	$\frac{30-17}{7}=1.86$
十一	34/7	24/7	$\frac{34-24}{7}=1.43$
十二	34/7	30/7	$\frac{34-30}{7}=0.57$
×十三	31/7	28/7	$\frac{31-28}{7}=0.42$
十四	28/7	23/7	$\frac{28-23}{7}=0.71$
十五	31/7	20/7	$\frac{31-20}{7}=1.57$
十六	31/7	24/7	$\frac{31-24}{7}=1$
十七	32/7	18/7	$\frac{32-18}{7}=2$
十八	34/7	26/7	$\frac{34-26}{7}=1.14$
十九	25/7	13/7	$\frac{25-13}{7}=1.71$
廿	34/7	24/7	$\frac{34-24}{7}=1.43$
廿一	34/7	28/7	$\frac{34-28}{7}=0.86$
廿二	31/7	24/7	$\frac{31-24}{7}=1$
廿三	30/7	20/7	$\frac{30-20}{7}=1.43$
×廿四	25/7	29/7	$\frac{25-29}{7}=-0.57$
廿五	33/7	28/7	$\frac{33-28}{7}=0.71$

×：表示經項目分析後棄掉之項目

註3：表 16-2 與表 16-3 係由蘇雅惠小姐計算而得，特此致謝。

第四節　累積量表法

累積量表一般稱之爲 Guttman 量表，它是由單向且具有同一性質的項目所構成的。這種方法企圖決定一個量表的單向性或單層面的特質。若果一個量表是由單向項目所構成，則項目之間的關係或排列方式是有次序可循的，某個人比另外一個人具有較贊同態度時，應該對各項目反應出同等或更多的同意度。在累積量表法中，一個人對第二條項目表示贊成時，他也同時表示贊成第一條項目。同樣道理，贊成第三條項目時，也表示贊同第二條和第一條。因此，一個人所贊同之項目的梯次愈高，他的總分數便會愈高。是故一個人所得的分數，可用以推測他對全部項目的反應型態（詳見本書第十三章）。

茲將 Guttman 量表的製作步驟簡介於後：

(1) 選出可用於測量某種事體的具體句子或項目。

(2) 將選出的句子構成一個測驗量表，用來施測樣本。

(3) 將那些被百分之八十以上的受試者均回答同意或均回答不同意的項目或句子去掉。

(4) 將回答者依其總分數高低，從最贊同至最少贊同者順序由上往下排列。

(5) 將句子依最受贊同反應至最不受贊同反應順序，由左往右排列。

(6) 去掉那些無法判別受贊同與不受贊同反應的句子。

(7) 計算複製係數 (coefficient of reproducibility)：

　　(a) 計算誤答數目，即計算有多少贊同反應不能符合單向度量表 (unidimensional scale) 的模式。

(b) 複製係數＝$1-\dfrac{誤答數}{回答數}$

(c) 如果複製係數高達 .30，則單向度量表的要求就成立了。

(8) 每一個人的**態度分數**，乃將其所有回答贊同者項目數合計而得。

　　玆舉一例說明上述第四至第八個步驟的運作情形。假定按照上述第一至第三個步驟選下八個項目向十四個受試者施測，請其對每一條項目指出同意或不同意，同意者以「Ｏ」表示，不同意者以「×」表示。依照第四及第五個步驟，將受試者與項目順序重排，整理如表16-4

　　根據上表分佈情形，配合前述原則沿着答是與答非的分切點 (cutting point)，劃出一條階梯線，然後計算答是而不在線內之數目，共計 5 個，及回答總數、套入複製係數的公式：$1-\dfrac{5}{112}=.95$，得 .95 的複製係數，故我們可以確定這個量表單向度的成份很高，符合 Guttman 量表的要求。

　　上表的排列，因依照分數高低由上而下排列，故得分情形一目了然。這個量表經此道手續製定後，當然可以適用於同一群體的施測。

第五節　等距量表法

　　等距量表法又稱 Thurstone 量表，因 L. L. Thurstone 與 E. J. Chave 於 1929 年創用此法測量對敎會的態度而得名。這種量表包含許多項目或句子，項目的數值或在量表中的位置，事先由一群評判者 (judge) 決定其等級的排列。由評判者依據他的感覺，就各項目中選擇去留或表示同意不同意，就同意項目中找出中間位置爲其態度分

表 16-4　Guttman 量表的反應分析表

受試者 ＼ 項目	7	5	1	8	2	4	6	3	分數
7	○	○	○	○	○	○	○	×	7
9	○	○	○	○	○	○	○	×	7
10	○	○	○	○	○	○	×	×	6
1	○	○	○	×	○	○	×	○	6
13	○	○	○	○	○	○	×	×	6
3	○	○	○	○	○	×	×	×	5
2	○	○	○	○	×	×	×	×	4
6	○	○	○	○	×	×	×	×	4
8	○	○	○	×	×	×	×	×	4
14	○	○	○	×	×	×	×	×	4
5	○	○	×	×	×	×	×	×	3
4	○	○	×	×	×	×	×	×	2
11	×	×	×	×	○	×	×	×	1
12	○	×	×	×	×	×	×	×	1

數。

　　Thurstone 量表法的製作關鍵，在於請評判者事先判定項目的數值。評判者本身難免有偏見而影響其判斷的準確度。例如我們欲測知對保護農民政策之態度時，重商主義者或輕視農業者，對適量支持農民之句子，可能看成極為保護農民的措施，但是重農主義者或同情農民者，可能將它看成極不保護農民的措施，而認為政府對農業不負責任。若由沒有偏見的評判者評定，這一項目的分數可能是六分，而重

商主義者可能鑑定爲九分，而重農主義者可能判定爲三分，三者之間差距甚大。

玆將 Thurstone 等距量表製作法的主要步驟介紹於後:

(1) 調查者根據研究構思和主題，搜集與研究主題有關的句子，並略加選擇。

(2) 請若干對研究主題有心得而客觀的專家，針對句子逐條分爲十一個測量等級，其順序由最不贊成到中立再至最贊成。

(3) 計算各條項目在十一個等級中的次數分配。

(4) 每一條項目的次數分配，依累積次數分配的辦法，製作百分比圖。

(5) 根據累積次數百分比圖，決定每一項目的分數與 Q 値 (Q value) (詳見下文)。

(6) 選擇Q値最小之項目十二至十八個構成量表．構成量表的項目，最好以隨機順序排列。

(7) 施測時，受測者就上述量表各項目表示贊同或不贊同。

(8) 計分時，將每一位受測者贊同之量表項目依分數高低排列，選擇居中之項目分數爲該受測者之態度分數。

上述製作過程中，第四、五、六步驟是用於計算每一項目的分數，在製作技術上而言，比較複雜而重要，故舉 Thurstone 所做有關敎會態度項目中抽出一條爲例說明。下圖是根據「我相信敎會對於克服個人主義與自私的趨勢是絕對需要的」這個項目而做的累積次數百分比圖。從圖16-1可以知道幾乎百分之百的評判者認爲這一條項目應屬贊同的一面或落在前面五個測量等級內。累積百分比 .50 或中位數 (縱座標) 與分佈曲線交叉所指的測量等級 (橫座標) 爲 1.8，便是這一條項目的分數。

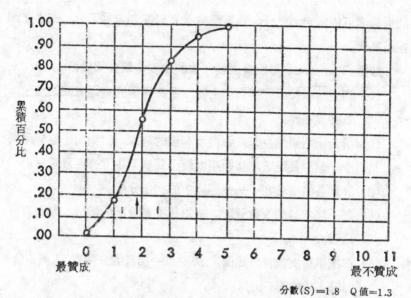

分數(S)=1.8　Q值=1.3

圖 16-1　對「我相信教會對於克服個人主義與自私的趨勢是絕對
　　　　　需要的」這一個題目的評分之累積次數百分比圖

　　項目分數決定後，研究者還得進一步分析它的一致性，以決定是
否用以構成量表。Thurstone 提出兩個選擇的標準：一為項目的意義
要清楚而不含糊，二為構成量表的項目分數間距離要能代表整個範圍
內的測量等級值。要運用第一個選擇標準，我們可以仿照上述由累積
百分比 .50 找出測量值（分數）的方式，獲得 .25 及 .75 累積百分比
在分佈曲線上交叉所指的測量值，分別為 1.3 與 2.6。Thurstone
稱前者為 Q_1，後者為 Q_3，兩者的差異為 1.3，稱為 Q 值，用以代表
判定者對這一條句子反應的不一致程度。Q 值愈大，表示不一致的情
形愈大，亦即這一條項目是含糊的。所以，在選擇項目時，應選擇 Q
值愈小者為構成量表的項目。然後依照第二個項目選擇標準，將這些
留下來的項目，看看它們分數間的距離能不能儘量代表整個範圍內的

表 16-5 大學生下鄉意願量表 (Thurstone 式量表)

分數	Q值	原題號	項 目
10.3	.3	8	一般人都認為從事基層工作的人若是當地人，便會辦得較好。
9.9	1.7	31	你聽到你的大學同學要到基層去工作，你會很驚訝。
9.2	2.8	38	你認為大學生下鄉對農村的建設會有很大的幫助。
8.2	3.0	22	學農的學生應該下鄉。
7.9	3.1	24	如果有一鄉村工作，待遇較都市高，你贊成下鄉。
7.8	3.2	13	基層工作是先鋒工作，年輕人有意磨練自己者，應該下鄉去。
6.9	1.8	30	你願意鼓勵你的大學畢業的朋友，下鄉到基層服務。
6.2	3.9	2	如果你到鄉下去就職，你的父母親友會覺得你不太有出息。
4.4	2.7	19	有人說從事基層工作的大學生，比學歷較低的人能力還要低。
3.4	1.0	12	為了避免別人的恥笑，縱使基層有適於你的工作，你也不想去。
3.3	3.3	20	為了發展你的抱負，不管別人看法如何，你都要到基層去。
2.6	4.5	28	你認為在鄉下工作者，必定是在都市找不到工作的人。

測量等級值。為了容易了解起見，特將台灣大學農業推廣學系選修
「行為科學研究法」課程的學生在「大學生下鄉意願量表」中十二個
項目上所做的反應結果列於表 16-5。

　　表 16-5 所列的十二個題目，是所有題目中 Q 值最小的。每一
題目之分數（其求法如上所述，係以百分比曲線與通過百分之五十的
橫座標交點所指之測量等級）列於最左一行。這十二個項目即為量表
之項目。假設有一個人對這十二個項目均表贊同，則其態度分數為
$(7.8+6.9)/2=7.4$，若只贊同前十一個項目，則其態度分數為 7.8
（最中間之態度分數）。

　　上述 Likert 量表法、Guttman 量表法、與 Thurstone 量表法都
曾廣泛地被研究者使用，大家對它們的反應不一。茲簡單介紹各方面
對上述三種量表的評價。

　　Thurstone 的等距量表法，最常提到的批評是製作過程繁雜，除
了選定為數眾多的態度項目以外，最麻煩的是要根據專家評定意見繪
製累積次數分配表。這個缺點在著者指導學生練習製作態度量表時，
也有同樣的感受。第二個缺點是因為 Thurstone 量表法的個人態度
分數是由中位數決定，不同態度型態的人可能因持有相同的中位數，
而被視為相同。例如在上例某甲挑選第二條及第十九條，得中位數分
數5.3，某乙則選第三十條、第二條、第十九條、及第十二條，其中位
數也是5.3。兩者得分均為5.8，但是兩者所代表的態度範圍與深度顯
然不一樣。第三個問題是，等距量表法依賴專家的意見而製作，專家
表示意見是否能真正代表大家的意見，有沒有個人主觀成見在內，也
無法判斷，雖然有不同的研究指出專家給予的量值，並不受專家個人的
影響，但也有不少人加以反駁。最後一個問題是有人懷疑 Thurstone
量表上的位置是否真正的代表等值。

為了避免上述的困惱，著者認為意見不太分歧，或主題較清楚的事項，可以使用這個方法來測量。若果一個主題範圍廣泛，測量起來，其同意或選定的項目太分散，亦卽項目間分離太遠，則不宜使用 Thurstone 方法來測量。

Likert 量表與 Thurstone 量表一樣同為常用的態度量表。它比起 Thurstone 量表較為研究者所樂用，其原因不外乎如下幾項：(1) 態度項目之使用不像 Thurstone 那樣受到評判者的好惡的限制，凡與研究主題有關的項目均可列入量表內，故測量範圍較廣。(2) Likert 量表的最大特徵，是它的製作過程單純，故研究者樂於使用。(3) Likert 量表的信度，可藉項目之增加而提高，故甚合信度的要求原則。(4) Thurstone 量表只容許反應者有兩種選擇，卽同意或不同意，Likert 量表則可以有兩個以上的不同反應程度，從測量深度而言，Likert 量表較精確。

Likert 量表與 Thurstone 量表一樣，具有一個常被提到的缺點，卽相同態度分數者可能持有不同的態度型態。Likert 量表是以所得總分數代表一個人的贊成程度，大體上可以看出誰的態度較高或較低，但在解釋上，無法進一步敍述態度差異的情形。

Guttman 量表的製作是建立在量表項目的單向度特質上面，其項目間關係或排列方式是有次序的。因此 Guttman 量表產生的個人分數高低，不會像前兩種量表那樣會形成同分數而不同型態的現象。不過，也有人批評 Guttman 量表只注重怎樣就項目當中決定構成單向度量表 (unidimensional scale)，但缺乏指導如何去挑選項目來構成量表。

第六節　態度量表的信度與效度

　　缺乏計量訓練的研究者，在研究某種事體的態度時，可能不使用像本章所討論的技巧去測量人的態度，而很可能只用一句話或一個問題的答案來當做某一個受測者的態度。例如欲了解受測者對宗教之態度，某些社會科學家可能直接以這樣的問句徵求反應：你贊成不贊成天主教的教義？而其回答若以是非為答案的話，便只知道贊成與不贊成的百分比，若以開放式問卷，請其敍述理由時，則答案種類異常繁雜。此時，研究者很難判斷這些反應訊息是否可靠？受測者會不會有意或無意地不提供準確消息？受測者會不會誤解題意而沒有答對題目？態度量表，一反敍述性的研究方式，而採取計量方式，其原因除了促進量化以外，還可以幫助我們回答上述的信度與效度問題。

　　信度 (reliability) 是指對於同一個人，不同次的施測結果，是否產生一樣的結果。若果我們能知道不同次施測結果，其態度分數能達到一樣的情形時，我們說其準確度很高或信度很高。與其用不同方式解釋信度的意義，不如從影響準確性 (accuracy) 的差異來源來探討，或許較易了解。產生或影響準確性差異的來源，有量表本身與量表以外兩種。量表本身乃指量表設計得含糊不清楚，影響受試者做不確實的答覆與反應。這個責任在於量表設計者。量表以外的差異來源有二 一為施測時，影響受測者產生心理變化而不做真實的反應。例如做政治態度之測驗時，受測者在心理上有所顧忌，不敢據實回答，以免得罪有關單位。另一種量表以外的差異來源，是受測者因事過境遷而確實產生前後不一致的反應。例如對政黨的態度，在傾聽政見發表前後所施測的態度分數可能不相同，像這種因時間不同而產生的差異，

是為「真正的誤差」，亦即實在的差異，不應視為誤差而說該量表的信度不高。

前述第一種測量差異，可以稱之為一致性 (consistency) 的信度問題，第二種測量差異，乃為可靠性 (dependability) 的信度問題，第三種測量差異，則為穩定性 (stability) 的信度問題。這些問題都能以計量方式表達出來，而證明一致性、可靠性、穩定性很高時，我們則可以說態度量表的信度很高，亦即說明測量結果很準確。

測定態度量表的信度，通常可以採用三種方法：　(1) 再測法 (test-retest)，(2) 複式法 (equivalent-forms)，(3) 折半法 (split-half)。再測法是使用一種量表，在先後不同時間，對於同樣受測者加於施測，將其先後結果加於比較。這一種方法，對於測定穩定性信度可能較適合。複式法係指用兩組相似的題目同時施測的方法，可能較適合於測定可靠性信度。折半法乃將一個量表的項目分成題數相等或相近的兩組，求兩部分量表項目的分數之相關程度，乃用於測定量表本身的一致性信度。

茲根據表 16-2 中之 Likert 態度量表法所得之家庭計劃態度分數，採用折半法計算該量表的信度，以供參考。表 16-2 的量表，經項目分析後共留下二十條項目，將二十八個受測者的奇數項目上的分數與偶數項目上的分數，分別加起來可得兩項分數，然後計算二十八個受測者，在此兩項分數間的相關係數，得到 .73。

Thurstone 表示依照其構想製作態度量表，信度大都在 .80 至 .90 之間。L. W. Ferguson 的經驗指出，應用 Thurstone 法製作量表，含有二十條項目時，信度係數為 .52 至 .80，而含有四十條項目時，信度係數為 .68 至 .89。

Likert 量表法的信度通常較 Thurstone 法為高。G. Murphy 與

R. Likert 報導，使用二十四條項目測量「國際主義」(internatio-nalism)，得 .81 至 .90 的信度，使用十二個項目測量「帝國主義」(imperialism) 時，得 .80 至 .92，使用十四條的「黑人量表」(Negro Scale)，得 .79 至 .91。至於 Guttman 量表法的信度，可達 .85。根據上述的引證，可知一般都認為 Likert 量表法的信度最易提高，Guttman 量表法居次，Thurstone 量表法再次。

自然科學家所使用的測量工具，絕少有效度的問題。例如生物學家欲求品種之重量、濕度等，因其測量標的物是可以直接觀察到的。態度測量是一種對不能觀察事物的間接測量，其測量結果及其效度總是一個疑問。我們所面臨的問題是：量表測量的對象是否能真正測出研究者所欲知道的現象。例如，我們欲測度對某政黨的態度，而量表句子只是一些該政黨的史實記載，而沒有牽涉到感覺，則量表可能有很高的信度，但是還有沒什麼用處，因為所測的不是所要的。

本節所介紹的各種量表法，在其製作過程中，亦都儘量往提高效度方面努力。例如 Thurstone 量表法，在製作前，要求評判者提供為數衆多的句子，便是提高效度的一種嘗試。Likert 量表法之製作，也是提醒製作者要事先對研究題目做一個清晰的界定，希望所選的項目能對研究主題所涵蓋的群體具有代表性。

效度 (validity) 的判定法，可有不同的分類法，但是分析起來，有時其分類上名稱雖異，但是原則則大致相同。從本節的觀點而論，可列舉三種主要的效度判定法：　(1) 專家鑑別法 (jury opinion)，請對研究主題有研究心得的人，就項目內容逐條加以判斷。(2) 既知團體法(known groups)，舉出某群人的既知態度傾向，來判斷研究主題的態度在這一群人上面，是否也能顯示出同樣的傾向。(3) 預測法(prediction of action)，即以態度預測對相同事體的行動之程

度。

上述各種效度判定法當中，專家鑑別法是常被一般研究者所使用的方法，但是因缺乏客觀而具體的標準，故不被重視計量的行爲科學家所重視。茲將其餘二種方法簡單舉例說明。首先說明既知團體法。

根據表 16-2 中 Likert 式家庭計劃態度量表的例子，計算該量表的效度以供參考。從文獻中，我們知道基督敎徒比天主敎徒更贊同家庭計劃，而後者的家庭子女數較前者多（註4），我們希望本態度量表也同樣能將兩種既知團體的態度區別出來。在計算程序上，將二十八名受試者區分爲天主敎與基督敎各十四名，計算兩組態度分數的平均數，然後用 t 統計方法，檢定兩個平均數是否有顯著的差異存在。其程序如下：

基督敎徒	天主敎徒
$\bar{X}_1$: 85.83	$\bar{X}_1$: 61.03
s_1^2: 19.80	s_2^2: 20.98
n_1: 14	n_2: 14

代入公式　$t = \dfrac{\bar{X}_1 - \bar{X}_2}{\sqrt{\dfrac{s_1^2}{n_1-1} + \dfrac{s_2^2}{n_2-1}}}$

得值 3.1，在自由度 26 之下，此值超過顯著水準 .01。因此，我們可以斷定基督敎徒與天主敎徒間之態度分數，有顯著的差異。亦卽，本量表具有相當的效度，因爲它能眞正測出我們所要測的現象。

態度量表效度的各種鑑別方法當中，預測性效度較受社會人士所重視。例如在民主國家裏，一個政黨希望能經由改變人民對政黨的態度去爭取選票（行動）。若果人民對政黨態度的好惡程度，能在選票

註4：P. D. Bardis (1969) A pill scale: A technique for the measurement of altitudes toward oral contraception. *Social Science*, *44*, no. 1.

少上面準確地表達出來，則不但態度測量法的效度很高，而且具有實用價值。C. W. Telford 於1934年研究敎會態度時，發覺態度分數（低分數表示贊成程度高）與上敎會次數間有密切相關度存在：

上敎會次數	平均態度分數
定期	1.91
常常	2.48
偶而	3.50
很少	4.95
從不	6.75

雖然態度與行動之間應該存有預測關係存在，但是若干學者認爲態度是一種口頭表達的行爲，常受個人的性格、其他態度、環境因素之影響，不一定能眞正導致預期行動之產生。不過，R. A. Easterlin 在研究生育行爲時，認爲生育行爲之預測在未現代化的社會裏，環境的影響因素很重要，但是等到一個社會達到相當現代化的程度，而人民具有現代化性格時，生育行爲將較受個人現代化態度的影響。易言之，欲使用態度來預測個人的實際行爲，在現代化社會裏比在傳統社會裏更有效而可靠（註5）。

行爲科學與一般社會科學的差異特徵當中，比較明顯的是前者所研究的標的物或主題，多限於人類的第一層次（首次反應）反應。這些反應大都是看不見的。如何將此種的人類行爲加以量化，使其更容易被研究者所研究與解釋，便是近代行爲科學家一致努力的目標。

態度的測量，比其他行爲現象之測量歷史較長而較具成果，故上述介紹的三種態度測量法，除了用於測量態度以外，也可以應用到其

註5：R. A. Easterlin (1975) A economic framework for fertility analysis in studies. *Family Planning*, 6, no.3, p. 62.

他行為現象之測量。例如，欲製作一個測量知識的量表，雖然所測的是知識之了解及應用的程度，我們也可以模仿 Likert 態度測量法，搜集代表性的試題，給予不同程度之反應可能，並依次賦以權值。我們又可應用 Guttman 態度測量法的項目單向度原則，決定那些試題（項目）不宜留在測驗範圍內。其他研究主題如價值（value）、意見（opinion）、動機（motive）、需要（need）之測量，均可使用態度測量法。